普通高等教育经管类专业系列教材

税　法

| 第 四 版 |

陈　立　李高齐◎主编

邓秀媛　李　涛　胡显莉◎副主编

清华大学出版社

北　京

内 容 简 介

本书是重庆市一流课程和校级课程思政示范课程"税法"的配套教材,全书共分13章,从税收基础、流转税法、所得税法、财产税法、资源税法、行为税法、税收征收管理法、税务行政法制及国际税收等方面,对税收的基本理论和我国现行税制的主要内容进行介绍。

在我国税制改革进行得如火如荼的背景下,本书进行了第四版的修订,吸纳了截至2023年8月的最新税收立法信息,在学习贯彻党的二十大精神的基础上,与时俱进地对相关章节进行了重新编写或修订,对练习册也进行了调整和补充,提升了教材的时效性。本书从财会专业的特点和要求出发,吸收了近年来税收理论发展、我国税收领域改革及课程思政建设等方面的最新理念与内容,知识涵盖面广,具有较强的思想性、理论性。本书全面、系统地介绍了我国现行税制的体系结构和各税种的具体规定,突出税额计算、纳税申报与征收管理知识,在吸收国内同类教材编写经验的基础上,更注重实用性。

本书既可作为高等院校财经类及其他相关专业的教材,也可作为高职高专会计专业和财务管理专业的教材,还可作为广大会计人员、税收征管人员、注册会计师、注册税务师和企业管理人员学习税法的参考书。

图书在版编目(CIP)数据

税法 / 陈立,李高齐主编. —4版. —北京:清华大学出版社,2024.2

普通高等教育经管类专业系列教材

ISBN 978-7-302-65414-8

Ⅰ. ①税… Ⅱ. ①陈… ②李… Ⅲ. ①税法—中国—高等学校—教材 Ⅳ. ①D922.22

中国国家版本馆CIP数据核字(2024)第043277号

责任编辑:高 屾
封面设计:马筱琨
版式设计:思创景点
责任校对:马遥遥
责任印制:杨 艳

出版发行:清华大学出版社
　　　　网　　　址:https://www.tup.com.cn,https://www.wqxuetang.com
　　　　地　　　址:北京清华大学学研大厦A座　　　　　　　　邮　　编:100084
　　　　社 总 机:010-83470000　　　　　　　　　　　　　邮　　购:010-62786544
　　　　投稿与读者服务:010-62776969,c-service@tup.tsinghua.edu.cn
　　　　质 量 反 馈:010-62772015,zhiliang@tup.tsinghua.edu.cn
印 装 者:三河市少明印务有限公司
经　　销:全国新华书店
开　　本:185mm×260mm　　　　印　　张:19.75　　　　字　　数:519千字
版　　次:2013年8月第1版　2024年4月第4版　　　　印　　次:2024年4月第1次印刷
定　　价:78.00元

产品编号:096452-01

第四版前言

在市场经济条件下，税收具有筹集国家财政收入、调控宏观经济运行和实现收入分配公平的重要作用。税法课程是财经类专业的核心课程，也是其他经管类专业的重要学习课程。近年来，国家进行了一系列重大的税制改革。党的二十大报告指出，要优化税制结构，完善支持绿色发展的财税政策，加大税收的调节力度，完善个人所得税制度，规范收入分配秩序，规范财富积累机制。《中华人民共和国国民经济和社会发展第十四个五年规划和2035年远景目标纲要》中明确提出，要完善现代税收制度，优化税制结构。税制改革、税法变化和企业税务管理的加强都对税法课程提出了新的要求，迫切需要围绕以上问题对税法教材进行优化。

我们结合多年税法课程的教学经验，在汲取最新税法制度和研究成果的基础上对教材各章内容进行修订和完善，突出以下特点。

(1) 紧跟我国税制改革的步伐，吸收了最新的理论知识和税收法规内容，体现了我国税制改革的最新动态，教材内容新颖，内容准确，时效性强。教材与时俱进地补充了最新税收法规政策，并对其进行了深入剖析，让读者深刻理解税收在国家治理中的基础性、支柱性、保障性作用，切实体会到我国社会主义税收制度的不断优化和持续改进，体会税制改革和设计的中国智慧，对于增强"四个自信"具有重要意义。

(2) 融入课程思政理念，党的二十大精神进教材。税法课程具有天然的思政属性，具有丰富的思政元素。教材在编写过程中，深入贯彻党的二十大精神和习近平法治思想，通过案例、知识拓展等方式，挖掘思政元素，将思政理念与专业知识相融合，实现知识传授、能力培养与价值塑造的三重目标。在教材和相关资料中增加了税收历史、税收法治、税制改革等方面的典型案例，有利于培养读者诚实守信、依法纳税的意识，培育家国情怀，养成公共精神，树立社会责任。教材强调中国特色社会主义税收的理论体系、内容体系和方法体系的构建和完善，致力于为中国经济建设服务。

(3) 校企合作教材开发。重庆理工大学与国家高新技术企业、高科技互联网软件企业衡信教育在产教方面进行深入合作。双方基于协同育人框架，共同编写面向未来演进和行业发展的财税教材，打造相应的一流精品课程，构筑产教融合的人才培养体系。为协助学校提升财税专业人才培养质量，体验企业税务岗位典型任务，拓展学生数字办税新视野、新知识、新技能，衡信教育免费提供配套实训资源(不少于159个微课视频)，涉及全面数字化的电子发票开具、数字税务账户发票管理、个人所得税预扣预缴、增值税及附加税纳税申报、企业所得税汇算清缴等实训项目。读者可以刮开封底数字课程入口二维码，扫码激活观看。

(4) 强调线下学习与线上学习相结合，建立立体化学习中心，提供丰富的学习资源。配套资料包括：教学视频(由衡信教育制作)、教学课件、教学大纲及习题答案等。通过提供多种学习资源，以文本、视频、习题等多个维度体现知识点，最大限度地满足教师教学需要和学生学习需要。读者可扫描二维码获取相关教学资源。

教学资源

(5) 提供经典案例、热点素材、相关法条、补充知识对接教材相关知识点，读者可通过扫描书中二维码获取以上知识，有利于拓展知识的广度和深度。

(6) 强调教材的实用性和操作性，例题丰富、全面、实用。教材中每个重要知识点都设有例题，避免了税法教材中条文偏多、实例不足的情况；按照最新税法规定来设置例题，答案及解析精准，有利于读者在实务操作中领悟和掌握税法的计算和处理方法。

本书既可作为高等院校财经类及其他相关专业的教材，也可作为高职高专会计专业和财务管理专业的教材，还可作为广大会计人员、税收征管人员、注册会计师、注册税务师和企业管理人员学习税法的参考书。

本书由重庆理工大学长期从事税收教学、科研的教师和浙江衡信教育科技公司的实务界专家共同完成编写。本次修订由重庆理工大学陈立副教授和衡信教育总经理李高齐担任主编，负责各章节内容的修订和统一定稿。在教材编写过程中，我们吸收借鉴了国内外研究、教学和实践的最新成果，限于篇幅不能一一列出，在此表示衷心的感谢！

由于税收领域本身的深奥与繁杂，加之我们水平有限，书中错讹之处在所难免，恳请读者批评指正。

在本次修订过程中，硕士研究生葛霞同学，以及清华大学出版社的编辑付出了辛勤的劳动，为保证本教材的质量做出了贡献。谨向她们表示衷心的感谢！

编　者

2024年4月

目　　录

第一章
税法概论

////// **本章导入**

税收是税法产生、存在和发展的基础，是决定税法性质和内容的主要因素。税收作为社会经济关系，是税法的实质内容；税法作为特殊的行为规范，是税收的法律形式。本章主要阐述税法的概念、分类、构成要素及我国现行税法体系。重点和难点是税法的概念、构成要素及我国现行税法体系。

////// **学习目标**

☑ **认知类目标：** 了解税收的概念、特征、职能和税收法律关系；了解税法的概念、分类和原则；掌握税法的构成要素；了解我国现行税法体系和税收征管体制。

☑ **价值类目标：** 理解税收在社会经济生活中的重要地位，明确依法纳税是每个公民应尽的义务，树立依法纳税观念和法治意识。

☑ **方法类目标：** 掌握税法学习特点、方法和专业发展的途径；能够通过检索、查询等方法，了解本学科发展的前沿动态。

////// **案例引入**

朱熹是我国南宋著名的哲学家、教育家、文学家。朱熹在《朱子训子帖》中写道："国课早完，虽囊空虚，独有余庆。"朱熹谆谆教育子女，必须按照国家规定的税法，足额及时地将应纳的税款缴入国库，不应拖欠国家税款一分一厘；虽然自己因此变得拮据，但内心由衷地感到欣慰，因为自己尽了一个纳税人应尽的义务。朱熹的训子之道在价值取向上与现代社会所提倡的"纳税光荣"不谋而合。

第一节　税收基础理论

一、税收的概念

税收是政府为了满足社会公共需要，凭借政治权力，按照法律的规定，强制、无偿地取得财政收入的一种形式。理解税收的概念可从以下几个方面把握。

1. 税收是国家取得财政收入的主要形式

财政收入形式是指国家取得财政收入的具体方式。一般性财政收入的形式主要有5类：税收、政府收费、国有资产收益、专项收入、其他收入。税收收入是指通过国家税法规定的各种税收取得的财政收入，具有及时、广泛的特点，是国家公共财政最主要的收入来源，是国家最稳定、可靠的财政收入形式。

【能力提升】登录中华人民共和国财政部网站(http://www.mof.gov.cn/)，查询历年财政收入情况，计算税收收入在一般公共预算收入中所占比重，理解税收在国家治理中的作用。

2. 税收的本质是一种分配关系

税收的本质，是国家以法律规定向纳税人无偿征收实物或货币所形成的特殊分配关系。这种分配关系集中反映了国家与各阶级、各阶层的经济关系、利益关系，具体表现在如下方面：分配的主体是国家，它是一种以国家政治权力为前提的分配关系；分配的客体是社会剩余产品，一切税源皆来自劳动者创造的国民收入或积累的社会财富；分配的目的是实现国家职能服务；分配的结果是实现国民收入的再分配。因而，国家与纳税人之间形成的这种分配关系属于社会再分配范畴。

知识拓展：我国
三次分配的内涵

3. 国家凭借政治权力进行征税

社会产品的分配总是要以一定的权力为依据。国家通过征税，将一部分社会产品由纳税人所有转变为国家所有，因此征税的过程实际上是国家参与社会产品的分配过程，是以国家为主体所进行的分配，是国家凭借政治权力进行的分配。马克思指出"赋税是政府机关的经济基础，而不是其他任何东西""国家存在的经济体现就是捐税"。恩格斯指出"为了维持这种公共权力，就需要公民缴纳费用——捐税"。

4. 征税的目的是满足社会公共需要

国家在履行其公共职能的过程中必然要有一定的公共支出。公共支出一般情况下不能由公民个人、企业采取自愿出价的方式，而只能采用由国家(政府)强制征税的方式，由经济组织、单位和个人来负担。国家征税的目的是满足国家提供公共产品的需要，其中包括政府弥补市场失灵，促进公平分配等需要。此外，税收治理作为国家治理的重要组成部分，在国家治理中的基础性、支柱性、保障性作用越发突出。

二、税收的特征

税收的特征，亦称"税收形式特征"，是指税收分配形式区别于其他财政分配形式的质的规定性。税收特征是由税收的本质决定的，是税收本质属性的外在表现，是区别税与非税的外在尺度和标志，也是古今中外税收的共性特征。税收的特征通常概括为税收"三性"，即无偿性、强制性和固定性。

1. 税收的无偿性

无偿性，是指国家征税以后对具体纳税人既不需要直接偿还，也不付出任何直接形式的报酬，纳税人从政府支出所获利益通常与其支付的税款不完全成一一对应的比例关系。

【提示】无偿性是税收的关键特征，它使税收明显地区别于国债等财政收入形式，决定了税收是国家筹集财政收入的主要手段，并成为调节经济和矫正社会分配不公的有力工具。

2. 税收的强制性

强制性指税收是国家凭借政治权力，通过法律形式对社会产品进行的强制性分配，而非纳税人的一种自愿缴纳，纳税人必须依法纳税，否则会受到法律制裁。强制性是国家权力在税收上的法律体现，是国家取得税收收入的根本前提。

3. 税收的固定性

固定性指税收是国家通过法律形式预先规定了对什么征税及其征收比例等税制要素，并保持相对的连续性和稳定性，即使税制要素的主体内容也会因经济发展水平、国家经济政策的变化而进行必要的改革和调整，但这种改革和调整也总要通过法律形式事先规定，而且改革调整后要保持一定时期的相对稳定。

【提示】税收三性是一个完整的统一体，它们相辅相成、缺一不可。其中，无偿性是核心，强制性是保障，固定性是对强制性和无偿性的一种规范和约束。

【例1-1　单选题】下列关于税收的说法中，正确的是(　　)。

A. 税收是国家取得财政收入的唯一形式

B. 国家征税的依据是经济权力

C. 税收在社会再生产过程中属于分配范畴

D. 税收具有有偿性、强制性和灵活性

【解析】正确答案为C。税收是国家取得财政收入的主要形式，选项A错误；国家征税的依据是政治权力，选项B错误；税收具有无偿性、强制性和固定性，选项D错误。

三、税收的职能

税收的职能，是指税收客观存在的固有的功能。税收的职能是由税收的本质决定的，是税收本质的具体表现。税收的三项基本职能是财政职能、经济职能和监督职能。

1. 财政职能

财政职能亦称收入职能，是指税收通过参与社会产品和国民收入的分配与再分配，为国家取得财政收入的功能。税收是财政收入的主要来源，组织财政收入是税收的基本职能。

2. 经济职能

经济职能亦称调节职能，是指运用税收杠杆对社会经济运行进行的引导和调整。经济决定税收，税收反作用于经济。税收是调控经济运行的重要手段，通过增税与减免税等手段来影响社会成员的经济利益，引导企业、个人的经济行为，对资源配置和社会经济发展产生影响，从而达到调控经济运行的目的。税收的调节作用主要体现在以下几个方面。

(1) 调节社会总需求。税收作为一种宏观调控手段，在国家实行扩张政策时，它可以通过减免税或降低税率，扩大社会需求；在国家实行紧缩政策时，它可以通过提高税率，缩小减免范围或开征新税，压缩社会总需求，使社会总需求与总供给趋向均衡。

(2) 调节产品结构和产业结构。社会化的大生产在客观上要求国民经济按比例协调地发展，据此国家通过对不同产业部门实施不同的税收政策，引导企业的经济活动，使其服从国家产业政策的要求，从而促进产品结构和产业结构的协调发展。

(3) 调节收入分配。收入均等化是各国政府所共同致力的目标。但在市场经济条件下，市场决定的分配机制必然会拉大收入分配差距，客观上要求通过税收调节来缩小收入差距。可以通过开征某些税种，如个人所得税，适当调节个人之间的收入水平，缓解社会分配不公的矛盾，促进经济发展和社会稳定。

(4) 调节生活消费和生产消费。税收配合价格政策，对生活必需品和非必需品、供过于求的长线消费品和求过于供的短线消费品实行区别对待的税收政策和措施，进行调节。对某些紧缺生产资料的消费，采取限制性的课征办法，也可以起到适当的调节作用。如消费税对特定的消费品征税，能达到引导消费的目的。

3. 监督职能

监督职能既涉及宏观层次，也涉及微观层次，监督经济运行及纳税人的生产经营活动。税收涉及社会生产、流通、分配、消费各个领域，能够综合反映国家经济运行的质量和效率。既可以通过税收收入的增减及税源的变化，及时掌握宏观经济的发展变化趋势，也可以在税收征管活动中了解微观经济状况，发现并纠正纳税人在生产经营及财务管理中存在的问题，从而促进国民经济持续健康发展。

此外，税收管辖权是国家主权的组成部分，是国家权益的重要体现，所以在对外交往中，税收还发挥维护国家权益的重要作用。

知识拓展：发挥税收应有作用 扎实推动共同富裕

【提示】筹集财政收入是税收的基本职能，是实现其他两项职能的基础条件。随着市场经济的发展，税收调节经济和监督的职能变得越来越重要。

四、税收法律关系

税收法律关系是税法所确认和调整的国家与纳税人之间、国家与国家之间及各级政府之间在税收分配过程中形成的权利与义务关系。税收法律关系包括三方面内容：税收法律关系的构成；税收法律关系的产生、变更与消灭；税收法律关系的保护。

（一）税收法律关系的构成

1. 税收法律关系的主体

税收法律关系的主体即税收法律关系中享有权利和承担义务的当事人。在我国税收法律关系中，权利主体一方是代表国家行使征税职责的国家行政机关，包括国家各级税务机关和海关；另一方是履行纳税义务的人，包括法人、自然人和其他组织，在华的外国企业、组织、外籍人、无国籍人，以及在华虽然没有机构、场所但有来源于中国境内所得的外国企业或组织。

【提示】对税收法律关系中纳税主体的确定，在我国采取的是属地兼属人的原则。

【例1-2 多选题】代表国家行使征税职责的国家行政机关包括(　　)。

A. 税务机关　　B. 海关　　C. 财政机关　　D. 工商行政机关

【解析】正确答案为AB。

2. 税收法律关系的客体

权利客体即税收法律关系主体的权利、义务所共同指向的对象，也就是征税对象。例如，所得税法律关系客体就是生产经营所得和其他所得，财产税法律关系客体即是财产，流转税法律关系客体就是货物销售收入或劳务收入。税收法律关系客体也是国家利用税收杠杆调整和控制的目标，国家在一定时期根据客观经济形势发展的需要，通过扩大或缩小征税范围调整征税对象，以达到限制或鼓励国民经济中某些产业、行业发展的目的。

3. 税收法律关系的内容

税收法律关系的内容就是权利主体所享有的权利和所应承担的义务，这是税收法律关系中最实质的东西，也是税法的灵魂。它规定权利主体可以有什么行为，不可以有什么行为，若违反这些规定，须承担相应的法律责任。

（二）税收法律关系的产生、变更与消灭

税收法律关系的产生、变更与消灭是指在税收法律关系主体之间权利义务关系的形成、变化和终止。税收法律关系的产生、变更与消灭是由税收法律事实决定的。税收法律事实可以分为税收法律事件和税收法律行为。税收法律事件是不以税收法律关系主体的意志为转移的客观事件，比如自然灾害；税收法律行为是税收法律关系主体在正常意志支配下做出的活动，比如纳税人开业经营。

（三）税收法律关系的保护

税收法律关系是同国家利益及企业和个人的权益相联系的。保护税收法律关系，实质上就是保护国家正常的经济秩序、保障国家财政收入和维护纳税人的合法权益。税收法律关系的保护形式和方法是很多的，例如，税法中关于限期纳税、征收滞纳金和罚款的规定，《中华人民共和国刑法》对构成逃避缴纳税款、抗税罪给予刑罚的规定，以及税法中对纳税人不服税务机关征税处理决定，可以申请复议或提出诉讼的规定等都是对税收法律关系的直接保护。税收法律关系的保护对权利主体双方是平等的，不能只对一方保护，而对另一方不予保护。同时，对其享有权利的保护，就是对其承担义务的制约。

第二节　税法基础理论

一、税法的概念

税法是国家制定的用以调整国家与纳税人之间在征纳税方面的权利及义务关系的法律规范的总称。它是国家及纳税人依法征税、依法纳税的行为准则，其目的是保障国家利益和纳税人的合法权益，维护正常的税收秩序，保证国家的财政收入。

税法具有义务性法规和综合性法规的特点。

(1) 从法律性质上看，税法属于义务性法规，以规定纳税人的义务为主，该特点是由税收的无偿性和强制性特点所决定的。

【提示】这并不是指税法没有规定纳税人的权利，而是指纳税人的权利是建立在其纳税义务的基础之上的，处于从属地位。

(2) 综合性法规的特点是指税法是由一系列单行税收法律法规及行政规章制度组成的体系，其内容涉及课税的基本原则、征纳双方的权利和义务、税收管理规则、法律责任、解决税务争议的法律规范等。该特点是由税收制度所调整的税收分配关系和税收法律关系的复杂性决定的。

二、税法的分类

税法体系中各税法按其基本内容和效力、职能作用、征税对象、权限划分、适用范围等的不同，可分为不同类型。

1. 按照税法的基本内容和效力划分

按照税法的基本内容和效力的不同，可分为税收基本法和税收普通法。

(1) 税收基本法。税收基本法是对税收共同性问题进行规范，用来统领、约束、指导、协调各单行税法，在税法体系中具有最高法律地位和法律效力的法律规范。设立税收基本法对于完善税法体系、正确处理税收分配关系、提高税务执法、司法水平具有重要作用。

【提示】我国尚未设立税收基本法，但有关立法准备工作已在积极进行。

(2) 税收普通法。税收普通法是根据税收基本法的原则，对税收基本法规定的事项分别立法实施的法律，如个人所得税法、税收征收管理法等。

知识拓展：民法典为我国涉税服务法治化建设提供新契机

2. 按照税法的职能作用划分

按照税法的职能作用的不同，可分为税收实体法和税收程序法。

(1) 税收实体法。税收实体法主要是指确定税种立法，具体规定各税种的征收对象、征收范围、税目、税率、纳税地点等。

(2) 税收程序法。税收程序法是指税务管理方面的法律，主要包括税收征收管理法、纳税程序法、发票管理法、税务机关组织法、税务争议处理法等。

【例1-3　多选题】下列法律法规中，属于税收实体法的是(　　)。

A. 中华人民共和国企业所得税法

B. 中华人民共和国个人所得税法

C. 中华人民共和国税收征收管理法

D. 中华人民共和国车船税法

【解析】正确答案为ABD。税收征收管理法属于税收程序法。

3. 按照税法规定的征收对象划分

按照税法规定的征收对象的不同，可分为流转税税法、所得税税法、财产行为税税法、资源税税法和特定目的税税法。

(1) 流转税税法：主要包括增值税、消费税、关税等税法。这类税法的特点是与商品生产、流通、消费有密切联系。对什么商品征税，税率多高，对商品经济活动都有直接的影响，易于发挥对经济的宏观调控作用。

(2) 所得税税法：主要包括企业所得税、个人所得税等税法。其特点是可以直接调节纳税人收入，发挥其公平税负、调整分配关系的作用。

(3) 财产行为税税法：主要是对财产的价值或某种行为课税，包括房产税、印花税等税法。

(4) 资源税税法：主要是为保护和合理使用国家自然资源而课征的税。我国现行的资源税、城镇土地使用税等税种均属于资源税课税的范畴。

(5) 特定目的税税法：包括城市维护建设税、烟叶税等税法。其目的是对某些特定对象和特定行为发挥特定调节作用。

4. 按照主权国家行使税收管辖权划分

按照主权国家行使税收管辖权的不同，可分为国内税法、国际税法、外国税法。

(1) 国内税法。国内税法是一国在其税收管辖权范围内调整国家与纳税人之间权利义务关系的法律规范的总称，是由国家立法机关经由授权或依法律规定的国家行政机关制定的法律、法规和规范性文件。

(2) 国际税法。国际税法是调整国际税收关系的各种法律规范的总称。国际税收关系是两个或两个以上的国家与纳税人之间在跨国征税对象上产生的经济利益分配关系，包括国家与跨国纳税人之间的征税关系和国家间的税收分配关系。

(3) 外国税法。外国税法是指国外各个国家制定的税收制度，如美国的税法法典。

三、税法的原则

税法的原则反映税收活动的根本属性，是税收法律制度建立的基础。税法原则包括税法基本原则和税法适用原则。

（一）税法基本原则

税法基本原则是统领所有税收规范的根本准则，为包括税收立法、执法、司法、守法在内的一切税收活动所必须遵守的。

1. 税收法定原则

税收法定原则又称为税收法定主义，是指税法主体的权利义务必须由法律加以规定，税法的各类构成要素必须且只能由法律予以明确。税收法定原则贯穿税收立法和执法的全部领域，其内容包括税收要件法定原则和税务合法性原则。

税收要件法定原则是指有关纳税人、课税对象、课税标准等税收要件必须以法律形式做出规定，且有关课税要素的规定必须尽量明确。

税务合法性原则是指税务机关按法定程序依法征税，不得随意减征、停征或免征，无法律依据不征税。

【提示】党的十八届三中全会审议通过的《中共中央关于全面深化改革若干重大问题的决定》中提出了"落实税收法定原则"。这是我国在党的文件中首次明确提出税法原则中这一最根本的原则。

2. 税收公平原则

税收公平原则是关于税收负担公平地分配于各纳税人的原则，即税收负担必须根据纳税人的负担能力分配。税收公平原则源于法律上的平等性原则，所以许多国家的税法在贯彻税收公平原则时，都特别强调"禁止不平等对待"的法理，禁止对特定纳税人给予歧视性对待，也禁止在没有正当理由的情况下对特定纳税人给予特别优惠。一般认为税收公平原则包括税收横向公平和纵向公平。

【提示】横向公平是指负担能力相等，税负相同；纵向公平是指负担能力不等，税负不同。

3. 税收效率原则

税收效率原则包含两个方面，一是指经济效率，二是指行政效率。前者要求税法的制定要有利于资源的有效配置和经济体制的有效运行，后者要求提高税收行政效率，节约税收征管成本。

4. 实质课税原则

实质课税原则是指应根据客观事实确定是否符合课税要件，并根据纳税人的真实负担能力决定纳税人的税负，而不能仅考虑相关外观和形式。

知识拓展：亚当·斯密的税收原则

（二）税法适用原则

税法适用原则是指税务行政机关和司法机关运用税收法律规范解决具体问题所必须遵循的准则。税法适用原则在一定程度上体现着税法基本原则，并含有更多的法律技术性准则，更为具体化。税法适用原则具体包括以下原则。

1. 法律优位原则

法律优位原则的基本含义为法律的效力高于行政立法的效力。法律优位原则在税法中的作用主要体现在处理不同等级税法的关系上。法律优位原则明确了税收法律的效力高于税收行政法规的效力，对此还可以进一步推论为税收行政法规的效力优于税收行政规章的效力。效力低的税法与效力高的税法发生冲突，效力低的税法即是无效的。

2. 法律不溯及既往原则

法律不溯及既往原则是绝大多数国家所遵循的法律程序技术原则。其基本含义为：一部新法实施后，对新法实施之前人们的行为不得适用新法，而只能沿用旧法。在税法领域内坚持这一原则，目的在于维护税法的稳定性和可预测性，使纳税人能在知道纳税结果的前提下做出相应的经济决策，税收的调节作用才会较为有效。

3. 新法优于旧法原则

新法优于旧法原则也称后法优于先法原则，其含义为新法、旧法对同一事项有不同规定时，新法的效力优于旧法。其作用在于避免因法律修订带来新法、旧法对同一事项有不同的规定而给法律适用带来的混乱，为法律的更新与完善提供法律适用上的保障。

4. 特别法优于普通法原则

其含义为对同一事项两部法律分别订有一般规定和特别规定时，特别规定的效力高于一般规定的效力。特别法优于普通法原则打破了税法效力等级的限制，即居于特别法地位级别较低的税法，其效力可以高于作为普通法的级别较高的税法。

5. 实体从旧、程序从新原则

这一原则的含义包括两个方面，一是实体税法不具备溯及力，二是程序性税法在特定条件下具备一定的溯及力。对于一项新税法公布实施之前发生的纳税义务在新税法公布实施之后进入税款征收程序的，原则上新税法具有约束力。

6. 程序优于实体原则

程序优于实体原则是关于税收争讼法的原则，其基本含义为在诉讼发生时税收程序法优于税收实体法适用。适用这一原则，是为了确保国家课税权的实现，不因争议的发生而影响税款的及时、足额入库。

【例1-4 多选题】下列关于税法适用原则的说法中，正确的有( )。

A. 税收实体法具备溯及力，而税收程序法不具溯及力，即实体从新、程序从旧

B. 在税收争讼发生时，程序法优于实体法，以保证国家课税权的实现

C. 新旧税法对同一事项有不同规定时，新法的效力优于旧法

D. 税收行政法规的效力优于税收部门规章的效力

【解析】正确答案为BCD。实体从旧、程序从新原则的含义为实体税法不具备溯及力，程序性税法在特定条件下具备一定的溯及力，选项A错误。

第三节 税法的构成要素

税法的构成要素是指各种单行税法具有的共同的基本要素的总称。一般包括纳税人、征税对象、税目、税率、纳税环节、纳税期限、纳税地点、税收减免等项目。

【提示】纳税人、征税对象、税率是构成税法的三个最基本要素。

一、纳税人

纳税人又叫作纳税主体，是指税法规定的直接负有纳税义务的单位和个人。纳税人有两种基本形式：自然人和法人。

【提示】与纳税人紧密联系的两个概念是扣缴义务人和负税人。

为了便于征税管理，对于收入分散、纳税人分散的税种实行源泉征收制，由扣缴义务人代扣代缴。所谓扣缴义务人，是指税法规定的负有扣缴税款义务的单位和个人。

纳税人与负税人也不相同。负税人是指最终承担税款的单位和个人。有的税种纳税人就是负税人，有的税种纳税人则不是负税人，这种不一致主要是由税负转嫁造成的。

二、征税对象

征税对象又叫作课税对象、征税客体，是指税法规定的对什么征税，也是征纳税双方权利义务共同指向的客体或标的物。如消费税的征税对象是消费税暂行条例所列举的应税消费品，房产税的征税对象是房屋等。征税对象决定着某一种税的基本征税范围，也决定了各个不同税种的名称。如消费税、土地增值税、个人所得税等，这些税种因征税对象不同、性质不同，税名也就不同。征税对象按其性质的不同，通常可划分为流转额、所得额、财产、资源、特定行为等五大类，通常也因此将税收分为相应的五大类，即流转税、所得税、财产税、资源税和特定行为税。

【提示】征税对象是区分不同税种的主要标志。

【提示】与课税对象相关的一个基本概念是税基。

税基又称计税依据，是计算征税对象应纳税款的直接数量依据，是对课税对象的量的规定。税基按照计量单位的性质划分，有实物量和价值量两类。前者如土地的亩数、车船的辆数及吨位数等；后者如商品的销售收入金额，以及个人及企业的所得额等。以实物量作为税基，称为从量计征；以价值量作为税基，称为从价计征。

三、税目

税目是在税法中对征税对象分类规定的具体的征税项目，反映具体的征税范围，是对课税对象质的界定。设置税目的目的，其一是明确具体的征税范围，凡列入税目的即为应税项目，未列入税目的则不属于应税项目。其二是贯彻国家税收调节政策的需要，国家可根据不同项目的利润水平，以国家经济政策等为依据制定高低不同的税率，以体现不同的税收政策。

四、税率

税率是指对征税对象的征收比例或征收额度。税率是计算税额的尺度，也是衡量税负轻重与否的重要标志。我国现行的税率主要如下。

1. 比例税率

比例税率即对同一征税对象，不分数额大小，规定相同的征收比例。我国的增值税、城市维护建设税、企业所得税等采用的是比例税率。比例税率在适用中可分为以下三种具体形式。

(1) 单一比例税率，是指对同一征税对象的所有纳税人都适用同一比例税率。

(2) 差别比例税率，是指对同一征税对象的不同纳税人适用不同的比例征税。我国现行税法分别按产品、行业和地区的不同将差别比例税率划分为以下三种类型:一是产品差别比例税率,即对不同产品分别适用不同的比例税率,如消费税、关税等;二是行业差别比例税率,即对不同行业分别适用不同的比例税率,如增值税等;三是地区差别比例税率,即对不同地区分别适用不同的比例税率,如城市维护建设税等。

(3) 幅度比例税率,是指对同一征税对象,税法只规定最低税率和最高税率,各地区在该幅度内确定具体的适用税率。

比例税率具有计算简单、税负透明度高、有利于保证财政收入、有利于纳税人公平竞争、不妨碍商品流转额或非商品营业额扩大等优点,符合税收效率原则。但比例税率不能针对不同的收入水平实施不同的税收负担,在调节纳税人的收入水平方面难以体现税收的公平原则。

2. 累进税率

累进税率,是指随着征税对象数量增大而随之提高的税率,即按征税对象数额的大小划分为若干等级,不同等级的课税数额分别适用不同的税率,课税数额越大,适用税率越高。累进税率一般在所得课税中使用,可以充分体现对纳税人收入多的多征、收入少的少征、无收入的不征的税收原则,从而有效地调节纳税人的收入,正确处理税收负担的纵向公平问题。

目前我国现行税法中采用的累进税率主要如下。

(1) 超额累进税率。超额累进税率是指把征税对象按数额的大小分成若干等级,每一等级规定一个税率,税率依次提高,但每一个纳税人的征税对象则依所属等级同时适用几个税率分别计算,将计算结果相加后得出应纳税款。表1-1为某三级超额累进税率表。

表1-1　某三级超额累进税率表

级数	全月应纳税所得额/元	税率/%	速算扣除数
1	3 000 以下	3	0
2	3 000～12 000	10	210
3	12 000～25 000	20	1 410

【例1-5】李某某月应纳税所得额为6 000元,如何采用超额累进税率方法计算个人所得税?

【解析】采用表1-1所列税率,其应纳税额可以分步计算如下:

第一级的3 000元适用3%的税率,应纳税额为3 000×3%=90(元)。

第二级的3 000(即6 000-3 000)元适用10%的税率,应纳税额为3 000×10%=300(元)。

李某该月应纳税额=3 000×3%+3 000×10%=390(元)。

【提示】目前,我国个人所得税中综合所得和经营所得应纳税额的计算采用超额累进税率。

为了简化计算,也可采用速算扣除法。速算扣除法的原理是,基于全额累进计算的方法比较简单,可将超额累进计算的方法转化为全额累进计算的方法。对于同样的课税对象数量,按全额累进方法计算出的税额比按超额累进方法计算出的税额多,即有重复计算的部分,这个多征的常数叫作速算扣除数。用公式表示为

速算扣除数=按全额累进方法计算的税额-按超额累进方法计算的税额

公式移项得

按超额方法计算的应纳税额=按全额累进方法计算的税额-速算扣除数

【例1-6】对上例中李某的应纳税额,如何采用速算扣除法计算个人所得税?

【解析】采用速算扣除的简易计算法:应纳税额=6 000×10%-210=390(元),与按照表1-1

中超额累进税率定义的分解计算法的计算结果一致。

(2) 超率累进税率。超率累进税率即以征税对象数额的相对率划分若干级距，分别规定相应的差别税率，相对率每超过一个级距的，对超过的部分就按高一级的税率计算征税。

【提示】目前采用超率累进税率的是土地增值税。

3. 定额税率

定额税率即按征税对象确定的计算单位，直接规定一个固定的税额。目前采用定额税率的有城镇土地使用税、车船税等。

五、纳税环节

纳税环节主要指税法规定的征税对象在从生产到消费的流转过程中应当缴纳税款的环节。商品从生产到消费要经历诸多流转环节，各环节都存在销售额，都可能成为纳税环节。但考虑到税收对经济的影响、财政收入的需要及税收征管的能力等因素，国家常常对在商品流转过程中所征税种规定不同的纳税环节，如流转税在生产和流通环节纳税、所得税在分配环节纳税等。按照某种税征税环节的多少，可以将税种划分为一次课征制或多次课征制。

六、纳税期限

纳税期限是指税法规定的关于税款缴纳时间方面的限定。税法关于纳税期限的规定主要有以下三个方面。

(1) 纳税义务发生时间。纳税义务发生时间，是指应税行为发生的时间。

(2) 纳税期限。纳税人每次发生纳税义务后，不可能马上去缴纳税款。税法规定了每种税的纳税期限，即每隔固定时间汇总一次纳税义务的时间。纳税人的具体纳税期限，由主管税务机关根据纳税人应纳税额的大小分别核定；不能按照固定期限纳税的，可以按次纳税。

(3) 缴库期限。即税法规定的纳税期满后，纳税人将应纳税款缴入国库的期限。

七、纳税地点

纳税地点主要是指根据各个税种纳税对象的纳税环节和有利于对税款的源泉控制而规定的纳税人(包括代征、代扣、代缴义务人)的具体纳税地点。

八、税收减免

税收减免主要是对某些纳税人和征税对象采取减少征税或者免予征税的特殊规定。减税免税包括税基式减免、税额式减免和税率式减免三种形式。

税基式减免是通过直接缩小计税依据的方式来实现的减税免税，具体包括起征点、免征额、项目扣除及跨期结转等。税额式减免是指通过直接减少应纳税额的方式实现的减税免税，具体包括全部免征、减半征收、核定减免率及另定减征额等。税率式减免是通过直接降低税率的方式实行的减税免税。

知识拓展：税收减免的三种形式

视频：税法基础知识认知

【例1-7　单选题】关于税收实体法的构成要素，下列说法不正确的是(　　)。

A. 纳税人是税法规定的直接负有纳税义务的单位和个人，是实际负担税款的单位和个人

B. 征税对象是税法中规定的征纳双方权利义务共同指向的客体或标的物

C. 税率是对征税对象的征收比例或征收额度，是计算税额的尺度

D. 税目是反映具体的征税范围，是对课税对象质的界定

【解析】正确答案为A。实际负担税款的单位和个人为负税人，所以选项A的说法不正确。

第四节　我国税制体系的建立与发展

一、我国社会主义税制体系的建立与发展

税收制度作为经济体制的重要组成部分，随着经济体制的变革和社会经济条件的变化而不断地调整。根据新中国经济体制的变化，我们可以将新中国成立以来税收制度的变化大体上归结为三个阶段：第一阶段是1949—1978年的计划经济条件下的税收制度；第二阶段是1978—1993年的有计划商品经济条件下的税收制度；第三阶段是1994年至今的社会主义市场经济条件下的税收制度。

二、我国税收法治建设的规范化阶段

进入21世纪，中国经济进入了全面完善社会主义市场经济体制的新阶段，2001年加入WTO(世界贸易组织)，使中国经济的发展与世界经济融为一体。伴随着依法治国方略的确立，我国税收法治建设也逐步迈向规范化阶段。

知识拓展：我国社会主义税制体系的建立与发展

(一) 税收立法及程序规范化

2000年3月第九届全国人民代表大会第三次会议通过了《中华人民共和国立法法》。根据《立法法》的规定和要求，2001年11月16日，国务院公布了《行政法规制定程序条例》和《规章制定程序条例》，对行政法规、规章的立项、起草、审查、决定、公布、解释等做了规定。2002年2月1日，国家税务总局发布了《税务部门规章制定实施办法》，对税务规章的表现形式、制定依据、制定程序等作了规定。

(二) 税收实体法治建设

按照党的十六届三中全会的部署，税收实体法治建设进入了崭新阶段。

2006年1月1日，《中华人民共和国农业税条例》废止，结束了千年来农民负担皇粮国税的历史。2008年1月1日，《中华人民共和国企业所得税法》(以下简称《企业所得税法》)实施，从而统一了内外资企业所得税制度。2012年1月1日，《中华人民共和国车船税法》施行，标志着我国又一部实体税种完成了立法程序。

经国务院批准，自2012年1月1日起，在上海市开展交通运输业和部分现代服务业营业税改征增值税试点工作，并自2013年8月1日起扩展至全国范围。自2016年5月1日起，将金融业、建筑业、房地产业、生活服务业纳入试点范围，至此增值税全面扩围，营业税退出历史舞台。

2013年，党的十八届三中全会通过《中共中央关于全面深化改革若干重大问题的决定》，明确提出"落实税收法定原则"。2014年6月30日，中共中央政治局通过《深化财税体制改革总体方案》。2018年1月1日起，《中华人民共和国环境保护税法》施行，同年7月1日起《中华人民共和国船舶吨税法》(以下简称《船舶吨税法》)施行。2019年7月1日起，《中华人民共和国车辆购置税法》(以下简称《车辆购置税法》)施行，同年9月1日起《中华人民共和国耕地占用税

法》施行。2021年9月1日起,《中华人民共和国城市维护建设税法》施行。随着2022年7月1日《中华人民共和国印花税法》的施行,我国现行18个税种中已有12个税种制定了法律,税收立法不断推进。下一步,应当加快推进增值税、消费税等税种的立法工作,进一步以法律的形式巩固有关税制改革的成果。

2017年10月18日,党的十九大报告指出,要深化税收制度改革,健全地方税体系。2018年初,《政府工作报告》确定了规模达1.1万亿元的减税降费目标,此后又出台了促进实体经济发展、支持科技创新等一系列措施,使全年减税降费规模达到1.3万亿元以上。2018年12月13日,《国务院关于印发个人所得税专项附加扣除暂行办法的通知》发布。2019年1月1日起,修订后的《中华人民共和国个人所得税法实施条例》施行。2019年1月,为了进一步支持小微企业发展,财政部和税务总局出台了《关于实施小微企业普惠性税收减免政策的通知》;同年3月,财政部、税务总局和海关总署联合下发《关于深化增值税改革有关政策的公告》等文件,推进增值税实质性减税。2020年5月22日,时任国务院总理李克强在发布的《2020年政府工作报告》中提出,加大减税降费力度。2022年2月,时任财政部部长刘昆表示,2022年将实施更大规模减税降费。

知识拓展:减税
降费的具体改革
和相关数据

(三) 税收征收管理法建设

2002年9月7日,《中华人民共和国税收征收管理法实施细则》(以下简称《税收征收管理法实施细则》)颁布,对《中华人民共和国税收征收管理法》(以下简称《税收征收管理法》)的规定予以细化。2015年12月28日,修订后的《税务行政复议规则》发布。2013年6月,国务院法制办公室向社会公布《中华人民共和国税收征收管理法修订草案(征求意见稿)》,拉开了《税收征收管理法》新一轮修订的序幕。2017年1月1日起,《税务行政处罚裁量权行使规则》施行。

深化税收征管改革是完善现代税收体制的重要内容。"十四五"规划和2035年远景目标纲要提出"深化税收征管制度改革,建设智慧税务,推动税收征管现代化"。2021年3月,中共中央办公厅、国务院办公厅印发《关于进一步深化税收征管改革的意见》,对深化税收征管改革进行全面部署。

三、我国现行税法体系

我国现行税法体系是在原有税制的基础上,经过1994年税制改革后逐渐完善形成的。

(一) 税收实体法体系

我国现行税制就其实体法而言,是新中国成立后经过几次较大的改革逐步演变而来的,主要是经1994年税制改革后形成的,按征税对象大致分为以下5类。

(1) 商品(货物)和劳务税类,即流转税类,包括增值税、消费税和关税,主要在生产、流通或者服务业中发挥调节作用。

(2) 资源税类,包括资源税、土地增值税和城镇土地使用税,主要是对因开发和利用自然资源差异而形成的级差收入发挥调节作用。

(3) 所得税类,包括企业所得税、个人所得税,主要是在国民收入形成后,对生产经营者的利润和个人的纯收入发挥调节作用。

(4) 特定目的税类,包括城市维护建设税、车辆购置税、耕地占用税、环境保护税、烟叶税和船舶吨税,主要是为了达到特定目的,对特定对象和特定行为发挥调节作用。

(5) 财产和行为税类，包括房产税、车船税、印花税、契税，主要是对某些财产和行为发挥调节作用。

【提示】以上18部税收法律、法规组成了我国的税收实体法体系。

（二）税收程序法体系

我国的税收程序法是以《税收征收管理法》为核心，具体包括《税收征收管理法》《税收征收管理法实施细则》《中华人民共和国发票管理办法》(以下简称《发票管理办法》)、《税务行政复议规则》《税收减免管理办法》《税务登记管理办法》《纳税评估管理办法(试行)》等，以及参照执行的《中华人民共和国行政处罚法》(以下简称《行政处罚法》)、《中华人民共和国行政诉讼法》(以下简称《行政诉讼法》)。

【提示】我国先后与其他国家和地区正式签署了避免双重征税的双边税收协定，这些税收协定也是我国税法体系的组成部分。

第五节　税收立法和税收执法

一、税收立法权

税收立法是指有权的机关依据一定的程序、遵循一定的原则、运用一定的技术，制定、公布、修改、补充和废止有关税收法律、法规、规章的活动。税收立法权是制定、修改、解释或废止税收法律、法规、规章和规范性文件的权力。它包括两方面的内容：一是什么机关有税收立法权；二是各级机关的税收立法权是如何划分的。

（一）我国税收立法权划分的种类

税收立法权的划分有不同的方式。我国税收立法权是根据税收执法的级次来划分的。立法权可以给予某级政府，行政上的执行权给予另一级，这是一种传统的划分方法，能适用于任何类型的立法权。根据这种模式，有关纳税主体、税基和税率的基本法规的立法权放在中央政府，更具体的税收实施规定的立法权给予较低级政府。因此，需要指定某级政府制定不同级次的法律。

（二）我国税收立法权划分的现状

第一，中央税、中央与地方共享税及全国统一实行的地方税的立法权集中在中央，以保证中央政令统一，维护全国统一市场和企业平等竞争。其中，中央税是指维护国家权益、实施宏观调控所必需的税种，包括消费税、关税、车辆购置税等。中央和地方共享税是指同经济发展直接相关的主要税种，包括增值税、企业所得税、个人所得税等。地方税包括资源税、土地增值税、印花税、城市维护建设税、土地使用税、房产税和车船税等。

第二，依法赋予地方适当的地方税收立法权。我国地域辽阔，地区间经济发展水平很不平衡，经济资源包括税源都存在着较大差异，这种状况给全国统一制定税收法律带来一定的难度。因此，有前提地、适当地给地方下放一些税收立法权，使地方可以实事求是地根据自己特有的税源开征新的税种，促进地方经济的发展。这既有利于地方因地制宜地发挥当地的经济优势，同时便于同国际税收惯例对接。

关于我国现行税收立法权的划分问题，迄今为止，尚无一部法律对之加以完整规定，只是散见于若干财政和税收法律、法规中，尚有待于税收基本法做出统一规定。

(三) 我国税收立法机关及税收立法权划分的具体层次

税法有广义和狭义之分。广义的税法包括各有权机关根据国家立法体制制定的一系列税收法律、法规、规章和规范性文件，是税法体系的总称。由于制定税收法律、法规和规章的机关不同，其法律级次不同，因此其法律效力也不同。

1. 全国人大及其常委会制定的税收法律

在国家税收中，凡是基本的、全局性的问题，都需要由全国人大及其常委会以税收法律的形式制定实施。在现行税法中，《企业所得税法》《中华人民共和国个人所得税法》(以下简称《个人所得税法》)、《税收征收管理法》等都是税收法律。除《中华人民共和国宪法》(以下简称宪法)外，在税法体系中，税收法律具有最高的法律效力，其他各级有权机关制定的税收法规、规章，都不得与宪法和税收法律相抵触。

2. 全国人大及其常委会授权立法

授权立法是指全国人大及其常委会根据需要授权国务院制定暂行规定或条例。按照授权立法，国务院在1994年1月1日起实施的工商税制改革中，制定实施了增值税、消费税等6个税种的暂行条例。授权立法在一定程度上解决了我国经济体制改革和对外开放工作急需法律保障的当务之急。税收暂行条例的制定和公布实施，为全国人大及其常委会的立法工作提供了有益的经验和条件，也为将这些条例在条件成熟时上升为法律做好了准备。

3. 国务院制定的税收行政法规

行政立法的目的在于保障宪法和法律的实施。行政法规不得与宪法、其他法律相抵触。国务院发布的《中华人民共和国企业所得税法实施条例》(以下简称《企业所得税法实施条例》)、《税收征收管理法实施细则》等都是税收行政法规。

4. 地方人大及其常委会制定的税收地方性法规

由于我国在税收立法上坚持"统一税法"的原则，因此，地方权力机关制定税收地方性法规不是无限制的，而是要严格按照税收法律的授权行事。目前，除了海南省、各民族自治地方按照全国人民代表大会授权立法规定，在遵循宪法、法律和行政法规的原则基础上，可以制定有关税收的地方性法规外，其他省、市一般都无权自定税收地方性法规。

5. 国务院税务主管部门制定的税收部门规章

有权制定税收部门规章的税务主管机关是财政部、国家税务总局及海关总署。其制定规章的范围包括对有关税收法律法规的具体解释、税收征收管理的具体规定办法等。税收部门规章在全国范围内具有普遍适用效力，但不得与税收法律、行政法规相抵触。例如财政部、国家税务总局颁布的《中华人民共和国增值税暂行条例实施细则》(以下简称《增值税暂行条例实施细则》)、《税务代理试行办法》都属于税收部门规章。

6. 地方政府制定的税收地方规章

按照"统一税法"的原则，地方政府制定税收规章都必须在税收法律、法规明确授权的前提下进行，并且不得与税收法律、行政法规相抵触。凡是越权制定的税收规章，都没有法律效力。例如，国务院发布实施的城市维护建设税、房产税等地方性税种暂行条例，都规定省、自治区、直辖市人民政府可根据条例制定实施细则。

【例1-8　多选题】下列各项中属于全国人大及其常委会制定的税收法律的是(　　)。

A.《企业所得税法实施条例》　　　　B.《个人所得税法》

C.《税收征收管理法》　　　　　　　D.《发票管理办法》

【解析】正确答案为BC。《企业所得税法实施条例》《发票管理办法》是国务院制定的税收行政法规。

二、税收执法权

税收执法权是指税收机关依法征收税款，依法进行税收管理活动的权力。其具体包括税款征收权、税务检查权、税务稽查权、税务行政复议裁决权及税务行政处罚权等。

1. 税款征收权

税款征收权是政府税法执行权的一种，是税务机关依据《税收征收管理法》在实施税款征收过程中的权力，是税务机关最基本的权力。税款征收是征税机关依法将纳税人应纳税款通过不同的方式征集收缴入库的执法过程。税款征收权包括税款核定权、减免税的批准权、采取税收保全措施的权力、实行税收强制措施的权力及追征税款的权力等。

2. 税务检查权

税务检查是税务机关依据国家的税收法律、法规对纳税人等管理相对人履行法定义务的情况进行审查、监督的执法活动。它是税务机关实施税务检查行为、监督纳税人履行纳税义务、查处偷逃税行为的重要保证和手段。

3. 税务稽查权

税务稽查是税务机关依法对纳税人、扣缴义务人、扣缴义务情况所进行的税务检查和稽查工作的总称。税务稽查权是税收执法权的一个重要组成部分，也是整个国家行政监督体系中的一种特殊的监督权行使形式。《税收征收管理法实施细则》第9条规定"稽查局专司偷税、逃避追缴欠税、骗税、抗税案件的查处"。

2021年8月11日起，《税务稽查案件办理程序规定》施行，以规范税务稽查案件办理程序，强化监督制约机制，保护纳税人、扣缴义务人和其他涉税当事人合法权益。

4. 税务行政复议裁决权

税务行政复议裁决权的行使对保障和监督税务机关依法行使税收执法权，防止和纠正违法或者不当的具体税务行政行为，保护纳税人和其他有关当事人的合法权益，发挥着积极作用。为了防止和纠正税务机关违法或者不当的具体行政行为，保护纳税人及其他当事人的合法权益，保障和监督税务机关依法行使职权，纳税人及其他当事人认为税务机关的具体行政行为侵犯其合法权益，可依法向税务行政复议机关申请行政复议；税务行政复议机关受理行政复议申请，做出行政复议决定。

5. 税务行政处罚权

税务行政处罚权是指税务机关依法对纳税主体违反税法尚未构成犯罪，但应承担相应法律责任的行为实施制裁措施的权力。税务行政处罚权的行使对保证国家税收利益，督促纳税人依法纳税，发挥着重要作用。现行税务行政处罚主要有：罚款、停止出口退税权、没收违法所得等。

三、我国税务机构设置

过去二十多年间，地方税务机构设置经历了由财税合一到国税与地税分设，再由分设向合并的循环。

1. 从财税合一到国税地税分设

自新中国成立以后至1994年分税制改革之前，我国税务机构曾经采取过单一税务、归入财政、财税合置的模式。1994年，我国开始实行分税的财政管理体制改革，随之而来的是税收征管机构进行相应配套改革。中央层级设立国家税务总局，作为国务院主管税收工作的直属机构；省及省以下层级将税务机构分设为国家税务局和地方税务局两大税收征管系统。

2. 从国税地税分设到国税地税合作

随着我国财税体制改革的逐步深化，传统的国税与地税机构互相独立的局面已难以适应新形势的需要，深化税收征管体制改革的呼声高起，改革势在必行。2015年12月，中共中央办公厅、国务院办公厅联合下发了《深化国税、地税征管体制改革方案》，提出合作不合并的深化改革思路，以降低征纳成本，提高征管效率。

3. 从国税地税合作到国税地税合并

2018年3月5日召开的十三届全国人大一次会议通过了《深化党和国家机构改革方案》，提出改革国税地税征管体制，将省级和省级以下国税地税机构合并，具体承担所辖区域内各项税收、非税收入征管等职责。国税地税机构合并后，实行以国家税务总局为主与省(自治区、直辖市)政府双重领导管理体制。

2018年6月15日上午，全国各省(自治区、直辖市)级及计划单列市国税局、地税局合并且统一挂牌。同年7月20日，全国省市县乡四级新税务机构全部完成挂牌。

4. 税收征收管理范围划分

目前，我国的税收分别由税务和海关等系统负责征收管理。

海关系统负责征收和管理的税种有关税、船舶吨税，同时负责代征进出口环节的增值税和消费税。其余税种由税务机关负责征收和管理。

5. 社保入税

将各项社会保险费划转税务部门征收，是党的十九届三中全会做出的重大决策。按照国务院统一部署，各地城乡居民和企业、机关事业单位社会保险费划转税务部门征收。

目前社保费用的征收模式分为税务代征和税务全责征收两种模式。税务代征是由社保经办单位负责核定缴费数额，由税务部门负责征收。税务全责征收是指税务部门负责社保金额核定、征收等整个征缴环节。不同于税务代征，其将征收主体全部移交到税务部门，增强了税务部门征缴的积极性和主动性。

案例讨论

小微企业享受优惠政策案例

(一) 基本情况

宁夏兴隆种业有限公司，登记成立于2003年7月21日，注册地址为平罗县城北门种子公司楼下，登记注册类型为私营有限责任公司，注册资本为500万元，经营范围包括重要农作物常规种子、非主要农作物种子、农药(低毒低残留)销售。

(二) 享受优惠政策及增减变化情况

该公司财务核算健全，实行查账征收，是企业所得税小型微利企业。2019年前三个季度都已享受小微优惠政策，共减免税额673 375.78元，减免税额逐季度减少。2019年企业所得税申报情况如表1-2所示。

表1-2 宁夏兴隆种业有限公司2019年企业所得税纳税申报情况

单位：元

年度	应税收入	应纳税所得额	应纳税额	减免税额	实际缴纳税额	所得税税负
2019年一季度	1 520 840.88	1 401 543.57	350 385.89	260 231.54	90 154.35	5.9%
2019年二季度	1 570 040.93	1 188 211.97	297 052.99	228 231.80	68 821.19	4.4%
2019年三季度	1 782 265.93	924 562.21	231 140.55	184 912.44	46 228.28	2.6%

该企业2019年第一、二季度应纳税所得额超过100万元，低于300万元，第三季度应纳税所得额低于100万元，2019年共享受减免税额673 375.78元。2019年一季度应税收入1 520 840.88元，应纳税额350 385.89元，享受减免税额260 231.54元，减免税额占应纳税额的74%，实际纳税90 154.35元，实际纳税额占应纳税额的26%；2019年二季度应税收入1 570 040.93元，应纳税额297 052.99元，享受减免税额228 231.80元，减免税额占应纳税额的77%，实际纳税68 821.19元，实际纳税额占应纳税额的23%；2019年三季度应税收入1 782 265.93元，应纳税额231 140.55元，享受减免税额184 912.44元，减免税额占应纳税额的80%，实际纳税46 228.28元，实际纳税额占应纳税额的20%。

(三) 减免税用途及效益分析

2019年该企业将减免的这部分税金全部用在新建库房、扩大经营规模上，目的是抓住国家减税降费政策的机遇期，提高行业竞争力，增强盈利能力，持续壮大企业。

从企业实际经营情况来看：2018年该企业一直亏损，全年没有享受到小微企业优惠政策，2019年应税收入同比不断增加，一、二、三季度都盈利，享受到小微企业优惠政策，但实现的应纳税所得额逐季度减少。

资料来源：黑小娟. 市县减税降费典型案例[EB/OL]. https://czt.nx.gov.cn/ztzl/jsjf/gzdt_37777/202001/t20200115_1922985.html, 2020-01-15.

阅读上述材料，讨论以下问题：

1. 我国为什么要实施减税降费政策？它的意义有哪些？

2. 结合减税降费的成效，并结合我们国家社会经济发展成就，谈谈如何在国家治理视域下理解税收的经济调节职能。

3. 与学习贯彻习近平坚持以人民为中心的发展思想相结合，谈谈如何理解"人民至上"价值取向是我国税收制度的本质属性与时代内涵。

本 章 小 结 ⊕ ⊕

税收是政府为了满足公共需要，凭借政治权力，强制、无偿地取得财政收入的一种形式。其特征表现为3个方面：①无偿性；②强制性；③固定性。

税法是国家制定的、用以调整国家与纳税人之间在征纳税方面的权利及义务关系的法律规范的总称。税收法律关系包括3个方面的内容：①税收法律关系的构成；②税收法律关系的产生、变更与消灭；③税收法律关系的保护。

税法原则包括税法基本原则和税法适用原则。税法基本原则有：税收法定原则、税收公平原则、税收效率原则、实质课税原则。税法适用原则有：法律优位原则，法律不溯及既往原则，新法优于旧法原则，特别法优于普通法原则，实体从旧、程序从新原则，程序优于实体原则。

税法的构成要素主要包括：①纳税人；②征税对象；③税目；④税率；⑤纳税环节；⑥纳税期限；⑦纳税地点；⑧税收减免。

我国税法分类主要有4种分类方法：①按基本内容和效力不同，可分为税收基本法和税收普通法；②按职能作用不同，可分为税收实体法和税收程序法；③按税法征收对象的不同，可分为流转税税法，所得税税法，财产行为税税法、资源税税法及特定目的税税法；④按主权国家行使税收管辖权的不同，可分为国内税法、国际税法、外国税法。

税收管理权限划分为税收立法权和税收执法权两类。税收立法权是制定、修改、解释或废止税收法律、法规、规章和规范性文件的权力。税收执法权是指税收机关依法征收税款，依法进行税收管理活动的权力，具体包括税款征收权、税务检查权、税务稽查权、税务行政复议裁决权及税务行政处罚权等。

练习题 ⊕⊕

1. 税收的含义是什么？它的特征表现为哪几个方面？
2. 如何理解税收调节经济的职能？
3. 为什么说税收法定原则是税法基本原则中的核心？
4. 税法的适用原则包括哪些？如何正确理解实体从旧、程序从新原则的含义？
5. 什么是税收法律关系？它包括哪些方面的内容？
6. 税法的构成要素是什么？
7. 我国现行税率有哪些形式？与全额累进税率相比，超额累进税率具有什么优点？
8. 我国税法的分类方法有哪些？如何按照不同的分类方法对税法进行划分？
9. 我国现行的税法体系是如何构成的？
10. 税务机关拥有哪些税收执法权？

第二章
增值税法

//////// **本章导入**

　　增值税是以商品和劳务在流转过程中产生的增值额作为征税对象而征收的一种流转税，因其可有效防止商品在流转过程中的重复征税问题，并具有保持税收中性、普遍征收等特点，在世界上众多国家得以普遍推广。我国于1994年起在生产和流通领域全面实施生产型增值税，历经增值税转型、"营改增"等税制改革。增值税是我国的第一大税种，其税收收入占到我国全部税收的半壁江山。

//////// **学习目标**

- ☑ 认知类目标：了解增值税的概念、特点、类型和计税方法；掌握增值税征税范围、纳税人、税率与征收率的相关规定；掌握一般纳税人和小规模纳税人应纳税额的计算和进口货物征税的计算；熟悉增值税税收优惠和税收征管的相关规定等。
- ☑ 价值类目标：了解我国增值税税制改革历程和现状，从党的二十大报告思考深化增值税改革的方向；理解税收的宏观调控作用，树立关注民生、服务社会的意识；能正确进行增值税的税务处理，培养执着探索和实事求是的科学精神。
- ☑ 方法类目标：掌握增值税计算的方法；能够检索、查询相关文献资料，了解深化增值税改革的相关讯息和发展趋势。

//////// **案例引入**

　　2001年4月20日，一位曾在世界税收名噪一时，并在国际税收史上产生深远影响的法国老人与世长辞，享年83岁。他就是被世人誉为"增值税之父"的莫里斯·洛雷。1952年，莫里斯·洛雷先生任法国国家税务总局副局长。1954年，他把法国原有的11个间接税种合并为一，在世界范围内和国际税收史上，首次将"对价值增值部分征收"的流转税作为国家税收的主体税种，对世界各国的税制改革和财政体制改革产生了重大影响。为了建设社会主义市场经济，中国于1994年进行了有史以来最大的一次财税体制改革，引进了现代增值税，并初步取得了成功。税制改革至今，增值税对国家税收年收入在几年内突破1万亿元大关做出了重大贡献。

第一节　增值税基本原理

一、增值税的产生与发展

在增值税产生之前，法国实行的营业税具有多环节全额征税的特点，即商品从生产到消费，每经过一个环节发生一次销售都要全额征税。这种征收方式导致了同一商品的税收负担随生产流通环节的多少而不同，生产流通环节越多，该商品的税收负担就越大，重复征税也就越严重。例如，某商品的营业税税率为10%，其生产流通环节中各环节的销售额如表2-1所示。

表2-1　某商品的生产流通环节

生产流通环节	原材料生产	产成品生产	批发	零售
本环节销售额/元	100	150	180	200

按照传统的营业税计税方式，各环节应纳营业税总和＝100×10%＋150×10%＋180×10%＋200×10%＝63(元)。这就产生了重复征税问题。

如果该商品的生产流通环节再增加一个半成品生产环节，各环节的销售额如表2-2所示。

表2-2　某商品的生产流通环节(增加半成品生产环节)

生产流通环节	原材料生产	半成品生产	产成品生产	批发	零售
本环节销售额/元	100	120	150	180	200

按照传统的营业税计税方式，对每个流转环节均按全额征税，各环节应纳营业税总和＝100×10%＋120×10%＋150×10%＋180×10%＋200×10%＝75(元)。可见，流转环节的多少会影响商品的税收负担，在生产流通过程中每增加一个环节，该商品的税收负担也会随之增加。

1954年，法国在探索营业税改革的实践过程中提出了增值税这一全新的概念，允许纳税人在缴纳营业税时，抵扣为生产应税产品而耗用的外购货物在以前环节已纳的营业税。由于实施了税款抵扣制，就一个环节而言，虽然征税依据仍然是这一环节的全部销售额，但对生产、经营活动中的一切投入物的已纳税款均给予抵扣，那么，本环节实际征收的税额正好相当于对本环节生产、经营活动增加的价值所征收的税额。法国将完善后的营业税称为增值税，以示它与旧的营业税的不同。

此后，增值税在欧洲得到推广，不久又扩展到欧洲以外的许多国家。目前，世界上已有100多个国家实行了增值税。增值税在半个多世纪的时间里得到广泛认可和大力推行，这在世界税制发展史上是罕见的，被称为20世纪人类在财税领域的一个最重要的改革和成就。增值税得以推广，最主要的原因是其改变了传统的营业税按全额征税的做法，改由对每一生产流通环节的增值额进行征税，有效避免了重复征税和对纳税人生产经营活动的影响。

二、增值税的概念

增值税是以商品和劳务在流转过程中产生的增值额作为计税依据而征收的一种流转税。增值额是指纳税人从事生产经营或者提供劳务，在购入的商品或者取得劳务的价值基础上新增加的价值额，可以从以下几个方面理解。

(1) 从理论上讲，增值额是指企业在生产经营过程中新创造的价值额，相当于商品价值

W＝C＋V＋M中的"V＋M"部分。在我国，这相当于净产值或国民收入的部分，包括工资、利润、利息、租金和其他属于增值性的收入。

知识拓展：商品价值计算公式

(2) 就一个生产单位而言，增值额是这个单位商品或劳务销售收入额扣除非增值项目(相当于物化劳动，如外购的原材料、燃料、动力、包装物、低值易耗品等)价值后的余额。这个余额大体相当于该单位活劳动创造的价值。

(3) 就一个商品的生产经营全过程来讲，不论其生产经营经过几个环节，最后的销售总值应等于该商品从生产到流通的各个环节的增值额之和，即"商品最后销售价格为各环节增值额之和"。以表2-1为例，商品最后销售价格为200元，正好等于各生产流通环节的增值额"100＋50＋30＋20"之和。

三、增值税的特点

1. 体现税收中性原则

税收中性包含两种含义：一是国家征税使社会所付出的代价以税款为限，尽可能不给纳税人或社会带来其他额外的损失或负担；二是国家征税应避免对市场经济正常运行的干扰，特别是不能使税收超越市场机制而成为资源配置的决定因素。

【提示】税收中性原则的实践意义在于尽量减少税收对市场经济正常运行的干扰。

实行增值税能有效地解决按销售全额计税所造成的重复征税的弊端，使同一商品或劳务的税收负担具有一致性，其征税结果不会对纳税人的生产、经营活动和消费者的消费选择产生影响，具有中性特征。

2. 避免重复征税

根据增值税的计税原理，流转额中的非增值因素在计税时将被扣除。从世界各国来看，一般都实行凭购货发票进行税款抵扣的制度，在计算应纳税额时，要扣除商品在以前生产环节已负担的税款，以避免重复征税。

3. 多环节普遍征收

从增值税的征税范围看，对从事商品生产经营和劳务提供的所有单位和个人普遍征税；从增值税的征税环节看，在商品和劳务增值的各个生产流通环节征税。增值税可从商品的生产开始，一直延伸到商品的批发、零售等各个环节，使得增值税能够拥有广泛的税基。

4. 税负具有转嫁性

虽然增值税是向商品销售者和劳务提供者征收，但纳税人在销售商品和提供劳务时又通过价格将税收负担转嫁给下一个生产流通环节，最后由最终消费者承担。

5. 实行价外税制度

价外税是指税款不包含在商品价格内的价税分列的税种。增值税实行价外税制度，以不包含增值税税额的销售额作为计税依据。一般认为价外税比价内税容易转嫁。

四、增值税的类型

对固定资产已纳的增值税税额是否允许扣除，各国政策不一，在处理上不尽相同，由此产生了生产型、收入型和消费型三种不同类型的增值税。

（一）生产型增值税

所谓生产型增值税，是指不允许纳税人从本期销项税额中抵扣购入固定资产及其折旧部分的进项税额。就整个社会来说，由于增值税允许抵扣的范围只限于原材料等劳动对象的进项税额，所以实际征税对象等于工资、租金、利息、利润和折旧之和，相当于国内生产总值，故称为生产型增值税。

（二）收入型增值税

所谓收入型增值税，是指只允许纳税人从本期销项税额中抵扣用于生产经营固定资产的当期折旧价值额的进项税额。就整个社会来说，实际征税对象相当于全部社会产品扣除补偿消耗的生产资料以后的余额，即国民收入，故称为收入型增值税。

（三）消费型增值税

所谓消费型增值税，是指允许纳税人从本期销项税额中一次性抵扣用于生产经营的固定资产的全部进项税额。纳税人当期购入的固定资产，虽然在以前的经营环节已经缴纳税金，但购入时其缴纳的税金允许全部扣除，实际上这部分商品是不征税的。就整个社会来说，对生产资料不征税，只对消费资料征税，故称为消费型增值税。

【提示】我国自2009年1月1日起在全国范围内全面实行消费型增值税。

五、增值税的计税方法

增值税是以增值额作为课税对象征收的一种税，纳税人应纳增值税额等于增值额乘以适用税率，基本计算公式为

$$应纳税额＝增值额×适用税率$$

从计算公式可以看出，应纳税额的多少取决于增值额和适用税率两个因素。按照增值额确定方法的不同，增值税的计税方法可以分为直接计税法和间接计税法两种。

（一）直接计税法

直接计税法是按照规定直接计算出应税货物或劳务的增值额，然后以此为依据乘以适用税率，计算出应纳税额。直接计税法下的计算公式为

$$应纳税额＝(工资＋利息＋租金＋利润＋其他增值项目)×适用税率$$

或　　　　$$应纳税额＝(销售金额－非增值项目金额)×适用税率$$

在实际工作中，企业的增值因素和非增值因素是难以划分清楚的。因此，这种方法只是理论上的一种方法，在实际工作中并没有得到采用。

（二）间接计税法

间接计税法也称"扣税法"，是指不直接计算增值额，而是先按商品、劳务的课税全额和适用税率计算出增值税总体税额，然后扣除非增值项目已缴纳的税额，计算出增值税应纳税额。其计算公式为

$$应纳税额＝应税销售额×适用税率－购进价格×适用税率$$
$$＝销项税额－进项税额$$

这种方法比较简便易行,目前为大多数国家所采用。

【提示】我国目前采用的增值税计算方法为购进扣税法。其基本步骤是先用销售额乘以税率,得出销项税额,然后减去同期各项外购项目的已纳税额,从而得出应纳税额。实际征收中,采用凭增值税专用发票或其他合法扣税凭证注明税款进行抵扣的办法计算应纳税款。

六、我国增值税制度的改革与发展

(一)我国增值税制度的沿革

我国从1979年起开始在部分城市试行生产型增值税。1994年在生产和流通领域全面实施生产型增值税。自2009年1月1日起,在全国所有地区、所有行业推行增值税转型改革,将生产型增值税转为消费型增值税。2012年1月1日至2016年5月1日,我国实施营业税改征增值税改革。2019年4月1日,深化增值税改革开始实施。财政部、税务总局和海关总署联合发布《关于深化增值税改革有关政策的公告》,推进增值税实质性减税。

（视频：增值税概述）

我国现行增值税的基本规范是2017年11月19日国务院令第691号第二次修订并公布的《中华人民共和国增值税暂行条例》和2011年10月28日中华人民共和国财政部令第65号第二次修改并公布的《增值税暂行条例实施细则》,以及2016年3月发布的《关于全面推开营业税改征增值税试点的通知》(财税〔2016〕36号)。

【能力提升】登录中华人民共和国财政部网站(http://www.mof.gov.cn/),查询历年财政收入情况,计算增值税收入在全国税收收入中所占比重,理解增值税作为第一大税种在我国税制中发挥的作用,思考进一步深化我国增值税改革的意义。

(二)"营改增"试点改革

2012年1月1日,我国在上海部分行业试点营业税改增值税工作,并逐步将试点地区扩展到全国。2016年5月1日,我国全面推行"营改增"试点,将建筑业、房地产业、金融业、生活服务业等全部纳入"营改增"试点范围。至此,在新中国税制中有着66年历史的营业税退出历史舞台。2012—2017年,我国通过实施"营改增"累计减税2.1万亿元。

（知识拓展："营改增"历程）

(三)深化增值税改革

2018年政府工作报告明确提出要进一步减轻企业税负,改革完善增值税。2018年3月28日,国务院常务会议确定降低增值税税率、统一增值税小规模纳税人标准和一次性退还未抵扣完的进项税额三项措施。实施上述措施,全年减轻市场主体税负超过4000亿元,内外资企业都将同等受益。

从2018年5月1日起,制造业等行业增值税税率从17%降至16%,交通运输、建筑、基础电信服务等行业及农产品等货物的增值税税率从11%降至10%。

2019年3月5日,李克强在政府工作报告中提出,深化增值税改革,将制造业等行业现行16%的税率降至13%,将交通运输业、建筑业等行业现行10%的税率降至9%,确保主要行业税负明显降低;保持6%一档的税率不变,但通过采取对生产、生活性服务业增加税收抵扣等配套措施,确保所有行业税负只减不增,继续向推进税率三档并两档、税制简化方向迈进。2019年3月21日,财政部、税务总局、海关总署联合发布《关于深化增值税改革有关政策的公告》(财政部 税务总局

（知识拓展:确定深化增值税改革的措施）

海关总署公告2019年第39号），并公布一系列深化增值税改革的配套措施。

第二节　征税范围

增值税的征收范围包括在中华人民共和国境内(以下简称境内)销售货物或者提供加工、修理修配劳务(以下简称劳务)，销售服务、无形资产、不动产及进口货物所取得的收入。

一、征税范围的一般规定

（一）具体规定

1. 销售或者进口货物

货物，是指有形动产，包括电力、热力、气体在内。销售货物，是指有偿转让货物的所有权。

2. 提供劳务

劳务，是指纳税人提供的加工、修理修配劳务。加工，是指受托加工货物，即委托方提供原料及主要材料，受托方按照委托方的要求，制造货物并收取加工费的业务；修理修配，是指受托对损伤和丧失功能的货物进行修复，使其恢复原状和功能的业务。提供应税劳务，是指有偿提供加工、修理修配劳务。

3. 销售服务

服务，是指交通运输服务、邮政服务、电信服务、建筑服务、金融服务、现代服务、生活服务。具体征税范围如下。

(1) 交通运输服务，是指利用运输工具将货物或者旅客送达目的地，使其空间位置得到转移的业务活动，包括陆路运输服务、水路运输服务、航空运输服务和管道运输服务。

(2) 邮政服务，是指中国邮政集团有限公司及其所属邮政企业提供邮件寄递、邮政汇兑和机要通信等邮政基本服务的业务活动，包括邮政普遍服务、邮政特殊服务和其他邮政服务。

(3) 电信服务，是指利用有线、无线的电磁系统或者光电系统等各种通信网络资源，提供语音通话服务，传送、发射、接收或者应用图像、短信等电子数据和信息的业务活动，包括基础电信服务和增值电信服务。

(4) 建筑服务，是指各类建筑物、构筑物及其附属设施的建造、修缮、装饰，线路、管道、设备、设施等的安装及其他工程作业的业务活动，包括工程服务、安装服务、修缮服务、装饰服务和其他建筑服务。

(5) 金融服务，是指经营金融保险的业务活动，包括贷款服务、直接收费金融服务、保险服务和金融商品转让。

(6) 现代服务，是指围绕制造业、文化产业、现代物流产业等提供技术性、知识性服务的业务活动，包括研发和技术服务、信息技术服务、文化创意服务、物流辅助服务、租赁服务、鉴证咨询服务、广播影视服务、商务辅助服务和其他现代服务。

(7) 生活服务，是指为满足城乡居民日常生活需求提供的各类服务活动，包括文化体育服务、教育医疗服务、旅游娱乐服务、餐饮住宿服务、居民日常服务和其他生活服务。

4. 销售无形资产或者不动产

(1) 销售无形资产，是指转让无形资产所有权或者使用权的业务活动。

无形资产，是指不具实物形态，但能带来经济利益的资产，包括技术、商标、著作权、商誉、自然资源使用权和其他权益性无形资产。

其他权益性无形资产，包括基础设施资产经营权、公共事业特许权、配额、经营权(包括特许经营权、连锁经营权、其他经营权)、经销权、分销权、代理权、会员权、席位权、网络游戏虚拟道具、域名、名称权、肖像权、冠名权、转会费等。

知识拓展：销售服务、无形资产、不动产注释

(2) 销售不动产，是指转让不动产所有权的业务活动。

不动产，是指不能移动或者移动后会引起性质、形状改变的财产，包括建筑物、构筑物等。

【提示】转让建筑物有限产权或者永久使用权的，转让在建的建筑物或者构筑物所有权的，以及在转让建筑物或者构筑物时一并转让其所占土地的使用权的，按照销售不动产缴纳增值税。

(二) 非经营活动

销售货物、劳务、服务、无形资产和不动产，是指有偿提供以上经营活动，取得货币、货物或者其他经济利益，但属于下列非经营活动的情形除外。

(1) 行政单位收取的同时满足以下条件的政府性基金或者行政事业性收费：

① 由国务院或者财政部批准设立的政府性基金，由国务院或者省级人民政府及其财政、价格主管部门批准设立的行政事业性收费；

② 收取时开具省级以上(含省级)财政部门监(印)制的财政票据；

③ 所收款项全额上缴财政。

(2) 单位或者个体工商户聘用的员工为本单位或者雇主提供取得工资的服务。

(3) 单位或者个体工商户为聘用的员工提供服务。

(4) 财政部和国家税务总局规定的其他情形。

(三) 境内的界定

应税行为发生在中华人民共和国境内，具体是指：

(1) 服务(租赁不动产除外)或者无形资产(自然资源使用权除外)的销售方或者购买方在境内；

(2) 所销售或者租赁的不动产在境内；

(3) 所销售自然资源使用权的自然资源在境内。

下列情形不属于在境内销售服务或者无形资产：

● 境外单位或者个人向境内单位或者个人销售完全在境外发生的服务；

● 境外单位或者个人向境内单位或者个人销售完全在境外使用的无形资产；

● 境外单位或者个人向境内单位或者个人出租完全在境外使用的有形动产。

【提示】境外单位或者个人向境内单位或者个人销售的完全在境内发生的服务或使用的无形资产，属于在境内销售服务或无形资产，应照章缴纳增值税。例如，境外A工程公司在境内给境内B单位提供工程勘察勘探服务。

【提示】境外单位或者个人向境内单位或者个人销售的未完全在境外发生的服务或使用的无形资产，属于在境内销售服务或无形资产，应照章缴纳增值税。例如，境外C公司向境内D公司转让一项专利技术，该技术同时用于D公司在境内和境外的生产线。

【例2-1　多选题】下列属于增值税征税范围的有(　　)。

A. 英国某公司转让专利权给我国A公司使用

B. 德国某酒店向来自我国境内旅游团队提供住宿服务

C. 单位聘用员工为本单位提供配送服务

D. 出租车公司向使用本公司自有出租车的出租车司机收取的管理费用

【解析】正确答案为AD。选项B不属于在境内销售服务。选项C属于非经营活动中提供的应税项目，不属于增值税应税范围。

二、视同销售行为

增值税视同销售行为，是指那些移送货物或提供服务的行为并不符合增值税有关规定中销售货物或提供服务的定义，但在征税时要视同销售货物或提供服务缴纳增值税的行为。单位或个体工商户的以下行为视同销售，均要征收增值税。

(1) 将货物交付其他单位或者个人代销。

(2) 销售代销货物。

(3) 设有两个以上机构并实行统一核算的纳税人，将货物从一个机构移送至其他机构用于销售，但相关机构设在同一县(市)的除外。

(4) 将自产、委托加工的货物用于集体福利或者个人消费。

【提示】将购进的货物用于集体福利或者个人消费，不属于视同销售行为，其购进货物发生的增值税进项税额不准予抵扣。

(5) 将自产、委托加工或者购进的货物作为投资，提供给其他单位或者个体工商户。

(6) 将自产、委托加工或者购进的货物分配给股东或者投资者。

(7) 将自产、委托加工或者购进的货物无偿赠送其他单位或者个人。

(8) 向其他单位或者个人无偿销售应税服务、无偿转让无形资产或者不动产，但用于公益事业或者以社会公众为对象的除外。

【提示】将自产、委托加工或者购进的货物无偿赠送其他单位或者个人，包括用于公益事业或者以社会公众为对象的情形。

【提示】自2019年1月1日至2025年12月31日，对单位或者个体工商户将自产、委托加工或购买的货物通过公益性社会组织、县级及以上人民政府及其组成部门和直属机构，或直接无偿捐赠给目标脱贫地区的单位和个人，免征增值税。

【提示】2020年1月1日起，单位和个体工商户将自产、委托加工或购买的货物，通过公益性社会组织和县级以上人民政府及其部门等国家机关，或者直接向承担疫情防治任务的医院，无偿捐赠用于应对新型冠状病毒感染的肺炎疫情的，免征增值税。

按照上述几种行为的业务实质，可将其归为以下三类：①转让货物但未发生产权转移，如上述(1)和(2)项的情况；②货物产权没有发生变动，货物转移也未采取销售形式，而是用于类似销售的其他用途，如上述(3)项的情况；③虽然产权发生了变动，但货物和服务的转移不一定采取直接的销售方式，如上述(4)~(8)项的情况。

上述行为虽不具备销售货物和提供服务的一般特征，但均应确定为视同销售行为征税，其目的主要有以下几点：一是保证增值税税款抵扣制度的实施，不致因发生上述行为而造成各相关环节税款抵扣链条的中断；二是避免因发生上述行为而造成货物销售和服务提供税收负担不平衡的矛盾，防止出现以上述行为逃避纳税的现象；三是体现增值税计算的进项税额与销项税额相配比原则，即购进货物和服务已经在购进环节实施了进项税额抵扣，就应该产生相应的销售额及销项税额。

【例2-2 多选题】下列行为中，视同销售货物缴纳增值税的是(   )。

A. 将购进的货物用于集体福利　　　　B. 将购进的货物用于个人消费

C. 将购进的货物用于无偿赠送　　　　D. 将购进的货物用于对外投资

【解析】正确答案为CD。将购进的货物用于对外投资、分配、赠送，视同销售缴纳增值税。

三、混合销售行为

(一)混合销售行为的概念

混合销售行为是指一项销售行为既涉及服务，又涉及货物。在混合销售行为中，所涉及的货物和服务是针对一项销售行为而言的，也就是说，服务是为了直接销售一批货物而提供的，二者之间是紧密相连的从属关系。例如，某商场在销售空调的同时，为顾客提供安装服务并收取一定的费用。前者属于销售货物，后者属于提供建筑业服务，二者同时发生，并从同一受让者取得价款，即为混合销售行为。

(二)税务处理

对于混合销售行为，应根据纳税人的行业属性，实行不同的征税办法。从事货物的生产、批发或者零售的单位和个体工商户的混合销售行为，按照销售货物缴纳增值税；其他单位和个体工商户的混合销售行为，按照销售服务缴纳增值税。

【例2-3】某空调生产企业为增值税一般纳税人，某月向外地某商场销售一批空调，不含税销售额500 000元，并由空调生产企业进行运输，另收取运输费20 000元。请指出空调生产企业该项销售业务应如何纳税，并计算其应纳税额。

【解析】空调生产企业在这笔销售业务中，发生了销售货物和提供安装劳务的混合销售行为。空调生产企业属于货物生产企业，其发生的混合销售行为视为销售货物，取得的货款和安装费一并作为货物销售额征收增值税。

$$应纳增值税＝[500\,000＋20\,000÷(1＋13\%)]×13\%＝67\,300.88(元)$$

四、兼营行为

(一)兼营行为的概念

纳税人销售货物、劳务、服务、无形资产或不动产如果不是发生在同一项销售行为中的，属于兼营行为。即纳税人经营的业务中，有两项或多项销售行为，但是这些销售行为没有直接的关联和从属关系，业务的发生互相独立。

视频：全面"营改增"后混合销售行为的纳税筹划

(二)税务处理

纳税人销售货物、劳务、服务、无形资产或不动产适用不同税率或者征收率的，应当分别核算适用不同税率或者征收率的销售额，未分别核算销售额的，应当从高适用税率。

【例2-4】某物业公司为增值税一般纳税人，提供物业管理服务的同时，也向业主提供车位租赁服务。某月公司取得物管费收入180 000元、停车费收入240 000元。请指出该物业公司当月应如何纳税，并计算其应纳税额。

【解析】如果物业公司分别核算销售不同应税服务的销售额，其中，提供车位租赁，按照出租不动产适用9%的税率缴税；物管维修服务，按照现代服务适用6%的税率缴税。

应纳增值税＝180 000÷(1＋6%)×6%＋240 000÷(1＋9%)×9%＝30 005.19(元)

如果物业公司没有将这些服务分开核算，那么应该从高适用税率。

应纳增值税＝(180 000＋240 000)÷(1＋9%)×9%＝34 678.90(元)

五、不征收增值税项目

不征收增值税是指不属于增值税的征税范围的项目，具体如下：

(1) 根据国家指令无偿提供的铁路运输服务、航空运输服务，属于用于公益事业的服务；

(2) 存款利息；

(3) 被保险人获得的保险赔付；

(4) 房地产主管部门或者其他指定机构、公积金管理中心、开发企业及物业管理单位代收的住宅专项维修资金；

(5) 在资产重组过程中，通过合并、分立、出售、置换等方式，将全部或者部分实物资产及与其相关联的债权、负债和劳动力一并转让给其他单位和个人，其中涉及的不动产、土地使用权转让行为。

第三节　纳税人

一、纳税人和扣缴义务人

(一) 纳税人

在我国境内销售、劳务、服务、无形资产或者不动产的单位和个人，为增值税纳税人。单位，是指企业、行政单位、事业单位、军事单位、社会团体及其他单位。个人，是指个体工商户和其他个人。

单位以承包、承租、挂靠方式经营的，承包人、承租人、挂靠人以发包人、出租人、被挂靠人名义对外经营并由发包人承担相关法律责任的，以该发包人为纳税人。否则，以承包人为纳税人。

资管产品运营过程中发生的增值税应税销售行为，以资管产品管理人为增值税纳税人。

(二) 扣缴义务人

中华人民共和国境外的单位或者个人在境内提供应税行为，在境内未设有经营机构的，以其境内代理人为扣缴义务人；在境内没有代理人的，以购买方为扣缴义务人。

二、一般纳税人和小规模纳税人

在实际经济生活中，我国增值税纳税人众多，会计核算水平差异较大，大量的小企业和个人还不具备凭增值税专用发票抵扣税款的条件。为了简化增值税计算和征收，减少税收征管漏洞，我国根据会计核算水平和经营规模的不同，将增值税纳税人分为一般纳税人和小规模纳税人，分别采取不同的登记管理方法。

（一）一般纳税人

1. 一般纳税人的登记条件

(1) 年应税销售额超过规定标准。年应税销售额超过财政部、国家税务总局规定的小规模纳税人标准的增值税纳税人，除按规定选择按照小规模纳税人纳税的外，应当向主管税务机关办理一般纳税人登记。

年应税销售额是指纳税人在连续不超过12个月或4个季度的经营期内累计应征增值税销售额，包括纳税申报销售额、稽查查补销售额、纳税评估调整销售额。

销售服务、无形资产或者不动产有扣除项目的纳税人，其应税行为年应税销售额按未扣除之前的销售额计算。纳税人偶然发生的销售无形资产、转让不动产的销售额，不计入应税行为年应税销售额。

(2) 会计核算健全。年应税销售额未超过规定标准的纳税人，会计核算健全，能够提供准确税务资料的，可以向主管税务机关办理一般纳税人登记。

会计核算健全，是指能够按照国家统一的会计制度规定设置账簿，根据合法、有效凭证进行核算。

【提示】纳税人登记为一般纳税人后，不得转为小规模纳税人，国家税务总局另有规定的除外。

2. 不办理一般纳税人登记的情形

不办理一般纳税人登记的情形包括：

(1) 按照政策规定，选择按小规模纳税人纳税的；

(2) 年应税销售额超过规定标准的其他个人。

（二）小规模纳税人

小规模纳税人是指年应税销售额在规定标准以下，并且会计核算不健全，不能按规定报送有关税务资料的增值税纳税人。

小规模纳税人的认定标准如下。

(1) 增值税小规模纳税人标准为年应征增值税销售额500万元及以下。

(2) 年应税销售额超过小规模纳税人标准的其他个人按小规模纳税人纳税。

(3) 非企业性单位可选择按小规模纳税人纳税。

知识拓展：增值税一般纳税人登记管理办法

视频：增值税纳税义务人和扣缴义务人

第四节　税率与征收率

我国增值税采用比例税率，设置了基本税率、低税率和零税率三档。小规模纳税人和采用简易计税方法征税的一般纳税人适用征收率。

一、税率

（一）基本税率

基本税率，又称标准税率，适用于大多数征税对象，体现了增值税税负的轻重。基本税率的高低与各国的经济状况、税收政策、收入水平及历史形成的税负水平有关。增值税一般纳税人销售或者进口货物、提供加工修理修配劳务及提供有形动产租赁服务，除税法另有规定外，税率为13%。

【能力提升】增值税改革不仅是一项税制改革，也是减轻负担、纾解民生的惠民之举，更是促进结构调整、催生发展内生动力的有效措施。阅读相关文献资料，了解我国增值税税率下调的情况，探讨增值税税率下调的原因及其对企业税负、利润、现金流量、商品价格和消费行为的影响。

知识拓展：增值税税率历次调整

（二）低税率

低税率适用于税法列举的体现一定税收优惠政策的项目。设置低税率的目的是保证消费者对基本生活必需品的消费。

(1) 增值税一般纳税人销售或者进口下列货物，按低税率9%计征增值税。

① 粮食、食用植物油、鲜奶、食用盐。

② 自来水、暖气、冷气、热水、煤气、石油液化气、天然气、沼气、居民用煤炭制品。

③ 图书、报纸、杂志、音像制品、电子出版物。

④ 饲料、化肥、农药、农机、农膜。

⑤ 国务院及其有关部门规定的其他货物，如农产品、食用盐、二甲醚等。

(2) 提供交通运输、邮政、基础电信、建筑、不动产租赁服务，销售不动产，转让土地使用权，税率为9%。

(3) 提供增值电信服务、金融服务、生活服务、现代服务(租赁服务除外)、销售无形资产(转让土地使用权除外)，税率为6%。

（三）零税率

1. 出口货物

纳税人出口货物，税率为0，国务院另有规定的除外。

零税率，是指对出口货物除了在出口环节不征增值税外，还要对该产品在出口前已经缴纳的增值税进行退税，以使该出口产品在出口时完全不含增值税税款，从而以无税产品进入国际市场。

2. 跨境应税行为

境内单位和个人销售的下列服务和无形资产，适用增值税零税率。

(1) 国际运输服务。国际运输服务，是指在境内载运旅客或者货物出境、在境外载运旅客或者货物入境及在境外载运旅客或者货物。

(2) 航天运输服务。

(3) 向境外单位提供的完全在境外消费的下列服务：包括研发服务、合同

知识拓展：跨境应税行为适用增值税零税率和免税政策的规定

能源管理服务、设计服务、广播影视节目(作品)的制作和发行服务、软件服务、电路设计及测试服务、信息系统服务、业务流程管理服务、离岸服务外包业务、转让技术，以及财政部和国家税务总局规定的其他服务。

我国现行增值税税率如表2-3所示。

表2-3 增值税税率表

序号	税目	税率
1	销售或者进口货物(除9～12项外)	13%
2	加工、修理修配劳务	
3	有形动产租赁服务	
4	不动产租赁服务	9%
5	销售不动产	
6	建筑服务	
7	运输服务	
8	转让土地使用权	
9	饲料、化肥、农药、农机、农膜	
10	粮食等农产品、食用植物油、食用盐	
11	自来水、暖气、冷气、热水、煤气、石油液化气、燃气、二甲醚、沼气、居民用煤炭制品	
12	图书、报纸、杂志、音像制品、电子出版物	
13	邮政服务	
14	基础电信服务	
15	增值电信服务	
16	金融服务	6%
17	现代服务	
18	生活服务	
19	销售无形资产(除土地使用权外)	
20	出口货物	0
21	跨境销售国务院规定范围内的服务、无形资产	

【例2-5 单选题】根据增值税法律制度的规定，增值税一般纳税人提供的下列服务中，适用6%税率的是( )。

A. 交通运输服务　　　　　　B. 信息技术服务

C. 建筑服务　　　　　　　　D. 不动产租赁服务

【解析】正确答案为B。交通运输服务和建筑服务适用9%的税率，不动产租赁服务适用13%的税率。

二、征收率

增值税采用简易计税方法计税时适用的税率称为征收率。我国增值税征收率适用于两种情况：一是小规模纳税人；二是一般纳税人发生应税行为按规定可以选择简易计税方法计税的。

知识拓展：小规模纳税人阶段性增值税减免政策

（一）一般规定

1. 3%征收率

小规模纳税人增值税征收率为3%，国务院另有规定的除外。

【提示】享受免税政策，不得开具增值税专用发票，若纳税人选择开具增值税专用发票，则需要缴纳3%增值税。

2. 5%征收率

适用5%征收率计算应纳税额的主要有以下情形。

(1) 不动产销售，包括小规模纳税人销售自建或者取得的不动产、一般纳税人选择简易计税方法计税的不动产销售、房地产开发企业中的小规模纳税人销售自行开发的房地产项目和其他个人销售其取得(不含自建)的不动产。

(2) 不动产出租，包括小规模纳税人出租其取得的不动产、一般纳税人选择简易计税方法计税的不动产经营租赁、其他个人出租其取得的不动产。

【提示】以上不动产不含住房。个人出租住房，应按照5%的征收率减按1.5%计算应纳税额。

(3) 一般纳税人和小规模纳税人提供劳务派遣服务选择差额纳税的。

(4) 一般纳税人提供人力资源外包服务，选择适用简易计税方法的。

（二）特殊规定

(1) 销售自己使用过的固定资产，可以按照以下方式计算缴纳增值税：

① 一般纳税人销售自己使用过的不得抵扣且未抵扣进项税额的固定资产，按照简易计税方法依照3%征收率减按2%征收增值税；

② 小规模纳税人(除其他个人外)销售自己使用过的固定资产，减按2%征收率征收增值税。

(2) 纳税人销售旧货，按照简易计税方法依照3%征收率减按2%征收增值税。旧货是指进入二次流通的具有部分使用价值的货物(含旧汽车、旧摩托车和旧游艇)，但不包括自己使用过的物品。纳税人销售自己使用过的固定资产或旧货，按下列公式确定销售额和应纳税额：

$$销售额=含税销售额÷(1+3\%)$$
$$应纳税额=销售额×2\%$$

【例2-6　单选题】甲企业为增值税小规模纳税人，某月销售自己使用过3年的小货车，取得含税销售额41 200元；销售自己使用过的包装物，取得含税销售额82 400元。甲企业当月应缴纳的增值税税额为(　　)元。

A. 2 800　　　　　B. 3 600　　　　　C. 3 200　　　　　D. 2 400

【解析】41 200÷(1+3%)×2%=800(元)

82 400÷(1+3%)×3%=2 400(元)

应纳税额=800+2 400=3 200(元)，故正确答案为C。

(3) 提供物业管理服务的纳税人，向服务接受方收取的自来水水费，以扣除其对外支付的自来水水费后的余额为销售额，按照简易计税方法依照3%的征收率计算缴纳增值税。

(4) 小规模纳税人提供劳务派遣服务，可以取得的全部价款和价外费用为销售额，按照简易计税方法依照3%的征收率计算缴纳增值税。

【提示】选择差额征税的，按照简易计税方法依照5%的征收率计算缴纳增值税。

第五节 一般计税方法应纳税额的计算

我国目前对一般纳税人采用的一般计税方法是间接计算法，即一般纳税人销售、劳务、服务、无形资产或者不动产的应纳税额，等于当期销项税额抵扣当期进项税额后的余额。其计算公式为

$$当期应纳税额 = 当期销项税额 - 当期进项税额$$
$$= 当期销售额 \times 适用税率 - 当期进项税额$$

可见，增值税一般纳税人当期应纳税额取决于当期销项税额和当期进项税额两个因素。

一、销项税额的计算

销项税额是指纳税人销售货物、劳务、服务、无形资产或者不动产时，按照销售额和规定的税率计算并向购买方收取的增值税税额。其计算公式为

$$销项税额 = 销售额 \times 适用税率$$

从上述公式中可以看出，销项税额的计算取决于销售额和适用税率两个因素。在适用税率既定的前提下，销项税额的大小主要取决于销售额的大小。因此，销项税额计算的关键是如何准确确定作为增值税计税依据的销售额。

（一）一般销售方式下的销售额

销售额是指纳税人销售货物、劳务、服务、无形资产或者不动产时向购买方收取的全部价款和价外费用。

【提示】增值税采用价外计税方式，用不含税价作为计税依据，因而销售额中不包括向购买方收取的销项税额。

价外费用，包括价外向购买方收取的手续费、补贴、基金、集资费、返还利润、奖励费、违约金、滞纳金、延期付款利息、赔偿金、代收款项、代垫款项、包装费、包装物租金、储备费、优质费、运输装卸费及其他各种性质的价外收费。

凡随同销售货物、劳务、服务、无形资产或者不动产向购买方收取的价外费用，无论其会计制度如何核算，均应并入销售额计算应纳税额，防止出现以各种名目的收费减少销售额逃避纳税的现象，但下列销售方代为收取的有关费用不包括在内。

(1) 受托加工应征消费税的消费品所代收代缴的消费税。

(2) 代为收取并符合以下条件的政府性基金或者行政事业性费用：

① 由国务院或者财政部批准设立的政府性基金，由国务院或省级人民政府及其财政、价格主管部门批准设立的行政事业性收费；

② 收取时开具省级以上财政部门印制的财政票据；

③ 所收款项全额上缴财政。

(3) 以委托方名义开具发票代委托方收取的款项。

(4) 销售货物的同时代办保险等而向购买方收取的保险费，以及向购买方收取的代购买方缴纳的车辆购置税、车辆牌照费。

【提示】根据国家税务总局的规定，对增值税一般纳税人向购买方收取的价外费用和逾期

包装物押金，应视为含税收入，在征税时换算成不含税收入再并入销售额。

【例2-7】甲公司是增值税一般纳税人。某月甲公司销售产品100件，每件不含税销售价格为1 000元，同时收取优质费10 000元。请计算甲公司当月的增值税销项税额。

【解析】在销售产品的同时收取的优质费属于价外费用。

增值税(销项)＝[100×1 000＋10 000÷(1＋13%)]×13%＝14 150.44(元)

【例2-8　单选题】某广告公司为增值税一般纳税人，某月取得广告设计不含税价款530万元，包装费、奖励费等收入5.3万元；支付设备租赁费，取得的增值税专用发票上注明税额16万元。根据增值税法律制度的规定，该广告公司当月上述业务应纳增值税(　　)万元。

　　A. 14.8　　　　B. 15.12　　　C. 16.1　　　D. 13.3

【解析】正确答案为C。应纳增值税税额＝[530＋5.3÷(1＋6%)]×6%－16＝16.1(万元)

（二）特殊销售方式下的销售额

在销售活动中，为了达到促销的目的，纳税人可以选择多种销售方式。而在不同的销售方式下，销售额会有所不同。税法对以下几种销售方式做出了规定。

1. 折扣方式

(1) 折扣销售，又称商业折扣，是指销货方在销售货物或提供应税劳务和发生应税行为时，因购货方购货数量较大等原因而给予购货方的价格优惠。根据税法规定，销售额和折扣额在同一张发票上分别注明的，可按冲减折扣额后的销售额征收增值税；将折扣额另开发票的，不论财务会计上如何处理，在征收增值税时，折扣额不得冲减销售额。

【提示】"销售额和折扣额在同一张发票上分别注明"，是指销售额和折扣额在同一张发票上的"金额"栏分别注明。未在同一张发票"金额"栏注明折扣额，而仅在发票的"备注"栏注明折扣额的，折扣额不得从销售额中减除。

(2) 销售折扣，即现金折扣，是指销货方在销售货物、提供应税劳务或发生应税行为后，为了鼓励购货方及早偿还货款而协议许诺给予购货方的一种折扣优待，例如，2/10、n/30。销售折扣发生在销货之后，是一种融资性质的理财费用，因此，销售折扣不得从销售额中减除。

(3) 实物折扣，即销货方未给予购货方货物价格的折扣，而是多给予实物的一种优惠。销货者将自产、委托加工和购买的货物用于实物折扣的，该实物款额不能从货物销售额中减除，且该实物应按"视同销售货物"中的"赠送他人"计算征收增值税。

(4) 销售折让，即货物销售后，由于其品种、质量等原因购货方未予退货，但销货方需给予购货方的一种价格折让。销售折让是由于货物的品种和质量引起销售额的减少，对销售折让可以折让后的货款为销售额。

视频：折扣销售的增值税税收筹划

【提示】纳税人销售货物并向购买方开具增值税专用发票后，由于购货方在一定时期内累计购买货物达到一定数量，或者由于市场价格下降等原因，销货方给予购货方相应的价格优惠或补偿等折扣、折让行为，销货方可按规定开具红字增值税专用发票。

【例2-9　单选题】甲企业是增值税一般纳税人，某月向乙商场销售服装1 000件，每件不含税价格为80元。由于乙商场购买量大，甲企业按原价7折优惠销售，乙商场付款后，甲企业为乙商场开具的发票上分别注明了销售额和折扣额，则甲企业此项业务的增值税销项税额是(　　)元。

　　A. 8 136.75　　　　　B. 7 280　　　　　C. 11 623.94　　　　　D. 13 600

【解析】销项税额＝80×0.7×1 000×13%＝7 280(元)，故正确答案为B。

2. 以旧换新方式

以旧换新是指纳税人在销售自己的货物时，有偿收回旧货物的行为。根据税法规定，采取以旧换新方式销售货物的，应按新货物的同期销售价格确定销售额，不得扣减旧货物的收购价格。

【例2-10 单选题】某家电销售公司为增值税一般纳税人。某月销售H型空调80台，每台含税价款2 825元；采取"以旧换新"方式销售同型号空调20台，每台旧空调作价565元，实际每台收取款项2 260元。根据增值税相关法律制度的规定，该企业当月上述业务增值税销项税额为( )元。

A. 40 800　　　　B. 32 500　　　　C. 47 736　　　　D. 49 725

【解析】销项税额=[2 825×80/(1+13%)+(2 260+565)×20/(1+13%)]×13%=32 500(元)，故正确答案为B。

【提示】考虑到金银首饰以旧换新业务的特殊情况，对金银首饰以旧换新业务，可以按销售方实际收取的不含增值税的全部价款征收增值税。

【例2-11】某金店为增值税一般纳税人，某月采取"以旧换新"方式向消费者销售金项链100条，新项链每条零售价3 000元，旧项链每条作价1 000元，每条项链实际取得差价款2 000元。计算该金店当月上述业务的增值税销项税额。

【解析】销项税额=2 000×100÷(1+13%)×13%=23 008.85(元)

3. 还本销售方式

还本销售是指纳税人在销售货物后，在一定期限内由销售方一次或分次退还给购货方全部或部分价款。这种方式实际上是一种筹资，是以货物换取资金的使用价值，到期还本不付息的方法。根据税法规定，采取还本销售方式销售货物，其销售额就是货物的销售价格，不得从销售额中减除还本支出。

【例2-12】某钢琴厂为增值税一般纳税人，本月采取"还本销售"方式销售钢琴，开出普通发票20张，共收取货款25万元，该厂扣除还本准备金5万元后按20万元做销售处理。计算该厂应确认的增值税销项税额。

【解析】销项税额=25÷(1+13%)×13%=2.88(万元)

4. 以物易物方式

以物易物是指购销双方不是以货币结算，而是以同等价款的货物相互结算，实现货物购销的一种方式。以物易物双方都应做购销处理，以各自发出的货物核算销售额并计算销项税额，以各自收到的货物按规定核算购货额并计算进项税额。

【提示】在以物易物活动中，应分别开具合法的票据，如收到的货物不能取得相应的增值税专用发票或其他合法票据的，不能抵扣进项税额。

5. 包装物押金

根据税法规定，纳税人为销售货物而出租出借包装物收取的押金，单独记账核算的，时间在1年以内，又未过期的，不并入销售额征税，但对因逾期未收回包装物不再退还的押金，应按所包装货物的适用税率计算销项税额。"逾期"是指按合同约定实际逾期或以1年为期限，对收取1年以上的押金，无论是否退还均并入销售额征税。

从1995年6月1日起，对销售除啤酒、黄酒外的其他酒类产品而收取的包装物押金，无论是否返还及会计上如何核算，均应并入当期销售额征税。

> 【提示】在将包装物押金并入销售额征税时，需要先将该押金换算为不含税价，再并入销售额征税。
>
> 【提示】包装物押金不应混同于包装物租金，包装物租金在销售货物时已作为价外费用并入销售额计算销项税额。

【例2-13】甲企业为增值税一般纳税人，某月销售黄酒，取得不含增值税售价100万元，收取包装物押金17万元，没收逾期包装物押金2.26万元。已知，甲企业收取包装物押金单独记账，并规定包装物应当于提货之日起3个月内返还，逾期未归还者没收押金。计算甲企业当月销售黄酒的增值税销项税额。

【解析】销项税额＝[100＋2.26÷(1＋13%)]×13%＝13.26(万元)

【例2-14】乙白酒厂是增值税一般纳税人，某月销售白酒，取得不含税销售收入10万元，收取包装物押金1万元并约定包装物应当在3个月内返还，没收逾期未归还包装物押金0.5万元。计算乙酒厂当月销售白酒的增值税销项税额。

【解析】销项税额＝[10＋1÷(1＋13%)]×13%＝1.42(万元)

6. 直销方式

直销企业增值税销售额的确定主要有以下两种。

(1) 直销企业先将货物销售给直销员，直销员再将货物销售给消费者的，直销企业的销售额为其向直销员收取的全部价款和价外费用。直销员将货物销售给消费者时，应按照现行规定缴纳增值税。

(2) 直销企业通过直销员向消费者销售货物，直接向消费者收取货款，直销企业的销售额为其向消费者收取的全部价款和价外费用。

7. 贷款服务

贷款服务，以提供贷款服务取得的全部利息及利息性质的收入为销售额。

8. 直接收费金融服务

直接收费金融服务，以提供直接收费金融服务收取的手续费、佣金、酬金、管理费、服务费、经手费、开户费、过户费、结算费、转托管费等各类费用为销售额。

(三) 按差额确定销售额

虽然原营业税征税范围已并入增值税征收范围，但目前仍然存在无法通过抵扣机制避免重复征税的情况，因此为了解决纳税人税负增加的问题，引入了差额征税的办法。以下项目属于按差额确定销售额。

(1) 金融商品转让的销售额。金融商品转让，按照卖出价扣减买入价的余额为销售额。转让金融商品出现的正负差，按盈亏相抵后的余额为销售额。若相抵后出现负差，可结转下一纳税期与下期转让金融商品销售额相抵，但年末仍出现负差，则不得再转入下一个会计年度。

(2) 经纪代理服务的销售额。经纪代理服务以取得的全部价款和价外费用，扣除向委托方收取并代为支付的政府性基金或者行政事业性收费后的余额为销售额。向委托方收取并代为支付的政府性基金或者行政事业性收费不得开具增值税专用发票。

(3) 一般纳税人提供客运场站服务，以其取得的全部价款和价外费用，扣除支付给承运方运费后的余额为销售额。

(4) 纳税人提供旅游服务，可以选择以取得的全部价款和价外费用，扣除向旅游服务购买方收取并支付给其他单位或者个人的住宿费、餐饮费、交通费、签证费、门票费和支付给其他接团旅游企业的旅游费用后的余额为销售额。

(5) 纳税人提供建筑服务适用简易计税方法的，以全部价款和价外费用扣除支付的分包款后的余额为销售额。

(6) 房地产开发企业中的一般纳税人销售其开发的房地产项目，以取得的全部价款和价外费用，扣除受让土地时向政府部门支付的土地价款后的余额为销售额。

【提示】纳税人按照上述规定从全部价款和价外费用中扣除的价款，应当取得符合法律、行政法规和国家税务总局规定的有效凭证；否则，不得扣除。

上述凭证具体包括以下几方面。

① 支付给境内单位或者个人的款项，以发票为合法有效凭证。

② 支付给境外单位或者个人的款项，以该单位或者个人的签收单据为合法有效凭证，税务机关对签收单据有疑议的，可以要求其提供境外公证机构的确认证明。

③ 缴纳的税款，以完税凭证为合法有效凭证。

④ 扣除的政府性基金、行政事业性收费或者向政府支付的土地价款，以省级以上(含省级)财政部门监(印)制的财政票据为合法有效凭证。

⑤ 国家税务总局规定的其他凭证。

(四) 销售额的核定

纳税人发生应税行为的价格明显偏低并无正当理由的，或者有视同发生应税行为而无销售额的，由主管税务机关按照下列顺序核定销售额。

(1) 按照纳税人最近时期同类应税行为的平均销售价格确定。

(2) 按照其他纳税人最近时期同类应税行为的平均销售价格确定。

(3) 按照组成计税价格确定。组成计税价格计算公式为

$$组成计税价格＝成本×(1＋成本利润率)$$

征收增值税的货物同时又征收消费税的，其组成计税价格中应加上消费税税额。其组成计税价格的计算公式为

$$组成计税价格＝成本×(1＋成本利润率)＋消费税税额$$

或 $$组成计税价格＝成本×(1＋成本利润率)÷(1－消费税税率)$$

【例2-15】甲食品厂为增值税一般纳税人，某月将一批自产月饼作为福利发放给职工，已知月饼成本7 020元，无同类货物销售价格，成本利润率为10%。请问该项业务是否应缴纳增值税，并计算其销项税额。

【解析】

(1) 将自产月饼用于职工福利，应视同销售货物缴纳增值税。

(2) 因无同类货物销售价格，以组成计税价格确定销售额。

$$组成计税价格＝7 020×(1＋10\%)＝7 722(元)$$
$$销项税额＝7 722×13\%＝1 003.86(元)$$

二、进项税额的计算

进项税额是指纳税人购进货物、劳务、服务、无形资产或者不动产，支付或者负担的增值税税额。它是与销项税额相对应的另一个概念，销售方收取的销项税额就是购买方支付的进项

税额。对于任何一个纳税人而言，由于其在经营活动中，既会发生销售行为又会发生购进行为，因此，每一个纳税人都会有收取的销项税额和支付的进项税额。我国现行增值税制采用购进扣税法，即凭合法扣税凭证对当期购进项目已纳税款进行抵扣，这样，进项税额作为可抵扣的部分，对于纳税人应纳税额的多少有着举足轻重的作用。

（一）准予从销项税额中抵扣的进项税额

准予从销项税额中抵扣的进项税额，限于增值税扣税凭证上注明的增值税税额和按规定的扣除率计算的进项税额。

【提示】增值税扣税凭证，是指增值税专用发票、机动车销售统一发票、海关进口增值税专用缴款书、农产品收购发票和农产品销售发票及完税凭证。

(1) 从销售方取得的增值税专用发票(含税控机动车销售统一发票)上注明的增值税额。

(2) 从海关取得的海关进口增值税专用缴款书上注明的增值税额。

(3) 从境外单位或者个人购进服务、无形资产或者不动产，为税务机关或者扣缴义务人取得的解缴税款的完税凭证上注明的增值税额。

【提示】纳税人凭完税凭证抵扣进项税额的，应当具备书面合同、付款证明和境外单位的对账单或者发票。

(4) 购进农产品，按下列规定抵扣进项税额。

① 取得增值税专用发票或者海关进口增值税专用缴款书的，以凭证上注明的增值税为进项税额。

② 从小规模纳税人处取得增值税专用发票的，以发票上注明的金额和9%的扣除率计算进项税额。

③ 取得(开具)农产品销售发票或收购发票的，以发票上注明的农产品买价和9%的扣除率计算进项税额。其计算公式为

$$进项税额＝买价×扣除率$$

【提示】纳税人购进用于生产销售或委托加工13%税率货物的农产品，按照10%的扣除率计算进项税额。

④ 采购烟叶，准予抵扣的进项税额不仅包括烟叶收购金额还包括缴纳的烟叶税。其计算公式为

准予抵扣的进项税额＝(收购烟叶实际支付的价款总额＋烟叶税应纳税额)×扣除率

其中：

收购烟叶实际支付的价款总额＝烟叶收购价款＋价外补贴＝烟叶收购价款×(1＋10%)

烟叶税＝收购烟叶实际支付的价款总额×税率＝烟叶收购价款×(1＋10%)×20%

⑤ 进项税额核定扣除。为调整和完善农产品增值税抵扣机制，自2012年7月1日起，我国在部分行业开展增值税进项税额核定扣除试点。以购进农产品为原料生产销售液体乳及乳制品、酒及酒精、植物油的增值税一般纳税人，纳入农产品增值税进项税额核定扣除试点范围，其购进农产品的增值税进项税额按照核定扣除办法计算。

知识拓展：农产品增值税进项税额核定扣除

(5) 国内旅客运输服务。自2019年4月1日起，纳税人购进国内旅客运输服务，其进项税额允许从销项税额中抵扣。纳税人未取得增值税专用发票的，暂按照以下规定确

定进项税额。

① 取得增值税电子普通发票的，为发票上注明的税额。

② 取得航空运输电子客票行程单的，按照下列公式计算进项税额：

$$航空旅客运输进项税额=(票价+燃油附加费)÷(1+9\%)×9\%$$

③ 取得铁路车票的，按照下列公式计算进项税额：

$$铁路旅客运输进项税额=票面金额÷(1+9\%)×9\%$$

④ 取得公路、水路等其他客票的，按照下列公式计算进项税额：

$$公路、水路等其他旅客运输进项税额=票面金额÷(1+3\%)×3\%$$

【提示】上述②～④项须注明旅客身份信息。

【提示】"国内旅客运输服务"限于与本单位签订了劳动合同的员工，以及本单位作为用工单位接受的劳务派遣员工发生的国内旅客运输服务。

(二) 加计抵减政策

1. 加计抵减的含义

加计抵减是指允许特定纳税人按照当期可抵扣进项税额的一定比例计算出一个抵减额，专用于抵减一般计税方法下计算出来的应纳税额。

2. 享受范围

生产、生活性服务业纳税人自2019年4月1日起可以享受加计抵减税收优惠政策。自2023年1月1日至2023年12月31日，允许生产性服务业纳税人按照当期可抵扣进项税额加计5%抵减应纳税额，允许生活性服务业纳税人按照当期可抵扣进项税额加计10%抵减应纳税额。

生产性服务业纳税人，是指提供邮政服务、电信服务、现代服务、生活服务(以下称四项服务)取得的销售额占全部销售额的比重超过50%的纳税人。

生活性服务业纳税人，是指提供生活服务取得的销售额占全部销售额的比重超过50%的纳税人。

根据财税[2013]17号、25号和43号文件规定，自2023年1月1日至2027年12月31日，允许集成电路和工业母机企业按照当期可抵扣进项税额加计15%抵减应纳增值税税额，允许先进制造业企业按照当期可抵扣进项税额加计5%抵减应纳增值税税额。

3. 加计抵减的计算

加计抵减计算公式为

$$当期计提加计抵减额=当期可抵扣进项税额×10\%(5\%或15\%)$$

不得从销项税额中抵扣的进项税额，不得计提加计抵减额。已计提加计抵减额的进项税额，按规定作进项税额转出的，应在进项税额转出当期，相应调减加计抵减额。可抵减加计抵减额的计算公式为

$$当期可抵减加计抵减额=上期末加计抵减额余额+当期计提加计抵减额-当期调减加计抵减额$$

【提示】适用加计抵减政策的纳税人，当期可抵扣进项税额均可以加计10%抵减应纳税额，不仅限于提供四项服务对应的进项税额。

【例2-16】 A公司为从事研发和技术服务的一般纳税人。2023年1月，A公司的销项税额为92万元，可抵扣的进项税额为90万元。2023年2月，A公司的销项税额为110万元，可抵扣的进项税额为90万元。1月购进的一批货物用于个人消费，该批货物购进时取得增值税专用发票，税款10万元已在1月抵扣。请计算A公司2023年1月和2月应缴纳的增值税。

【解析】

2023年1月：当期计提加计抵减额 $=90\times5\%=4.5$(万元)

当期应纳税额 $=92-90-4.5=-2.5$(万元)<0，则当期应纳税额为0。

$$期末加计抵减额余额=4.5-2=2.5(万元)$$

2023年2月：当期计提加计抵减额 $=90\times5\%=4.5$(万元)

$$当期可抵减加计抵减额=2.5+4.5-10\times5\%=6.5(万元)$$
$$当期应纳税额=110-90+10-6.5=23.5(万元)$$

4. 加计抵减优惠的办理

符合加计抵减政策的纳税人，应在年度首次确认适用加计抵减政策时，通过电子税务局或前往办税服务厅提交《适用加计抵减政策的声明》。

纳税人应单独核算加计抵减额的计提、抵减、调减、结余等变动情况。

（三）不得从销项税额中抵扣的进项税额

并不是纳税人支付的所有进项税额都可以进行抵扣。为体现增值税的配比原则，即购进项目金额与销售产品销售额之间应有配比性，当没有销售产品的销项税额对应时，或取得的增值税扣税凭证不符合规定时，其进项税额不能从销项税额中抵扣。税法对不能抵扣进项税额的项目作了严格的规定。

(1) 用于简易计税方法计税项目、免征增值税项目、集体福利或者个人消费的购进货物、加工修理修配劳务、服务、无形资产和不动产。

其中涉及的固定资产、无形资产、不动产，仅指专用于上述项目的固定资产、无形资产(不包括其他权益性无形资产)、不动产。但是发生兼用于上述不允许抵扣项目情况的，该进项税额准予全部抵扣。

【提示】 纳税人租入固定资产、不动产兼用于上述项目的，其进项税额也准予全部抵扣。

【提示】 纳税人购进其他权益性无形资产，无论是专用于还是兼用于上述项目，均可以抵扣进项税额。

【提示】 纳税人的交际应酬消费属于个人消费。

(2) 非正常损失的购进货物，以及相关劳务和交通运输服务。

(3) 非正常损失的在产品、产成品所耗用的购进货物(不包括固定资产)、劳务和交通运输服务。

(4) 非正常损失的不动产，以及该不动产所耗用的购进货物、设计服务和建筑服务。

(5) 非正常损失的不动产在建工程所耗用的购进货物、设计服务和建筑服务。

【提示】 非正常损失，是指因管理不善造成货物被盗、丢失、霉烂变质，以及因违反法律法规造成货物或者不动产被依法没收、销毁、拆除的情形。

(6) 购进的贷款服务、餐饮服务、居民日常服务和娱乐服务。

(7) 纳税人接受贷款服务向贷款方支付的与该笔贷款直接相关的投融资顾问费、手续费、咨询费等费用，其进项税额不得从销项税额中抵扣。

【例2-17 多选题】某企业为增值税一般纳税人，其发生的下列进项税额，不得从销项税额中抵扣的有( )。

A. 购买地板装修职工食堂发生的进项税额

B. 购买办公用复印纸发生的进项税额

C. 交际应酬消费发生的进项税额

D. 因管理不善被盗的外购办公用电脑的进项税额

【解析】正确答案为ACD。

(8) 纳税人兼营简易计税方法计税项目、免征增值税项目而无法划分不得抵扣的进项税额，按照下列公式计算不得抵扣的进项税额：

$$不得抵扣的进项税额＝当期无法划分的全部进项税额×(当期简易计税方法计税项目销售额$$
$$＋免征增值税项目销售额)÷当期全部销售额$$

【例2-18】某企业为增值税一般纳税人，生产应税产品A和免税产品B。某月购进水、电、气用于应税产品A和免税产品B的生产，均取得增值税专用发票，发票上注明税额共计16万元。当月免税产品B的销售额为200万元，应税产品A的销售额为339万元(含税)。计算该企业当月应缴纳的增值税。

【解析】不得抵扣的进项税额＝16×200/(200＋300)＝6.4(万元)

应纳增值税＝339÷1.13×13%－(16－6.4)＝29.4(万元)

三、应纳税额的计算

一般纳税人在计算出销项税额和进项税额后就可以得出实际应纳税额。为了正确计算增值税的应纳税额，在实际操作中还需要注意以下几个方面。

（一）计算应纳税额的时间限定

为了保证计算应纳税额的正确性，税法对发生应税行为应计入当期销项税额及抵扣进项税额的时间作了限定。"当期"是一个重要的时间限定，具体是指税务机关依照税法规定对纳税人确定的纳税期限；只有在纳税期限内实际发生的销项税额、进项税额，才是法定的当期销项税额或当期进项税额。

1. 销项税额的时间限定

增值税纳税人销售货物、劳务、服务、无形资产或不动产后，什么时间计算销项税额关系当期销项税额的大小。税法对于销项税额确定时间的总体原则是，销项税额的确定不得滞后。当期销项税额的确定时间，与纳税义务发生时间和增值税发票开具时间相呼应。详见本章第十一节关于纳税义务发生时间的有关规定。

2. 进项税额抵扣的时间限定

一般纳税人取得2017年1月1日及以后开具的增值税专用发票、海关进口增值税专用缴款书、机动车销售统一发票、收费公路通行费增值税电子普通发票，取消认证确认、稽核比对、申报抵扣的期限。也就是说，其不受认证确认、稽核比对、申报抵扣的期限的要求。

【提示】所有使用含有数字证书的税控设备的一般纳税人均可使用增值税发票综合服务平台(企业版)抵扣勾选功能，勾选用于申报抵扣的增值税进项发票和海关缴款书。

（二）留抵税额的税务处理

当进项税额大于销项税额时，即出现了留抵税额。形成留抵税额的原因有很多，主要是纳税人进项税额和销项税额在时间上不一致造成的，如集中采购原材料和存货，尚未全部实现销售；投资期间没有收入等。此外，在多档税率并存的情况下，销售适用税率低于进项适用税率，也会形成留抵税额。

国际上对于留抵税额一般有两种处理方式：允许纳税人结转下期继续抵扣或申请当期退还。同时，允许退还的国家或地区，也会相应设置较为严格的退税条件，如留抵税额必须达到一定数额；每年或一段时期内只能申请一次退税；只允许特定行业申请退税等。

1. 结转抵扣

纳税人在计算应纳税额时，如果出现当期销项税额小于当期进项税额不足抵扣的情况，根据税法规定，当期进项税额不足抵扣的部分可以结转下期继续抵扣。

2. 留抵退税

1）试行增量留抵税额退税

自2019年4月1日起，试行增值税期末留抵税额退税制度。增量留抵税额是指与2019年3月底相比新增加的期末留抵税额。

(1) 申请退还增量留抵税额的条件。同时符合以下条件的纳税人，可以向主管税务机关申请退还增量留抵税额：①自2019年4月税款所属期起，连续6个月(按季纳税的，连续两个季度)增量留抵税额均大于零，且第6个月增量留抵税额不低于50万元；②纳税信用等级为A级或者B级；③申请退税前36个月未发生骗取留抵退税、出口退税或虚开增值税专用发票情形；④申请退税前36个月未因偷税被税务机关处罚两次及以上；⑤自2019年4月1日起未享受即征即退、先征后返(退)政策。

(2) 当期允许退还的增量留抵税额的计算公式为

$$允许退还的增量留抵税额 = 增量留抵税额 \times 进项构成比例 \times 60\%$$

进项构成比例为2019年4月至申请退税前一税款所属期内已抵扣的增值税专用发票(含税控机动车销售统一发票)、海关进口增值税专用缴款书、解缴税款完税凭证注明的增值税额占同期全部已抵扣进项税额的比重。

【例2-19】某科技有限公司2019年3—9月的期末留抵情况，如表2-4所示。

表2-4　某科技有限公司2019年3-9月留抵税额情况

月份	期末留抵税额/万元	增量留抵税额/万元
3月	2	0
4月	10	8
5月	15	13
6月	20	18
7月	30	28
8月	50	48
9月	55	53

假定该公司2019年4—9月共计抵扣进项税额80万元，其中凭增值税专用发票、缴款书和完税凭证抵扣的进项税额为60万元，则进项构成比例为75%。请计算该公司可以获得的退还留抵税额。

【解析】允许退还的增量留抵税额＝53×75%×60%＝23.85(万元)，公司应在10月纳税申报期内，向主管税务机关申请退还留抵税额23.85万元。

2) 先进制造业按月退还增量留抵税额

自2021年4月1日起，增量留抵税额大于零且同时符合上述②～⑤项条件的先进制造业纳税人，可以自2021年5月及以后纳税申报期向主管税务机关申请退还增量留抵税额：先进制造业纳税人当期允许退还的增量留抵税额，计算公式为

$$允许退还的增量留抵税额＝增量留抵税额×进项构成比例$$

3) 2022年增值税留抵退税新政

为支持小微企业和制造业等行业发展，提振市场主体信心、激发市场主体活力，2022年3月财政部和税务总局联合发布《关于进一步加大增值税期末留抵退税政策实施力度的公告》(财政部 税务总局公告2022年第14号)，明确了小微企业和制造业等行业留抵退税政策。

留抵退税新政有三大特点：一是聚焦"小微企业和重点支持行业"；二是"增量留抵和存量留抵"并退；三是"制度性、一次性和阶段性"安排并举。具体来说，在2022年对所有行业符合条件的小微企业及制造业，科学研究和技术服务业，电力、热力、燃气及水生产和供应业，交通运输、仓储和邮政业，软件和信息技术服务业，生态保护和环境治理业6个行业符合条件的企业，一次性退还存量留抵税额，并按月全额退还增量留抵税额。这里的"一次性"，是指纳税人在获得存量留抵退税后，将不再有存量留抵税额。

【提示】一旦纳税人获得存量留抵退税，不再需要与2019年3月底的期末留抵税额进行比较，当期期末留抵税额即为增量留抵税额。

(三) 扣减发生期进项税额的规定

1. 进项税额转出

纳税人当期购进的货物(不含固定资产)、劳务、服务如果事先并未确定将用于非生产经营项目，其进项税额会在当期销项税额中予以抵扣。但已抵扣进项税额的购进货物、劳务、服务如果事后改变用途，用于免征增值税项目、集体福利或者个人消费、发生非正常损失等方面，应当将该项购进货物、劳务、服务的进项税额从当期的进项税额中扣减。

这里的"当期"是指已抵扣进项税额的购进货物、劳务、服务改变用途，发生不能抵扣进项税额情形的时期，而无须追溯到这些购进货物或应税劳务抵扣进项税额的时间。

另外，对无法准确确定该项进项税额的，应按当期实际成本计算应扣减的进项税额。

【例2-20】某企业为增值税一般纳税人。某月该企业销售货物，取得不含税收入500万元，购进货物300万元，取得增值税专用发票。另将上月购进的原材料全部发给职工作为福利，该批原材料购进时取得增值税专用发票，税款13万元已在上月抵扣。计算该企业当月应纳增值税税额。

【解析】应纳税额＝500×13%－(300×13%－13)＝39(万元)

2. 不动产的进项转出与转增

(1) 不动产的进项转出。已抵扣进项税额的不动产，发生非正常损失，或者改变用途，专用于简易计税方法计税项目、免征增值税项目、集体福利或者个人消费的，按照下列公式计算不得抵扣的进项税额，并从当期进项税额中扣减。

$$不得抵扣的进项税额＝已抵扣进项税额×不动产净值率$$

【提示】不动产净值，是指纳税人根据财务会计制度计提折旧或摊销后的余额。

$$不动产净值率＝(不动产净值÷不动产原值)×100\%$$

(2) 不动产的进项转增。按照规定不得抵扣进项税额的不动产，发生用途改变，用于允许抵扣进项税额项目的，按照下列公式在改变用途的次月计算可抵扣进项税额。

$$可抵扣进项税额＝增值税扣税凭证注明或计算的进项税额×不动产净值率$$

【例2-21】某企业为增值税一般纳税人。2019年5月，该企业购进一栋房屋作为厂房使用，支付价税合计金额1 090万元，取得增值税专用发票，并于当期抵扣进项税额90万元。2019年11月，企业决定将该厂房全部改为职工宿舍。假设企业计算折旧使用平均年限法，预计使用寿命20年，净残值率5%。请问应如何进行税务处理？

【解析】已抵扣进项税额的不动产，改变用途，专用于集体福利，应按照净值率计算不得抵扣的进项税额。

$$不动产净值＝1\ 000-(1\ 000-1\ 000×5\%)÷20÷12×6＝976.25(万元)$$
$$不动产净值率＝976.25÷1\ 000＝97.625\%$$
$$不得抵扣的进项税额＝(54＋36)×97.625\%＝87.86(万元)$$

(四) 销售折让、中止或者退回涉及销项税额和进项税额的税务处理

纳税人在生产经营活动中发生销售折让、中止或者退回时，不仅涉及销货价款或折让价款的退回，还涉及增值税的退回，所以，销售方和购买方应相应地对当期的销项税额和进项税额进行调整。销售方因销售折让、中止或者退回而退还给购买方的增值税额，应从发生当期的销项税额中扣减；购买方收回的增值税额，应从发生当期的进项税额中扣减；对于纳税人不扣减当期进项税额，造成不纳税或少纳税的，将被认定为偷税行为，并按偷税予以处罚。

【提示】纳税人开具增值税专用发票后，发生销售退回或折让的，应按规定开具红字增值税专用发票。未按规定开具红字增值税专用发票的，不得扣减销项税额或销售额。

(五) 一般纳税人应纳税额计算实例

【例2-22】某食品生产企业为增值税一般纳税人，适用增值税税率13%，某月有关生产经营业务如下。

(1) 从农场购进一批水果，用于食品生产，支付收购价20万元，水果已验收入库。

(2) 从某玻璃厂购进一批玻璃瓶，取得的增值税专用发票上注明价款10万元、税款1.3万元。

(3) 从某糖厂购进一批白糖，取得的增值税专用发票上注明价款5万元、税款0.45万元。

(4) 从某机械厂购进一台生产设备，取得的增值税专用发票上注明价款50万元、税款6.5万元。

(5) 从某小规模印刷厂购进一批商标，取得的普通发票上注明价款2万元。

(6) 当月销售货物，一批不含税销售额50万元，一批含税销售额33.9万元。

根据以上资料，按下列顺序计算回答问题。

(1) 计算当月可以抵扣的进项税额。

(2) 计算当月销售货物的销项税额。

(3) 计算该企业当月应纳的增值税税额。

【解析】

(1) 当月可以抵扣的进项税额＝20×10%＋1.3＋6.5＝9.8(万元)。纳税人购进免税农产品，用于生产销售13%税率的货物，按照10%的扣除率计算进项税额；购进白糖，取得的增值税专

用发票适用税率错误，进项税额不得抵扣；从小规模印刷厂购进商标，未取得增值税专用发票，不得抵扣进项税额。

(2) 当月销项税额＝50×13%＋33.9÷(1＋13%)×13%＝10.4(万元)

(3) 应纳增值税＝10.4－9.8＝0.6(万元)

【例2-23】某饮料生产企业为增值税一般纳税人，某月生产经营情况如下。

(1) 从国内购进生产用原材料，取得的增值税专用发票上注明价款80万元、税款10.4万元，由于运输途中保管不善，原材料丢失5%。

(2) 从农民手中购进农产品用于饮料生产，开具农产品收购发票，发票上注明价款10万元。

(3) 从小规模纳税人处购进劳保用品，取得的增值税专用发票上注明价款2万元、税款0.06万元。

(4) 发放职工福利领用上月购进的已经抵扣进项税额的材料，成本5万元。

(5) 采用分期收款方式销售一批自产饮料，不含税销售额共计200万元，合同规定，本月应收回60%货款，其余货款于10月10日前收回。本月实际收回货款50万元。

(6) 向超市销售一批自产饮料，取得不含税销售额20万元，另收取优质费3.39万元。

(7) 销售饮料时共计支付运费3万元，取得增值税专用发票。

根据以上资料，按下列顺序计算回答问题。

(1) 购进生产用原材料可抵扣的进项税额。

(2) 购进农产品可抵扣的进项税额。

(3) 购进劳保用品可抵扣的进项税额。

(4) 发放职工福利领用购进材料应扣减的进项税额。

(5) 采用分期收款方式销售饮料的销项税额。

(6) 向超市销售饮料的销项税额。

(7) 支付运输费用可抵扣的进项税额。

(8) 该饮料生产企业8月份应纳的增值税税额。

【解析】

(1) 购进生产用原材料可抵扣的进项税额＝10.4×(1－5%)＝9.88(万元)

(2) 购进农产品可抵扣的进项税额＝10×10%＝1(万元)

(3) 购进劳保用品可抵扣的进项税额＝0.06(万元)

(4) 发放职工福利领用购进材料应扣减的进项税额＝5×13%＝0.65(万元)

(5) 采用分期收款方式销售饮料的销项税额＝200×60%×13%＝15.6(万元)

(6) 向超市销售饮料的销项税额＝20×13%＋3.39÷(1＋13%)×13%＝2.99(万元)

(7) 支付运输费用可抵扣的进项税额＝3×9%＝0.27(万元)

(8) 应纳的增值税税额＝15.6＋2.99－(9.88＋1＋0.06－0.65＋0.27)＝8.03(万元)

第六节　简易计税方法应纳税额的计算

一、应纳税额的计算

简易计税方法的应纳税额，是指按照销售额和增值税征收率计算的增值税税额，不得抵扣进项税额。简易计税方法的适用对象包括小规模纳税人发生应税行为和一般纳税人选择适用简易计税方法的情形。

简易计税方法下应纳税额计算公式为

$$应纳税额＝销售额×征收率$$

$$销售额＝含税销售额÷(1＋征收率)$$

【提示】公式中销售额为销售货物、劳务、服务、无形资产和不动产向购买方收取的全部价款和价外费用，但不包括按一定的征收率收取的增值税税额。

【例2-24】某商店为增值税小规模纳税人，2022年5月取得零售收入总额18.54万元；购进商品支付货款5.15万元。请计算该商店当月应纳的增值税税额(该商店未享受免税优惠)。

【解析】取得的不含税销售额＝18.54÷(1＋3%)＝18(万元)

应缴纳增值税税额＝18×3%＝0.54(万元)

二、一般纳税人可选择按照简易计税方法征税的情形

一般纳税人销售自产的下列货物和发生下列应税行为，可选择按照简易计税方法依照3%征收率计算缴纳增值税：

(1) 县级及县级以下小型水力发电单位生产的电力；

(2) 建筑用和生产建筑材料所用的砂、土、石料；

(3) 以自己采掘的砂、土、石料或其他矿物连续生产的砖、瓦、石灰(不含黏土实心砖、瓦)；

(4) 用微生物、微生物代谢产物、动物毒素、人或动物的血液或组织制成的生物制品；

(5) 自来水；

(6) 商品混凝土(仅限于以水泥为原料生产的水泥混凝土)；

(7) 寄售商店代销寄售物品；

(8) 典当业销售死当物品；

(9) 公共交通运输服务，包括轮客渡、公交客运、地铁、城市轻轨、出租车、长途客运、班车；

(10) 经认定的动漫企业为开发动漫产品提供的动漫脚本编撰、形象设计、背景设计、动画设计、分镜、动画制作、摄制、描线、上色、画面合成、配音、配乐、音效合成、剪辑、字幕制作、压缩转码服务，以及在境内转让动漫版权；

(11) 电影放映服务、仓储服务、装卸搬运服务、收派服务和文化体育服务；

(12) 以清包工方式提供的建筑服务、为甲供工程提供的建筑服务及为建筑工程老项目提供的建筑服务；

(13) 以纳入"营改增"试点之日前取得的有形动产为标的物提供的经营租赁服务；

(14) 销售或出租2016年4月30日前取得的不动产；

(15) 房地产开发企业中销售自行开发的房地产老项目；

(16) 公路经营企业收取试点前开工的高速公路的车辆通行费。

【提示】一般纳税人选择简易计税方法计算缴纳增值税后，36个月内不得变更。

第七节　特定行为的增值税征收管理

一、转让不动产

（一）适用范围

纳税人转让其取得的不动产，包括以直接购买、接受捐赠、接受投资入股、抵债(以下称为"非自建")及自建等各种形式取得的不动产，不包括房地产开发企业销售自行开发的房地产项目。

（二）按简易计税方法计税

小规模纳税人转让其取得的不动产，按简易计税方法计税。一般纳税人转让其2016年4月30日前取得的不动产，可选择按简易计税方法计税。

1. 非自建项目

非自建项目以取得的全部价款和价外费用扣除不动产购置原价或者取得不动产时的作价后的余额为销售额，并按照5%的征收率向不动产所在地主管税务机关预缴税款，向机构所在地主管税务机关申报纳税。

2. 自建项目

自建项目以取得的全部价款和价外费用为销售额，按5%计算税额向不动产所在地税务机关预缴税款。

纳税人转让不动产时按简易计税方法计税的相关规定如表2-5所示。

表2-5　转让不动产时按简易计税方法计税的相关规定

项目性质	预缴	纳税申报
非自建项目	增值税＝转让差额÷(1＋5%)×5%	与预缴相同
自建项目	增值税＝出售全价÷(1＋5%)×5%	与预缴相同

注：转让差额＝取得的全部价款和价外费用扣除不动产购置原价或者取得不动产时的作价(下同)。

3. 个人转让其购买的住房

(1) 个人将购买不足2年的住房对外销售的，按照5%的征收率全额缴纳增值税。

(2) 个人将购买2年以上(含2年)的住房对外销售的，免征增值税。上述政策适用于北京、上海、广州和深圳之外的城市和地区。

(3) 个人将购买2年以上(含2年)的非普通住房对外销售的，以销售收入减去购买住房价款后的差额按照5%的征收率缴纳增值税；个人将购买2年以上(含2年)的普通住房对外销售的，免征增值税。上述政策仅适用于北京、上海、广州和深圳。

（三）按一般计税方法计税

1. 非自建项目

以取得的全部价款和价外费用扣除不动产购置原价或者取得不动产时的作价后的余额按照5%的预征率预缴，向不动产所在地主管税务机关预缴税款；以取得的全部价款和价外费用为销售额计算应纳税额，向机构所在地主管税务机关申报纳税。

2. 自建项目

以取得的全部价款和价外费用为销售额计算应纳税额。纳税人应以取得的全部价款和价外费用，按5%的预征率向不动产所在地主管地税机关预缴税款。

纳税人转让不动产时按一般计税方法计税的相关规定如表2-6所示。

表2-6　转让不动产时按一般计税方法计税的相关规定

项目性质	预缴	纳税申报
非自建项目	增值税＝转让差额÷(1＋5%)×5%	增值税＝出售全价÷(1＋9%)×9%－进项税额－预缴税款
自建项目	增值税＝出售全价÷(1＋5%)×5%	增值税＝出售全价÷(1＋9%)×9%－进项税额－预缴税款

【例2-25】 某公司为一般纳税人，某月转让其2015年12月购置的一套异地房产，购买价为105万元，转让价款为315万元，已收到转让价款。应如何计算纳税？

【解析】 一般纳税人转让其2016年4月30日前取得的不动产，可选择按简易计税方法计税，以取得的全部价款和价外费用扣除不动产购置原价或者取得不动产时的作价后的余额为销售额。

$$应纳税额＝(315－105)÷(1＋5\%)×5\%＝10(万元)$$

二、提供不动产经营租赁服务

（一）适用范围

纳税人以经营租赁方式出租其取得的不动产，包括以直接购买、接受捐赠、接受投资入股、自建及抵债等形式取得的不动产。

（二）按简易计税方法计税

小规模纳税人出租不动产，按简易计税方法计税。一般纳税人出租2016年4月30日前取得的不动产，可选择适用简易计税方法，按5%的征收率计算应纳税额。

纳税人出租不动产所在地与机构所在地不在同一县(市、区)的，应向不动产所在地主管税务机关预缴税款，向机构所在地主管税务机关申报纳税。具体规定如表 2-7 所示。

表2-7　提供不动产经营租赁服务时按简易计税方法计税的相关规定

情形	预缴	纳税申报
出租非住房	增值税＝含税销售额÷(1＋5%)×5%	同预缴税款；个人向不动产所在地主管税务机关申报纳税，无须预缴
出租住房	增值税＝含税销售额÷(1＋5%)×1.5%	

【例2-26】 某个体工商户2013年购买一套店铺用于出租。自2016年5月1日起，纳税人出租该店铺，每月租金收入5万元，应如何计算纳税？如何预缴税款？

【解析】 纳税人不动产所在地与机构所在地在同一县(市、区)的，直接向机构所在地主管税务机关申报纳税，应纳税额＝5÷(1＋5%)×5%＝0.24(万元)。

（三）按一般计税方法计税

一般纳税人出租2016年5月1日后取得的不动产，不动产所在地与机构所在地不在同一县(市、区)的，纳税人应按照 3%的预征率向不动产所在地主管税务机关预缴税款，再向机构所在地主管税务机关申报纳税。具体规定如表 2-8 所示。

表2-8 提供不动产经营租赁服务时按一般计税方法计税的相关规定

计税方法	预缴	纳税申报
简易计税方法	增值税＝含税销售额÷(1＋5%)×5%	与预缴相同
一般计税方法	增值税＝含税销售额÷(1＋9%)×3%	增值税＝含税销售额÷(1＋9%)×9%－进项税额－预缴税款

【例2-27】某增值税一般纳税人位于A市，于2016年5月1日购买了一栋坐落于B市的写字楼，自2019年1月起将该写字楼用于出租，每月租金收入20万元。应如何计算纳税？如何预缴税款？

【解析】一般纳税人出租2016年5月1日后取得的不动产，应按一般计税方法计税。

向B市主管税务机关预缴税款，预缴税款＝20÷(1＋9%)×3%＝0.55(万元)

纳税人预缴税款后再向其机构所在地A市主管税务机关申报纳税。

三、跨县(市、区)提供建筑服务

(一)适用范围

纳税人跨县(市、区)提供建筑服务是指单位和个体工商户在其机构所在地以外的县(市、区)提供建筑服务。

(二)预缴和税款缴纳

纳税人跨县(市、区)提供建筑服务，应向建筑服务发生地主管税务机关预缴税款，向机构所在地主管税务机关申报纳税。具体规定如表2-9所示。

表2-9 跨县(市、区)提供建筑服务增值税征收管理规定

纳税人	计税方法	预缴税款	纳税申报
一般纳税人	适用一般计税方法	差额÷(1＋9%)×2%	增值税＝含税销售额÷(1＋9%)×9%－进项税额－预缴税款
	选择简易计税方法(老项目)	差额÷(1＋3%)×3%	增值税＝含税销售额÷(1＋3%)×3%－已预缴税款
小规模纳税人	简易计税方法		

注：建筑工程承包合同注明的开工日期在2016年4月30日前的建筑工程项目，即老项目，可以选择简易计税方法。

【例2-28】A省某建筑企业为一般纳税人，某月分别在B省提供建筑服务(一般计税项目)，当月取得建筑服务收入(含税)1 635万元，支付分包款545万元(取得的增值税专用发票上注明的增值税额为45万元)，支付不动产租赁费用109万元(取得的增值税专用发票上注明的增值税额为9万元)，购入建筑材料218万元(取得的增值税专用发票上注明的增值税额为18万元)。该建筑企业应如何申报缴纳增值税？

【解析】

(1) 该建筑公司应当在B省就建筑服务预缴税款。

预缴增值税＝(1 635－545)÷(1＋9%)×2%＝20(万元)

(2) 回到机构所在地A省向主管税务机关申报纳税。

应纳税额＝1 635÷(1＋9%)×9%－45－9－18＝63(万元)

当期应补税额＝63－20＝43(万元)

四、房地产开发企业销售自行开发的房地产项目

（一）适用范围

自行开发，是指在依法取得土地使用权的土地上进行基础设施和房屋建设。房地产开发企业以接盘等形式购入未完工的房地产项目继续开发后，以自己的名义立项销售的，属于销售自行开发的房地产项目。

（二）按简易计税方法计税

房地产开发企业中的小规模纳税人销售自行开发的房地产项目，按照5%的征收率计算应纳税额。一般纳税人销售自行开发的房地产老项目，可选择适用简易计税方法。

纳税人采取预收款方式销售自行开发的房地产项目，应在收到预收款时按照3%的预征率预缴增值税，计算公式为

$$预缴税款＝预收款÷(1＋5\%)×3\%$$

$$应纳税款＝销售额÷(1＋5\%)×5\%－预缴税款$$

销售额为取得的全部价款和价外费用，不得扣除对应的土地价款。

（三）按一般计税方法计税

一般纳税人销售2016年5月1日后自行开发的房地产项目，按一般计税方法计税。

销售额＝(全部价款和价外费用－当期允许扣除的土地价款)÷(1＋9%)

当期允许扣除的土地价款＝(当期销售房地产项目建筑面积÷房地产项目可供销售建筑面积)×支付土地价款

【例2-29】 A房地产公司为一般纳税人，某月将一栋2016年5月1日后自行建造的楼房销售给M公司，价税合计1 000万元。经过计算这栋楼房对应的土地价款为300万元。A公司应如何计算纳税？

【解析】 应纳税额＝(1 000－300)÷(1＋9%)×9%＝57.80(万元)

【例2-30】 某文创企业为增值税一般纳税人，某月经营业务如下：

(1) 提供文创产品设计服务，价税合计954万元，未开具发票。

(2) 转让位于市区的2015年购入的商品房，取得含税金额515万元，购入价为200万元，选择简易计税方法。

(3) 取得流动资金存款利息收入2万元。

(4) 购买一辆燃油小汽车自用，价税合计金额为39.55万元。已取得增值税专用发票。

(5) 向境外某公司提供发生在境外的广告服务，取得收入200万元。

(6) 员工因公境内出差，取得注明旅客身份信息的航空电子客票行程单，票价为4.8万元，燃油附加费为0.65万元、民航发展基金为0.54万元。

(7) 支付信息技术服务费，取得增值税专用发票，发票上注明的价款为400万元，税额为24万元。

根据以上资料，按下列顺序计算回答问题。

(1) 计算当月的销项税额。

(2) 计算当月可以抵扣的进项税额。

(3) 计算采用简易计税方法的增值税税额。

(4) 计算该企业当月应纳的增值税税额。

【解析】

(1) 销项税额＝(954＋200)÷(1＋6%)×6%＝65.32(万元)，存款利息收入免税。

(2) 可以抵扣的进项税额＝39.55÷(1＋13%)×13%＋(4.8＋0.65)÷(1＋9%)÷9%＋24
$$＝4.55＋0.45＋24＝29(万元)$$

(3) 一般纳税人转让其2016年4月30日前取得的不动产，选择适用简易计税方法计税的，以取得的全部价款和价外费用扣除不动产购置原价后的余额为销售额，按照5%的征收率计算应纳税额。简易计税方法计算的增值税税额＝(515－200)÷(1＋5%)×5%＝15(万元)

(4) 应交增值税额＝65.32－29＋15＝51.32(万元)

第八节 进口货物征税

一、进口货物的征税范围及纳税人

（一）进口货物的征税范围

申报进入中华人民共和国海关境内的货物，均应缴纳增值税。只要是报关进口的应税货物，不论其是国外产制还是我国已出口而转销国内的货物，是进口者自行采购还是国外捐赠的货物，是进口者自用还是作为贸易或其他用途等，均应按照规定缴纳进口环节的增值税。

（二）进口货物的纳税人

进口货物的收货人或办理报关手续的单位和个人，为进口货物增值税的纳税义务人。

对于企业、单位和个人委托代理进口应征增值税的货物，以海关开具的完税凭证上的纳税人为增值税纳税人。在实际工作中，一般由进口代理者代缴进口环节增值税。纳税后，由代理者将已纳税款和进口货物价款费用等与委托方结算，由委托者承担已纳税款。

二、进口货物的适用税率

进口货物的增值税税率与国内销售同类货物的税率相同。

【提示】对进口抗癌药品和罕见病药品，减按3%征收进口环节增值税。

三、进口货物应纳税额的计算

纳税人进口货物，按照组成计税价格和规定的税率计算应纳税额。组成计税价格和应纳税额的计算公式为

$$组成计税价格＝关税完税价格＋关税＋消费税$$

或
$$组成计税价格＝(关税完税价格＋关税)÷(1－消费税税率)$$

$$应纳税额＝组成计税价格×税率$$

纳税人在计算进口货物的增值税时应该注意以下问题。

(1) 进口货物增值税的组成计税价格中包括已纳关税税额，如果进口货物属于消费税应税消费品，其组成计税价格中还要包括进口环节已纳消费税税额。

(2) 在计算进口环节的应纳增值税税额时不得抵扣任何税额，即在计算进口环节的应纳增值税税额时，不得抵扣发生在我国境外的各种税金。

(3) 按照《中华人民共和国海关法》(以下简称《海关法》)和《中华人民共和国进出口关税条例》(以下简称《进出口关税条例》)的规定，一般贸易项下进口货物的关税完税价格以海关审定的正常成交价格为基础的到岸价格作为完税价格。

(4) 纳税人进口货物在海关缴纳的增值税，符合抵扣范围的，凭取得的海关增值税专用缴款书，可以从当期进项税额中抵扣。

【例2-31】某贸易公司是增值税一般纳税人，某月从国外进口一批货物。该批货物在国外的售价为500万元，运抵我国海关前发生的包装费、运输费、保险费等共计30万元。货物报关后，贸易公司按规定缴纳了进口环节的增值税并取得了海关开具的增值税专用缴款书。假定该批进口货物当月在国内销售了80%，取得不含税销售额660万元，其余部分入库待售。已知货物进口关税税率为20%，增值税税率为13%。请按下列顺序计算：

(1) 进口环节应纳关税税额；

(2) 进口环节应纳增值税税额；

(3) 国内销售环节应纳增值税税额。

【解析】

(1) 关税完税价格＝500＋30＝530(万元)

　　应纳关税税额＝530×20%＝106(万元)

(2) 组成计税价格＝530＋106＝636(万元)

　　进口环节应纳增值税税额＝636×13%＝82.68(万元)

(3) 国内销售环节的销项税额＝660×13%－82.68＝3.12(万元)

四、跨境电子商务零售进口征税

(一) 跨境电子商务零售进口的概念

近年来，我国跨境电商进出口规模持续快速增长。海关数据显示，2021年，我国跨境电商进出口规模达到1.98万亿元，同比增长17.16%。跨境电商已逐渐成为我国外贸高质量发展新引擎。

跨境电商零售(企业对消费者，即B2C)进口，是指中国境内消费者通过跨境电商第三方平台经营者自境外购买商品，并通过"网购保税进口"或"直购进口"等方式运递进境的消费行为。跨境电商零售进口不同于一般贸易，主要目的是满足国内居民品质化、多元化消费需求，必须直接面对消费者且仅限于个人自用。目前，我国跨境电子商务综合试验区达到了165个，正面清单商品数量增至1476个。为营造公平竞争的市场环境，促进跨境电子商务零售进口健康发展，我国从2016年4月8日起开始执行跨境电子商务零售进口税收政策。

知识拓展：什么是跨境电商零售进口？

(二) 跨境电子商务零售进口商品税收政策适用范围

跨境电子商务零售进口商品税收政策适用于从其他国家或地区进口《跨境电子商务零售进口商品清单》范围内的以下商品：

(1) 所有通过与海关联网的电子商务交易平台交易，能够实现交易、支付、物流电子信息"三单"比对的跨境电子商务零售进口商品；

(2) 未通过与海关联网的电子商务交易平台交易，但快递、邮政企业能够统一提供交易、支付、物流等电子信息，并承诺承担相应法律责任进境的跨境电子商务零售进口商品。

【提示】不属于跨境电子商务零售进口的个人物品及无法提供交易、支付、物流等电子信息的跨境电子商务零售进口商品，按现行规定缴纳"行邮税"。

（三）跨境电子商务零售进口商品税款的纳税人

消费者为跨境电子商务零售进口商品税款的纳税义务人。跨境电商平台、物流企业或报关企业为税款代扣代缴义务人，向海关提供税款担保，并承担相应的补税义务及相关法律责任。

（四）跨境电子商务零售进口商品增值税计算

跨境电子商务零售进口商品按照货物征收关税和进口环节增值税、消费税，以实际交易价格(包括货物零售价格、运费和保险费)作为完税价格。

跨境电子商务零售进口商品的单次交易限值为人民币5 000元，个人年度交易限值为人民币26 000元。在限值以内进口的跨境电子商务零售进口商品，关税税率暂设为0%；进口环节增值税、消费税暂按法定应纳税额的70%征收。

【提示】消费者在购买跨境商品时，如果单次交易超过5 000元，但年度交易限值低于26 000元，且订单下仅一件商品时，可以从跨境电商零售渠道进口；但要按照货物税率全额征收关税和进口环节增值税、消费税。

第九节　出口和跨境业务退免税

一、出口退免税的含义

一国对出口货物、劳务和跨境应税行为实行退免税是国际贸易中通常采用并为世界各国普遍接受的，是一种鼓励各国出口货物公平竞争的、退还或免征间接税的税收措施。一国商品出口到对方国家(或地区)可能面临着进口环节的各种税收，如果出口时还背负着国内税收，出口商品就面临着双重税收，自然会影响其竞争力。因此，为了让出口商品能够公平参与国际竞争，在其出口前国家要先将其负担的国内税收进行退还。鉴于该项制度的公平合理，它已成为国际社会通行的惯例。

我国对出口货物、劳务和跨境应税行为实行退免增值税，是指在国际贸易业务中对我国报关出口的货物、劳务和跨境应税行为退还或免征其在国内各生产和流转环节按税法规定缴纳的增值税，即对应征收增值税出口货物、劳务和跨境应税行为实行零税率。零税率从税法上理解有两层含义：一是对本道环节生产或销售货物、劳务和跨境应税行为的增值部分免征增值税；二是对出口货物、劳务和跨境应税行为前道环节所含的进项税额进行退付。

【提示】零税率不等同于免税，零税率是要使整件商品的增值税变为零。

出口退税要退给谁？增值税属于价外税，它可以转嫁到下一环，最后环节才是真正的税收负担者，因此，无论出口商品在之前经历了多少环节、征收了多少道增值税，最终都是由处于增值税链条末端的出口企业来负担，因此，出口退税只需要退给出口企业。

二、出口退(免)税政策

世界各国为了鼓励本国货物出口，在遵循WTO基本规则的前提下，一般都采取优惠的税收政策。目前，我国的出口货物、劳务和跨境应税行为的增值税税收政策，有以下三种形式。

(1) 出口免税并退税。出口免税，即出口环节免予征收增值税；出口退税，即退还以前环节缴纳的增值税。

(2) 出口免税但不退税。这主要是针对一些货物、劳务或应税行为本身就不含进项税或者进项税无法抵扣的情形。比如，由于小规模纳税人是按简易计税方法计税的，不抵扣进项税额，小规模纳税人出口货物就不存在退税的问题。

(3) 出口不免税也不退税。这主要是针对国家限制或禁止出口的货物、劳务和应税行为，其出口环节视同内销环节，照常征税，并且不退还出口前其负担的税款。

三、出口退税率

出口货物、服务和无形资产的退税率为其适用税率，财政部和国家税务总局根据国务院决定而明确的增值税出口退税率除外。目前，我国增值税出口退税率分为5档，即13%、10%、9%、6%和零税率。

【提示】适用不同退税率的货物、劳务及跨境应税行为，应分开报关核算并申报退免税。未分开报关核算或划分不清的，从低适用退税率。

四、应退税额的计算

出口货物应退税额计算有"免退税"和"免抵退税"两种办法。

1. 免退税的计算

"免退税"办法主要适用于外贸企业。因为外贸企业没有生产环节，其出口货物、劳务或应税行为是购买来的，销售时可以明确区分出口与内销，所以，在计算退税额时，出口和内销两部分其实是分开计算的。就出口部分而言，由于不涉及内销，自然就不存在"抵"的问题。外贸企业出口货物、劳务和应税行为增值税退免税，按下列公式计算。

(1) 外贸企业出口委托加工，修理修配货物以外的货物，计算公式为

$$增值税应退税额＝增值税退(免)税依据×出口货物退税率$$

【例2-32】某进出口公司某月出口一批布料5 000米，进货增值税专用发票上列明单价每平方米20元，计税金额100 000元，增值税出口退税率为13%。计算当期应退增值税税额。

【解析】应退增值税税额＝5 000×20×13%＝13 000(元)

(2) 外贸企业出口委托加工修理修配货物，计算公式为

$$出口委托加工修理修配货物的增值税应退税额＝委托加工修理修配的增值税退(免)税计税依据×出口货物退税率$$

【例2-33】某进出口公司某月购进一批牛仔布，委托服装厂加工成服装出口。取得牛仔布增值税发票一张，注明计税金额10 000元；取得服装加工费增值税发票一张，注明计税金额2 000元。增值税出口退税率为13%。计算当期应退增值税税额。

【解析】应退增值税税额＝(10 000＋2 000)×13%＝1 560(元)

2. 免抵退税的计算

"免抵退税"办法主要针对生产型企业。由于企业在生产过程中所耗用的原材料、劳务等所负担的进项税往往难以在出口货物和内销货物之间明确区分，所以在计算出口退税时要和内销一并进行考虑，要先把内销的部分抵消掉，剩余的部分才会退还给企业。

"免"税，是指对生产企业出口的自产货物，免征本企业生产销售环节增值税。

"抵"税，是指生产企业出口自产货物所耗用的原材料、零部件、燃料、动力等所含应予退还的进项税额，抵顶内销货物的应纳税额。

"退"税，是指生产企业出口的自产货物在当月内应抵顶的进项税额大于应纳税额时，对未抵顶完的部分予以退税。

生产企业出口货物、劳务、服务和无形资产的增值税免抵退税按下列步骤计算。

(1) 第一步：计算不得免征和抵扣的税额。

$$当期不得免征和抵扣的税额＝当期出口货物离岸价×外汇人民币折合率$$
$$×(出口货物适用税率－出口货物退税率)$$

这是由于存在某些应税行为退税率低于征税率，需要计算不予免抵退的金额，从进项税额中剔除出去，转入出口产品的销售成本。

如果有免税购进原材料(包括国内购进免税和保税料件)，则要将该部分从出口离岸价中剔除，因为国家没有对免税原材料征过税，离岸则不应该包括这一部分。

$$当期不得免征和抵扣的税额＝(当期出口货物离岸价×外汇人民币折合率－免税购进原材料价格)$$
$$×(出口货物适用税率－出口货物退税率)$$

即

$$当期不得免征和抵扣的税额＝当期出口货物离岸价格×外汇人民币折合率$$
$$×(出口货物适用税率－出口货物退税率)－当期免税购进$$
$$原材料的价格×(出口货物适用税率－出口货物适用税率)$$

【提示】当期不得免征和抵扣的税额，账务上需要做进项税额转出处理，将这部分不得抵扣的进项税额转入外销产品的销售成本。借记主营业务成本，贷记应交税费——应交增值税(进项税额转出)。

(2) 第二步：计算当期应纳增值税税额。

$$当期应纳税额＝当期销项税额－(当期进项税额－当期不得免征和抵扣的税额)$$
$$－上期留抵税额$$

当期销项税额即全部销售额对应的销项税额，也就是内销环节销售额对应的销项税额，因为出口销售额免征增值税，其对应的销项税额为0。当期进项税额减去当期不得免征和抵扣的税额的余额，既包括内销产品对应的原材料等进项税额，也包括外销产品对应的原材料进项税额。

【提示】若本步骤结果大于0，表示出口对应的进项税额抵顶完内销应纳税额之后，还需要纳税，即为本期应纳税额；若该步骤结果小于0，则可能退税，进入下一步计算。

(3) 第三步：计算免抵退税额。

当期免抵退税额＝当期出口货物离岸价格×外汇人民币折合率×出口退税率

如果有免税购进原材料(包括国内购进免税和保税料件)，则该部分应剔除。

当期免抵退税额＝(当期出口货物离岸价×外汇人民币折合率－免税购进原材料价格)
×出口货物的退税率

即

当期免抵退税额＝当期出口货物离岸价格×外汇人民币折合率×出口退税率
－当期免税购进原材料的价格×出口退税率

这一步计算的是理论上的免抵退税额，因为这部分税额不一定都能够"退"到企业手上，还需要先"抵"掉内销应纳的增值税。

(4) 第四步：计算应退税额和免抵税额。

将第二步"当期应纳税额"的绝对值(即当期期末留抵税额)与第三步"免抵退税额"进行比较。

① 若当期期末留抵税额≤免抵退税额，表示出口对应的进项税额抵顶了一部分内销环节应纳税额，则

当期应退税额＝当期期末留抵税额

当期免抵税额＝当期免抵退税额－当期应退税额

② 若当期期末留抵税额＞免抵退税额，表示企业内销产品对应的进项税额已经足够将应纳税额抵顶完，出口产品对应的进项税额没有用到，则

当期应退税额＝当期免抵退税额

当期免抵税额＝0

【例2-34】某生产企业为增值税一般纳税人，出口货物的适用税率13%，退税率为10%。某月有关经营业务如下：购进原材料，取得增值税专用发票，可抵扣进项税额为60万元；内销货物不含税销售额为400万元；出口货物按离岸价折合人民币后为80万元。上月月末没有留抵税额。计算该企业的当期免抵退税额。

【解析】

(1) 当期不得免征和抵扣的税额＝80×(13%－10%)＝2.4(万元)

(2) 当期应纳税额＝400×13%－(60－2.4)＝－5.6(万元)

(3) 免抵退税额－80×10%＝8(万元)

(4) 当期期末留抵税额＜免抵退税额，则

当期应退税额＝5.6(万元)

当期免抵税额＝8－5.6＝3.4(万元)

【例2-35】某生产企业是增值税一般纳税人，出口货物的征税税率为13%，退税率为10%。某月有关经营业务如下：购进一批原材料，取得的增值税专用发票上注明价款200万元；当月进料加工出口货物耗用的保税进口料件金额为80万元。上期期末留底税额为16万元。本月内销货物不含税销售额为100万元。本月出口货物销售额折合人民币300万元。计算该企业的当期免抵退税额。

【解析】

(1) 当期不得免征和抵扣的税额＝300×(13%－10%)－80×(13%－10%)＝6.6(万元)

(2) 当期应纳税额＝100×13%－(200×13%－6.6)－16＝－22.4(万元)

(3) 免抵退税额＝300×10%－80×10%＝22(万元)

(4) 当期期末留抵税额＞免抵退税额，则

$$当期应退税额＝22(万元)$$
$$当期免抵税额＝22－22＝0(万元)$$
$$结转下期留抵税额＝22.4－22＝0.4(万元)$$

第十节　税收优惠

一、《增值税暂行条例》规定的免税项目

(1) 农业生产者销售的自产农产品，即直接从事种植业、养殖业、林业、牧业、水产业生产的单位和个人销售的自产初级农产品。

纳税人采取"公司＋农户"模式从事畜禽饲养，纳税人回收再销售畜禽，属于农业生产者销售自产农产品，应按规定免征增值税。

(2) 避孕药品和用具。

(3) 古旧图书。古旧图书是指向社会收购的古书和旧书。

(4) 直接用于科学研究、科学试验和教学的进口仪器、设备。

(5) 外国政府、国际组织无偿援助的进口物资和设备。

(6) 由残疾人的组织直接进口供残疾人专用的物品。

(7) 销售自己使用过的物品。自己使用过的物品，是指其他个人自己使用过的物品。

【例2-36　单选题】 下列行为中，免征增值税的是(　　)。

A. 企业销售自己使用过的设备　　　　　B. 公司无偿赠送自产货物

C. 果园销售种植的水果　　　　　　　　D. 新华书店销售音像制品

【解析】 正确答案为C。

二、"营改增通知"及有关部门规定的税收优惠政策

(一) 下列项目免征增值税

(1) 专项民生服务，具体如下。

① 托儿所、幼儿园提供的保育和教育服务。

② 养老机构提供的养老服务。

③ 残疾人福利机构提供的育养服务。

④ 婚姻介绍服务。

⑤ 殡葬服务。

⑥ 医疗机构提供的医疗服务。

⑦ 提供社区养老、托育、家政服务

(2) 符合规定的教育服务，具体如下。

① 从事学历教育的学校提供的教育服务。

② 政府举办的从事学历教育的高等、中等和初等学校(不含下属单位)，举办进修班、培训班取得的全部归该学校所有的收入。

③ 政府举办的职业学校设立的主要为在校学生提供实习场所，并由学校出资自办、由学校负责经营管理、经营收入归学校所有的企业，从事"现代服务"(不含融资租赁服务、广告服务和其他现代服务)、"生活服务"(不含文化体育服务、其他生活服务和桑拿、氧吧)业务活动取得的收入。

(3) 特殊群体提供的应税服务，具体如下。

① 残疾人员本人为社会提供的服务。

② 学生勤工俭学提供的服务。

(4) 农业机耕、排灌、病虫害防治、植物保护、农牧保险及相关技术培训业务，家禽、牲畜、水生动物的配种和疾病防治。

(5) 文化和科普类服务，具体如下。

① 纪念馆、博物馆、文化馆、文物保护单位管理机构、美术馆、展览馆、书画院、图书馆在自己的场所提供文化体育服务取得的第一道门票收入。

② 寺院、宫观、清真寺和教堂举办文化、宗教活动的门票收入。

③ 个人转让著作权。

(6) 纳税人提供技术转让、技术开发和与之相关的技术咨询、技术服务。

(7) 福利彩票、体育彩票的发行收入。

(8) 土地使用权、自然资源使用权、房屋产权转让，具体规定如下。

① 将土地使用权转让给农业生产者用于农业生产。

② 土地所有者出让土地使用权和土地使用者将土地使用权归还给土地所有者。

③ 县级以上地方人民政府或自然资源行政主管部门出让、转让或收回自然资源使用权(不含土地使用权)。

④ 涉及家庭财产分割的个人无偿转让不动产、土地使用权。

家庭财产分割，包括下列情形：离婚财产分割；无偿赠与配偶、父母、子女、祖父母、外祖父母、孙子女、外孙子女、兄弟姐妹；无偿赠与对其承担直接抚养或者赡养义务的抚养人或者赡养人；房屋产权所有人死亡，法定继承人、遗嘱继承人或者受遗赠人依法取得房屋产权。

(9) 创业就业类，具体如下。

① 随军家属和军队转业干部就业。为安置随军家属就业而新开办的企业、为安置自主择业的军队转业干部就业而新开办的企业(安置转业干部人数占企业总人数60%及以上的)，以及从事个体经营的随军家属和军队转业干部，自领取税务登记证之日起，其提供的应税服务3年内免征增值税。

② 退役士兵和重点群体创业就业。对自主就业退役士兵和符合条件的重点群体人员从事个体经营，自办理个体工商户登记当月起，在3年内按每户每年12 000元为限额(最高可上浮20%)，依次扣减其当年实际应缴纳的增值税、城市维护建设税、教育费附加、地方教育附加和个人所得税。

知识拓展：符合条件的重点群体人员范围

对企业招用自主就业退役士兵和符合条件的重点群体人员就业的，在3年内按实际招用人数，以每人每年6 000元的定额标准(分别最高可上浮50%和30%)依次扣减增值税、城市维护建设税、教育费附加、地方教育附加和企业所得税。

（二）增值税即征即退

即征即退是指税务机关对按规定缴纳的税款，在征税时部分或全部退还纳税人。

(1) 增值税一般纳税人提供管道运输服务，对其增值税实际税负超过3%的部分实行增值税即征即退政策。

(2) 增值税一般纳税人销售其自行开发生产的软件产品，对其增值税实际税负超过3%的部分实行即征即退政策。

知识拓展：促进残疾人就业增值税优惠政策

(3) 经人民银行、银监会(现中国银行保险监督管理委员会)或者商务部批准从事融资租赁业务的一般纳税人，提供有形动产融资租赁服务和有形动产融资性售后回租服务，对其增值税实际税负超过3%的部分实行增值税即征即退政策。

【提示】增值税实际税负，是指纳税人当期提供应税服务实际缴纳的增值税额占纳税人当期提供应税服务取得的全部价款和价外费用的比例。

(4) 纳税人享受安置残疾人增值税即征即退优惠政策。

三、起征点

（一）对个人的起征点规定

纳税人销售额未达到起征点的，免征增值税；达到起征点的，全额缴纳增值税。增值税起征点的幅度如下。

(1) 按期纳税的，为月销售额5 000～20 000元。

(2) 按次纳税的，为每次(日)销售额300～500元。

【提示】该规定仅适用于按照小规模纳税人纳税的个体工商户和其他个人。

（二）对小规模纳税人的免征增值税规定

为支持小微企业发展，我国税法对增值税小规模纳税人月销售额的起征点作出规定，并不断与时俱进地进行调整。自2023年1月1日至2023年12月31日，对月销售额10万元以下(含本数)的增值税小规模纳税人，免征增值税。

知识拓展：小规模纳税人起征点变化历程

四、其他规定

(1) 纳税人兼营免税、减税项目的，应当分别核算免税、减税项目的销售额；未分别核算销售额的，不得免税、减税。

(2) 纳税人放弃免税权。纳税人销售货物、劳务、服务、无形资产或者不动产适用免税规定的，可以放弃免税，依照规定缴纳增值税。

【提示】放弃免税后，36个月内不得再申请免税。

纳税人要求放弃免税权，应当以书面形式提交放弃免税权声明，并报主管税务机关备案。纳税人自提交备案资料的次月起，按照现行有关规定计算缴纳增值税。

纳税人一经放弃免税权，其发生的全部应税行为均应按照适用税率征税，不得选择某一免税项目放弃免税权，也不得根据不同的销售对象选择部分应税行为放弃免税权。

　　纳税人在免税期内购进用于免税项目的货物、劳务、服务、无形资产或者不动产所取得的增值税扣税凭证，一律不得抵扣。

第十一节　征收管理

一、纳税义务发生时间

　　1. 应税销售行为纳税义务发生时间的一般规定

　　(1) 销售货物或提供应税劳务和销售服务、无形资产或者不动产，为收讫销售款项或者取得索取销售款项凭据的当天。

　　收讫销售款项，是指纳税人发生应税销售行为过程中或者完成后收到款项。

　　取得索取销售款项凭据的当天，是指书面合同确定的付款日期；未签订书面合同或者书面合同未确定付款日期的，为应税销售行为完成的当天或者不动产权属变更的当天。

　　【提示】先开具发票的，为开具发票的当天。

　　(2) 纳税人进口货物，其纳税义务发生时间为报关进口的当天。

　　(3) 增值税扣缴义务发生时间为纳税人增值税纳税义务发生的当天。

　　2. 应税销售行为纳税义务发生时间的具体规定

　　按销售结算方式的不同，应税销售行为纳税义务发生时间的具体规定如下。

　　(1) 采取直接收款方式销售货物，不论货物是否发出，均为收到销售款或者取得索取销售款凭据的当天。

　　(2) 采取托收承付和委托银行收款方式销售货物，为发出货物并办妥托收手续的当天。

　　(3) 采取赊销和分期收款方式销售货物，为书面合同约定的收款日期的当天，无书面合同的或者书面合同没有约定收款日期的，为货物发出的当天。

　　(4) 采取预收货款方式销售货物，为货物发出的当天，但生产销售生产工期超过12个月的大型机械设备、船舶、飞机等货物，为收到预收款或者书面合同约定的收款日期的当天。

　　【提示】纳税人提供租赁服务采取预收款方式的，其纳税义务发生时间为收到预收款的当天。

　　(5) 委托其他纳税人代销货物，为收到代销单位的代销清单或者收到全部或者部分货款的当天。未收到代销清单及货款的，为发出代销货物满180天的当天。

　　(6) 提供应税劳务，为提供劳务同时收讫销售款或者取得索取销售款的凭据的当天。

　　(7) 纳税人发生视同销售货物行为，为货物移送的当天。纳税人发生视同销售服务、无形资产或者不动产情形的，其纳税义务发生时间为服务、无形资产转让完成的当天或者不动产权属变更的当天。

　　(8) 纳税人从事金融商品转让的，为金融商品所有权转移的当天。

　　【例2-37　多选题】关于增值税纳税义务发生时间，下列说法正确的是(　　)。

　　A. 采取预收款方式销售货物的，为货物发出的当天

　　B. 先开具发票的，为开具发票的当天

　　C. 采取分期收款方式销售货物的，为书面合同约定的收款日期的当天

　　D. 将货物交付给他人代销的，为发出代销货物的当天

【解析】正确答案为ABC。

【例2-38 单选题】某汽车租赁公司某月出租一辆小轿车，租金每月5 000元，一次性预收对方一年的租金共60 000元。公司确认该项业务的增值税纳税义务发生时间为( )。

A. 签订小轿车租赁合同的当天　　　　B. 收到60 000元租金的当天

C. 按月分摊确认收入的当天　　　　　D. 该租赁业务完成的当天

【解析】正确答案为B。

二、纳税期限

增值税的纳税期限，可根据纳税人的不同情况和应纳税额的大小等因素，实行按日、按月、按季或按次缴纳，具体规定如下。

（一）纳税期限的规定

增值税的纳税期限分别为1日、3日、5日、10日、15日、1个月或者1个季度。纳税人的具体纳税期限，由主管税务机关根据纳税人应纳税额的大小分别核定；不能按照固定期限纳税的，可以按次纳税。以1个季度为纳税期限的规定适用于小规模纳税人、银行、财务公司、信托投资公司、信用社，以及财政部和国家税务总局规定的其他纳税人。

（二）报缴税款期限的规定

纳税人以1个月或者1个季度为1个纳税期的，自期满之日起15日内申报纳税；以1日、3日、5日、10日或者15日为1个纳税期的，自期满之日起5日内预缴税款，于次月1日起15日内申报纳税并结清上月应纳税款。扣缴义务人解缴税款的期限，依照上述规定执行。

纳税人进口货物，应当自海关填发进口增值税专用缴款书之日起15日内缴纳税款。

三、纳税地点

（一）固定业户的纳税地点

固定业户应当向其机构所在地的主管税务机关申报纳税。总机构和分支机构不在同一县(市)的，应当分别向各自所在地的主管税务机关申报纳税；经国务院财政、税务主管部门或者其授权的财政、税务机关批准，可以由总机构汇总向总机构所在地的主管税务机关申报纳税。

固定业户到外县(市)销售货物或者提供应税劳务的，应当向其机构所在地的主管税务机关报告外出经营事项，并向其机构所在地的主管税务机关申报纳税；未报告的，应当向销售地或者劳务发生地的主管税务机关申报纳税；未向销售地或者劳务发生地的主管税务机关申报纳税的，由其机构所在地的主管税务机关补征税款。

（二）非固定业户的纳税地点

非固定业户销售货物或者提供应税劳务的，应当向销售地或者劳务发生地的主管税务机关申报纳税；未向销售地或者劳务发生地的主管税务机关申报纳税的，由其机构所在地或者居住地的主管税务机关补征税款。

（三）进口货物的纳税地点

进口货物，应当向报关地海关申报纳税。

（四）扣缴义务人的纳税地点

扣缴义务人应当向其机构所在地或者居住地的主管税务机关申报缴纳其扣缴的税款。

第十二节　增值税发票的使用及管理

发票，是指在购销商品、提供或者接受服务及从事其他经营活动中，开具、收取的收付款项凭证。增值税纳税人发生应税销售行为，应使用增值税发票管理新系统开具增值税专用发票、增值税普通发票、机动车销售统一发票或者增值税电子发票。

知识拓展：有关增值税发票的法律法规

一、增值税专用发票

增值税专用发票，是增值税纳税人发生应税行为开具的发票，是购买方支付增值税额并可按照增值税有关规定据以抵扣增值税进项税额的凭证。它不仅是一般的商事凭证，还是计算抵扣税款的法定凭证。

（一）增值税专用发票的联次

增值税专用发票由基本联次或者基本联次附加其他联次构成。基本联次为三联：发票联、抵扣联和记账联。发票联，作为购买方核算采购成本和增值税进项税额的记账凭证；抵扣联，作为购买方报送主管税务机关认证和留存备查的凭证；记账联，作为销售方核算销售收入和增值税销项税额的记账凭证。其他联次用途由一般纳税人自行确定。

知识拓展：增值税专用发票票样

（二）增值税专用发票的领购

1. 一般纳税人凭发票领购簿、IC卡和经办人身份证明领购增值税专用发票

一般纳税人有下列情形之一的，不得领购开具增值税专用发票。

(1) 会计核算不健全，不能向税务机关准确提供增值税销项税额、进项税额、应纳税额数据及其他有关增值税税务资料的。

(2) 有《税收征收管理法》规定的税收违法行为，拒不接受税务机关处理的。

(3) 有下列行为之一，经税务机关责令限期改正而仍未改正的：

① 虚开增值税专用发票；

② 私自印制增值税专用发票；

③ 向税务机关以外的单位和个人买取增值税专用发票；

④ 借用他人增值税专用发票；

⑤ 未按规定开具增值税专用发票；

⑥ 未按规定保管增值税专用发票和专用设备；

⑦ 未按规定申请办理防伪税控系统变更发行；

⑧ 未按规定接受税务机关检查。

知识拓展：增值税专用发票开具要求

有上述情形的，如已领购增值税专用发票，主管税务机关应暂扣其结存的增值税专用发票和IC卡。

知识拓展：增值税专用发票和专用设备的保管

2. 新办纳税人首次申领增值税专用发票规定

为了进一步深化税务系统"放管服"改革，优化税收营商环境，方便新办纳税人首次申领增值税发票，国家税务总局于2018年6月发布《国家税务总局关于新办纳税人首次申领增值税发票有关事项的公告》，压缩新办纳税人首次申领增值税发票时间。

知识拓展：国家税务总局关于新办纳税人首次申领增值税发票有关事项的公告

(三) 增值税专用发票的开具范围

一般纳税人发生应税销售行为，应向购买方开具增值税专用发票。

商业企业一般纳税人零售的烟、酒、食品、服装、鞋帽(不包括劳保专用部分)、化妆品等消费品不得开具增值税专用发票。

自2020年2月1日起，所有小规模纳税人(其他个人除外)均可以选择使用增值税发票管理系统自行开具增值税专用发票。自愿选择自行开具增值税专用发票的小规模纳税人，税务机关不再为其代开。

【提示】销售免税货物不得开具增值税专用发票，法律、法规及国家税务总局另有规定的除外。

【例2-39　多选题】一般纳税人的下列销售情形中，不得开具增值税专用发票的是(　　)。

A. 甲公司将自产货物无偿赠送给某一般纳税人单位

B. 乙公司向小规模纳税人提供运输服务

C. 丙超市向消费者个人销售货物

D. 丁公司销售免税货物

【解析】正确答案为BCD。

(四) 开具增值税专用发票后发生退货或开票有误的处理

1. 增值税专用发票的作废处理

增值税专用发票的作废处理有即时作废和符合条件作废两种。即时作废是指开具时发现有误的；符合条件作废是指一般纳税人在开具增值税专用发票当月，发生销售退回、开票有误等情形，收到退回的发票符合作废条件的。

知识拓展：增值税专用发票作废条件

2. 红字增值税专用发票开具

增值税纳税人在开具增值税专用发票后，发生销售退回、开票有误、应税服务中止等情形，但不符合发票作废条件，或者因销货部分退回及发生销售折让，应开具红字增值税专用发票。

(五) 增值税专用发票的管理

知识拓展：国家税务总局关于红字增值税发票开具有关问题的公告

1. 虚开增值税专用发票的定义

虚开发票是指在没有任何购销事实的前提下，为他人、为自己、让他人为自己或介绍他人开具发票的行为。虚开发票是严重的违法行为。虚开增值税专用发票具体包括以下行为：

(1) 没有货物购销或者没有提供或接受应税劳务、服务而为他人、为自己、让他人为自己或介绍他人开具增值税专用发票；

(2) 有货物购销或者提供或接受了应税劳务、服务，但为他人、为自己、让他人为自己或介绍他人开具数量或者金额不实的增值税专用发票；

(3) 进行实际经营活动，但他人为自己代开增值税专用发票。

2. 善意取得虚开增值税专用发票的处理

(1) 善意取得虚开增值税专用发票的含义。善意取得虚开增值税专用发票是指纳税人善意取得虚开的增值税专用发票，购货方与销售方存在真实交易，且购货方不知取得的增值税专用发票是以非法手段获得的。同时符合以下4个条件的可以判断为善意取得虚开的增值税发票。

① 业务交易真实，购货方与销售方存在真实的交易；

② 销售方使用的是其所在省(自治区、直辖市和计划单列市)的增值税专用发票；

③ 增值税专用发票注明的销售方名称、印章、货物数量、金额及税额等全部内容与实际相符；

④ 没有证据表明购货方知道销售方提供的增值税专用发票是以非法手段获得的。

(2) 善意取得虚开增值税专用发票的处理。对购货方不以偷税或者骗取出口退税论处，但应按有关法规不予抵扣进项税款或者不予出口、退税；购货方已经抵扣的进项税款或者取得的出口退税，应依法追缴。购货方能够重新从销售方取得合法、有效增值税专用发票的，准予抵扣进项税款。

3. 不属于善意取得虚开增值税专用发票的情形

有下列情形之一的，无论购货方(受票方)与销售方是否进行了实际的交易，增值税专用发票所注明的数量、金额与实际交易是否相符，均不属于善意取得虚开增值税专用发票。

(1) 购货方取得的增值税专用发票所注明的销售方名称、印章与其进行实际交易的销售方不符的，即"购货方从销售方取得第三方开具的增值税专用发票"。

(2) 购货方取得的增值税专用发票为销售方所在省、自治区、直辖市以外地区的，即"从销货地以外的地区取得增值税专用发票"。

(3) 其他有证据表明购货方明知取得的增值税专用发票系销售方以非法手段获得的，即"受票方利用他人虚开的增值税专用发票，向税务机关申报抵扣税款进行偷税"。

购货方向税务机关申请抵扣进项税款或者出口退税的，对其均应按偷税或者骗取出口退税处理。

4. 增值税专用发票的"三流一致"

"三流一致"是指资金流、发票流和货物流相互统一，具体而言是指不仅收款方、开票方和销售方必须是同一经济主体，而且付款方、采购方和受票方也必须是同一经济主体。"三流一致"的基本假设是：真实发生交易，有买卖双方。如果在经济交易过程中，不能保证资金流、发票流和货物流相互统一，则会出现票款不一致，存在涉嫌虚开发票的风险。

对外开具增值税专用发票同时符合以下情形的，不属于对外虚开增值税专用发票：

(1) 纳税人向受票方纳税人销售了货物，或者提供了增值税应税劳务、应税服务；

(2) 纳税人向受票方纳税人收取了所销售货物、所提供应税劳务或者应税服务的款项，或者取得了索取销售款项的凭据；

(3) 纳税人按规定向受票方纳税人开具的增值税专用发票相关内容，与所销售货物、所提供应税劳务或者应税服务相符，且该增值税专用发票是纳税人合法取得、并以自己名义开具的。

受票方纳税人取得的符合上述情形的增值税专用发票，可以作为增值税扣税凭证抵扣进项税额。

二、增值税电子发票

为适应经济社会发展和税收现代化建设需要，国家税务总局自2015年起分步推行了增值税电子普通发票。电子普通发票推行后，因开具便捷、保管便利、查验及时、节约成本等优点，受到越来越多的纳税人欢迎。自2015年12月1日起，增值税电子发票系统在全国范围推行。

为贯彻落实国务院关于加快电子发票推广应用的部署安排，国家税务总局决定采用先在部分地区新设立登记的纳税人中实行增值税专用发票电子化，此后逐步扩大地区和纳税人范围的工作策略。自2020年9月1日起，在宁波、石家庄和杭州开展增值税专用发票电子化试点；之后分两步自2020年12月21日和2021年1月21日起，在天津等11个地区和北京等25个地区的新办纳税人中实行增值税专用发票电子化，受票方范围为全国。实行增值税专用发票电子化的新办纳税人开具增值税专用发票时，既可以开具增值税电子专用发票，也可以开具增值税纸质专用发票。

增值税电子专用发票采用电子签名代替发票专用章，其法律效力、基本用途和基本使用规定等与税务机关监制的增值税纸质发票一致。单位和个人可以在国家税务总局全国增值税发票查验平台下载增值税电子发票版式文件阅读器，查阅增值税电子专用发票。

知识拓展：增值税电子发票的发展历史

知识拓展：增值税电子发票的优点

知识拓展：增值税电子专用发票票样

案例讨论

退税款为企业送上"及时雨"

国家税务总局发布数据显示，自2022年4月1日大规模增值税留抵退税政策实施以来，截至2022年8月15日，已有20 131亿元退税款退到纳税人账上，加上一季度继续实施此前出台的留抵退税老政策1 233亿元，已累计有21 364亿元退税款退到纳税人账户，大规模留抵退税存量留抵税额集中退还已完成。

大规模增值税留抵退税以"真金白银"为更多市场主体发展助力，增加了企业现金流，在激发市场主体活力方面发挥了重要作用。

"393万元留抵退税款到账，帮我们挺过了最难的日子。"石家庄医疗废物处置有限公司总经理郑军说，为满足医疗废弃物处置需求，公司投入大量资金进行设备升级改造。退税款到账后，一部分资金用于支付利息和工程项目款，确保了设备升级顺利进行。

国家统计局的快速调查显示，大规模留抵退税政策实施后，获得增值税增量留抵退税的企业中，90%的企业认为改善了现金流；获得存量留抵退税的小微企业中，84.5%的企业认为改善了现金流；获得增值税留抵退税的工业企业中，87.9%的企业认为改善了企业现金流。

"今年二季度，全国享受留抵退税企业采购原材料等支出同比增长12.3%，增幅比无退税企业高5.7个百分点；销售收入同比增长6.1%，比无退税企业高1.8个百分点。"国家税务总局总审计师蔡自力说。

北京国家会计学院财税政策与应用研究所所长李旭红表示，大规模增值税留抵退税政策带动企业经营逐步改善，支撑企业销售加快回暖，与此同时，不少企业将退税款应用于研发创新领域，有助于推动经济新动能快速成长。

资料来源：王雨萧. 让"真金白银"更好惠及市场主体——国家税务总局介绍大规模增值税留抵退税政策落实进展 [EB/OL]. https://baijiahao.baidu.com/s?id=1742236089554531673&wfr=spider&for=pc，2022-08-26.

阅读上述材料，讨论以下问题。

(1) 分析我国实施增值税留抵退税政策的效应。

(2) 结合增值税留抵退税政策的实施成效，从税收惠民的民生意识视角，对我国的增值税制度改革进行评价与选择。

(3) 民族和国家的发展离不开创新，分析如何通过税收政策的创新助力企业新发展？

本 章 小 结 ⊕ ⊕

增值税是以商品和劳务在流转过程中产生的增值额作为计税依据而征收的一种流转税。根据对固定资产已纳税款处理的不同，可以将增值税分为生产型、收入型和消费型三种类型。

增值税的征收范围包括在境内销售货物、劳务、服务、无形资产、不动产及进口货物等。学习中应重点关注视同销售行为的税务处理。

增值税纳税人按会计核算水平和经营规模分为一般纳税人和小规模纳税人两类，分别采取不同的税率和计税方法。

增值税采用比例税率，对一般纳税人实行基本税率和低税率，对出口产品等实行零税率，对小规模纳税人及一些特殊情况实行征收率。

增值税的计税方法包括一般计税方法和简易计税方法。其中，一般计税方法适用于一般纳税人；简易计税方法适用于小规模纳税人和一般纳税人的特定情形。我国目前采用的一般计税方法是间接计算法，即一般纳税人发生应税销售行为的应纳税额，等于当期销项税额抵扣当期进项税额后的余额。学习中应重点关注销项税额的计算和进项税额的确认问题。

纳税人进口货物均应缴纳增值税，按照组成计税价格和适用税率计算应纳税额。

我国对出口货物、劳务和跨境应税行为实施退免增值税制度，对适用增值税退免税政策的出口货物、劳务和跨境应税行为，实行增值税"免抵退税"或"免退税"办法。

增值税的征收管理主要包括纳税义务发生时间、纳税期限和纳税地点。

增值税实行凭国家印发的增值税专用发票注明的税款进行抵扣的制度。因此，纳税人必须认真掌握有关增值税专用发票的各项规定。纳税人应通过增值税防伪税控系统使用专用发票。

练 习 题 ⊕ ⊕

1. 某生产企业为增值税一般纳税人，某月有关业务资料如下。

(1) 购进一批原材料，取得的增值税专用发票上注明价款16万元、税款2.08万元；发生运输费用1 500元，已取得增值税专用发票。

(2) 临近"五一"节，购进一批饮料，取得的增值税专用发票上注明价款2万元、税款2 600元；该批饮料已运抵企业，用于发放职工福利。

(3) 购进一台生产用设备，取得的增值税专用发票注明价款50万元、税款6.5万元。

(4) 向A公司销售一批产品，开具的增值税专用发票上注明销售额28万元，另开普通发票向A公司收取运费2 260元。上述款项已办妥托收手续，月末尚未收回。

(5) 将一批自制新产品用于对外投资，生产成本为30万元，成本利润率为10%，该新产品无同类产品市场销售价格。

(6) 因管理不善，致使库存原材料丢失，实际成本5万元，其中包括应分摊的运输费用5 000元。该批原材料的进项税额已在购进月份申报抵扣。

该企业上月无留抵税额，各类货物增值税税率均为13%。上述相关票据均符合税法的规定。

根据上述资料，计算该企业当月应纳的增值税额。

2. 某大型仓储超市为增值税一般纳税人，某月发生如下业务。

(1) 购进一批家电，取得的增值税专用发票上注明价款200万元、税款26万元，支付运输单位的运输费用7万元，取得增值税专用发票。

(2) 从某农场购进一批水果，货款已全部支付，取得农产品收购发票上注明价款24万元，将其中的20%用于本企业职工福利。

(3) 购进10台收款机以提高工作效率，取得的增值税专用发票上注明价款8万元、税款1.04万元。

(4) 采取以旧换新方式向顾客销售洗衣机200台，旧洗衣机收购价每台200元，新洗衣机出售实际收取每台3 800元。

(5) 销售50台空调，每台零售价3 900元，另收取安装费每台160元。

(6) 在促销活动中，向累计消费达到一定金额的顾客赠送零售价为79.1元的小家电，当月共计送出50件。

(7) 以分期收款方式批发一批文体用品，合同约定不含税销售总额为40万元，分4个月平均收取，当月实际收到货款8万元。

上述相关票据均符合税法的规定。

根据上述资料，计算该超市当月应纳的增值税额。

3. 某食品生产企业为增值税一般纳税人，从事食品的生产和销售业务，某年5—7月发生以下业务。

(1) 5月购进一批农产品作为生产用原材料，取得收购凭证上注明价款80万元；向小规模纳税人销售自产货物，开具普通发票上注明价款为60万元。

(2) 6月购进一批原材料，取得的增值税专用发票上注明价款30万元、税款3.9万元；向某超市销售一批自产货物，开具的增值税专用发票上注明价款为50万元；将一批自制新产品全部出售给本企业职工，取得不含税销售额3.5万元，这批产品的生产成本为4万元，成本利润率为10%，无同类产品市场价格。

(3) 7月购进一批原材料，取得的增值税专用发票上注明价款40万元、税款5.2万元；向某商场销售一批自产货物，开具的增值税专用发票上注明价款为70万元，另开具普通发票收取包装费2万元；向某百货公司销售一批自产货物，开具的增值税专用发票上注明价款为20万元，支付运输公司运费1万元，取得增值税专用发票。

上述相关票据均符合税法的规定。

根据上述资料，计算该企业各月应纳的增值税额。

4. 某市大型商贸公司为增值税一般纳税人，具有进出口经营权，某月相关经营业务如下。

(1) 进口一批食品，支付国外的买价180万元，支付运抵我国海关地前的运输费用15万元、装卸费用和保险费用10万元，支付海关地再运往商贸公司的运输费用6万元，取得增值税专用发票；商贸公司按规定缴纳了进口环节的增值税，并取得海关开具的增值税专用缴款书。

(2) 当月将进口食品的70%重新进行分装、灌装后销售给其他商场，开具增值税专用发票，取得不含税销售额600万元；20%直接销售给消费者个人，开具普通发票，取得含税销售额135.6万元；10%入库待售。

(3) 取得食品的逾期包装物押金收入11.3万元。

食品关税税率为20%。上述相关票据均符合税法的规定。

根据上述资料，计算：①该公司进口环节应缴纳的增值税额；②该公司国内销售环节应缴纳的增值税额。

5. 某专门从事认证、咨询服务的公司为增值税一般纳税人，某月发生如下业务。

(1) 取得一项咨询服务收入，价税合计为116.6万元，开具增值税专用发票。

(2) 支付广告服务费，取得增值税专用发票，发票上注明金额6万元、税款0.36万元。

(3) 向某小规模纳税人提供注册信息服务，取得含增值税销售额10.6万元。

(4) 购进一台经营用设备，取得增值税专用发票，发票上注明金额30万元、税款3.9万元；支付运输费用，取得的增值税专用发票上注明金额1万元、税款0.09万元。

(5) 购进办公用品，支付价款2.06万元，取得增值税普通发票。

(6) 购进一间房屋作为公司办公室，支付价税合计金额65.4万元，取得增值税专用发票。

上述相关票据均符合税法的规定。

根据上述资料，计算该公司当月应纳增值税税额。

6. 某模具生产企业为小规模纳税人，适用3%的征收率。某月，销售模具取得含增值税收入250 000元；由于合理原因，上月销售的货物发生退款120 000元；销售使用过5年的一台设备，开具增值税普通发票，取得收入80 000元。

根据上述资料，计算该企业当月应纳增值税税额。

第三章
消费税法
//////

//////// **本章导入**

消费税是以特定消费品为课税对象所征收的一种税，属于流转税的范畴。在对货物普遍征收增值税的基础上，选择部分消费品再征收一道消费税，目的是调节产品结构，引导消费方向，保证国家财政收入。消费税的征收环节单一，多数在生产或进口环节缴纳。消费税是价内税，作为产品价格的一部分存在，税款最终由消费者承担。

//////// **学习目标**

☑ 认知类目标：了解消费税的概念、特点、作用；熟悉消费税纳税人、税率的相关规定；掌握消费税税目、计税依据的规定和应纳税额的计算；熟悉消费税征收管理的相关规定；

☑ 价值类目标：把握消费税制的功能定位，认识我国社会发展大局；结合消费税"绿色税收"的特点，正确引导消费行为，培养环保节能意识；通过消费税的变化历程，培养人文精神，树立社会主义核心价值观。

☑ 方法类目标：掌握消费税计算的方法，能正确计算消费税的应纳税额；能够通过图书馆或网络检索查询文献资料，思考消费税改革问题。

//////// **案例引入**

西周时期，为了增加国家收入，政府开征"山泽之赋"，对金、玉、锡、丹青等奢侈品征税，这已具备消费税的雏形。战国时期起，酒就作为奢侈品征税，秦国《秦律·田律》规定："百姓居田舍者，毋敢酤酒，田啬夫，部佐谨禁御之，有不从令者有罪。"其用经济的手段和严厉的法律抑制酒的生产和消费，鼓励百姓多种粮食；同时，通过重税提高财政收入。汉承秦制，改酒专卖为普遍征税，允许各地的地主、商人自行酿酒卖酒，但每升酒缴税款4文。唐朝的税酒，即对酿酒户和卖酒户进行登记，给予他们从事酒业的特权，未经特许的则无资格从事酒业。宋、元、明、清各时期皆征收茶税、盐税、酒税。北洋政府时期的消费税主要包括盐税和烟酒税两种，并于1928年创立了统税，对卷烟、面粉、棉纱、火柴、水泥等各种商品征税。纵观中国历朝历代，消费税一直是重要的财政收入形式。其最大的特点是与当时社会经济发展的状况和商品生产、流通的情况密切相关，并针对当时的生活必需品或高档产品征税。

第一节 消费税概述

一、消费税的概念

消费税自从在世界各国开征以来，就在各国税制结构和税收收入中占有重要地位，受到各国的普遍重视，现阶段有120多个国家和地区征收消费税。从税收实践来看，由于受国情因素的影响，各国消费税的征收范围并不完全相同，甚至存在较大差异。根据征收范围的大小，消费税可分为一般消费税和特别消费税，前者主要是指对所有消费品和消费行为的流转额普遍课税；后者主要是指对特定消费品或特定消费行为的流转额有选择地课税。

世界各国对消费税的征收方式也有所不同。一种征收方式是对所有的征税品目统一制定税法，即综合设置一种税，然后通过列举税目的方式，明确列举哪些消费品或消费行为属于征税范围，没列举的不属于征税范围。另一种征收方式是对各个征税品目分别制定税法，也就是对每一种应税品或应税行为设置一个税种，如酒税、烟税。

实行单一环节一次课征制是各国征收消费税的通行做法，但对具体征税环节的规定却不完全一致，据此可将消费税分为直接消费税和间接消费税。直接消费税是对消费者在购买应税消费品时直接征税，通过价外税的形式，由消费者直接承担税收负担。间接消费税则是对生产或销售应税消费品的经营者征税，通过将税额计入应税消费品销售价格的形式，由消费者间接承受税收负担。

我国现行消费税是对在我国境内生产、委托加工和进口《中华人民共和国消费税暂行条例》(以下简称《消费税暂行条例》)规定的消费品的单位和个人，以及国务院确定的销售该条例规定的消费品的其他单位和个人征收的一种税。因其选择部分消费品征税，因而属于特别消费税。从税收收入来看，消费税是我国当前第三大税种，2022年我国国内消费税收入为16 699亿元，比上年增长20.3%，约占全国税收收入的10.02%。

二、消费税的特点

（一）征收范围具有选择性

现代消费税多是选择将那些消费量大、收入弹性需求充足和税源普遍的消费品列入消费税的征收范围，主要包括非生活必需品、奢侈品、高档消费品、不可再生的稀缺性资源产品及高能耗产品等。因为对这些消费品征重税，不会影响居民的生活水平，同时可以达到抑制不良消费行为、促进资源有效利用、缓解社会财富分配不公的目的。

【提示】我国消费税目前共设置15个税目，征收的具体品目采用列举的方式，只有消费税税目税率表上列举的应税消费品才征收消费税，没有列举的则不征收消费税。

（二）实行单一环节一次性课税

各国消费税都是在应税消费品生产、销售中的某个环节进行一次性集中征收。为了加强源泉控制，防止税款流失，我国消费税的纳税环节主要确定在生产环节或进口环节。也就是说，应税消费品在生产环节或进口环节征收之后，除个别消费品的纳税环节有特殊规定外，继续转销该消费品不再征收消费税。这样，既可以减少纳税人的数量，降低税款征收费用和税源流失的风险，又可以防止重复征税。

（三）平均税率水平较高且税负差异大

消费税属于国家运用税收杠杆对某些消费品进行特殊调节的税种。为了有效体现国家政策，消费税的平均税率水平一般定得比较高，并且不同征税项目的税负差异较大，对需要限制或控制消费的消费品，通常税负较重。我国现行消费税是同增值税相互配合而设置的，在对某些需要特殊调节的消费品征收增值税的同时，再征收一道消费税，从而形成了一种交叉调节的间接税体系。

（四）征收方法具有灵活性

为了适应不同应税消费品的情况，以及便于核算、计征的要求，消费税采取从价定率和从量定额两种征税方法。对部分价格变化较大，且便于按价格核算的应税消费品，依消费品的价格实行从价定率征收；对部分价格变动小，品种、规格比较单一的大宗应税消费品，依消费品的数量实行从量定额征收。另外，对烟和酒等消费品采用既从价征收，又从量征收的复合征税方法。

（五）税负具有转嫁性

我国现行的消费税是价内税，直接以应税消费品的生产经营者为纳税人，纳税人于生产销售环节、进口环节或零售环节缴纳的税款，成为商品价格的一个组成部分向购买者收取，消费者为税负的最终负担者。

三、消费税的作用

（一）调节消费结构

由于消费税负担的轻重关系消费者的切身利益，是决定消费行为的重要因素，因此，国家能够通过消费税课征范围的选择和税目、税率的设计，来调节纳税人的经济利益，影响其消费行为，进而调节整个社会消费结构，体现国家的消费政策。由于消费对生产的反作用，消费结构的变化又会对产业结构和产品结构的调整产生影响。

（二）限制消费规模，引导消费方向

消费税的征收对象主要是一些需求弹性较大的非生活必需品，而且多采用较高的税率。对消费者而言，可能为避免较重的税收负担而选择不购买这些消费弹性较大的商品。因此，征收消费税不仅会改变一些人的消费方向，也会起到压缩消费规模的作用。这对于平衡供求关系、稳定市场物价及增加投资和储蓄、调整积累和消费的比例关系都具有积极的作用。

（三）及时、足额地保证财政收入

消费税以应税消费品的销售额或销售数量及组成计税价格为计税依据，税额会随着销售额的增加而不断增长，同时只要消费品实现销售，也就产生了缴纳消费税的义务。因此，消费税对及时、足额地保证财政收入起着重要的作用。

知识拓展：在消费支出环节，发挥消费税引导合理消费的应有作用

（四）调节支付能力，缓解分配不公

通过对某些奢侈品或特殊消费品征收消费税，立足于从调节个人支付能力的角度间接增加某些消费者的税收负担，体现了收入多者多缴税，从而可在一定程度上有利于配合个人所得税及其他有关税种进行调节，缓解目前存在的社会分配不公的矛盾。

视频：消费税概述

第二节　纳税人和税目、税率

一、纳税人

《消费税暂行条例》规定，在中华人民共和国境内生产、委托加工和进口本条例规定的消费品的单位和个人，以及国务院确定的销售本条例规定的消费品的其他单位和个人，为消费税的纳税人，应当依照本条例缴纳消费税。根据该条规定，消费税的纳税人具体包括：生产应税消费品的单位和个人；委托加工应税消费品的单位和个人；进口应税消费品的单位和个人；国务院确定的销售应税消费品的其他单位和个人。单位，是指企业、行政单位、事业单位、军事单位、社会团体及其他单位。个人，是指个体工商户及其他个人。

二、征税范围和税目

消费税的征税范围有限，并会随着社会经济发展、资源保护等国家政策进行调整，根据《消费税暂行条例》及相关法规的规定，我国现行消费税税目共15个，包括：烟、酒、高档化妆品、贵重首饰及珠宝玉石、鞭炮焰火、成品油、摩托车、小汽车、高尔夫球及球具、高档手表、游艇、木制一次性筷子、实木地板、电池、涂料。部分税目下进一步划分了子目。

（一）烟

凡是以烟叶为原料加工生产的产品，不论使用何种辅料，均属于本税目的征收范围，包括卷烟、雪茄烟和烟丝3个子目。卷烟又分甲类卷烟和乙类卷烟。根据《财政部 海关总署 税务总局关于对电子烟征收消费税的公告》(2022年第33号)，自2022年11月1日起将电子烟纳入消费税征收范围，在"烟"税目下增设"电子烟"子目。

（二）酒

酒是指酒精度在1度以上的各种酒类饮料，包括白酒、黄酒、啤酒和其他酒。啤酒又分甲类啤酒和乙类啤酒。

【提示】对饮食业、商业、娱乐业举办的啤酒屋(啤酒坊)利用啤酒生产设备生产的啤酒，应当征收消费税。

（三）高档化妆品

本税目征收范围包括高档美容、修饰类化妆品、高档护肤类化妆品和成套化妆品。高档是指生产(进口)环节销售完税价格(不含增值税)在10元/毫升(克)或15元/片以上(含本数)的美容、修饰类化妆品和护肤类化妆品。

【提示】舞台、戏剧、影视演员化妆使用的上妆油、卸妆油、油彩不属于本税目的征收范围。

（四）贵重首饰及珠宝玉石

本税目征收范围包括各种金银珠宝首饰和经采掘、打磨、加工的各种珠宝玉石。

【提示】出国人员免税商店销售的金银首饰需征收消费税。

(五)鞭炮焰火

本税目包括各种鞭炮、焰火。

【提示】体育上用的发令纸、鞭炮药引线,不按本税目征收。

(六)成品油

本税目包括汽油、柴油、航空煤油、石脑油、溶剂油、润滑油、燃料油7个子目。航空煤油暂缓征收。

(七)摩托车

本税目包括轻便摩托车和摩托车两种。对最大设计车速不超过50千米/小时,发动机气缸总工作容量不超过50毫升的三轮摩托车不征收消费税。气缸容量250毫升(不含)以下的小排量摩托车不征收消费税。

(八)小汽车

汽车是指由动力驱动,具有4个或4个以上车轮的非轨道承载的车辆。本税目征收范围包括乘用车、中轻型商用客车和超豪华小汽车3个子目。超豪华小汽车是指每辆零售价格130万元(不含增值税)及以上的乘用车和中轻型商用客车。

车身长度大于7米(含),并且座位在10~23座(含)以下的商用客车,不属于中轻型商用客车征税范围,不征收消费税。沙滩车、雪地车、卡丁车、高尔夫车不属于消费税征收范围,不征收消费税。

【提示】电动汽车不属于本税目征收范围。

(九)高尔夫球及球具

本税目征收范围包括高尔夫球、高尔夫球杆、高尔夫球包(袋)等从事高尔夫球运动所需的各种专用装备。高尔夫球杆的杆头、杆身和握把也属于本税目的征收范围。

(十)高档手表

本税目征收范围包括销售价格(不含增值税)每只在10 000元(含)以上的各类手表。

(十一)游艇

本税目征收范围包括艇身长度大于8米(含)、小于90米(含),内置发动机,可以在水上移动,一般为私人或团体购置,主要用于水上运动和休闲娱乐等非牟利活动的各类机动艇。

(十二)木制一次性筷子

本税目征收范围包括各种规格的木制一次性筷子。未经打磨、倒角的木制一次性筷子也属于本税目征税范围。

(十三)实木地板

本税目征收范围包括各类规格的实木地板、实木指接地板、实木复合地板及用于装饰墙壁、天棚的侧端面为榫、槽的实木装饰板及未经涂饰的素板。

(十四)电池

本税目征收范围包括原电池、蓄电池、燃料电池、太阳能电池和其他电池。对无汞原电池、金属氢化物镍蓄电池、锂原电池、锂离子蓄电池、太阳能电池、燃料电池和全钒液流电池免征消费税。

（十五）涂料

涂料是指涂于物体表面能形成具有保护、装饰或特殊性能的固态涂膜的一类液体或固体材料之总称。对施工状态下挥发性有机物(Volatile Organic Compounds，VOC)含量低于420克/升(含)的涂料免征消费税。

知识拓展：消费税征收范围注释

【能力提升】消费税自1994年开征以来，经历了几次重大的制度调整，包括2006年消费税制度改革、2008年成品油税费改革、2014年以来新一轮消费税改革等。查阅财政部、国家税务总局发布的财税〔2006〕33号、财税〔2014〕93号、财税〔2014〕94号、财税〔2015〕16号、财税〔2015〕60号和财税〔2016〕103号等文件，思考消费税改革在引导消费行为、优化消费结构、调节收入分配、促进节能环保、推进绿色税制体系建设等方面的作用，进一步探索消费税未来改革方向。

三、征税环节

（一）生产环节

生产环节是征收消费税的主要环节。对于消费税来说，在一般情况下具有单一环节征收的特性，对于大部分应税消费品来说，生产环节缴纳消费税以后，继续流通时不需要再缴纳消费税。

（二）委托加工环节

委托加工与生产环节比较相似，只是由自己生产变成别人为自己生产。一些产品在委托加工完成之后即可直接出售，所以该环节需要缴纳消费税。

（三）进口环节

单位或个人进口应税消费品的，在报关进口时由海关代为征收消费税。

（四）零售环节

经国务院批准，自1995年1月1日起，金银首饰消费税由生产销售环节征收改为零售环节征收。钻石及钻石饰品和铂金首饰消费税也分别从2002年1月1日和2003年5月1日起改为零售环节征收。零售环节适用税率为5%。

自2016年12月1日起，对超豪华小汽车，在生产(进口)环节按现行税率征收消费税基础上，在零售环节加征消费税，税率为10%。

（五）批发环节

卷烟除了在生产环节征收消费税外，还在批发环节征收一次消费税。自2015年5月10日起，将卷烟批发环节从价税税率提高至11%，并按0.005元/支加征从量税。

视频：消费税纳税人

【例3-1　多选题】根据消费税法律制度的规定，下列主体中，属于消费税纳税义务人的有(　　)。

A. 钻石的进口商　　B. 高档化妆品的生产商　　C. 卷烟的批发商　　D. 金首饰的零售商

【解析】正确答案为BCD。钻石及钻石饰品消费税在零售环节征收，选项A错误。

四、税率

根据不同应税消费品的实际情况，消费税的税率分别设置了比例税率和定额税率两种形式。对供求基本平衡、价格差异不大、计量单位规范的消费品，选择计税简便的定额税率；对供求矛盾突出、价格差异较大、计量单位不规范的消费品，选择价税联动的比例税率；对卷烟和白酒则采用了定额税率和比例税率双重征收形式。消费税税目、税率表如表3-1所示。

表3-1　消费税税目、税率表

税目	税率		
	生产(进口、委托加工)环节	批发环节	零售环节
一、烟			
1. 卷烟			
(1) 甲类卷烟	56%加 0.003 元/支	11%加 0.005 元/支	
(2) 乙类卷烟	36%加 0.003 元/支		
2. 雪茄烟	36%		
3. 烟丝	30%		
4. 电子烟	36%	11%	
二、酒			
1. 白酒	20%加 0.5 元/500 克(或者 500 毫升)		
2. 黄酒	240 元/吨		
3. 啤酒			
(1) 甲类啤酒	250 元/吨		
(2) 乙类啤酒	220 元/吨		
4. 其他酒	10%		
三、高档化妆品	15%		
四、贵重首饰及珠宝玉石			
1. 金银首饰、铂金首饰和钻石及钻石饰品			5%
2. 其他贵重首饰和珠宝玉石	10%		
五、鞭炮、焰火	15%		
六、成品油			
1. 汽油	1.52 元/升		
2. 柴油	1.20 元/升		
3. 航空煤油	1.20 元/升		
4. 石脑油	1.52 元/升		
5. 溶剂油	1.52 元/升		
6. 润滑油	1.52 元/升		
7. 燃料油	1.20 元/升		
七、摩托车			
1. 气缸容量(排气量, 下同)为 250 毫升的	3%		

(续表)

税目	税率		
	生产(进口、委托加工)环节	批发环节	零售环节
2. 气缸容量在250(不含)毫升以上的	10%		
八、小汽车			
1. 乘用车			
(1) 气缸容量(排气量，下同)在 1.0 升(含 1.0 升)以下的	1%		
(2) 气缸容量在 1.0 升以上至 1.5 升(含 1.5 升)的	3%		
(3) 气缸容量在 1.5 升以上至 2.0 升(含 2.0 升)的	5%		
(4) 气缸容量在 2.0 升以上至 2.5 升(含 2.5 升)的	9%		
(5) 气缸容量在 2.5 升以上至 3.0 升(含 3.0 升)的	12%		
(6) 气缸容量在 3.0 升以上至 4.0 升(含 4.0 升)的	25%		
(7) 气缸容量在 4.0 升以上的	40%		
2. 中轻型商用客车	5%		
3. 超豪华小汽车	按照乘用车和中轻型商用客车的规定征收		10%
九、高尔夫球及球具	10%		
十、高档手表	20%		
十一、游艇	10%		
十二、木制一次性筷子	5%		
十三、实木地板	5%		
十四、电池	4%		
十五、涂料	4%		

【提示】纳税人兼营不同税率的应税消费品，应当分别核算不同应税消费品的销售额、销售数量。未分别核算销售额、销售数量，或者将不同税率的应税消费品组成成套消费品销售的，从高适用税率。

【例3-2 多选题】根据消费税法律制度的规定，对下列各项应税消费品，在计算应纳消费税额时采用定额税率从量计征的有( )。

A. 烟丝 B. 红酒 C. 汽油 D. 黄酒

【解析】正确答案为CD。

第三节 计税依据

按照现行消费税法规定，消费税应纳税额的计算采用从价定率计征、从量定额计征及从价和从量复合计征三种方法。

一、从价定率计征

实行从价定率计征的应税消费品，计税依据为应税消费品的销售额。应纳税额计算公式为

$$实行从价定率办法计算的应纳税额＝销售额×税率$$

应纳税额的多少取决于应税消费品的销售额和适用税率两个因素。

1. 销售额的确定

销售额为纳税人销售应税消费品向购买方收取的全部价款和价外费用，不包括应向购买方收取的增值税税款。

【提示】由于消费税和增值税实行交叉征收，消费税实行价内税，增值税实行价外税，这种情况决定了实行从价定率征收的消费品，原则上消费税税基与增值税税基是一致的，即都是以含消费税而不含增值税的销售额作为计税依据的。

2. 包装物的处理

实行从价定率方法计算应纳税额的应税消费品连同包装销售的，无论包装物是否单独计价，也不论在会计上如何核算，均应并入应税消费品的销售额中征收消费税。

如果包装物不作价随同产品销售，而是收取押金，此项押金则不应并入应税消费品的销售额中征税。但对因逾期未收回的包装物不再退还的或者已收取的时间超过1年的押金，应并入应税消费品的销售额，按照应税消费品的适用税率缴纳消费税。

对既作价随同应税消费品销售，又另外收取押金的包装物的押金，凡纳税人在规定的期限内没有退还的，均应并入应税消费品的销售额，按照应税消费品的适用税率缴纳消费税。

3. 含增值税销售额的换算

含增值税销售额的计算公式为

$$应税消费品的销售额＝含增值税的销售额÷(1＋增值税税率或征收率)$$

【提示】在使用换算公式时，应根据纳税人的具体情况分别使用增值税税率或征收率。如果纳税人是增值税一般纳税人的，应适用13%的增值税税率；如果纳税人是增值税小规模纳税人的，应适用3%的征收率。

二、从量定额计征

实行从量定额征收办法的消费税计税依据是应税消费品的数量。应纳税额计算公式为

$$实行从量定额办法计算的应纳税额＝销售数量×定额税率$$

应纳税额的多少取决于应税消费品的销售数量和定额税率两个因素。销售数量是指应税消费品的数量。具体为：

(1) 销售应税消费品的，为应税消费品的销售数量；

(2) 自产自用应税消费品的，为应税消费品的移送使用数量；

(3) 委托加工应税消费品的，为纳税人收回的应税消费品数量；

(4) 进口应税消费品的，为海关核定的应税消费品进口征税数量。

知识拓展：计量
单位换算标准

三、从价和从量复合计征

现行消费税的征税范围中，只有卷烟、白酒采用从价和从量复合计征方法。应纳税额计算公式为

实行复合计税办法计算的应纳税额＝销售额×比例税率＋销售数量×定额税率

四、计税依据的特殊规定

(1) 纳税人应税消费品的计税价格明显偏低并无正当理由的，由主管税务机关核定其计税价格。其核定权限规定如下：

① 卷烟、白酒和小汽车的计税价格由国家税务总局核定，送财政部备案；

② 其他应税消费品的计税价格由省、自治区和直辖市国家税务局核定；

③ 进口的应税消费品的计税价格由海关核定。

(2) 纳税人通过自设非独立核算门市部销售的自产应税消费品，应当按照门市部对外销售额或者销售数量征收消费税。

【例3-3　单选题】某高尔夫球具厂为增值税一般纳税人，下设一非独立核算的门市部，某月该厂将自产的一批成本价为80万元的高尔夫球杆移送至门市部，当月门市部对外销售了其中的80%，取得价税合计金额120万元。已知高尔夫球具的消费税税率为10%，成本利润率为10%，则该高尔夫球具厂当月应缴纳消费税(　　)万元。

A. 14.26　　　　　B. 19.5　　　　　C. 10.62　　　　　D. 20.52

【解析】正确答案为C。120÷(1＋13%)×10%＝10.62(万元)

(3) 纳税人用于换取生产资料和消费资料，投资入股和抵偿债务等方面的应税消费品，应当以纳税人同类应税消费品的最高销售价格作为计税依据计算消费税。

(4) 白酒生产企业向商业销售单位收取的"品牌使用费"是随着应税白酒的销售而向购货方收取的，属于应税白酒销售价款的组成部分，因此，不论企业采取何种方式或以何种名义收取价款，均应并入白酒的销售额中缴纳消费税。

(5) 白酒生产企业销售给销售单位的白酒，生产企业消费税计税价格低于销售单位对外销售价格(不含增值税)70%以下的，税务机关应核定消费税最低计税价格。自2015年6月1日起，纳税人将委托加工收回的白酒销售给销售单位，消费税计税价格低于销售单位对外销售价格(不含增值税)70%以下的，也应核定消费税最低计税价格。

(6) 对既销售金银首饰，又销售非金银首饰的生产、经营单位，应将两类商品划分清楚，分别核算销售额。凡划分不清楚或不能分别核算的，在生产环节销售的，一律从高适用税率征收消费税；在零售环节销售的，一律按金银首饰征收消费税。金银首饰与其他产品组成成套消费品销售的，应按销售额全额征收消费税。金银首饰连同包装物销售的，无论包装是否单独计价，也无论会计上如何核算，均应并入金银首饰的销售额，计征消费税。

视频：消费税计税依据

第四节　应纳税额的计算

一、生产销售应税消费品应纳税额的计算

（一）直接对外销售应纳消费税的计算

1. 从价定率计算

实行从价定率计征消费税的，其计算公式为

$$应纳税额＝销售额×比例税率$$

【例3-4】某木制一次性筷子生产企业为增值税一般纳税人。某月销售木制一次性筷子，取得不含增值税销售额200 000元，同时取得各种价外费用11 300元。木制一次性筷子消费税税率为5%。计算该企业当月应缴纳的消费税税额。

【解析】木制一次性筷子的应税销售额＝200 000＋11 300÷(1＋13%)＝210 000(元)

$$应缴纳的消费税税额＝210 000×5%＝10 500(元)$$

2. 从量定额计算

实行从量定额计征消费税的，其计算公式为

$$应纳税额＝销售数量×定额税率$$

【例3-5　单选题】某啤酒厂为增值税一般纳税人，某月销售A型啤酒20吨给副食品公司，开具增值税专用发票，收取不含税价款58 000元，另收取包装物押金2 500元；销售B型啤酒10吨给宾馆，开具发票取得价税合计收入32 000元，另收取包装物押金1 400元。该啤酒厂当月应缴纳消费税(　　)元。

A. 5 000　　　　　B. 6 600　　　　　C. 7 200　　　　　D. 7 500

【解析】正确答案为C。A型啤酒每吨出厂单价＝58 000÷20＋2 500÷(1＋13%)÷20＝3 010.62(元)＞3 000元，A型啤酒为甲类啤酒，适用的消费税税率为250元/吨；B型啤酒每吨出厂单价＝(32 000＋1 400)÷(1＋13%)÷10＝2 955.75(元)＜3 000元，B型啤酒属于乙类啤酒，消费税适用220元/吨的定额税率；该啤酒厂应纳消费税＝20×250＋10×220＝7 200(元)。

3. 从价定率和从量定额复合计算

实行从价定率和从量定额复合方法计征消费税的，其计算公式为

$$应纳税额＝销售量×定额税率＋销售额×比例税率$$

【例3-6】某白酒生产企业为增值税一般纳税人，某月销售粮食白酒60吨，取得不含增值税的销售额240万元。白酒适用比例税率20%，定额税率每500克0.5元。计算白酒企业当月应缴纳的消费税税额。

【解析】应纳税额＝60×2 000×0.000 05＋240×20%＝54(万元)

（二）自产自用应纳税额的计算

自产自用，是指纳税人生产应税消费品后，不是用于直接对外销售，而是用于连续生产应税消费品或用于其他方面。

1. 用于连续生产的应税消费品

所谓"用于连续生产的应税消费品"，是指作为生产最终应税消费品的直接材料，并构成最终产品实体的应税消费品。税法规定，对自产自用的应税消费品，用于连续生产应税消费品的，不纳税。这体现了税不重征和计税简便的原则。例如，卷烟厂用自己生产的烟丝来连续生产卷烟，烟丝是自产的应税消费品，连续生产出的卷烟也是应税消费品，对于用于连续生产卷烟的烟丝便不需缴纳消费税，只就生产的卷烟纳消费税。

2. 用于其他方面的应税消费品

所谓"用于其他方面的应税消费品"，是指纳税人用于生产非应税消费品和在建工程、管理部门、非生产机构、提供劳务及用于馈赠、赞助、集资、广告、样品、职工福利、奖励等方面的应税消费品。纳税人把自产应税消费品用于其他方面，从形式上看，并无销售收入，但却要视同对外销售计征消费税。例如，卷烟厂将生产的卷烟用于发放职工福利，应对用于发放职工福利的卷烟征收消费税。

【提示】自产自用的应税消费品用于生产非应税消费品，是指把自产应税消费品用于生产消费税税目税率表所列 15 类产品以外的产品。

3. 组成计税价格及税额的计算

纳税人自产自用的应税消费品，凡用于其他方面的，于移送使用时纳税，按照纳税人生产的同类消费品的销售价格计算纳税；没有同类消费品销售价格的，按照组成计税价格计算纳税。

"同类消费品销售价格"是指纳税人当月销售的同类消费品的销售价格，如果当月同类消费品各期销售价格高低不同，应按销售数量加权平均计算。

(1) 实行从价定率办法计算纳税的，其计算公式为

$$组成计税价格＝(成本＋利润)÷(1－比例税率)$$

$$应纳税额＝组成计税价格×比例税率$$

(2) 实行复合计税办法计算纳税的，其计算公式为

$$组成计税价格＝(成本＋利润＋自产自用数量×定额税率)÷(1－比例税率)$$

$$应纳税额＝组成计税价格×比例税率＋自产自用数量×定额税率$$

公式中的"成本"是指应税消费品的生产成本。"利润"是指根据国家税务总局确定的应税消费品全国平均成本利润率计算的利润。

【例3-7】某摩托车厂将本厂自制的200辆摩托车在节日期间作为福利发给职工，摩托车成本为3 000元/辆，该型号摩托车没有同类产品市场销售价格。已知其成本利润率为6%，消费税税率为3%，计算该批摩托车应缴纳的消费税。

知识拓展：应税消费品平均成本利润率表

【解析】组成计税价格＝成本×(1＋成本利润率)÷(1－消费税税率)

$$＝3 000×(1＋6\%)÷(1－3\%)$$

$$＝3 278.35(元)$$

应纳税额＝3 278.35×3%×200＝19 670.10(元)

【例3-8】某酒厂于某月将自产的5吨新型粮食白酒作为职工福利发放给本厂职工，已知该批白酒的成本为100 000元，无同类产品市场销售价格，成本利润率为10%，白酒消费税税率为：比例税率20%，定额税率每500克0.5元。计算该批白酒应缴纳的消费税税额。

【解析】组成计税价格＝(成本＋利润＋自产自用数量×定额税率)÷(1－比例税率)

$$=[100\ 000×(1＋10\%)＋5×2\ 000×0.5]÷(1－20\%)$$

$$=143\ 750(元)$$

应纳税额＝143 750×20%＋5×2 000×0.5＝33 750(元)

【例3-9 判断题】计算复合计税的应税消费品组成计税价格时，既要考虑从量的消费税税额，又要考虑从价的消费税税额。( )

【解析】正确。

二、委托加工应税消费品应纳税额的计算

(一)委托加工应税消费品的确定

税法对委托加工的应税消费品有严格的规定。委托加工的应税消费品，是指由委托方提供原料和主要材料，受托方只收取加工费和代垫部分辅助材料加工的应税消费品。对于由受托方提供原材料生产的应税消费品，或者受托方先将原材料卖给委托方，然后再接受加工的应税消费品，以及由受托方以委托方名义购进原材料生产的应税消费品，不论在财务上是否作销售处理，都不得作为委托加工应税消费品，而应当按照销售自制应税消费品缴纳消费税。

(二)代收代缴税款的规定

对于委托加工的应税消费品，由受托方在向委托方交货时代收代缴消费税。受托方是法定的代收代缴义务人。如果受托方对委托加工的应税消费品未代收代缴或少代收代缴消费税，应按照《税收征收管理法》的规定，对其处以应代收代缴税款50%以上3倍以下的罚款，同时不能因此免除委托方补缴税款的责任。

【提示】委托个人加工的应税消费品，由委托方收回后缴纳消费税。

委托加工的应税消费品，受托方在交货时已代收代缴消费税，委托方将收回的应税消费品以不高于受托方的计税价格出售的，为直接出售，不再缴纳消费税；委托方以高于受托方的计税价格出售的，不属于直接出售，须按照规定申报缴纳消费税，在计税时准予扣除受托方已代收代缴的消费税。

(三)组成计税价格及应纳税额的计算

委托加工的应税消费品，按照受托方的同类消费品的销售价格计算纳税；没有同类消费品销售价格的，按照组成计税价格计算纳税。

(1) 实行从价定率办法计算纳税的，其计算公式为

$$组成计税价格＝(材料成本＋加工费)÷(1－比例税率)$$

$$应纳税额＝组成计税价格×比例税率$$

(2) 实行复合计税办法计算纳税的，其计算公式为

$$组成计税价格＝(材料成本＋加工费＋委托加工数量×定额税率)÷(1－比例税率)$$

$$应纳税额＝组成计税价格×比例税率＋自产自用数量×定额税率$$

材料成本，是指委托方所提供加工材料的实际成本。委托加工应税消费品的纳税人，必须在委托加工合同上如实注明(或者以其他方式提供)材料成本，凡未提供材料成本的，受托方主

管税务机关有权核定其材料成本。

加工费，是指受托方加工应税消费品向委托方所收取的全部费用(包括代垫辅助材料的实际成本)，不包括增值税税款。

【例3-10】甲工厂委托乙工厂加工一批应税消费品，甲工厂提供的原材料成本为30 000元，乙工厂代垫的辅助材料成本为2 000元，收取加工费8 000元(不含增值税)，该应税消费品适用税率为20%。受托的乙工厂没有同类消费品的销售价格。计算受托方应代收代缴的消费税税额。

【解析】组成计税价格＝(材料成本＋加工费)÷(1－比例税率)

$$＝(30\ 000＋2\ 000＋8\ 000)÷(1－20\%)＝50\ 000(元)$$

$$应代收代缴消费税税额＝50\ 000×20\%＝10\ 000(元)$$

【例3-11】如果上例的甲工厂将委托加工的已税消费品收回后进行销售，取得销售收入额60 000元，适用税率为20%。计算其应纳的消费税税额。

【解析】委托方以高于受托方的计税价格出售的，需按照规定申报缴纳消费税，在计税时准予扣除受托方已代收代缴的消费税。

$$应纳消费税税额＝60\ 000×20\%－10\ 000＝2\ 000(元)$$

三、进口应税消费品应纳税额的计算

纳税人进口应税消费品，按照组成计税价格和规定的税率计算应纳税额。

(1) 实行从价定率办法计算纳税的，其计算公式为

$$组成计税价格＝(关税完税价格＋关税)÷(1－消费税比例税率)$$

$$应纳税额＝组成计税价格×比例税率$$

【例3-12】某进出口公司进口一批应税消费品，海关核定的关税完税价格为500 000元，关税税额为600 000元，消费税适用税率为20%。计算其应纳消费税税额。

【解析】组成计税价格＝(关税完税价格＋关税)÷(1－比例税率)

$$＝(500\ 000＋600\ 000)÷(1－20\%)＝1\ 375\ 000(元)$$

$$应纳消费税税额＝1\ 375\ 000×20\%＝275\ 000(元)$$

(2) 实行复合计税办法计算纳税的，其计算公式为

$$组成计税价格＝(关税完税价格＋关税＋进口数量×定额税率)÷(1－消费税比例税率)$$

$$应纳税额＝应税消费品进口数量×定额税率＋组成计税价格×比例税率$$

【例3-13】某烟草公司某月进口甲类卷烟100标准箱。海关核定的每箱卷烟关税完税价格为3万元。已知卷烟关税税率为25%，消费税比例税率为56%，定额税率为0.003元/支；每标准箱有250条，每条200支。计算该公司进口卷烟应纳消费税税额。

视频：消费税
征税范围

【解析】进口卷烟实行复合计税办法计算应纳税额。

$$应纳关税税额＝100×3×25\%＝75(万元)$$

$$组成计税价格＝(100×3＋75＋100×250×200×0.003÷10\ 000)÷(1－56\%)$$

$$＝855.68(万元)$$

$$应纳消费税税额＝855.68×56\%＋100×250×200×0.003÷10\ 000＝480.68(万元)$$

视频：消费税
应纳税额的
计算

(3) 实行从量定额办法计算纳税的，其计算公式为

$$应纳税额＝应税消费品进口数量×消费税定额税率$$

四、已纳消费税扣除的计算

为了避免重复征税，现行消费税相关规定，对于外购或委托加工收回的应税消费品用于连续生产应税消费品销售的，可将外购或委托加工收回的应税消费品已缴纳的消费税扣除。

1. 已纳税款的扣除范围

(1) 外购或委托加工收回的已税烟丝生产的卷烟。

(2) 外购或委托加工收回的已税高档化妆品为原料生产的高档化妆品。

(3) 外购或委托加工收回的已税珠宝玉石为原料生产的贵重首饰及珠宝玉石。

(4) 外购或委托加工收回的已税鞭炮、焰火为原料生产的鞭炮、焰火。

(5) 外购或委托加工收回的已税杆头、杆身和握把为原料生产的高尔夫球杆。

(6) 外购或委托加工收回的已税木制一次性筷子为原料生产的木制一次性筷子。

(7) 外购或委托加工收回的已税实木地板为原料生产的实木地板。

(8) 外购或委托加工收回的已税石脑油、燃料油、润滑油为原料生产的成品油。

(9) 外购或委托加工收回的已税汽油、柴油为原料生产的汽油、柴油。

2. 已纳税款的扣除方法

税法规定，应按当期生产领用数量计算准予扣除外购或委托加工收回的应税消费品已纳的消费税税款。

上述当期准予扣除外购应税消费品已纳消费税税款的计算公式为

$$当期准予扣除外购应税消费品已纳税款 = 当期准予扣除外购应税消费品买价 \times 外购应税消费品适用税率$$

$$当期准予扣除外购应税消费品买价 = 期初库存的外购应税消费品的 + 当期购进应税消费品买价 - 期末库存外购应税消费品买价$$

当期准予扣除委托加工收回的应税消费品已纳消费税税款的计算公式为

$$当期准予扣除的委托加工应税消费品已纳税额 = 期初库存的委托加工应税消费品已纳税款 + 当期收回的委托加工应税消费品已纳税款 - 期末库存的委托加工应税消费品已纳税款$$

【例3-14】某烟厂某月外购烟丝，取得的增值税专用发票上注明价款为60万元、税款为7.8万元，本月生产领用了部分烟丝用于生产卷烟，期初尚有库存外购烟丝4万元，期末库存烟丝16万元。该企业本月应纳消费税中可扣除的消费税为多少？

【解析】本月生产领用外购烟丝的买价 = 4 + 60 - 16 = 48(万元)

准予扣除的消费税税额 = 48 × 30% = 14.4(万元)

需要说明以下几点。

(1) 纳税人用外购已税珠宝玉石生产的改在零售环节征收消费税的金银首饰(镶嵌首饰)，在计税时一律不得扣除外购珠宝玉石的已纳税款。

(2) 自2015年5月1日起，纳税人从葡萄酒生产企业购进、进口葡萄酒连续生产应税葡萄酒的，准予从葡萄酒消费税应纳税额中扣除所耗用应税葡萄酒已纳消费税税款。

(3) 对自己不生产应税消费品，只是购进后再销售应税消费品的工业企业，其销售的高档化妆品、鞭炮、焰火和珠宝玉石，凡不能构成最终消费品直接进入消费品市场，而需进一步生产加工的，应当征收消费税，同时允许扣除上述外购应税消费品的已纳税款。

五、特殊环节应纳消费税的计算

1. 卷烟批发环节应纳消费税的计算

为了完善烟类产品消费税制度和适当增加财政收入，在卷烟批发环节加征一道从价税。卷烟加征从价税的纳税人是在我国境内从事卷烟批发业务的单位和个人。纳税人将卷烟销售给纳税人以外的单位和个人的于销售时纳税，纳税人之间销售的卷烟不缴纳消费税。

【提示】卷烟消费税在生产和批发环节征收，批发企业在计算纳税时不得扣除已含生产环节的消费税。

批发环节应纳消费税的计算公式为

$$批发环节应纳的消费税 = 批发卷烟的销售额 \times 11\% + 销售数量 \times 0.005元/支$$

纳税人兼营卷烟批发和零售业务的，应当分别核算批发和零售环节的销售额、销售数量；未分别核算批发和零售环节销售额、销售数量的，按照全部销售额、销售数量计征批发环节消费税。

【例3-15】某卷烟批发企业为增值税一般纳税人，从烟厂购买卷烟20箱，支付不含税金额120万元，某月将购进的卷烟10箱销售给位于A地的烟草批发商，取得不含税销售收入80万元，其余10箱销售给位于B地的零售单位，取得不含税销售收入90万元，计算该卷烟批发企业应缴纳的消费税税额。

【解析】应缴纳的消费税税额 = 90×11% + 10×250÷10 000 = 10.15(万元)

2. 超豪华小汽车零售环节应纳消费税的计算

为了引导合理消费，节能减排，自2016年12月1日起，在生产(进口)环节按现行税率征收消费税的基础上，对超豪华小汽车在零售环节加征一道消费税。其应纳税额计算公式为

$$应纳税额 = 零售环节销售额 \times 零售环节税率$$

国内汽车生产企业直接销售超豪华小汽车给消费者，其应纳税额的计算公式为

$$应纳税额 = 销售额 \times (生产环节税率 + 零售环节税率)$$

【例3-16】某汽车4S店为增值税一般纳税人，某月向消费者个人销售小汽车8辆，不含增值税的销售价格为160万元/辆。该4S店就上述业务应纳多少万元消费税？

【解析】应纳消费税 = 160×8×10% = 120(万元)

第五节 征收管理

一、消费税纳税义务发生时间

消费税纳税义务发生的时间，以货款结算方式或行为发生时间来确定。

(1) 纳税人销售应税消费品的，其纳税义务的发生时间如下。

视频：已纳消费税的扣除

①　纳税人采取赊销和分期收款结算方式的，其纳税义务的发生时间为销售合同规定的收款日期当天；

②　纳税人采取预收货款结算方式的，其纳税义务的发生时间为发出应税消费品的当天；

③　纳税人采取托收承付和委托银行收款方式销售的应税消费品，其纳税义务的发生时间为发出应税消费品并办妥托收手续的当天；

④　纳税人采取其他结算方式的，其纳税义务的发生时间为收讫销售款或者取得索取销售款凭据的当天。

(2)　纳税人自产自用应税消费品的，其纳税义务的发生时间为应税消费品移送使用的当天。

(3)　纳税人委托加工应税消费品的，其纳税义务的发生时间为纳税人提货的当天。

(4)　纳税人进口应税消费品的，其纳税义务的发生时间为报关进口的当天。

【提示】纳税人销售的应税消费品，因质量等原因发生退货的，其已缴纳的消费税税款可予以退还。

二、消费税纳税地点

纳税人销售的应税消费品及自产自用的应税消费品，除国务院、税务主管部门另有规定外，应当向纳税人机构所在地或者居住地的主管税务机关申报纳税。纳税人到外县(市)销售或者委托外县(市)代销自产应税消费品的，应于应税消费品销售后，向纳税人机构所在地或者居住地的主管税务机关申报纳税。

对纳税人的总机构与分支机构不在同一县(市)的，应当分别向各自机构所在地的主管税务机关申报纳税。

委托加工的应税消费品，除受托方为个人外，由受托方向机构所在地或者居住地的主管税务机关解缴消费税税款。委托方委托个人加工的应税消费品，于委托方收回后向机构所在地或者居住地的主管税务机关申报纳税。

进口的应税消费品，由进口人或者其代理人向报关地海关申报纳税。

三、消费税纳税期限

消费税的纳税期限分别为1日、3日、5日、10日、15日、1个月或者1个季度。纳税人的具体纳税期限由主管税务机关根据纳税人应纳税额的大小分别核定；不能按照固定期限纳税的，可以按次纳税。

纳税人以1个月或以1个季度为一期纳税的，自期满之日起15日内申报纳税；以1日、3日、5日、10日或者15日为一期纳税的，自期满之日起5日内预缴税款，于次月1日起15日内申报纳税并结清上月应纳税款。

纳税人进口应税消费品，应当自海关填发海关进口消费税专用缴款书之日起15日内缴纳税款。

案例讨论

消费税改革

近年来，随着经济社会发展，税收越来越得到人们的重视。根据"十四五"规划，我国将进一步完善现代税收制度，健全地方税、直接税体系，优化税制结构，适当提高直接税比重，建立健全有利于高质量发展、社会公平、市场统一的税收制度体系。

为进一步理顺中央与地方财政分配关系，支持地方政府落实减税降费政策、缓解财政运行困难，国务院于 2019 年 9 月 26 日印发《国务院关于印发实施更大规模减税降费后调整中央与地方收入划分改革推进方案的通知》(国发〔2019〕21 号)，提出"稳步推进健全地方税体系改革"的原则，适时调整完善地方税税制，培育壮大地方税税源，将部分条件成熟的中央税种作为地方收入，增强地方应对更大规模减税降费的能力。具体改革措施为后移消费税征收环节并稳步下划地方。按照健全地方税体系改革要求，在征管可控的前提下，将部分在生产(进口)环节征收的现行消费税品目逐步后移至批发或零售环节征收，拓展地方收入来源，引导地方改善消费环境。具体调整品目经充分论证，逐项报批后稳步实施。先对高档手表、贵重首饰和珠宝玉石等条件成熟的品目实施改革，再结合消费税立法对其他具备条件的品目实施改革试点。改革调整的存量部分核定基数，由地方上解中央，增量部分原则上将归属地方，确保中央与地方既有财力格局稳定。具体办法由财政部会同税务总局等部门研究制定。

资料来源：国务院. 国务院关于印发实施更大规模减税降费后调整中央与地方收入划分改革推进方案的通知(国发〔2019〕21 号)[EB/OL]. https://www.gov.cn/zhengce/content/2019-10/09/content_5437544.htm?trs=1，2019-10-09.

阅读上述材料，讨论以下问题。

(1) 根据党的十八届三中全会部署，消费税改革的方向是"调整消费税征收范围、环节、税率"。思考如何通过消费税征税范围和税率的调整进一步凸显消费税的绿色性质，发挥调节经济、促进合理健康消费的作用。

(2) 征收环节后移是本轮消费税改革的一项关键之举。消费税征收环节后移，对于完善地方税收体系有何积极作用？

(3) 思考推进消费税立法对于落实税收法定原则的重要意义。

知识拓展："十四五"税制改革重头戏：消费税征收环节后移

本章小结 ⊕ ⊕

消费税是以特定的消费品的流转额为计税依据而征收的一种商品税。在我国，确定征收消费税的只有烟、酒、高档化妆品等15个税目。

消费税实行单一环节征税，征收范围主要包括生产应税消费品、委托加工应税消费品和进口应税消费品。

消费税应纳税额的计算主要分为从价定率计征、从量定额计征及从价和从量复合计征三种方法，税率形式包括比例税率和定额税率。在消费税应纳税额的计算中，生产销售环节应纳消费税的计算要区分直接对外销售和自产自用应税消费品的情况；委托加工环节应纳消费税的计算要注意代收代缴的相关规定；进口环节应纳消费税的计算要注意组成计税价格的确定。对于将外购或委托加工收回的应税消费品用于连续生产应税消费品销售的，可将外购或委托加工收回的应税消费品已缴纳的消费税扣除。

消费税的征收管理主要包括纳税义务发生时间、纳税地点和纳税期限。

练习题 ⬇⬇

1. 美之源日化厂为增值税一般纳税人，经营业务是生产化妆品和护肤护发品。该厂某月有关购销情况如下。

(1) 从农民处购入一批芦荟作为生产原料用于生产化妆品和护肤护发品，开具的收购发票上注明的买价是250 000元；发生运输费用3 000元，取得增值税专用发票。上述款项已付，货已运抵企业。

(2) 购进一批专用物资并取得增值税专用发票，价税合计金额为464 000元；款项已付，该批物资已用于扩建厂房，厂房扩建后其原值增加了50%以上。

(3) 向某大型商场销售一批高档化妆品，取得不含税销售额500 000元；支付运输费用2 000元，已取得增值税专用发票。

(4) 将一批新研制的高档化妆品赠予某剧团，成本金额为70 000元，该新产品无同类产品市场销售价格。

(5) 当月销售护肤护发品共取得含税销售收入400 000元。

计算该厂本月应纳的增值税和消费税额(注：高档化妆品的消费税税率为15%，成本利润率为5%)。

2. 胜利酒厂某月发生如下经济业务。

(1) 销售粮食白酒20吨，不含税单价6 000元/吨；销售散装白酒8吨，不含税单价4 500元/吨，款项全部存入银行；销售外购散装白酒4吨，不含税单价3 200元/吨，货款已收回。

(2) 用自产的散装白酒10吨，从农民手中换玉米，玉米已验收入库，开出收购增值税专用发票。该厂委托某酒厂为其加工白酒，收回的白酒全部用于连续生产套装礼品白酒6吨，每吨不含税单价为8 000元。

计算该酒厂当月应纳消费税税额(注：白酒定额税率为0.5元/500克；比例税率为20%)。

3. 甲企业为高尔夫球及球具生产厂家，是增值税一般纳税人。某月发生以下业务。

(1) 购进一批材料，取得的增值税专用发票上注明价款10万元、增值税税额1.3万元，委托乙企业将其加工成100个高尔夫球包，支付加工费2万元、增值税税额0.26万元；乙企业当月销售同类球包不含税销售价格为0.25万元/个。

(2) 将委托加工收回的球包批发给代理商，收到价款(不含税)28万元。

(3) 购进一批碳素材料、钛合金，取得的增值税专用发票上注明价款150万元、增值税税额19.5万元，委托丙企业将其加工成高尔夫球杆，支付加工费用30万元、增值税税额3.9万元。

(4) 委托加工收回的高尔夫球杆的80%当月已经销售，收到价款(不含税)300万元，尚有20%留存仓库。

(5) 主管税务机关在对甲企业进行税务检查时发现，乙企业已经履行了代收代缴消费税义务，丙企业未履行代收代缴消费税义务。

注：高尔夫球及球具消费税税率为10%。

根据上述资料，按序号回答下列问题。

(1) 计算乙企业应已代收代缴的消费税。

(2) 计算甲企业批发球包应缴纳的消费税。

(3) 计算甲企业销售高尔夫球杆应缴纳的消费税。

(4) 计算甲企业留存仓库的高尔夫球杆应缴纳的消费税。

(5) 计算甲企业当月应缴纳的增值税。

(6) 主管税务机关对丙企业未代收代缴消费税的行为应如何处理?

4. 某卷烟厂为增值税一般纳税人,某月生产销售情况如下。

(1) 外购一批烟丝,取得的增值税专用发票上注明销售额120万元;本期期初结存外购烟丝50万元,本期期末账面结存外购烟丝40万元。

(2) 外购生产用水电共计支付价款1.5万元、税金0.09万元,取得增值税专用发票。

(3) 将本月外购烟丝全部投入生产卷烟销售,销售甲级烟400标准箱(每标准条调拨价格80元),取得不含税销售额800万元;销售乙级烟200标准箱(每标准条调拨价格40元),取得不含税销售额200万元。

(4) 销售给本厂职工乙级烟8标准箱,共计取得不含税收入8万元。

注:甲类卷烟消费税税率为比例税率56%加0.003元/支;乙类卷烟消费税税率为比例税率36%加0.003元/支,卷烟每标准箱为50 000支。

根据以上业务计算烟厂本月应缴纳的增值税和消费税。

第四章
城市维护建设税和教育费附加

////// **本章导入**

城市维护建设税是以纳税人实际缴纳的增值税、消费税的税额为计税依据，随增值税、消费税征收而征收的一种税，具有附加税性质；其税款专门用于城市的公用事业和公共设施的维护建设，具有受益税的性质。教育费附加和地方教育附加是对缴纳增值税、消费税的纳税人征收的一种附加费，专门用于发展地方教育事业。

////// **学习目标**

☑ 认知类目标：了解城市维护建设税的概念、特点；熟悉纳税人、税率、计税依据、税收优惠和征收管理的相关规定；掌握应纳税额的计算；熟悉教育费附加和地方教育附加的相关规定；

☑ 价值类目标：了解城市维护建设税和教育费附加开征的意义，理解社会主义税收"取之于民、用之于民"的本质，树立主人翁意识和服务社会观念；

☑ 方法类目标：掌握城市维护建设税和教育费附加的计算方法，能正确计算附加税费。

////// **案例引入**

根据《国务院办公厅关于加强城市快速轨道交通建设管理的通知》的要求，地铁建设必须满足4个条件：

(1) 地方财政一般预算收入在100亿元以上；

(2) 国内生产总值达到1 000亿元以上；

(3) 城市人口在300万人以上；

(4) 规划线路的客流规模达到单向高峰小时3万人以上。

可见，地铁建设是需要投入大量资金的。那么，城市建设需要的庞大资金从哪里来呢？2021年，我国城市维护建设税收入达到5 217亿元，增长率为13.2%，占全国税收收入的3%，确保了地方政府进行城市建设、发展的资金来源。

第一节　城市维护建设税

一、城市维护建设税概述

（一）城市维护建设税的概念

城市维护建设税是对在中华人民共和国境内缴纳增值税、消费税的单位和个人征收的，以其实际缴纳的增值税、消费税税额及出口货物、劳务或者跨境销售服务、无形资产增值税免抵税额为依据的一种税。《中华人民共和国城市维护建设税法》自2021年9月1日起施行。1985年2月8日国务院发布的《中华人民共和国城市维护建设税暂行条例》同时废止。

（二）城市维护建设税的特点

1. 属于一种附加税

城市维护建设税没有独立的征税对象，而是以纳税人实际缴纳的增值税、消费税税额为计税依据，随增值税、消费税同时征收，其征管方法也完全比照增值税、消费税的有关规定办理。

2. 实行地区差别比例税率

城市维护建设税根据城镇规模的不同，实行地区差别比例税率，其负担水平不是依据纳税人获取的利润水平或经营特点而定，而是根据纳税人所在城镇的规模及其资金需要设计的。

3. 征收范围较广

增值税、消费税在我国现行税制体系中居主体税种的地位，城市维护建设税以增值税和消费税税额作为税基，从这个意义上看，城市维护建设税几乎是对所有纳税人征税，因此，它的征税范围非常广泛。

（三）城市维护建设税的作用

1. 补充城市维护建设资金的不足

近年来，我国城市化进程不断加快，但是，与经济迅速发展对城市建设的巨大需求相比，城市建设资金明显不足。我国于1985年开征城市维护建设税，以商品劳务税额为计税依据并同时征收，这不但扩大了征收范围，还可以保证城市维护建设税收入随商品劳务税的税收增长而增长，从而使城市维护建设有了一个比较稳定和可靠的资金来源。

2. 调动地方政府进行城市维护建设的积极性

城市维护建设税具有受益税的性质，是一个具有专款专用性质的地方税，用于城市公用事业和公共设施的维护建设，具体安排由地方政府确定。将城市维护建设税收入与当地城市建设直接挂钩，税收收入越多，城镇建设资金就越充裕，城镇建设发展就越快。这样可以充分调动地方政府的积极性，使其关心城市维护建设税收入，加强城市维护建设税的征收管理，扩大地方政府的财政收入规模。

视频：城市维护建设税(上)

二、纳税义务人

城市维护建设税的纳税人为在中华人民共和国境内缴纳增值税、消费税的单位和个人，包括国有企业、集体企业、私营企业、股份制企业、其他企业和行政单位、事业单位、军事单位、社会团体、其他单位，以及个体工商户及其他个人。从2010年12月1日起，对外商投资企业、外国企业及外籍个人开始征收城市维护建设税。

三、税率、计税依据和应纳税额的计算

（一）税率

城市维护建设税按纳税人所在地的不同，设置了三档地区差别比例税率，即：

① 纳税人所在地在市区的，税率为7%；

② 纳税人所在地在县城、镇的，税率为5%；

③ 纳税人所在地不在市区、县城或者镇的，税率为1%。

城市维护建设税的适用税率应当按纳税人所在地的规定税率执行。但是，对下列两种情况，可按缴纳增值税、消费税所在地的规定税率就地缴纳城市维护建设税：

- 由受托方代扣代缴、代收代缴增值税、消费税的单位和个人，其代扣代缴、代收代缴的城市维护建设税按受托方所在地适用税率执行。
- 流动经营等无固定纳税地点的单位和个人，在经营地缴纳增值税、消费税的，其城市维护建设税的缴纳按经营地适用税率执行。

【例4-1】位于某县的甲公司委托某市的乙企业加工一批摩托车，提供的材料成本为30 000元，支付加工费6 000元(不含税)。这批摩托车无同类货物的市场价格。请计算乙企业应代收代缴的消费税和城市维护建设税(摩托车适用消费税税率为10%)。

【解析】应代收代缴的消费税＝(30 000＋6 000)÷(1－10%)×10%＝4 000(元)

应代收代缴的城市维护建设税＝4 000×7%＝280(元)

（二）计税依据

城市维护建设税以纳税人依法实际缴纳的增值税、消费税税额为计税依据。城市维护建设税的计税依据应当按照规定扣除期末留抵退税退还的增值税税额。纳税人违反增值税、消费税有关规定而加收的滞纳金和罚款，是税务机关对纳税人违法行为的经济制裁，不作为城市维护建设税的计税依据，但纳税人在被查补增值税、消费税和被处以罚款时，应同时对其偷逃的城市维护建设税进行补税、征收滞纳金和罚款。

【提示】对进口货物或者境外单位和个人向境内销售劳务、服务、无形资产缴纳的增值税、消费税税额，不征收城市维护建设税。

【提示】对出口货物、劳务和跨境销售服务、无形资产及因优惠政策退还增值税、消费税的，不退还已缴纳的城市维护建设税。

（三）应纳税额的计算

城市维护建设税应纳税额的计算公式为

应纳税额＝纳税人实际缴纳的增值税、消费税税额×适用税率

【例4-2】某市区一家企业某月实际缴纳增值税20万元，缴纳消费税28万元。计算该企业应纳的城市维护建设税税额。

【解析】应纳城市维护建设税＝(20＋28)×7%＝33.6(万元)

【例4-3】某市一家外商投资企业于某月被查补增值税60 000元、消费税30 000元、所得税430 000元，被加收滞纳金3 000元，被处罚款90 000元。计算该企业应补缴的城市维护建设税税额。

【解析】应补缴城市维护建设税＝(60 000＋30 000)×7%＝6 300(元)

【提示】由于城市维护建设税实行纳税人所在地差别比例税率，所以在计算应纳税额时，应注意根据纳税人所在地来确定适用税率。

【例4-4】某市甲企业某月需要缴纳增值税100万元，上月申请并取得增值税留抵退税20万元，请计算甲企业当月应缴纳的城市维护建设税。

【解析】甲企业可将申请退还的20万元留抵税额在城市维护建设税计税依据中扣除，可少缴纳税款20×7%＝1.4(万元)，则其应缴纳城市维护建设税税额为(100－20)×7%＝5.6(万元)。

（四）纳税人异地缴纳城市维护建设税的问题

根据财税〔2016〕74号文件规定，纳税人跨地区提供建筑服务、销售和出租不动产的，应在建筑服务发生地、不动产所在地预缴增值税时，以预缴增值税税额为计税依据，并按预缴增值税所在地的城市维护建设税适用税率就地计算缴纳城市维护建设税。预缴增值税的纳税人在其机构所在地申报缴纳增值税时，以其实际缴纳的增值税税额为计税依据，并按机构所在地的城市维护建设税适用税率就地计算缴纳城市维护建设税。

视频：城市维护建设税(下)

【例4-5】A市A建筑公司于某年3月1日中标B县某项目，5月10日收到第一笔工程款1 000万元。假定本月无其他收入，符合条件的进项税额为55万元。请计算：

(1) A建筑公司应在B县预缴的增值税和缴纳的城市维护建设税；

(2) A建筑公司应在A市缴纳的增值税和城市维护建设税。

【解析】

(1) 在B县预缴增值税＝1 000÷(1＋9%)×2%＝18.35(万元)

在B县缴纳城市维护建设税＝18.35×5%＝0.92(万元)

(2) 应纳增值税＝1 000÷(1＋9%)×9%－55＝27.57(万元)

在A市实际缴纳增值税＝27.57－18.35＝9.22(万元)

在A市缴纳城市维护建设税＝9.22×7%＝0.65(万元)

四、税收优惠

根据国民经济和社会发展的需要，国务院对重大公共基础设施建设、特殊产业和群体及重大突发事件应对等情形可以规定减征或者免征城市维护建设税，报全国人民代表大会常务委员会备案。

城市维护建设税以增值税、消费税税额为计税依据并同时征收，如果要免征或减征增值税、消费税，也就要同时免征或减征城市维护建设税。

五、征收管理

（一）纳税义务发生时间

城市维护建设税的纳税义务发生时间与增值税、消费税的纳税义务发生时间一致，分别与增值税、消费税同时缴纳。

城市维护建设税的扣缴义务人为负有增值税、消费税扣缴义务的单位和个人，在扣缴增值税、消费税的同时扣缴城市维护建设税。

（二）纳税地点

纳税人缴纳增值税、消费税的地点就是该纳税人缴纳城市维护建设税的地点。属于下列情况的，纳税地点具体规定如下。

(1) 代扣代缴、代收代缴增值税、消费税的单位和个人，同时也是城市维护建设税的代扣代缴、代收代缴义务人，扣缴义务人应当向其机构所在地或者居住地的主管税务机关解缴税款。

(2) 对流动经营等无固定纳税地点的单位和个人，应随同增值税、消费税在经营地按适用税率缴纳。

（三）纳税期限

城市维护建设税的纳税期限与增值税、消费税的纳税期限一致。城市维护建设税按月或者按季计征。不能按固定期限计征的，可以按次计征。实行按月或者按季计征的，纳税人应当于月度或者季度终了之日起15日内申报并缴纳税款。

第二节　教育费附加

一、教育费附加概述

教育费附加是对缴纳增值税、消费税的单位和个人，以其实际缴纳的税额为计算依据征收的一种附加费，是为加快地方教育事业，扩大地方教育经费的资金而征收的一项专用基金。1984年，国务院颁布了《国务院关于筹措农村学校办学经费的通知》，开征了农村教育事业费附加。1986年4月28日，国务院颁布了《征收教育费附加的暂行规定》，决定从同年7月1日起开始在全国范围内征收教育费附加。

二、计征依据、计征比例和计算

教育费附加以纳税人实际缴纳的增值税、消费税为计征依据，分别与增值税、消费税同时缴纳。教育费附加计征比率曾几经变化，现行教育费附加征收比率为3%。

教育费附加的计算公式为

$$应纳教育费附加＝实际缴纳的增值税、消费税×征收比率$$

【例4-6】某市区一家企业某月份实际缴纳增值税200 000元，缴纳消费税300 000元。计算该企业应缴纳的教育费附加。

【解析】应纳教育费附加＝(200 000＋300 000)×3%＝15 000(元)

三、地方教育附加的规定

地方教育附加是指各省、自治区、直辖市根据国家有关规定，为实施"科教兴省"战略，增加地方教育的资金投入，促进各省、自治区、直辖市教育事业发展开征的一项地方政府性基金。该收入主要用于各地方教育经费的投入补充。

为贯彻落实《国家中长期教育改革和发展规划纲要(2010—2020年)》，财政部下发了《财政部关于统一地方教育附加政策有关问题的通知》(财综〔2010〕98号)，统一开征地方教育附加，并统一地方教育附加征收标准。地方教育附加征收标准统一为单位和个人(包括外商投资企业、外国企业及外籍个人)实际缴纳的增值税、营业税[①]和消费税税额的2%。

2011年7月1日发布的《国务院关于进一步加大财政教育投入的意见》要求，全面开征地方教育附加，各地区要加强收入征管，依法足额征收，不得随意减免。

地方教育附加的计算公式为

$$应纳地方教育附加＝(增值税＋消费税)×2\%$$

四、征收管理

对海关进口的产品征收的增值税、消费税，不征收教育费附加和地方教育附加。

对由于减免增值税、消费税而发生退税的，可同时退还已征收的教育费附加和地方教育附加。但对出口产品退还增值税、消费税的，不退还已征的教育费附加和地方教育附加。

对国家重大水利工程建设基金免征教育费附加和地方教育附加。

自2016年2月1日起，对月销售额不超过10万元(按季度纳税的季度销售额不超过30万元)的缴纳义务人，免征教育费附加和地方教育附加。

根据《财政部　税务总局关于进一步实施小微企业"六税两费"减免政策的公告》(财政部税务总局公告2022年第10号)规定，对增值税小规模纳税人、小型微利企业和个体工商户可以在50%的税额幅度内减征资源税、城市维护建设税、房产税、城镇土地使用税、印花税(不含证券交易印花税)、耕地占用税和教育费附加、地方教育附加。

案例讨论

城市维护建设税从条例入法的变化在何处

1985年国务院发布《中华人民共和国城市维护建设税暂行条例》(以下简称《暂行条例》)，城市维护建设税开始在我国征收。2021年9月1日，《中华人民共和国城市维护建设税法》(以下简称《城建税法》)正式施行。与《暂行条例》相比，《城建税法》的变化主要集中在以下几个方面。

1. 取消专项用途规定

随着预算制度的不断改革，自2016年起城市维护建设税收入已由一般公共预算统筹安排，不再指定专项用途。同时，考虑税收分配和使用属于财政体制和预算管理问题，一般不在税法中规定，因此，《城建税法》不再规定城市维护建设税专项用途。

2. 增加增值税留抵退税相关规定

为避免增加留抵退税企业的负担，2018年，财政部、税务总局发文明确，对实行增值税期末留抵退税的纳税人，允许其从城市维护建设税的计税依据中扣除退还的增值税税额。《城建税法》将现行规定上升为法律，明确从城市维护建设税的计税依据中扣除期末留抵退税退还的增值税税额。

知识拓展：新旧
《城建税法》变化
对照表

[①] 2017年11月19日，《国务院关于废止〈中华人民共和国营业税暂行条例〉和修改〈中华人民共和国增值税暂行条例〉的决定》公布，自公布之日起施行。营业税正式废止。

3. 明确纳税义务发生时间、扣缴义务人、扣缴义务发生时间

城市维护建设税的纳税义务发生时间与增值税、消费税的纳税义务发生时间一致，分别与增值税、消费税同时缴纳。城市维护建设税的扣缴义务人为负有增值税、消费税扣缴义务的单位和个人，在扣缴增值税、消费税的同时扣缴城市维护建设税。

4. 明确"纳税人所在地"的定义

确定纳税人所在地是为了确定城市维护建设税具体适用税率。纳税人所在地是指纳税人住所地或者与纳税人生产经营活动相关的其他地点，具体地点由省、自治区、直辖市确定。

资料来源：法治日报. 财政部司长解读《城建税法》及《契税法》[N/OL]. https://www.shui5.cn/article/26/138338.html，2020-08-14.

阅读上述材料，讨论以下问题：

(1) 从全面建成社会主义现代化强国的角度出发，谈谈你对国家开征城市维护建设税的目的和意义的认识；

(2) 通过新旧《城建税法》的对比，分析新的《城建税法》是如何保障企业利益，以利于企业营利目标实现的？

本章小结

城市维护建设税是对从事工商经营，缴纳增值税、消费税的单位和个人征收的一种税。它具有附加税的性质，税款专门用于城市的公用事业和公共设施的维护建设。

城市维护建设税按纳税人所在地的不同，设置了地区差别比例税率。城市维护建设税的计税依据为纳税人实际缴纳的增值税、消费税税额，滞纳金和罚款不作为计税依据。

城市维护建设税随增值税、消费税的减免而减免。对进口产品征收的增值税、消费税，不征收城市维护建设税；对出口产品退还的增值税、消费税，不退还城市维护建设税。

练习题

1. 某市一生产企业为增值税一般纳税人。某月进口一批原材料，向海关缴纳增值税20万元，在国内销售产品缴纳增值税30万元、消费税40万元，由于延期缴纳消费税被罚滞纳金2万元，出口产品获得增值税退税4万元。

请计算该企业当月应纳城市维护建设税。

2. 某市区一企业为增值税一般纳税人，某月缴纳进口关税6.5万元，进口环节增值税15万元，进口环节消费税26.47万元；本月境内经营业务实际缴纳增值税66万元，消费税85万元。在税务检查过程中，税务机关发现，该企业上月隐瞒产品销售收入34.8万元，本月被查补增值税4.8万元，收到上月报关出口自产货物应退增值税20万元。

请计算该企业该月应纳城市维护建设税税额。

3. 请简述城市维护建设税的特点及开征城市维护建设税的意义。

4. 请简述开征教育费附加和地方教育附加的意义。

第五章

关 税 法

////// **本章导入**

　　关税是指一国海关根据该国法律规定，对通过其关境的进出口货物课征的一种税收。关税是一个历史悠久的税种，我国早在周代就开始对过关上市的商品征收"关市之赋"。对于对外贸易发达的国家而言，关税往往是国家税收乃至国家财政的主要收入。关税在维护国家主权和经济利益、保护和促进本国工农业生产的发展、调节国民经济和对外贸易及筹集国家财政收入等方面发挥着重要的作用。

////// **学习目标**

☑ 认知类目标：了解关税的概念、征税对象和纳税义务人及进出口税则；掌握关税完税价格的确定和应纳税额的计算；了解关税减免和征收管理的相关规定；了解船舶吨税的相关规定。

☑ 价值类目标：了解关税维护国家主权利益和其在国际交往中的重要作用，树立家国意识和民族精神，培养学生的大局观意识、全球化意识；了解关税追征制度，培养遵纪守法的观念。

☑ 方法类目标：掌握关税的计税依据和计算方法，能正确计算关税的应纳税额；能够通过图书馆或网络检索查询国际交往中涉及关税争端的有关文献资料。

////// **案例引入**

　　国务院关税税则委员会宣布，自2018年7月1日起，将汽车整车关税税率从25%、20%降至15%。消息一出，特斯拉等多家国外车企纷纷宣布降价。2018年7月22日晚间，特斯拉宣布，得益于关税降低的政策，中国大陆在售车型ModelS75D售价从原来的75万余元下调到71万元左右，而ModelXP100D售价则从原来的140余万元下调到131万元左右。

　　奥迪发表声明称，将同步调整相关产品价格。宝马也表示，将评估目前的建议零售价格体系，积极回应政府举措。为什么关税税率下调会引发国外企业如此反应？关税究竟会怎样影响我们的生活呢？

第一节　关税概述

一、关税的起源

关税的起源很早。随着社会生产力的发展，出现了商品的生产和交换。关税正是随着商品交换和商品流通领域的不断扩大，以及国际贸易的不断发展而产生和逐步发展的。

在古代，统治者在其领地内对流通中的商品征税，是取得财政收入的一种最方便的手段和财源。近代国家出现后，关税成为国家税收中的一个单独税种，形成了近代关税，其后，又发展成为现代各国所通行的现代关税。

关税的历史发展可以分为三个阶段。第一阶段：使用费时代。因为使用了道路、桥梁、港口等设施得到了方便，货物和商人受到了保护，向领主缴纳费用作为报偿。第二阶段：国内关税时代。封建领主在各自的庄园或都市领域内征税，除了有使用费的意义外，也具有了强制性、无偿性的税收特征。关税的征收也从实物形式逐渐转变为货币形式。这时在一国境内征收的关税与对进出其国境货品征收的关税并存。第三阶段：国境关税或关境关税时代。近代国家出现后，不再征收内地关税。关税具有了它自己的特性。它除了有财政收入的作用外，更重要的是成为执行国家经济政策的一种重要手段，用以调节、保护和发展本国的经济和生产。这一时期的关税仅以进出国境或关境的货品为课税对象。

知识拓展：我国
关税的起源

知识拓展：世界
关税的起源

二、关税的概念

关税是由海关对进出境的货物、物品征收的一种税。这里的"境"是指关境，又称"海关境域"或"关税领域"，是一国海关法全面实施的领域。

【提示】关境与国境是两个不同的概念。

在通常情况下，关境与国境相一致，包括国家全部的领土、领海、领空。但当某一国家在国境内设立了自由港或自由贸易区时，这些区域就处在关境之外，这时，该国的关境小于其国境。比如，我国的香港和澳门保持自由港地位，为我国单独的关税地区，即单独关境区。

知识拓展：关境
与国境的区别

关税法是指国家制定的规范和调整关税征收与缴纳权利义务有关的法律规范总称。我国现行关税法律规范以《海关法》为法律依据，以《进出口关税条例》《中华人民共和国海关进出口税则》和《中华人民共和国海关关于入境旅客行李物品和个人邮递物品征收进口税办法》为基本法规，以《中华人民共和国海关审定加工贸易进口货物完税价格办法》《中华人民共和国海关审定进出口货物完税价格办法》(以下简称《海关审定进出口货物完税价格办法》)《反倾销退税暂行规则》《中华人民共和国出口货物原产地规则实施办法》《生产企业出口货物"免、抵、退"税管理操作规程(试行)》等为主要内容。

三、关税的特点

（一）征收环节上的一次性

是否征收关税，以货物是否通过关境为标准。凡是进出关境的货物才征收关税；凡未进出关境的货物则不属于关税的征税对象。按照全国统一的《进出口关税条例》和税则征收关税，在征收一次性关税后，货物就可在整个关境内流通，不再另行征收关税。

（二）税率上的复式性

目前，各国关税普遍实行复式税则。

复式税则又称为多栏税则，是指一个税目设有两个或两个以上的税率，根据进口货物原产国的不同，分别适用高低不同的优惠税率和普通税率。这种复式税则充分反映了关税具有维护国家主权、平等互利发展国际贸易往来和经济技术合作的特点。

（三）征管上的权威性

关税是由海关负责征收的。海关是设在关境上的国家行政管理机构，贯彻执行本国有关进出口政策、法令和规章。对进出口货物等实行监督管理、征收关税和查缉走私是当前我国海关的三项基本任务。

（四）对进出口贸易的调节性

许多国家通过制定和调整关税税率来调节进出口贸易。在出口方面，通过低税、免税和退税来鼓励商品出口；在进口方面，通过税率的高低、减免来调节商品的进口。

知识拓展：关税对进口商品的调节作用

（五）对外经济政策的统一性

征收关税不单纯是为了满足政府财政上的需要，更重要的是利用关税来贯彻执行统一的对外经济政策，实现国家的政治经济目的。在我国现阶段，关税被用来争取平等互利的对外贸易，保护并促进国内工农业生产发展，为我国的经济发展服务。

四、关税的分类

（一）以应税货物通过关境的流向为标准划分

以应税货物通过关境的流向为标准，关税可以分为进口关税、出口关税和过境关税。

进口关税是海关对国外输入本国的货物或物品征收的一种关税。进口关税是当前世界各国执行关税政策的主要手段，一国的关税税款主要来源于进口关税。

出口关税是海关对本国出口货物在运出国境时征收的一种关税。西方发达国家基本取消了出口关税。我国目前仅对少数出口货物征收出口关税。

过境关税是对一国运往第三国的货物在通过本国国境或关境时所征收的关税。由于过境货物对本国工农业生产和市场不产生影响，目前大多数国家都不征收过境关税。

（二）以计税依据为标准划分

以计税依据为标准，关税可以分为从价关税、从量关税、复合关税、选择关税和滑动关税。

从价关税是以征税对象的价格为计税依据，根据一定比例的税率征收的关税。

从量关税是以征税对象的实物计量单位(重量、数量、面积、容积、长度等)为计税依据，按每单位数量预先制定的应税额征收的关税。

复合关税是对同一征税对象同时规定从价和从量计征的一种计征关税的方法。

选择关税是对同一种商品同时制定从价和从量两种关税征收标准，执行过程中由海关选择其中一种计征。由于在执行过程中会遇到许多麻烦，这种征税标准已被逐渐取消。

滑动关税也称滑准关税或伸缩关税，是根据进出口商品价格的变动而升降税率的一种关税。商品价格上涨，采用较低税率，商品价格下跌，则采用较高税率，其目的是使该种商品的国内市场价格保持稳定，不受国际市场价格波动的影响。

（三）以对进口货物的输出国的差别待遇为标准划分

以对进口货物的输出国的差别待遇为标准，关税可以分为歧视关税和优惠关税。

知识拓展：特别关税

歧视关税，又称为特别关税，是对同一种进口货物，由于输出国家或生产国家不同，或输入情况不同而使用不同税率征收的关税，主要是为了增强保护作用而使用不同税率征收的关税，主要包括反倾销关税、反补贴关税、报复关税。

优惠关税是指对来自某些国家的进口货物使用比普通税率较低的优惠税率征收的关税，是对特定受惠国在税收上给予的优惠待遇，包括互惠关税、特惠关税、最惠国待遇关税、普遍优惠制关税。

五、关税的作用

（一）维护国家主权和经济利益

历史发展到今天，关税已成为各国政府维护本国政治、经济权益，乃至进行国际经济斗争的一个重要武器。一国采取何种关税政策直接关系到国与国之间的主权和经济利益。我国根据平等互利和对等原则，通过关税复式税则的运用等方式，争取国家间的关税互惠并反对他国对我国进行关税歧视，促进对外经济技术交往，扩大对外经济合作。

（二）保护和促进本国工农业生产的发展

一个国家是实行自由贸易还是采用保护关税政策，是由该国的经济发展水平、产业结构状况、国际贸易收支状况，以及参与国际经济竞争的能力等多种因素决定的。我国作为发展中国家，一直十分重视利用关税保护本国的"幼稚工业"，促进进口替代工业发展，关税在保护和促进本国工农业生产的发展方面发挥了重要作用。

（三）调节国民经济和对外贸易

关税是国家的重要经济杠杆，通过税率的高低和关税的减免，可以影响进出口规模，调节国民经济活动。例如，调节出口产品和出口产品生产企业的利润水平，可有意识地引导各类产品的生产；调节进出口商品数量和结构，可促进国内市场商品的供需平衡，保护国内市场的物价稳定等。

（四）筹集国家财政收入

从世界大多数国家的税制结构分析，关税收入在整个财政收入中的比重不大，并呈下降趋势。但是，对于一些发展中国家，尤其是国内工业不发达、工商税源有限、国家经济主要依赖于某种或某几种初级资源产品出口，以及国内许多消费品主要依赖于进口的国家，征收进出口关税仍然是他们取得财政收入的重要渠道之一。

视频：关税概述

第二节 征税对象和纳税义务人

一、征税对象

关税的征税对象是进出我国国境的货物和物品。货物是指贸易性商品。物品包括入境旅客随身携带的行李和物品、个人邮递物品、各种运输工具上的服务人员携带进口的自用物品、馈赠物品及其他方式进入国境的个人物品。

二、纳税义务人

进口货物的收货人、出口货物的发货人、进出境物品的所有人为关税的纳税义务人。

关税纳税义务人包括两种：一是进口货物的收货人、出口货物的发货人，这是指贸易性商品的纳税人，包括各类外贸进出口公司和其他经批准经营进出口商品的企业。二是进出境物品的所有人，包括入境旅客随身携带的行李、物品的持有人；各种运输工具上服务人员入境时携带自用物品的持有人；馈赠物品及其他方式入境个人物品的所有人；进口个人邮件的收件人等。

第三节 进出口税则

一、进出口税则概况

进出口税则是一国政府根据国家关税政策和经济政策，通过一定的立法程序制定公布实施的进出口货物和物品应税的关税税率表。进出口税则以税率表为主体，通常还包括实施税则的法令、使用税则的有关说明和附录等。《海关进出口税则》是我国海关凭以征收关税的法律依据，也是我国关税政策的具体体现。

税率表作为税则主体，包括税则商品分类目录和税率栏两大部分。税则商品分类目录是把种类繁多的商品加以综合，按照其不同特点分门别类简化成数量有限的商品类目，分别编号按序排列，称为税则号列，并逐号列出该号中应列入的商品名称。商品分类的原则即归类规则，包括归类总规则和各类、章、目的具体注释。税率栏是按商品分类目录逐项定出的税率栏目。我国现行进口税则为四栏税率，出口税则为一栏税率。

知识拓展：我国现行税则的组成

二、税率

（一）进口关税税率

1. 进口货物税率形式

我国加入WTO后，自2002年1月1日起，进口关税设置最惠国税率、协定税率、特惠税率、普通税率、关税配额税率等税率。对进口货物在一定期限内可以实行暂定税率。

最惠国税率适用原产于与我国共同适用最惠国待遇条款的世界贸易组织成员方的进口货物，或原产于与我国签订有相互给予最惠国待遇条款的双边贸易协定的国家或地区的进口货物,以及原产于我国境内的进口货物。

协定税率适用原产于与我国签订含关税优惠条款的区域性贸易协定的有关缔约方的进口货物。

特惠税率适用原产于与我国签订有特殊优惠关税协定的国家或地区的进口货物。

普通税率适用原产于上述国家或地区以外的国家和地区的进口货物,或者原产地不明的国家或地区的进口货物。

关税配额税率是指对实行关税配额管理的进口货物,在关税配额内的,适用关税配额税率;在关税配额外的,按不同情况分别适用最惠国税率、协定税率、特惠税率或普通税率。我国对部分进口农产品和化肥产品实行关税配额。

暂定税率是在海关进出口税则规定的进口优惠税率基础上,对进口的某些重要的工农业生产原材料和机电产品关键部件和出口的特定货物实行的更为优惠的关税税率。这种税率一般按照年度制定,并且随时可以根据需要恢复按照法定税率征税。我国目前对800多项商品实施进口暂定税率。

知识拓展:原产地规定

【提示】进口货物适用的关税税率是以进口货物原产地为标准的。确定进境货物原产地的主要原因之一,是正确运用进口货物所适用的税率。

2. 进境物品税率

知识拓展:进境物品税率

自2019年4月9日起,除另有规定外,我国对准予应税进口的旅客行李物品、个人邮寄物品及其他个人自用物品,均由海关按照《中华人民共和国进境物品进口税税率表》的规定,征收进口关税、代征进口环节增值税和消费税等进口税。

(二)出口关税税率

我国出口税则为一栏税率,即出口税率。国家仅对少数资源性产品及易于竞相杀价、盲目进口、需要规范出口秩序的半制成品征收出口关税。

(三)税率的运用

我国进出口货物,都应当按照税则规定的归类原则归入合适的税号,并按照该税号所适用的税率征收关税。具体如下。

(1) 进出口货物,应当适用海关接受货物申报进口或者出口之日实施的税率。

(2) 进出口货物到达前,经海关核准先行申报的,应当适用装载此货物的运输工具申报进境之日实施的税率。

(3) 进口转关运输货物,应当适用指运地海关接受该货物申报进口之日实施的税率;货物运抵指运地前,经海关核准先行申报的,应当适用装载该货物的运输工具抵达指运地之日实施的税率。

(4) 出口转关运输货物,应当适用启运地海关接受该货物申报出口之日实施的税率。

(5) 经海关批准,实行集中申报的进出口货物,应当适用每次货物进出口时海关接受该货物申报之日实施的税率。

(6) 因超过规定期限未申报而由海关依法变卖的进口货物,其税款计征应当适用装载该货物的运输工具申报进境之日实施的税率。

(7) 因纳税义务人违反规定需要追征税款的进出口货物,应当适用违反规定的行为发生之日实施的税率;行为发生之日不能确定的,适用海关发现该行为之日实施的税率。

(8) 已申报进境并放行的保税货物、减免税货物、租赁货物或者已申报进出境并放行的暂时进出境货物，有下列情形之一需缴纳税款的，应当适用海关接受纳税义务人再次填写报关单申报办理纳税及有关手续之日实施的税率：

① 保税货物经批准不复运出境的；

② 保税仓储货物转入国内市场销售的；

③ 减免税货物经批准转让或者移作他用的；

④ 可暂不缴纳税款的暂时进出境货物，不复运出境或者进境的；

⑤ 租赁进口货物，分期缴纳税款的。

(9) 补征和退还进出口货物关税，应当按照前述规定确定适用的税率。

视频：进出口
税则和税率

第四节　关税完税价格和应纳税额的计算

《海关法》规定，进出口货物的完税价格，由海关以该货物的成交价格为基础审查确定。成交价格不能确定时，完税价格由海关估定。自我国加入WTO后，我国海关已全面实施《WTO估价协定》，并依据《海关审定进出口货物完税价格办法》，审定进出口货物的完税价格。

一、进口货物的关税完税价格

（一）一般进口货物的完税价格

【提示】进口货物的完税价格包括货物的货价、货物运抵中华人民共和国境内输入地点起卸前的运输及其相关费用、保险费。

进口货物关税完税价格的确定有如下两种方法。

1. 成交价格估价方法

该方法是以进口货物的实际成交价格为基础进行调整，从而确定进口货物的关税完税价格的方法。进口货物的成交价格，是指卖方向我国境内销售该货物时，买方为进口该货物向卖方实付、应付的，并且按照《海关审定进出口货物完税价格办法》有关规定调整后的价款总额，包括直接支付的和间接支付的价款。

(1) 应计入完税价格的调整项目：采用成交价格估价方法，以成交价格为基础审定进口货物的完税价格时，未包括在进口货物实付、应付价格中的下列费用，应当计入完税价格。

知识拓展：进口
货物成交价格应
符合的条件

① 由买方负担的购货佣金以外的佣金和经纪费。

② 由买方负担的在审查确定完税价格时与该货物视为一体的容器的费用。

③ 由买方负担的包装材料费用和包装劳务费用。

④ 与该货物的生产和向我国境内销售有关的，由买方以免费或者以低于成本的方式提供并可以按适当比例分摊的料件、工具、模具、消耗材料及类似货物的价款，以及在境外开发、设计等相关服务的费用。

⑤ 作为该货物向我国境内销售的条件，买方必须支付的与该货物有关的特许权使用费。

⑥ 卖方直接或者间接从买方获得的该货物进口后转售、处置或使用的收益。

(2) 不计入完税价格的调整项目：进口时在货物的价款中列明的下列税收、费用，不计入该货物的完税价格。

① 厂房、机械、设备等货物进口后进行建设、安装、装配、维修和技术服务的费用。

② 进口货物运抵境内输入地点起卸后的运输及相关费用、保险费。

③ 进口关税、进口环节海关代征税及国内税收。

④ 为在境内复制进口货物而支付的费用。

⑤ 境内外技术培训及境外考察费用。

⑥ 同时符合下列条件的利息费用：利息为买方为购买进口货物而融资产生的；有书面融资协议的；利息费用单独列明的；利率水平和货物价格在合理范围之内的。

2. 海关估价方法

进口货物的成交价格不符合规定条件的，或者成交价格不能确定的，海关经了解有关情况，并与纳税义务人进行价格磋商后，依次以下列价格估定该货物的完税价格。

(1) 相同成交价格，是指以与进口货物同时或者大约同时向境内销售的相同货物的成交价格。

【提示】相同货物，是指与进口货物在同一国家或地区生产的，在物理性质、质量和信誉等所有方面都相同的货物。

【提示】大约同时，是指海关接受货物申报之日的大约同时，最长不应当超过前后45天。

(2) 类似货物成交价格，是指与进口货物同时或者大约同时向境内销售的类似货物的成交价格。

【提示】类似货物，是指与进口货物在同一国家或地区生产的，具有相似的特征和组成材料及同样的功能，并且在商业中可以互换的货物。

(3) 倒扣价格，是指以进口货物在境内的销售价格为基础，扣除境内发生的有关费用后的价格。扣除项目包括：同类货物在我国境内第一级销售环节销售时通常的利润和一般费用及通常支付的佣金；进口货物运抵境内输入地点起卸后的运输及其相关费用、保险费；进口关税及国内税收。

(4) 计算价格，是指按照下列各项总和计算的价格，包括：生产该货物所使用的料件成本和加工费用；向境内销售同类货物通常的利润和一般费用；该货物运抵境内输入地点起卸前的运输及其相关费用、保险费。

(5) 以合理方法估定的价格。

知识拓展：海关估价时不得使用的价格

(二) 特殊进口货物的完税价格

特殊进口货物的完税价格分别如下。

(1) 运往境外修理的机械器具、运输工具或者其他货物，出境时已向海关报明并在海关规定期限内复运进境的，应当以海关审定的修理费和料件费作为完税价格。

(2) 运往境外加工的货物，出境时已向海关报明，并在海关规定期限内复运进境的，应当以境外加工费和料件费，以及该货物复运进境的运输及其相关费用、保险费为基础审定完税价格。

(3) 租赁和租借方式进境的货物，以海关审查确定的货物的租金，作为完税价格。

(4) 准予暂时进口的货物，如超过半年仍留在境内使用的，应自第7个月起，按月征收进口关税，其完税价格按原货进口时的到岸价格确定，货物每月的税额计算公式为

$$关税税额＝货物原到岸价格×关税税率×1/48$$

(5) 对于国内单位留购的进口货样、展览品和广告陈列品，以留购价格作为完税价格。

(6) 按照特定减免税办法减税或免税进口的货物需予补税时，其完税价格应仍按该项货物原进口时的成交价格确定。受海关监管的减免税进口货物，在监管年限内，经海关批准出售、转让或移作他用时，按其使用年限扣除折旧部分价值作为完税价格，计算公式为

$$完税价格＝货物原进口时的价格×[1－实际使用月份÷(监管年限×12)]$$

二、出口货物的完税价格

出口货物的完税价格包括货物的货价、货物运至中华人民共和国境内输出地点装载前的运输及其相关费用、保险费，但是其中包含的出口关税税额应当予以扣除，计算公式为

$$完税价格＝离岸价格÷(1＋出口税率)$$

出口货物成交价格中含有支付给国外的佣金，如与货物的离岸价格分列，应予扣除；未单独列明的，则不予扣除。出口货物在离岸价格以外，买方还另行支付货物包装费的，应将其计入完税价格。离岸价格不能确定时，完税价格由海关估定。

三、进口货物完税价格中的运输及相关费用、保险费的计算

(1) 陆运、空运和海运进口货物的运费和保险费，应当按照实际支付的费用计算。

【提示】如果进口货物的运费无法确定或未实际发生，海关应当按照该货物进口同期运输行业公布的运费率(额)计算运费，按照"货价加运费"两者总额的3‰计算保险费。

【例5-1】某外贸公司进口一批货物，申报纳税时，未包括货物的运费和保险费。进口货物的货价为100万元，除货价的其他实付价格为30万元；同期运输行业公布的运费为货价的10%，请计算确定其完税价格。

【解析】运费＝100×10%＝10(万元)

　　　　保险费＝(100＋10)×3‰＝0.33(万元)

　　　　关税完税价格＝100＋30＋10＋0.33＝140.33(万元)

(2) 以其他方式进口的货物。邮运的进口货物，应当以邮费作为运输及相关费用、保险费；以境外边境口岸价格条件成交的铁路或公路运输进口货物，海关应当按照货价的1%计算运输及其相关费用、保险费；作为进口货物的自驾进口的运输工具，海关在审定完税价格时，可以不另行计入运费。

(3) 出口货物。出口货物销售价格如果包括离境口岸至境外口岸之间的运输、保险费的，该运费、保险费应当扣除。

四、应纳税额的计算

1. 从价税应纳税额的计算

从价税应纳税额的计算公式为

$$应纳关税税额＝应税进口货物数量×单位完税价格×税率$$

2. 从量税应纳税额的计算

从量税应纳税额的计算公式为

视频：关税的
计税依据

$$应纳关税税额＝应税进口货物数量×单位货物税额$$

3. 复合税应纳税额的计算

复合税应纳税额的计算公式为

$$应纳关税税额＝进口完税价格×适用税率＋进口数量×单位税额$$

4. 滑准税应纳税额的计算

滑准税应纳税额的计算公式为

$$应纳关税税额＝应税进(出)口货物数量×单位完税价格×滑准税税率$$

【例5-2】某外贸公司于某年2月进口一批高档化妆品。该批货物在国外的售价是为100万元，货物运抵我国入关前发生的运输费、保险费和其他费用分别为10万元、5万元和4万元。货物报关后，该外贸公司按规定缴纳了进口环节的增值税和消费税，并取得了海关开具的专用缴款书。从海关将化妆品运往外贸公司所在地发生的运输费用为4万元，取得增值税专用发票。该批化妆品当月在国内全部销售，取得不含税销售额520万元。请计算该批化妆品进口环节应缴纳的关税、增值税、消费税和国内销售环节应缴纳的增值税(注：该批化妆品进口关税税率为20%、增值税税率为13%、消费税税率为15%)。

【解析】关税组成计税价格＝100＋10＋5＋4＝119(万元)

应缴纳进口关税＝119×20%＝23.8(万元)

进口环节的组成计税价格＝(119＋23.8)÷(1－15%)＝168(万元)

进口环节应缴纳增值税＝168×13%＝21.84(万元)

进口环节应缴纳消费税＝168×15%＝25.2(万元)

国内销售环节应缴纳增值税＝520×13%－4×9%－21.84＝45.4(万元)

视频：关税应
纳税额的计算

第五节　关税减免

关税减免是对某些纳税人和征税对象给予鼓励和照顾的一种特殊调节手段。关税减免是贯彻国家关税政策的一项重要措施。关税减免分为法定减免税、特定减免税和临时减免税。

一、法定减免税

法定减免税是税法中明确列出的减免关税的优惠。符合税法规定可予以减免税的进出口货物，纳税人无须提出申请，海关可按规定直接予以减免税。海关对法定减免税货物一般不进行后续管理。

下列进出口货物、物品予以减免关税：

(1) 关税税额在人民币50元以下的一票货物；

(2) 无商业价值的广告品和货样；

(3) 外国政府、国际组织无偿赠送的物资；

(4) 进出境运输工具装载的途中必需的燃料、物料和饮食用品；

(5) 在海关放行前遭受损坏或者损失的货物；

(6) 我国缔结或者参加的国际条约规定减征、免征关税的货物、物品；

(7) 法律规定减征、免征关税的其他货物、物品。

二、特定减免税

特定减免税也称政策性减免税。在法定减免税之外，国家按照国际通行规则和我国实际情况，制定发布的有关进出口货物减免关税的政策，称为特定减免税或政策性减免税。特定减免税货物一般有地区、企业和用途的限制，海关需要进行后续管理，也需要进行减免税统计。其主要涉及科教用品、残疾人专用品、慈善捐赠物资、加工贸易产品、边境贸易进口物资等减免税规定。

三、临时减免税

临时减免税是指在法定减免税和特定减免税以外，对某一关税纳税人由于特殊原因临时给予关税减免。收发货人或者他们的代理人，要求对其进出口货物临时减征或者免征进出口关税的，应当在货物进出口前书面说明理由，并附必要的证明和资料，向所在地海关申请。所在地海关审查属实后，转报海关总署，由海关总署或者海关总署会同财政部按照国务院的规定审查批准。

视频：关税的
税收优惠

第六节 征收管理

一、关税的缴纳

进口货物自运输工具申报进境之日起14日内，出口货物在货物运抵海关监管区后装货的24小时以前，应由进出口货物的纳税义务人向货物进(出)境地海关申报，海关根据税则归类和完税价格计算应缴纳的关税和进口环节代征税，并填发税款缴款书。纳税义务人应当自海关填发税款缴款书之日起15日内，向指定银行缴纳税款。

关税纳税义务人因不可抗力或者在国家税收政策调整的情形下，不能按期缴纳税款的，经海关总署批准，可以延期缴纳税款，但最长不得超过6个月。

二、关税的强制执行

纳税义务人未在关税缴纳期限内缴纳税款，即构成关税滞纳。为保证海关征收关税决定的有效执行和国家财政收入的及时入库，海关有对滞纳关税的纳税义务人强制执行的权利。强制措施主要有两类。

1. 征收关税滞纳金

滞纳金自关税期限届满滞纳之日起，至纳税义务人缴纳关税之日止，按滞纳金万分之五的比例按日征收，周末或法定节假日不予扣除。具体计算公式为

$$关税滞纳金金额＝滞纳关税税额×滞纳金征收比率×滞纳天数$$

2. 强制征收

如纳税义务人自海关填发缴款书之日起3个月内仍未缴纳税款，经海关关长批准，海关可以采取强制扣缴、变价抵缴等强制措施。

三、关税退还、补征和追征

海关多征的税款，海关发现后应当立即退还；有下列情形之一的，纳税义务人自缴纳税款之日起1年内，可以以书面形式要求海关退还：因海关误征，多纳税款的；海关核准免验进口的货物，在完税后，发现现有短卸情形，经海关审查认可的；已征出口关税的货物，因故未装运出口申报退关，经海关查验属实的。海关应当自受理退税申请之日起30日内作出书面答复，并通知退税申请人。

进出口货物、进出境物品放行后，如发现少征或者漏征税款，海关应当自缴纳税款或者货物、物品放行之日起1年内，向纳税义务人补征税款；因纳税义务人违反规定而造成少征或者漏征税款的，海关应当自缴纳税款或者货物放行之日起3年内追征税款，并且自缴纳税款或者货物放行之日起至海关发现违规行为之日止按日加收少征或者漏征税款万分之五的滞纳金。

四、关税纳税争议的处理

为保护纳税人合法权益，《海关法》和《进出口关税条例》都规定了纳税义务人对海关确定的进出口货物的征税、减税、补税或者退税等有异议时，有提出申诉的权利。

纳税义务人同海关发生纳税争议时，应当缴纳税款，并可以依法自填发税款缴款书之日起30日内，向原征收海关的上一级海关书面申请复议，逾期申请的，海关不予受理；上一级海关应当自收到复议申请之日起60日内作出复议决定，并以复议决定书的形式正式答复纳税义务人；纳税义务人对复议决定仍不服的，可以自收到复议决定书之日起15日内，依法向人民法院提起诉讼。

第七节　船舶吨税

一、船舶吨税概述

《中华人民共和国船舶吨税法》经2017年12月27日第十二届全国人民代表大会常务委员会第三十一次会议通过，自2018年7月1日起施行。

（一）征税范围

自中华人民共和国境外港口进入境内港口的船舶(以下称应税船舶)，应当依法缴纳船舶吨税。

知识拓展：《吨税税目税率表》

（二）税率

船舶吨税设置优惠税率和普通税率。中华人民共和国籍的应税船舶，船籍国(地区)与中华人民共和国签订含有相互给予船舶税费最惠国待遇条款的条约或者协定的应税船舶，适用优惠税率。其他应税船舶，适用普通税率。

知识拓展：应税船舶在进出港口办理入境手续的相关要求

二、应纳税额的计算

船舶吨税按照船舶净吨位和吨税执照期限征收，应纳税额按照船舶净吨位乘

以适用税率计算。净吨位是指由船籍国(地区)政府授权签发的船舶吨位证明书上标明的净吨位。船舶吨税应纳税额的计算公式为

$$应纳税额＝船舶净吨位×定额税率$$

【例5-3】某国甲运输公司一艘货轮驶入我国港口，此货轮净吨位为15 000吨，货轮负责人已向我国海关领取了吨税执照，在港口停留期限为90天，该国已和我国签订了相互给予船舶税费最惠国待遇条款。请计算该货轮负责人应向我国海关缴纳的船舶吨税。

【解析】根据《船舶吨税法》的相关规定，该货轮应享受优惠税率，每净吨位6.6元。

$$应缴纳船舶吨税＝15 000×6.6＝99 000(元)$$

三、税收优惠及征收管理

（一）直接优惠

下列船舶免征船舶吨税：

(1) 应纳税额在人民币50元以下的船舶；

(2) 自境外以购买、受赠、继承等方式取得船舶所有权的初次进口到港的空载船舶；

(3) 吨税执照期满后24小时内不上下客货的船舶；

(4) 非机动船舶(不包括非机动驳船)；

(5) 捕捞、养殖渔船；

(6) 避难、防疫隔离、修理、改造、终止运营或者拆解，并不上下客货的船舶；

(7) 军队、武装警察部队专用或者征用的船舶；

(8) 警用船舶；

(9) 依照法律规定应当予以免税的外国驻华使领馆、国际组织驻华代表机构及其有关人员的船舶；

(10) 国务院规定的其他船舶。

（二）延期优惠

在吨税执照期限内，应税船舶发生下列情形之一的，海关按照实际发生的天数批注延长吨税执照期限：

(1) 避难、防疫隔离、修理、改造，并不上下客货；

(2) 军队、武装警察部队征用。

（三）征收管理

(1) 船舶吨税由海关负责征收。海关征收吨税应当制发缴款凭证。

(2) 船舶吨税纳税义务发生时间为应税船舶进入港口的当日。

知识拓展：船舶
吨税的其他管理
规定

(3) 应税船舶在吨税执照期满后尚未离开港口的，应当申领新的吨税执照，自上一次执照期满的次日起续缴吨税。

(4) 应税船舶负责人应当自海关填发吨税缴款凭证之日起15日内缴清税款。未按期缴清税款的，自滞纳税款之日起至缴清之日止，按日加收滞纳税款万分之五的税款滞纳金。

(5) 应税船舶到达港口前，经海关核准先行申报并办结出入境手续的，应税船舶负责人应当向海关提供与其依法履行吨税缴纳义务相适应的担保；应税船舶到达港口后，依法向海关申报纳税。

案例讨论

中美贸易摩擦

根据美国人口调查局(U. S. Census Bureau)公布的数据，2017年，美国对中国的出口额约为1 304亿美元，进口额约为5 056亿美元，美中贸易逆差约为3 752亿美元；而根据中国海关总署的公开数据，2017年中国对美国的出口额约为4 298亿美元，进口额约为1 539亿美元，中美贸易顺差约为2 759亿美元。由于统计口径和统计方法不同，两者呈现的数据有较大差异，但都反映了一个客观事实：中国对美贸易存在巨额顺差，或者说美国对华贸易存在巨额逆差。时任美国总统特朗普认为，美中贸易逆差已经"失控"，所以要对中国出口美国的商品加征关税，并表示"希望中国尽快将对美贸易顺差削减1 000亿美元"。

2018年3月22日，时任美国总统特朗普在白宫签署了对中国输美产品征收关税的总统备忘录；2018年3月23日，中国商务部发布了针对美国钢铁和铝产品232措施的中止减让产品清单，拟对自美进口部分产品加征关税。

2018年6月15日晚，美国政府发布了加征关税的商品清单，将对从中国进口的约500亿美元商品加征25%的关税，其中对约340亿美元商品自2018年7月6日起实施加征关税措施，同时对约160亿美元商品加征关税开始征求公众意见。国务院关税税则委员会2018年7月16日发布公告，决定对原产于美国的659项约500亿美元进口商品加征25%的关税，其中545项约340亿美元商品自2018年7月6日起实施加征关税，涉及农产品、汽车、水产品等。

2019年5月9日，美国政府宣布，自2019年5月10日起，对从中国进口的2 000亿美元清单商品加征的关税税率由10%提高到25%。2019年5月13日，国务院关税税则委员会决定，自2019年6月1日0时起，对已实施加征关税的600亿美元清单美国商品中的部分，提高加征关税税率，分别实施25%、20%或10%加征关税。对之前加征5%关税的税目商品，仍继续加征5%关税。

2022年8月11日，外交部发言人汪文斌在主持的例行记者会上指出：我们已经多次指出，贸易战没有赢家。美方单边加征关税不利于美国，不利于中国，不利于世界。尽早取消全部对华加征关税，有利于美国，有利于中国，有利于世界。

资料来源：根据国务院新闻办公室2018年9月24日发布《关于中美经贸摩擦的事实与中方立场》白皮书等资料整理。

阅读上述材料，讨论以下问题。

1. 中美贸易的巨额逆差是如何产生的？为削减美中巨额贸易逆差，美国决定对中国出口商品加征关税。这一举措是否具有合理性？

2. 关税在国际贸易中有哪些作用？

3. 从推动相互依赖和功能性的合作的角度，思考通过自由贸易区、关税同盟等经济和政治合作来构建人类命运共同体的具体路径。

本 章 小 结 ⏬ ⏬

关税是海关依法对进出境货物、物品征收的一种税。关税的征税对象是准许进出境的货物和物品。进口货物的收货人、出口货物的发货人、进出境物品的所有人，是关税的纳税义务人。

关税税率分进口关税税率和出口关税税率两种，进口关税设置最惠国税率、协定税率、特惠税率、普通税率、暂定税率及关税配额税率等。我国征收出口关税的商品较少，税率较低。

进出口关税的计税依据是关税完税价格。进口货物以海关审定的成交价格为基础的到岸价格作为完税价格。进口货物的完税价格包括货物的货价、货物运抵中华人民共和国境内输入地点起卸前的运费及其相关费用、保险费。

关税减免分为法定减免税、特定减免税和临时减免税。关税由海关负责征收管理。

船舶吨税是对自中华人民共和国境外港口进入境内港口的船舶征收的一种税，船舶吨税按照船舶净吨位和吨税执照期限征收，应纳税额按照船舶净吨位乘以适用税率计算。

练 习 题 ⊕⊕
////////

1. 某进出口公司某年6月进口一批货物，成交价格为35万元，由该进出口公司负担的包装费及包装劳务费为2万元，该货物运抵我国输入地点起卸前发生的运费为5万元，起卸后发生的运费为3万元。海关于6月2日填发税款缴款书，由于该公司资金紧张，7月21日才缴纳进口环节的税金，关税税率为10%。

请计算该公司7月21日应缴纳进口环节的税金及滞纳金。

2. 某进出口公司某年5月进口一批应税消费品，支付如下款项：①应税消费品成交价折合人民币1 085万元；②货物运抵我国关境内输入地点起卸前、起卸后的费用分别为35万元、2万元，保险费分别为5万元、0.4万元。③包装材料费用和包装劳务费为10万元；④与货物视为一体的容器的费用为15万元；⑤与该货物有关的特许权使用费为50万元。已知：该应税消费品的关税税率为20%，消费税税率为10%，增值税税率为13%。

请计算：①该公司在进口环节应缴纳的关税税额；②该公司在进口环节应缴纳的消费税税额；③该公司在进口环节应缴纳的增值税税额。

3. 某公司是一家有进出口经营权的贸易公司。某年3月出口一批货物，按境外到岸价格成交，折合人民币685万元，其中境内口岸至境外口岸的运费为30万元、保险费为5万元。该批货物出口关税税率为30%。

请计算该公司应缴纳的出口关税税额。

4. A国与我国签订了相互给予船舶税费最惠国待遇条款的协议，某年4月，自A国港口进入我国港口船舶两艘，一艘为净吨位10 000吨的货轮，另一艘为发动机功率4 000千瓦的拖船，这两艘船舶的执照期限均为1年。

根据船舶吨税的相关规定，计算应缴纳的船舶吨税税额。

第六章
企业所得税法

////// **本章导入**

　　企业所得税在我国是仅次于增值税的第二大税种，是我国主要的税收收入来源。自2008年1月1日起《企业所得税法》及其实施条例施行，从税率、税前扣除、税收优惠和征收管理等方面统一了内、外资企业所得税制度，使内、外资企业在公平的税收制度环境下平等竞争。为了贯彻习近平总书记关于减税降费工作的重要指示精神，近年来国家实施新的组合式税费支持政策，进一步加大企业所得税优惠力度，支持小微企业发展。

////// **学习目标**

☑ 认知类目标：了解企业所得税的概念、纳税义务人、征税对象和税率；掌握企业所得税的收入确定和扣除项目的相关规定，掌握应纳税所得额的确定和应纳税额的计算；熟悉企业所得税的税收优惠政策；熟悉企业所得税征收管理和资产税务处理的相关规定。

☑ 价值类目标：结合近年来国家出台的一系列减税降费措施，认识税收优惠政策对于扶持中小企业发展、减轻企业税负的重要作用，关注政府在民生领域的持续投入，培养"制度自信"；认识税收优惠政策在鼓励创新创业方面的作用，引导学生增强创新创业意识；具备正确进行纳税调整、计算应纳税额的实践技能，培养探索钻研的职业精神。

☑ 方法类目标：了解税法与会计准则的差异，掌握企业所得税进行纳税调整的方法；能够通过图书馆或网络检索查询有关文献资料，了解世界主要国家所得税制改革的趋势及内容，以及我国企业所得税未来改革方向。

////// **案例引入**

　　重庆市税务局完成的2020年企业所得税汇算清缴数据显示，重庆市为1 136户高新技术企业减免企业所得税33.46亿元，为进一步增强科技创新竞争力提供了有力支撑。

　　位于两江新区的重庆两江联创电子有限公司是受益企业之一。该公司是一家专业研发、生产及销售触控显示等关键光电子产品的高科技企业。公司财务人员表示，公司适用高新技术企业15%的所得税优惠税率，2020年享受减免税款665.2万元。公司将减免资金用于产品研发和扩大生产，目前公司已建设成西南地区新型触控显示一体化产品研发生产基地。2016年，公司年收入仅5亿元，2021年预计总收入达到20亿元。国家的税收优惠政策给公司提供了真金白银的帮助。

　　资料来源：企业所得税汇算清缴数据显示　去年重庆为高新技术企业减税超 30 亿元[N]. 重庆日报，2021-09-08.

第一节　企业所得税概述

一、企业所得税的概念

企业所得税是以企业的生产经营所得和其他所得为计税依据而征收的一种所得税，它是国家参与企业利润分配、正确处理国家与企业分配关系的一个重要税种。迄今已有160多个国家和地区开征了企业所得税。

由于各国对个人独立企业和合伙企业一般征收个人所得税，仅对公司征收企业所得税，因此在许多国家，企业所得税又称为公司所得税或法人所得税，我国税法中使用的是"企业所得税"的说法。但《企业所得税法》中所界定的"企业"与企业法所指的"企业"在概念上并不一致，实质上属于法人的范畴。由于"企业"的概念比"法人"的概念更容易为公众所接受、更符合我国税制传统，因而立法最终确立的名称是"企业所得税"，实际上规定的却是"法人所得税"的纳税人的范围，即企业和其他取得收入的组织，个人独资企业、合伙企业除外。

二、企业所得税的特点

与其他税种相比较，企业所得税具有以下特点。

(1) 以所得额为课税对象，税源大小受企业经济效益的影响。

企业所得税的课税对象是总收入扣除成本费用后的净所得额，不是直接意义上的会计利润，更不是收入总额。净所得额的大小决定着税源的多少，总收入相同的纳税人，其所得额及缴纳的所得税不一定相同。

(2) 征税以量能负担为原则。

企业所得税的负担轻重与纳税人所得的多少有着内在联系。所得多、负担能力大的多征，所得少、负担能力小的少征，无所得、没有负担能力的不征，以体现税收公平的原则。

(3) 以应纳税所得额为计税依据，税法对税基的约束力强。

企业所得税以经过计算得出的应纳税所得额为计税依据。应纳税所得额的计算应严格按照《企业所得税法》及其他有关规定进行，如果企业的财务会计处理办法与国家税收法规相抵触，应当按照税法的规定计算纳税。

(4) 属于直接税，税负不易转嫁。

企业所得税的纳税人和实际负担人通常是一致的，因而可以直接调节纳税人的收入。

(5) 实行按年计算、分期预缴的征收办法。

企业所得税的征收一般是以全年的应纳税所得额为计税依据，实行按年计算、分月或分季预缴、年终汇算清缴的征收办法。

三、企业所得税的作用

1. 组织财政收入

随着我国国民经济的快速发展和企业经济效益的不断提高，企业所得税占全部税收收入的比重越来越高。目前，企业所得税是我国第二大主体税种，对组织国家税收收入起到非常重要的作用。

2. 宏观调控经济

企业所得税是国家实施税收优惠政策最主要的税种，是贯彻国家产业政策和社会政策、实施宏观调控的主要政策工具。在为国家组织财政收入的同时，企业所得税作为国家宏观调控的一种重要手段，也促进了产业结构调整和经济发展。

3. 促进企业改善经营管理活动，提升企业的盈利能力

企业所得税只对利润征收，采用比例税率，因此对大多数企业来说，承担着相同的税负水平。相对于累进税率，采用比例税率的企业所得税更有利于促使企业改善经营管理，努力降低成本，提高盈利水平。

视频：企业所得税概述

四、我国企业所得税的发展

2008年以前，我国对内资和外资企业分别实施不同的所得税制度，分别适用《中华人民共和国外商投资企业和外国企业所得税法》和《中华人民共和国企业所得税暂行条例》。

"统一税法、简化税制、公平税负、促进竞争"是我国企业所得税改革一直遵循的原则。随着社会主义市场经济体制的建立和我国加入WTO，为了给各类企业创造公平竞争的税收环境，我国启动了"两税合并"的改革，《企业所得税法》及其实施条例于2008年1月1日起开始施行。此次改革实现了内、外资企业所得税的统一，是我国经济制度走向成熟、规范的标志性进程之一，具有重要的现实意义和深远的历史意义。

知识拓展：我国企业所得税的历史沿革

第二节　纳税义务人、征税对象与税率

一、纳税义务人

(一)纳税义务人的范围

根据《企业所得税法》的规定，在中华人民共和国境内的企业和其他取得收入的组织(以下统称企业)为企业所得税的纳税人。对该项规定，可从以下几个方面进行理解。

(1)《企业所得税法》以法人作为纳税人的认定标准，实行真正意义上的法人税制，可以涵盖所有具备法人资格的纳税人，有利于与个人所得税相互衔接配合，实现所得税对全社会经济活动的覆盖和调节。

(2)企业所得税的纳税人包括企业、事业单位、社会团体、民办非企业单位及其他取得收入的组织。这里的企业包括国有企业、集体企业、私营企业、联营企业、股份制企业、外商投资企业、外国企业等。我国的一些事业单位、社会团体组织开展多种经营和有偿服务活动，取得经营收入，具有经营的特点，应当视同企业纳入征税范围。

【提示】个人独资企业属于自然人性质企业，不适用《企业所得税法》，由投资者个人缴纳个人所得税。合伙企业以合伙人为纳税义务人。合伙人是自然人的，缴纳个人所得税；合伙人是法人和其他组织的，缴纳企业所得税。

【例6-1　单选题】根据《企业所得税法》的规定，下列是企业所得税纳税人的是(　　)。

A. 个体工商户　　　B. 个人独资企业　　　C. 合伙企业　　　D. 非居民企业

【解析】正确答案为D。个体工商户、个人独资企业的投资人和合伙企业的自然人合伙人是个人所得税的纳税人。

(二) 居民企业和非居民企业的划分

为了有效行使我国税收管辖权，最大限度维护我国的税收利益，《企业所得税法》借鉴国际通行做法，按照地域管辖权和居民管辖权相结合的双重管辖权标准，即通常所说的"注册登记地标准"和"实际管理机构标准"，把企业分为居民企业和非居民企业，分别确定不同的纳税义务。

1. 居民企业

根据《企业所得税法》的规定，居民企业包括以下两类。

(1) 依法在中国境内成立的企业。这是依据注册登记地标准判定的居民企业，包括依照中国法律、行政法规在中国境内成立的企业，以及有生产、经营所得和其他所得的其他组织。例如，在我国注册成立的沃尔玛(中国)投资有限公司、通用汽车(中国)投资有限公司，属于我国的居民企业。

(2) 依照外国(地区)法律成立但实际管理机构在中国境内的企业。这是依据实际管理机构标准判定的居民企业。例如，百度、阿里巴巴等在开曼群岛、维京群岛等国家和地区注册的公司，因其实际管理机构在我国境内，因此也属于我国的居民企业。

【提示】实际管理机构，是指对企业的生产经营、人员、账务、财产等实施实质性全面管理和控制的机构。

2. 非居民企业

根据《企业所得税法》的规定，非居民企业包括以下两类。

(1) 依照外国(地区)法律成立且实际管理机构不在中国境内，但在中国境内设立机构、场所的企业。

(2) 在中国境内未设立机构、场所，但有来源于中国境内所得的企业。

上述所称机构、场所是指在中国境内从事生产经营活动的机构、场所，包括：管理机构、营业机构、办事机构；②工厂、农场、开采自然资源的场所；③提供劳务的场所；④从事建筑、安装、装配、修理、勘探等工程作业的场所；⑤其他从事生产经营活动的机构、场所。

非居民企业委托营业代理人在中国境内从事生产经营活动的，包括委托单位或者个人经常代其签订合同，或者储存、交付货物等，该营业代理人视为非居民企业在中国境内设立的机构、场所。

【例6-2　单选题】根据《企业所得税法》的规定，下列主体中，属于居民企业的是(　　)。

A. 依照外国法律成立但实际管理机构在中国境内的企业

B. 依照外国法律成立且实际管理机构不在中国境内，在中国境内未设立机构、场所，但有来源于中国境内所得的企业

C. 依照外国法律成立且实际管理机构不在中国境内，但在中国境内设立机构、场所的企业

D. 依照外国法律成立且实际管理机构在中国境外的企业

【解析】正确答案为A。选项BCD：按照外国(地区)法律成立且实际管理机构不在中国境内，但在中国境内设立机构、场所的，或者在中国境内未设立机构、场所，但有来源于中国境内所得的企业，属于"非居民企业"。

视频：企业所得
税纳税人

二、征税对象

企业所得税的征税对象是指企业的生产经营所得、其他所得和清算所得。

（一）居民企业的征税对象

居民企业负无限纳税义务，应就来源于中国境内、境外的所得缴纳企业所得税。

（二）非居民企业的征税对象

非居民企业负有限纳税义务。在中国境内设立机构、场所的，应当就其所设机构、场所取得的来源于中国境内的所得，以及发生在中国境外但与其所设机构、场所有实际联系的所得，缴纳企业所得税；在中国境内未设立机构、场所的，或者虽设立机构、场所，但取得的所得与其所设机构、场所没有实际联系的，应当就其来源于中国境内的所得缴纳企业所得税。

【提示】实际联系是指非居民企业在中国境内设立的机构、场所拥有的据以取得所得的股权、债权，以及拥有、管理、控制据以取得所得的财产等。

（三）所得来源的确定

来源于中国境内、境外的所得，按照以下原则确定：

(1) 销售货物所得，按照交易活动发生地确定。

(2) 提供劳务所得，按照劳务发生地确定。

(3) 转让财产所得：①不动产转让所得按照不动产所在地确定；②动产转让所得按照转让动产的企业或者机构、场所所在地确定；③权益性投资资产转让所得按照被投资企业所在地确定。

(4) 股息、红利等权益性投资所得，按照分配所得的企业所在地确定。

(5) 利息所得、租金所得、特许权使用费所得，按照负担、支付所得的企业或者机构、场所所在地确定，或者按照负担、支付所得的个人的住所地确定。

(6) 其他所得，由国务院财政、税务主管部门确定。

视频：企业所得税征税对象

三、税率

税率是体现国家与企业分配关系的核心要素。我国企业所得税采用比例税率。比例税率简便易行、透明度高，不会因征税而改变企业间的收入分配比例。目前我国企业所得税的税率形式主要如下。

（一）基本税率

企业所得税实行25%的比例税率，适用于居民企业和在中国境内设有机构、场所且所得与机构、场所有关联的非居民企业。该税率水平的设定，既考虑了我国财政承受能力，又考虑了企业负担水平。

（二）低税率

在中国境内未设立机构、场所的，或者虽设立机构、场所但取得的所得与其所设机构、场所没有实际联系的非居民企业，适用税率为20%，在实际执行时减按10%的税率征收。由于这类企业不属于我国的居民企业，对其来源于境内的所得大都由支付单位代扣代缴，也称为预提所得税。

视频：企业所得税税率

第三节　应纳税所得额的确定

应纳税所得额是企业所得税的计税依据，正确计算应纳税所得额直接关系到国家财政收入和企业的税收负担。按照《企业所得税法》的规定，企业每一纳税年度的收入总额减除不征税收入、免税收入、各项扣除及允许弥补的以前年度亏损后的余额，为应纳税所得额。其基本公式为

应纳税所得额＝收入总额－不征税收入－免税收入－各项扣除－允许弥补的以前年度亏损

一、收入总额

（一）收入总额概述

收入是应纳税所得额的重要组成部分，确定收入总额是计算应纳税所得额的首要步骤。

企业的收入总额包括以货币形式和非货币形式从各种来源取得的收入，具体有销售货物收入，提供劳务收入，转让财产收入，股息、红利等权益性投资收益，利息收入，租金收入，特许权使用费收入，接受捐赠收入和其他收入。

(1) 取得收入的货币形式，包括现金、存款、应收账款、应收票据、准备持有至到期的债券投资及债务的豁免等。

(2) 取得收入的非货币形式，包括固定资产、生物资产、无形资产、股权投资、存货、不准备持有至到期的债券投资、劳务及有关权益等。企业以非货币形式取得的收入，应当按照公允价值确定收入额。公允价值是指按照市场价格确定的价值。

（二）收入总额的内容

(1) 销售货物收入，即企业销售商品、产品、原材料、包装物、低值易耗品及其他存货取得的收入。

(2) 劳务收入，即企业从事建筑安装、修理修配、交通运输、仓储租赁、金融保险、邮电通信、咨询经纪、文化体育、科学研究、技术服务、教育培训、餐饮住宿、中介代理、卫生保健、社区服务、旅游、娱乐、加工及其他劳务服务活动取得的收入。

(3) 财产转让收入，即企业转让固定资产、生物资产、无形资产、股权、债权等财产取得的收入。企业转让股权收入，应于转让协议生效且完成股权变更手续时，确认收入的实现。

(4) 股息、红利等权益性投资收益，即企业因权益性投资从被投资方取得的收入。股息、红利等权益性投资收益，除国务院财政、税务主管部门另有规定外，应以被投资企业股东会或股东大会作出利润分配或转股决定的日期确认收入的实现。

(5) 利息收入，即企业将资金提供他人使用但不构成权益性投资，或者因他人占用本企业资金取得的收入，包括存款利息、贷款利息、债券利息、欠款利息等收入。利息收入，按照合同约定的债务人应付利息的日期确认收入的实现。

(6) 租金收入，即企业提供固定资产、包装物或者其他有形财产的使用权取得的收入。租金收入，按照合同约定的承租人应付租金的日期确认收入的实现。

【提示】如果交易合同或协议中规定租赁期限跨年度，且租金提前一次性支付的，根据收入与费用配比原则，出租人可对上述已确认的收入，在租赁期内，分期均匀计入相关年度收入。

(7) 特许权使用费收入,即企业提供专利权、非专利技术、商标权、著作权及其他特许权的使用权取得的收入。特许权使用费收入,按照合同约定的特许权使用人应付特许权使用费的日期确认收入的实现。

(8) 接受捐赠收入,即企业接受的来自其他企业、组织或者个人无偿给予的货币性资产、非货币性资产。接受捐赠收入,按照实际收到的捐赠资产的日期确认收入的实现。

(9) 其他收入,即企业取得的除以上收入外的其他收入,包括企业资产溢余收入、逾期未退包装物押金收入、确实无法偿付的应付款项、已做坏账损失处理后又收回的应收款项、债务重组收入、补贴收入、违约金收入、汇兑收益等。

(三) 收入确认的特殊规定

(1) 以分期收款方式销售货物的,按照合同约定的收款日期确认收入的实现。

(2) 企业受托加工制造大型机械设备、船舶、飞机,以及从事建筑、安装、装配工程业务或者提供其他劳务等,持续时间超过12个月的,按照纳税年度内完工进度或者完成的工作量确认收入的实现。

(3) 采取产品分成方式取得收入的,按照企业分得产品的日期确认收入的实现,其收入额按照产品的公允价值确定。

(4) 企业发生非货币性资产交换,以及将货物、财产、劳务用于捐赠、偿债、赞助、集资、广告、样品、职工福利或者利润分配等用途的,应当视同销售货物、转让财产或者提供劳务,但国务院财政、税务主管部门另有规定的除外。

(5) 企业以"买一赠一"等方式组合销售本企业商品的,不属于捐赠,应将总的销售金额按各项商品公允价值的比例来分摊确认各项的销售收入。

(6) 企业取得财产(包括各类资产、股权、债权等)转让收入、债务重组收入、接受捐赠收入、无法偿付的应付款收入等,不论是以货币形式还是非货币形式体现,除另有规定外,均应一次性计入确认收入的年度计算缴纳企业所得税。

(四) 处置资产收入的确认

1. 内部处置资产的情形

企业处置资产的下列情形中,除将资产转移至境外以外,由于资产所有权属在形式和实质上不发生改变,可作为内部处置资产,不视同销售确认收入,相关资产的计税基础延续计算。

(1) 将资产用于生产、制造、加工另一产品。

(2) 改变资产形状、结构或性能。

(3) 改变资产用途(如自建商品房转为自用或经营)。

(4) 将资产在总机构及其分支机构之间转移。

(5) 上述两种或两种以上情形的混合。

(6) 其他不改变资产所有权属的用途。

2. 不属于内部处置资产的情形

企业将资产移送他人的下列情形,因资产所有权属已发生改变而不属于内部处置资产,应按规定视同销售确定收入。

(1) 用于市场推广或销售。

(2) 用于交际应酬。

(3) 用于职工奖励或福利。

(4) 用于股息分配。

(5) 用于对外捐赠。

(6) 其他改变资产所有权属的用途。

【提示】企业对外处置资产，属于企业自制的资产，应按企业同类资产同期对外销售价格确定销售收入；属于外购的资产，应按照被移送资产的公允价值确定销售收入。

视频：企业所得税收入

二、不征税收入和免税收入

国家为了扶持和鼓励某些特殊的纳税人和特定的项目，或者避免因征税影响企业的正常经营，对企业取得的某些收入予以不征税或免税的特殊政策，以减轻企业的负担，促进经济的协调发展。

（一）不征税收入

不征税收入，是指企业非经营活动或非营利活动带来的经济利益流入。《企业所得税法》引入不征税收入的概念，其主要目的是将非营利性收入从应税收入总额中排除。不征税收入主要包括以下几个方面。

1. 财政拨款

财政拨款是指各级人民政府对纳入预算管理的事业单位、社会团体等组织拨付的财政资金，但国务院和国务院财政、税务主管部门另有规定的除外。

2. 依法收取并纳入财政管理的行政事业性收费、政府性基金

行政事业性收费，是指依照法律法规等有关规定，按照国务院规定程序批准，在实施社会公共管理，以及在向公民、法人或者其他组织提供特定公共服务过程中，向特定对象收取并纳入财政管理的费用。政府性基金，是指企业依照法律、行政法规等有关规定，代政府收取的具有专项用途的财政资金。具体规定如下：

(1) 企业按照规定缴纳的，由国务院或财政部批准设立的政府性基金，以及由国务院和省、自治区、直辖市人民政府及其财政、价格主管部门批准设立的行政事业性收费，准予在计算应纳税所得额时扣除。

(2) 企业收取的各种基金、收费，应计入企业当年收入总额。

(3) 对企业依照法律法规及国务院有关规定收取并上缴财政的政府性基金和行政事业性收费，准予作为不征税收入，于上缴财政的当年在计算应纳税所得额时从收入总额中减除；未上缴财政的部分，不得从收入总额中减除。

3. 国务院规定的其他不征税收入

国务院规定的其他不征税收入，是指企业取得的，由国务院财政、税务主管部门规定专项用途并经国务院批准的财政性资金。财政性资金，是指企业取得的来源于政府及其有关部门的财政补助、补贴、贷款贴息，以及其他各类财政专项资金，包括直接减免的增值税和即征即退、先征后退、先征后返的各种税收，但不包括企业按规定取得的出口退税款。

(1) 企业取得的各类财政性资金，除属于国家投资和资金使用后要求归还本金的以外，均应计入企业当年收入总额。

(2) 对企业取得的由国务院财政、税务主管部门规定专项用途并经国务院批准的财政性资金，准予作为不征税收入，在计算应纳税所得额时从收入总额中减除。

(3) 纳入预算管理的事业单位、社会团体等组织按照核定的预算和经费报领关系收到的由财政部门或上级单位拨入的财政补助收入，准予作为不征税收入，在计算应纳税所得额时从收入总额中减除，但国务院和国务院财政、税务主管部门另有规定的除外。

【提示】企业的不征税收入用于支出所形成的费用，不得在计算应纳税所得额时扣除；企业的不征税收入用于支出所形成的资产，其计算的折旧、摊销不得在计算应纳税所得额时扣除。

（二）免税收入

免税收入，是指属于企业的应税所得，但按照税法规定免予征收企业所得税的收入。

【提示】免税收入和不征税收入的区别在于，不征税收入不属于营利活动带来的经济利益；免税收入则是纳税人应税收入的组成部分，但国家出于某些特殊方面的考虑而给予免税的优惠。

企业的免税收入具体包括以下几个方面。

(1) 国债利息收入。为鼓励企业积极购买国债、支援国家建设项目，税法规定，企业因购买国债取得的利息收入，免征企业所得税。

(2) 符合条件的居民企业之间的股息、红利等权益性收益：指居民企业直接投资于其他居民企业取得的投资收益。

(3) 在中国境内设立机构、场所的非居民企业从居民企业取得与该机构、场所有实际联系的股息、红利等权益性投资收益。

【提示】该收益不包括连续持有居民企业公开发行并上市流通的股票不足12个月取得的投资收益。

(4) 符合条件的非营利组织的收入。非营利组织的下列收入为免税收入：①接受其他单位或者个人捐赠的收入；②除财政拨款以外的其他政府补助收入，但不包括因政府购买服务取得的收入；③按照省级以上民政、财政部门规定收取的会费；④不征税收入和免税收入孳生的银行存款利息收入；⑤财政部、国家税务总局规定的其他收入。

【提示】符合条件的非营利组织的收入，不包括非营利组织从事营利性活动取得的收入，但国务院财政、税务主管部门另有规定的除外。

【例6-3 单选题】根据《企业所得税法》的规定，下列项目中属于免税收入的是(　　)。

A. 财政拨款　　　　　　B. 国债利息收入

C. 企业债券利息收入　　D. 依法收取并纳入财政管理的行政事业性收费、政府性基金

【解析】正确答案为B。财政拨款、依法收取并纳入财政管理的行政事业性收费、政府性基金属于不征税收入；企业债券利息收入属于应税收入。

三、准予扣除项目

（一）税前扣除的一般原则

企业实际发生的与取得收入有关的、合理的支出，准予在计算应纳税所得额时扣除。除税收法规另有规定外，税前扣除一般应遵循以下原则。

(1) 权责发生制原则，即企业费用应在发生的所属期扣除，而不是在实际支付时确认扣除。

(2) 配比原则，即企业发生的费用应当与收入配比扣除。除特殊规定外，企业发生的费用

不得提前或滞后申报扣除。

(3) 相关性原则，即企业可扣除的费用从性质和根源上必须与取得应税收入直接相关。

(4) 确定性原则，即企业可扣除的费用不论何时支付，其金额必须是确定的。

(5) 合理性原则，即符合生产经营活动常规，应当计入当期损益或者有关资产成本的必要和正常的支出。

（二）税前扣除项目的范围

税前准予扣除项目一般指企业实际发生的与取得收入有关的、合理的支出，包括成本、费用、税金、损失和其他支出。

1. 成本

成本是指企业在生产经营活动中发生的销售成本、销货成本、业务支出及其他耗费。由于税法与财务会计制度的目的不同，税法中成本归集的内容不仅包括企业的主营业务成本，还包括销售材料、转让技术等其他业务成本和固定资产清理费用等营业外支出。

2. 费用

费用是指企业每一个纳税年度为生产、经营商品和提供劳务等所发生的销售费用、管理费用和财务费用，已计入成本的有关费用除外。

3. 税金

税金是指企业发生的除企业所得税和允许抵扣的增值税以外的各项税金及其附加，包括纳税人按规定缴纳的消费税、城市维护建设税、关税、资源税、土地增值税、房产税、车船税、土地使用税、印花税、教育费附加等产品销售税金及附加。这些已纳税金准予税前扣除。

4. 损失

损失是指企业在生产经营活动中发生的固定资产和存货的盘亏、毁损、报废损失，转让财产损失，呆账损失，坏账损失，自然灾害等不可抗力因素造成的损失及其他损失。企业发生的损失减除责任人赔偿和保险赔款后的余额，依照国务院财政、税务主管部门的规定扣除。企业已经作为损失处理的资产，在以后纳税年度又全部收回或者部分收回时，应当计入当期收入。

5. 扣除的其他支出

其他支出是指除成本、费用、税金、损失外，企业在生产经营活动中发生的与生产经营活动有关的、合理的支出。

（三）税前扣除项目的具体规定

1. 工资薪金支出

企业发生的合理的工资薪金支出，准予扣除。

工资薪金，是指企业每一纳税年度支付给本企业任职或者受雇的员工的所有现金形式或非现金形式的劳动报酬，包括基本工资、资金、津贴、补贴、年终加薪、加班工资，以及与任职或者受雇有关的其他支出。

合理的工资薪金，是指企业按照股东大会、董事会、薪酬委员会或相关管理机构制定的工资薪金制度规定实际发放给员工的工资薪金。

知识拓展：关于合理的工资、薪金的规定

2. 职工福利费、工会经费、职工教育经费和党组织工作经费

(1) 企业发生的职工福利费支出，不超过工资薪金总额14%的部分准予扣除。

（2）企业拨缴的工会经费，不超过工资薪金总额2%的部分，准予扣除。

（3）企业发生的职工教育经费支出，自2018年1月1日起，不超过工资薪金总额8%的部分，准予在计算企业所得税应纳税所得额时扣除；超过部分，准予在以后纳税年度结转扣除。

知识拓展：关于党组织工作经费的规定

（4）党组织工作经费，纳入企业管理费列支，不超过职工年度工资薪金总额1%的部分，可以据实在企业所得税前扣除。

【提示】作为职工福利费、工会经费、职工教育经费和党组织工作经费计算基数的"工资薪金总额"，是指企业按规定实际发放的工资薪金总和，不包括企业的职工福利费、职工教育经费、工会经费，以及养老保险费、医疗保险费、失业保险费、工伤保险费、生育保险费等社会保险费和住房公积金。

【例6-4】某国有企业某年发生职工福利费支出72万元，拨缴工会经费9万元，发生职工教育经费支出16万元，党组织活动支出4万元。该企业当年实际发放给员工的工资薪金总额为500万元。请计算税前准予扣除的职工福利费、工会经费、职工教育经费和党组织工作经费金额。

【解析】

职工福利费扣除标准＝500×14%＝70(万元)，实际发生额72万元，税前允许扣除70万元，超过的2万元不允许结转以后扣除。

工会经费扣除标准＝500×2%＝10(万元)，实际发生额9万元，小于限额标准，允许税前全额扣除。

职工教育经费扣除标准＝500×8%＝40(万元)，实际发生额16万元，小于限额标准，允许税前全额扣除。

党组织工作经费扣除标准＝500×1%＝5(万元)，实际发生额4万元，小于限额标准，允许税前全额扣除。

3. 社会保险费

（1）基本保险支出的税前扣除。企业依照国务院有关主管部门或者省级人民政府规定的范围和标准为职工缴纳的基本养老保险费、基本医疗保险费、失业保险费、工伤保险费、生育保险费等基本社会保险费和住房公积金，即"五险一金"，属于国家基本保障性质的保险费支出，准予扣除。

知识拓展：关于补充养老保险、补充医疗保险税前扣除的规定

（2）补充保险支出的税前扣除。企业为投资者或者职工支付的补充养老保险费、补充医疗保险费，在国务院财政、税务主管部门规定的范围和标准内准予扣除。这些补充保险不仅是一种企业福利制度，也是一种社会保障制度，有利于完善国家多层次养老、医疗保障体系，国家通常给予税收支持。

（3）其他保险支出的税前扣除。除企业依照国家有关规定为特殊工种职工支付的人身安全保险费和国务院财政、税务主管部门规定可以扣除的其他商业保险费外，企业为投资者或者职工支付的商业保险费不得扣除。

知识拓展：关于责任保险税前扣除的规定

另外，2018年度及以后年度企业所得税汇算清缴时，企业参加雇主责任险、公众责任险等责任保险，按照规定缴纳的保险费，准予在企业所得税税前扣除。

4. 借款费用

（1）企业在生产经营活动中发生的合理的不需要资本化的借款费用，准予扣除。

(2) 企业为购置、建造固定资产、无形资产和经过12个月以上的建造才能达到预定可销售状态的存货发生借款的，在有关资产购置、建造期间发生的合理的借款费用，应予以资本化，作为资本性支出计入有关资产的成本；有关资产交付使用后发生的借款利息，可在发生当期扣除。

5. 利息支出

企业在生产经营活动中发生的下列利息支出，准予扣除。

(1) 非金融企业向金融企业借款的利息支出、金融企业的各项存款利息支出和同业拆借利息支出、企业经批准发行债券的利息支出，准予扣除。

(2) 非金融企业向非金融企业借款的利息支出，不超过按照金融企业同期同类贷款利率计算的数额的部分，准予扣除，超过部分不得扣除。

(3) 关联企业利息支出的扣除。企业从其关联方接受的债权性投资与权益性投资的比例超过规定标准而发生的利息支出，不得在计算应纳税所得额时扣除。

对于企业实际支付给关联方的利息支出，其接受关联方债权性投资与其权益性投资的比例为金融企业5∶1；其他企业2∶1。

企业如果能够按照有关规定提供相关资料，并证明相关交易活动符合独立交易原则的；或者该企业的实际税负不高于境内关联方的，其实际支付给境内关联方的利息支出在计算应纳税所得额时准予扣除。

(4) 企业向自然人借款的利息支出的扣除。企业向股东或其他与企业有关联关系的自然人借款的利息支出，按照关联方利息支出税前扣除标准计算企业所得税扣除额；企业向内部职工或其他人员借款的利息支出，在真实、合法、有效并签订了借款合同的条件下，不超过按照金融企业同期同类贷款利率计算的数额的部分，准予扣除。

【例6-5】某企业是一家国有非金融企业，某年借款业务如下：①1月1日，向甲企业(非金融企业)借款500万元，用于生产经营活动，借款期为1年，年利率为10%；②1月1日，向关联方乙公司(非金融企业)借款3 000万元，用于生产经营活动，借款期为1年，年利率为8%，乙公司对该企业的权益性投资金额为1 000万元；③4月1日，因资金周转问题，向丙银行借款200万元，借款期为6个月，年利率为5.5%。

请计算该企业税前准予扣除的利息支出金额(已知银行1年贷款利率为6%)。

【解析】向甲企业借款税前允许扣除的利息支出＝500×6%＝30(万元)
向关联方乙公司借款税前允许扣除的利息支出＝1 000×2×6%＝120(万元)
向丙银行借款税前允许扣除的利息支出＝200×5.5%×6/12＝5.5(万元)

6. 汇兑损失

企业在货币交易中及纳税年度终了时，将人民币以外的货币性资产、负债按照期末即期人民币汇率中间价折算为人民币时产生的汇兑损失，除已经计入有关资产成本及与向所有者进行利润分配相关的部分外，准予扣除。

7. 业务招待费

企业发生的与其生产经营业务有关的业务招待费支出，按照发生额的60%扣除，但最高不得超过当年销售(营业)收入的5‰。

【提示】企业在筹建期间，发生的与筹办活动有关的业务招待费支出，可按实际发生额的60%计入企业筹办费，并按有关规定在税前扣除。

【例6-6】某国有企业某年营业收入为4 000万元，实际发生业务招待费35万元。请计算税前准予扣除的业务招待费金额。

【解析】按实际发生业务招待费的60%计算＝35×60%＝21(万元)

按营业收入的5‰计算＝4 000×5‰＝20(万元)

则按照规定该企业税前准予扣除的业务招待费金额为20万元。

8. 广告费和业务宣传费

(1) 基本扣除规定。企业发生的符合条件的广告费和业务宣传费支出，除国务院财政、税务主管部门另有规定外，不超过当年销售(营业)收入15%的部分，准予扣除；超过部分，准予结转以后纳税年度扣除。

【提示】企业在筹建期间，发生的广告费和业务宣传费，可按实际发生额计入企业筹办费，并按有关规定在税前扣除。

【提示】企业申报扣除的广告费支出应与赞助支出严格区分。企业申报扣除的广告费支出必须符合下列条件：广告是通过工商部门批准的专门机构制作的；已实际支付费用，并已取得相应发票；通过一定的媒体传播。

【提示】业务招待费、广告费和业务宣传费的税前扣除计算基数包括主营业务收入、其他业务收入、视同销售收入。营业外收入和不征税收入不能作为计算招待费的计算基数。

(2) 特殊扣除规定。对于化妆品制造或销售、医药制造和饮料制造(不含酒类制造)企业发生的广告费和业务宣传费支出，不超过当年销售(营业)收入30%的部分，准予扣除；超过部分，准予在以后纳税年度结转扣除。

烟草企业的烟草广告费和业务宣传费支出，一律不得在计算应纳税所得额时扣除。

【例6-7】某国有工业企业20×2年营业收入为5 000万元，实际发生广告费用1 000万元。该企业20×3年营业收入为6 000万元，实际发生广告费用600万元。其广告费和业务宣传费的扣除比例为销售收入的15%。请分别计算20×2年及20×3年税前准予扣除的广告费金额。

知识拓展：关于广告费用摊销的规定

【解析】

(1) 20×2年广告费扣除标准＝5 000×15%＝750(万元)，税前准予扣除的广告费为750万元，超过部分250万元结转以后纳税年度扣除。

(2) 20×3年广告费扣除标准＝6 000×15%＝900(万元)，税前准予扣除的广告费为850(即600＋250)万元。

9. 环境保护专项资金

对于特殊行业的特定资产，通常需要根据国家法律法规和国际条约的规定，承担环境保护和生态恢复等义务，如核电站设施等的弃置和恢复环境义务。因而，税法规定，企业依照法律、行政法规有关规定提取的用于环境保护、生态恢复等方面的专项资金，准予扣除。上述专项资金提取后改变用途的，不得扣除。

10. 财产保险费

企业参加财产保险按照规定缴纳的保险费，是企业正常经营的合理支出，准予扣除；

11. 租赁费

企业根据生产经营需要租入固定资产支付的租赁费，按照以下方法扣除：

(1) 以经营租赁方式租入固定资产发生的租赁费支出，按照租赁期限均匀扣除；

(2) 以融资租赁方式租入固定资产发生的租赁费支出，按照规定构成融资租入固定资产价值的部分应当提取折旧费用，分期扣除。

12. 劳动保护费

企业根据有关规定，确因工作需要为雇员配备或提供工作服、手套、安全保护用品、防暑降温用品等发生的合理的劳动保护支出，准予扣除。

企业根据其工作性质和特点，由企业统一制作并要求员工工作时统一着装所发生的工作服饰费用，可以作为企业合理的支出给予税前扣除。

13. 公益性捐赠支出

企业发生的公益性捐赠支出，不超过年度利润总额12%的部分，准予扣除；超过年度利润总额12%的部分，准予结转以后3年内在计算应纳税所得额时扣除。企业在对公益性捐赠支出计算扣除时，应先扣除以前年度结转的捐赠支出，再扣除当年发生的捐赠支出。

(1) 公益性捐赠税前扣除的管理。公益性捐赠，是指企业通过公益性社会组织或者县级以上人民政府及其部门，用于符合法律规定的慈善活动、公益事业的捐赠。对于通过公益性社会团体和群众团体发生的公益性捐赠支出，主管税务机关应对照财政、税务部门联合发布的名单，接受捐赠的社会团体和群众团体在名单内，则企业在名单所属年度发生的公益性捐赠支出可按规定进行税前扣除。

(2) 公益性捐赠扣除比例和基数。我国参照国际上通行的做法，将公益性捐赠的扣除比例定为12%。计算公益性捐赠税前扣除的基数为年度利润总额，是指企业依照国家统一会计制度的规定计算的年度会计利润。

(3) 捐赠资产的价值的确定。公益性社会团体和国家机关在接受捐赠时，捐赠资产的价值按以下原则确认：①接受捐赠的货币性资产，应当按照实际收到的金额计算；②接受捐赠的非货币性资产，应当以其公允价值计算。

【例6-8】某国有企业某年度实现收入总额9 000万元，发生销售成本4 950万元，销售税金及附加450万元，期间费用1 800万元，营业外支出400万元(其中通过民政局向灾区捐赠200万元，为解决职工子女入学问题直接向某小学捐赠50万元)。请计算该企业当年应纳的企业所得税。

【解析】年度会计利润＝9 000－4 950－450－1 800－400＝1 400(万元)

捐赠扣除限额＝1 400×12%＝168(万元)

应纳税所得额＝1 400＋50＋(200－168)＝1 482(万元)

应纳企业所得税＝1 482×25%＝370.5(万元)

14. 有关资产的费用

企业转让各类固定资产发生的费用，允许扣除。企业按规定计算的固定资产折旧费、无形资产和递延资产的摊销费，准予扣除。

15. 总机构分摊的费用

非居民企业在中国境内设立的机构、场所，就其中国境外总机构发生的与该机构、场所生产经营有关的费用，能够提供总机构出具的费用汇集范围、定额、分配依据和方法等证明文件，并合理分摊的，准予扣除。

知识拓展：关于公益性捐赠结转扣除的规定

知识拓展：公益事业的具体范围

知识拓展：公益性社会组织

知识拓展：关于企业扶贫捐赠所得税税前扣除政策

知识拓展：企业支持疫情防控捐赠支出扣除的政策

16. 资产损失

企业当期发生的固定资产和流动资产盘亏、毁损净损失，由其提供清查盘存资料，经主管税务机关审核后，准予扣除；企业因存货盘亏、毁损、报废等原因不得从销项税金中抵扣的进项税金，应视同企业财产损失，准予与存货损失一起在所得税前按规定扣除。

17. 手续费及佣金支出

除保险企业以外的其他企业，发生与生产经营有关的手续费及佣金支出，按与具有合法经营资格中介服务机构或个人(不含交易双方及其雇员、代理人和代表人等)所签订服务协议或合同确认的收入金额的5%计算限额；超过部分，不得扣除。

知识拓展：手续费及佣金支出税前扣除规定

从事代理服务、主营业务收入为手续费、佣金的企业，为取得该类收入而实际发生的营业成本(包括手续费及佣金支出)，准予在企业所得税前据实扣除。

18. 其他费用

依照有关法律、行政法规和国家有关税法规定准予扣除的其他项目，如会员费、合理的会议费、差旅费、违约金、诉讼费等。

19. 关于税前扣除规定与企业实际会计处理之间的协调问题

在计算应纳税所得额时，企业财务、会计处理办法与税收法律、行政法规的规定不一致的，应当依照税收法律、行政法规的规定计算。

视频：企业所得税扣除项目

对企业依据财务会计制度规定，并实际在财务会计处理上已确认的支出，凡没有超过《企业所得税法》和有关税收法规规定的税前扣除范围和标准的，可按企业实际会计处理确认的支出，在企业所得税前扣除，计算其应纳税所得额。

四、不得扣除的项目

在计算应纳税所得额时，下列支出不得扣除。

(1) 向投资者支付的股息、红利等权益性投资收益款项。

(2) 企业所得税税款。

(3) 税收滞纳金，即纳税人违反税收法规，被税务机关处以的滞纳金。

(4) 罚金、罚款和被没收财物的损失，即纳税人违反国家有关法律法规，被有关部门处以的罚款，以及被司法机关处以的罚金和被没收财物。

(5) 超过规定标准的公益性捐赠支出及非公益性捐赠支出。

(6) 赞助支出，即企业发生的与生产经营活动无关的各种非广告性质支出。

(7) 未经核定的准备金支出，即不符合国务院财政、税务主管部门规定的各项资产减值准备、风险准备等准备金支出。

(8) 企业之间支付的管理费、企业内营业机构之间支付的租金和特许权使用费，以及非银行企业内营业机构之间支付的利息。如果能够证明提供了真实管理劳务，购销双方均应按独立交易原则确认管理劳务的购销，分别确定劳务收入和成本。

(9) 与取得收入无关的其他支出。

【例6-9 多选题】

根据《企业所得税法》的规定，某居民企业某年度发生的下列支出中，不得在税前扣除的有( )。

视频：企业所得税不得扣除项目

A. 向投资者支付的股息30万元

B. 税收滞纳金3万元

C. 向税务机关缴纳的消费税35万元

D. 被没收财物的损失5万元

【解析】正确答案为ABD。

(1) 选项ABD：属于在计算企业所得税应纳税所得额时，不得扣除的项目。

(2) 选项C：企业实际发生的与取得收入有关的、合理的支出，包括成本、费用、税金、损失和其他支出，准予在计算应纳税所得额时扣除。

五、亏损弥补

税法规定企业发生的年度亏损予以结转是对纳税人的一种照顾办法，这主要是基于纳税主体的持续经营假设，因为纳税人的生产经营活动是在规定经营期限内的一个循环过程，它的利润也应按此经营期限来确定，这样才能全面、真实地反映纳税人全部经营期内的最终经营成果和财务状况。

企业纳税年度发生的亏损，准予向以后年度结转，用以后年度的所得弥补，但结转年限最长不得超过5年。这里所提亏损，是指企业财务报表中的亏损额经主管税务机关按税法规定核实调整后的金额，即企业依照税法规定，将每一纳税年度的收入总额减除不征税收入、免税收入和各项扣除后小于零的数额。

【提示】5年内不论是盈利或亏损，都作为实际弥补期限计算。亏损弥补期限，是指自亏损年度报告的下一个年度起连续5年不间断的计算。

自2018年1月1日起，高新技术企业或科技型中小企业尚未弥补完的亏损，准予结转以后年度弥补，最长结转年限由5年延长至10年。

企业在汇总计算缴纳企业所得税时，其境外营业机构的亏损不得抵减境内营业机构的盈利。

【例6-10】某企业2023—2028年度经营情况如下：2023年度亏损500万元，2024年度亏损100万元，2025年度盈利200万元，2026年度亏损100万元，2027年度盈利100万元，2028年度盈利500万元。请计算2023—2028年度各年应缴纳的企业所得税额(该企业适用25%的企业所得税税率)。

【解析】

2023年度亏损500万元，可用以后年度的所得弥补，最长弥补期不超2028年度，当年应纳企业所得税额为0。

2024年度亏损100万元，可用以后年度的所得弥补，最长弥补期不超过2029年度，当年应纳企业所得税额为0。

2025年度盈利200万元，可全部用于弥补2023年度的亏损，当年应纳企业所得税额为0。

2026年度亏损100万元，可用以后年度的所得弥补，最长弥补期不超过2031年度，当年应纳企业所得税额为0。

2027年度盈利100万元，此时2023年度的亏损由2025年度的盈利弥补后，还余亏损额300万元，可由2027年度的盈利弥补，当年应纳企业所得税额为0。

2028年度盈利500万元，可弥补2023年度尚未弥补的亏损200万元、2024年度的亏损100万元、2026年度的亏损100万元，因此，2028年度应纳企业所得税额＝(500－200－100－100)×25%＝25(万元)。

第四节　资产的税务处理

资产的税务处理，主要包括资产的分类、确认、计价、扣除和处置等方面的内容。税法对纳税人资产的税务处理作出规定，其目的是要通过对资产的分类，区别资本性支出与收益性支出，确定准予扣除的项目和不准扣除的项目，正确计算应纳税所得额。

一、固定资产的税务处理

（一）固定资产的确认

税法上所确认的固定资产是指企业为生产产品、提供劳务、出租或者经营管理而持有的使用期限超过12个月的非货币性资产，包括房屋、建筑物、机器、机械、运输工具，以及其他与生产经营活动有关的设备、器具、工具等。

【提示】会计准则中将已出租的房屋、建筑物等归入投资性房地产进行单独核算，税法对此没有特别规定，而是一律归入固定资产进行税务处理。

（二）固定资产的计价

(1) 外购的固定资产，以购买价款和支付的相关税费，以及直接归属于使该资产达到预定用途发生的其他支出为计税基础。

(2) 自行建造的固定资产，以竣工结算前发生的支出为计税基础。

(3) 融资租入的固定资产，以租赁合同约定的付款总额和承租人在签订租赁合同过程中发生的相关费用为计税基础，租赁合同未约定付款总额的，以该资产的公允价值和承租人在签订租赁合同过程中发生的相关费用为计税基础。

(4) 盘盈的固定资产，以同类固定资产的重置完全价值为计税基础。

(5) 通过捐赠、投资、非货币性资产交换、债务重组等方式取得的固定资产，以该资产的公允价值和支付的相关税费为计税基础。

(6) 改建的固定资产，除已足额提取折旧的固定资产和租入的固定资产以外的其他固定资产，以改建过程中发生的改建支出增加计税基础。

（三）固定资产的折旧

税法对固定资产折旧年限、残值和折旧方法有明确的规定，企业不能自行选择。也就是说，在计算应纳税所得额时，企业按照税法规定计算的固定资产折旧，才能在税前扣除。

1. 折旧范围

下列固定资产不得计算折旧扣除：

(1) 房屋、建筑物以外未投入使用的固定资产；

(2) 以经营租赁方式租入的固定资产；

(3) 以融资租赁方式租出的固定资产；

(4) 已提足折旧继续使用的固定资产；

(5) 与经营活动无关的固定资产；

(6) 单独估价作为固定资产入账的土地；

(7) 其他不得计提折旧扣除的固定资产。

2. 折旧方法

(1) 企业应当自固定资产投入使用月份的次月起计提折旧；停止使用的固定资产，应当从停止使用月份的次月起停止计提折旧。

(2) 企业应当根据固定资产的性质和使用情况，合理确定固定资产的预计净残值。固定资产的预计净残值一经确定，不得变更。

(3) 固定资产按照直线法计算的折旧，准予扣除。

3. 折旧年限

除国务院财政、税务主管部门另有规定外，固定资产计算折旧的最低年限如下：

(1) 房屋、建筑物，为20年；

(2) 飞机、火车、轮船、机器、机械和其他生产设备，为10年；

(3) 与生产经营活动有关的器具、工具、家具等，为5年；

(4) 飞机、火车、轮船以外的运输工具，为4年；

(5) 电子设备，为3年。

从事开采石油、天然气等矿产资源的企业，在开始商业性生产前发生的费用和有关固定资产的折耗、折旧方法，由国务院财政、税务主管部门另行规定。

【提示】为了引导企业加大设备、器具投资力度，固定资产加速折旧年限的相关规定可参见本章第五节"税收优惠"中加速折旧部分的内容。

（四）固定资产的处置

知识拓展：固定资产改扩建的税务处理

企业转让资产时，该项资产的净值、转让费用和税金等，可以在计算应纳税所得额时扣除。企业出售、转让固定资产，处置收入扣除计税成本和相关税费后产生的所得，应并入应纳税所得额征税；所产生的损失可以冲减应纳税所得额。固定资产报废、毁损、盘亏造成的损失，可以作为财产损失在税前扣除。

【例6-11　多选题】下列各项中，不得在企业所得税税前扣除的有(　　　　)。

A. 以融资租赁方式租入的固定资产计提的折旧

B. 单独估价作为固定资产入账的土地计提的折旧

C. 房屋、建筑物以外未投入使用的固定资产

D. 已足额提取折旧仍继续使用的固定资产

【解析】正确答案为BCD。以融资租赁方式租入的固定资产发生的租赁费支出，按照规定构成租入固定资产价值的部分应当计提折旧分期扣除。

二、生产性生物资产的税务处理

（一）生产性生物资产的确认

知识拓展：消耗性生物资产和公益性生物资产的定义

生物资产是指有生命的动物和植物。生物资产分为消耗性生物资产、生产性生物资产和公益性生物资产。生产性生物资产是指为产出农产品、提供劳务或出租等目的而持有的生物资产，包括经济林、薪炭林、产畜和役畜等。税法对生产性生物资产的税务处理作了单独规定，对消耗性生物资产和公益性生物资产的税务处理，一般可按照会计准则的规定执行。

（二）生产性生物资产的计价

生产性生物资产按照以下方法确定计税基础。

(1) 外购的生产性生物资产，以购买价款和支付的相关税费为计税基础。

(2) 通过捐赠、投资、非货币性资产交换、债务重组等方式取得的生产性生物资产，以该资产的公允价值和支付的相关税费为计税基础。

（三）生产性生物资产的折旧

生产性生物资产按照直线法计算的折旧，准予扣除。企业应当自生产性生物资产投入使用月份的次月起计算折旧；停止使用的生产性生物资产应当自停止使用月份的次月起停止计算折旧。

企业应当根据生产性生物资产的性质和使用情况，合理确定生产性生物资产的预计净残值。生产性生物资产的预计净残值一经确定，不得变更。

生产性生物资产计算折旧的最低年限如下：

(1) 林木类生产性生物资产为10年；

(2) 畜类生产性生物资产为3年。

三、无形资产的税务处理

（一）无形资产的确认

无形资产是指企业长期使用但没有实物形态的资产，包括专利权、商标权、著作权、土地使用权、非专利技术、商誉等。

【提示】税法与会计在无形资产范围界定上的差异：一是会计上将商誉作为独立于无形资产之外的单独一类资产进行确认；二是税法没有将土地使用权分别归属于无形资产和投资性房地产，而是一律按照无形资产进行处理。

（二）无形资产的计价

无形资产按照以下方法确定计税基础。

(1) 外购的无形资产，以购买价款和支付的相关税费，以及直接归属于使该资产达到预定用途发生的其他支出为计税基础。

(2) 自行开发的无形资产，以开发过程中该资产符合资本化条件后至达到预定用途前发生的支出为计税基础。

(3) 通过捐赠、投资、非货币性资产交换、债务重组等方式取得的无形资产，以该资产的公允价值和支付的相关税费为计算基础。

（三）无形资产的摊销

1. 摊销范围

下列无形资产不得计算摊销费用扣除：

(1) 自行开发的支出中已在计算应纳税所得额时扣除的无形资产；

(2) 自创商誉；

(3) 与经营活动无关的无形资产；

(4) 其他不得计算摊销费用扣除的无形资产。

2. 摊销方法及年限

无形资产的摊销采取直线法计算，摊销年限不得低于10年。作为投资或者受让的无形资产，有关法律规定或者合同约定了使用年限的，可以按照规定或者约定的使用年限分期摊销。外购商誉的支出，在企业整体转让或者清算时准予扣除。

四、长期待摊费用的税务处理

（一）长期待摊费用的确认

长期待摊费用是指企业已经支出，但摊销期限在1年以上的各项费用。长期待摊费用尽管是一次性支出的，但与支出对应的受益期间较长，按照收入支出的配比原则，应该将该项费用支出在企业的受益期间内平均摊销。

（二）长期待摊费用的摊销

在计算应纳税所得额时，企业发生的下列支出作为长期待摊费用，按照规定摊销的，准予扣除。

(1) 已足额提取折旧的固定资产的改建支出，按照固定资产预计尚可使用年限分期摊销。

(2) 租入固定资产的改建支出，按照合同约定的剩余租赁期限分期摊销。

(3) 固定资产的大修理支出，按照固定资产尚可使用年限分期摊销。固定资产的大修理支出是指同时符合下列条件的支出：①修理支出达到取得固定资产时的计税基础50%以上；②修理后固定资产的使用年限延长2年以上。

(4) 其他应当作为长期待摊费用的支出，自支出发生月份的次月起分期摊销，摊销年限不得低于3年。

五、存货的税务处理

（一）存货的确认

存货是指企业持有以备出售的产品或者商品、处在生产过程中的在产品、在生产或者提供劳务过程中耗用的材料和物料等。

（二）存货的计价

存货应当按照初始成本作为计税基础，具体按以下方法确定成本。

(1) 通过支付现金方式取得的存货，以购买价款和支付的相关税费为成本。

(2) 通过支付现金以外的方式取得的存货，以该存货的公允价值和支付的相关税费为成本。

(3) 生产性生物资产收获的农产品，以产出或者采收过程中发生的材料费、人工费和分摊的间接费用等必要支出为成本。

（三）存货的成本计算方法

企业使用或者销售存货的成本计算方法，可以在先进先出法、加权平均法、个别计价法中选用一种。计价方法一经选用，不得随意变更。

（四）存货的处置

企业出售、转让存货，处置收入扣除计税成本和相关税费后产生的所得，应并入应纳税所得额征税；所产生的损失可以冲减应纳税所得额。存货报废、毁损、盘亏造成的损失，可以作为财产损失在税前扣除。

六、投资资产的税务处理

（一）投资资产的确认

投资资产是指企业对外进行权益性投资和债权性投资而形成的资产。税法与会计上对投资资产的分类有所不同。

（二）投资资产的计价

投资资产的计税基础原则上以投资方实际支付的全部价款，包括支付的税金和手续费等相关费用确定，具体按以下方法确定投资成本。

(1) 通过支付现金方式取得的投资资产，以购买价款为成本。

(2) 通过支付现金以外的方式取得的投资资产，以该资产的公允价值和支付的相关税费为成本。

（三）投资资产的处置

企业对外投资期间，投资资产的成本在计算应纳税所得额时不得扣除。也就是说，在投资期间，对外投资的成本不得折旧和摊销，也不得作为投资当期的费用直接在税前扣除。企业在转让或者处置投资资产时，投资资产的成本准予扣除。

第五节　税收优惠

根据国民经济和社会发展的需要，借鉴国际上的成功经验，按照"简税制、宽税基、低税率、严征管"的要求，我国现行企业所得税法实施以产业优惠为主、区域优惠为辅的税收优惠格局。税法规定的企业所得税的税收优惠方式包括免税、减税、加计扣除、加速折旧、减计收入、税额抵免等。

视频：企业所得税的税收优惠

一、免征与减征优惠

（一）农业项目优惠

世界各国一般都对农业实行特殊扶持政策。我国是农业大国，对农、林、牧、渔业项目实施税收优惠，有利于提高农业综合生产能力和增值能力，推进农业产业结构调整和增长方式转变，巩固和加强农业基础地位。

1. 免征企业所得税的项目

(1) 蔬菜、谷物、薯类、油料、豆类、棉花、麻类、糖料、水果、坚果的种植；

(2) 农作物新品种的选育；

(3) 中药材的种植；

(4) 林木的培育和种植；

(5) 牲畜、家禽的饲养；

(6) 林产品的采集；

(7) 灌溉、农产品初加工、兽医、农技推广、农机作业和维修等农、林、牧、渔服务业项目；

(8) 远洋捕捞。

2. 减半征收企业所得税的项目

(1) 花卉、茶及其他饮料作物和香料作物的种植；

(2) 海水养殖、内陆养殖。

（二）基础产业优惠

公共基础设施项目是公共产品，为社会提供公共服务，是经济社会发展的重要支柱。税法对基础设施建设给予一定的优惠，符合国家的产业政策。

企业从事国家重点扶持的公共基础设施项目的投资经营所得，自项目取得第一笔生产经营收入所属纳税年度起，第一年至第三年免征企业所得税，第四年至第六年减半征收企业所得税，即享受"三免三减半"的优惠政策。国家重点扶持的公共基础设施项目，是指《公共基础设施项目企业所得税优惠目录》中规定的港口码头、机场、铁路、公路、电力、水利等项目。

【提示】 为了鼓励企业的投资行为，税法规定，企业承包经营、承包建设和内部自建自用以上项目，不得享受企业所得税优惠。

（三）技术转让所得优惠

对企业的技术转让所得给予减免税优惠政策，对于促进科技成果转化和产业化有着积极的推动作用。

税法规定，企业符合条件的技术转让所得，可以免征、减征企业所得税。这里的符合条件，具体是指一个纳税年度内，居民企业转让技术所有权所得不超过500万元的部分，免征企业所得税；超过500万元的部分，减半征收企业所得税。

【提示】 技术转让所得=技术转让收入-技术转让成本-相关税费

（四）环境保护、节能节水项目的减免税

企业从事符合条件的环境保护、节能节水项目的所得，自项目取得第一笔生产经营收入所属纳税年度起，第一年至第三年免征企业所得税，第四年至第六年减半征收企业所得税，即享受"三免三减半"的优惠政策。

符合条件的环境保护、节能节水项目，包括公共污水处理、公共垃圾处理、沼气综合开发利用、节能减排技术改造、海水淡化等。项目的具体条件和范围由国务院财政、税务主管部门商国务院有关部门制定，报国务院批准后公布施行。

企业按规定享受减免税优惠的项目，在减免税期限内转让的，受让方自受让之日起，可以在剩余期限内享受规定的减免税优惠；减免税期限届满后转让的，受让方不得就该项目重复享受减免税优惠。

二、高新技术企业、技术先进型服务企业和小型微利企业优惠

（一）高新技术企业优惠

税收优惠政策对促进高新技术的发展，进而带动全社会的科技进步和经济发展，发挥着重要的作用。税法规定，对国家需要重点扶持的高新技术企业减按15%的所得税税率征收企业所得税。

知识拓展：高新技术企业的认定条件

（二）技术先进型服务企业优惠

为引导外资更多投向高技术、高附加值服务业，增强我国服务业的综合竞争力，自2017年1月1日起，对经认定的技术先进型服务企业，减按15%的税率征收企业所得税。为进一步推动服务贸易创新发展、优化外贸结构，自2018年1月1日起，对经认定的技术先进型服务企业(服务贸易类)，减按15%的税率征收企业所得税。

知识拓展：技术先进型服务企业的条件

（三）小型微利企业优惠

为更好地发挥小型微利企业在自主创新、吸纳就业等方面的优势，利用税收政策鼓励、支持和引导小型微利企业的发展，参照国际通行做法，税法规定对小型微利企业实行20%的照顾性税率。

知识拓展：小型微利企业从业人数的计算

小型微利企业，是指从事国家非限制和禁止行业，且同时符合年度应纳税所得额不超过300万元、从业人数不超过300人、资产总额不超过5 000万元等三个条件的企业。

为进一步支持小微企业，根据财政部、税务总局公告2023年第12号规定，对小型微利企业减按25%计算应纳税所得额，按20%的税率缴纳企业所得税政策，延续执行至2027年12月31日。

【例6-12】某企业2023年第一季度实现会计利润为120万，符合第一季预缴企业所得税小微企业的条件，该企业第一季度需要预缴多少企业所得税？

【解析】预缴税额＝120×25%×20%＝6(万元)

三、加计扣除优惠

视频：小型微利企业的企业所得税税收优惠政策

加计扣除是企业所得税的一种税基式优惠方式，一般是指按照税法规定在实际发生支出数额的基础上，再加成一定比例，作为计算应纳税所得额时的扣除数额。

（一）研究开发费

为贯彻落实国家科技发展战略，鼓励企业自主创新，税法对企业的研发费用实行了加计扣除的优惠政策。

知识拓展：研发费用加计扣除比例政策演变

1. 加计扣除比例

根据财政部、税务总局公告2023年第7号，企业开展研发活动中实际发生的研发费用，未形成无形资产计入当期损益的，在按规定据实扣除的基础上，自2023年1月1日起，再按照实际发生额的100%在税前加计扣除；形成无形资产的，自2023年1月1日起，按照无形资产成本的200%在税前摊销。为进一步鼓励企业研发创新，促进集成电路产业和工业母机产业高质量发展，财政部、税务总局、国家发展改革委、工业和信息化部四部门联合发布《关于提高集成电

路和工业母机企业研发费用加计扣除比例的公告》(2023年第44号)，将集成电路和工业母机这两个产业的研发费用税前加计扣除比例提高至120%。

【例6-13】某制造业居民企业2023年进行甲项目研发工作，本年度形成无形资产价值35万元；进行乙项目研发工作，发生研发费用支出100万元。研发形成的无形资产均按直线法10年摊销。请计算该企业2023年的研发费用加计扣除额。

【解析】2023年研发费用未形成无形资产的加计扣除额＝100×100%＝100(万元)

2023年无形资产的加计摊销额＝35×100%÷10＝3.5(万元)

2023年研发费用的加计扣除额＝100＋3.5＝103.5(万元)

2. 研发费用税前加计扣除归集范围

研发活动是指企业为获得科学与技术新知识，创造性运用科学技术新知识，或实质性改进技术、产品(服务)、工艺而持续进行的具有明确目标的系统性活动。研发费用的具体范围包括：直接从事研发活动人员人工费用，直接投入费用，用于研发活动的仪器、设备的折旧费用，用于研发活动的无形资产摊销，新产品设计费、新工艺规程制定费、新药研制的临床试验费、勘探开发技术的现场试验费，与研发活动直接相关的其他费用，以及财政部和国家税务总局规定的其他费用。

知识拓展：研发费用税前加计扣除归集范围

3. 委托境外研发费用加计扣除规定

企业委托境外进行研发活动所发生的费用，按照费用实际发生额的80%计入委托方的委托境外研发费用。委托境外研发费用不超过境内符合条件的研发费用2/3的部分，可以按规定在企业所得税前加计扣除。

知识拓展：不适用税前加计扣除政策的行业及活动

【例6-14】某公司是一家汽车制造企业，2023年该公司既有自行研发项目又有委托境外公司研发的项目。其中，委托境外公司研发项目共发生支出220万元，国内自行研发项目发生支出240万元。请计算在本年度汇算清缴时，公司发生的研发费用在企业所得税前准予加计扣除的金额。

【解析】可计入公司的委托境外研发费用金额为220×80%＝176(万元)。

境内研发项目发生支出240万元，扣除限额为240×2/3＝160(万元)。

公司委托境外公司开展研发活动发生的研发费用可加计扣除额为160(万元)。

研发费加计扣除调减应纳税所得额为(240＋160)×100%＝400(万元)。

（二）企业安置残疾人员所支付的工资

税收优惠政策是鼓励企业安置就业人员、扩大就业的重要有效措施。企业安置残疾人员的，在按照支付给残疾职工工资据实扣除的基础上，按照支付给残疾职工工资的100%加计扣除。残疾人员的范围适用《中华人民共和国残疾人保障法》的有关规定。

四、创业投资企业优惠

创业投资企业是指在我国境内注册设立的，向创业企业进行股权投资，以期在所投资创业企业发育成熟或相对成熟后通过股权转让获得资本增值收益的企业组织。

创业投资企业采取股权投资方式投资于未上市的中小高新技术企业满2年的，可以按照其对中小高新技术企业投资额的70%，在股权持有满2年的当年抵扣该创业投资企业的应纳税所得额；当年不足抵扣的，可以在以后纳税年度结转抵扣。

知识拓展：创业投资企业税收政策

例如，甲企业对未上市的中小高新技术企业满2年的直接股权投资额为400万元，则可以抵扣应纳税所得额相当于投资额的70%即280万元，如果甲企业当年的应纳税所得额为300万元，则抵扣后应纳税所得额为20万元。

五、加速折旧优惠

加速折旧是指按照税法规定，允许企业在固定资产使用年限的初期计提较多的折旧，以后年度相应减少折旧额，从而使纳税人的所得税负得以递延的一种优惠方式。

（一）可以加速折旧的固定资产

企业的固定资产由于技术进步等原因，确需加速折旧的，可以缩短折旧年限或者采取加速折旧的方法。可采用以上折旧方法的固定资产包括：

(1) 由于技术进步，产品更新换代较快的固定资产；

(2) 常年处于强震动、高腐蚀状态的固定资产。

【提示】采取缩短折旧年限方法的，最低折旧年限不得低于规定折旧年限的 60%；采取加速折旧方法的，可以采取双倍余额递减法或者年数总和法。

（二）加速折旧的特殊规定

(1) 对生物药品制造业，专用设备制造业，铁路、船舶、航空航天和其他运输设备制造业，计算机、通信和其他电子设备制造业，仪器仪表制造业，信息传输、软件和信息技术服务业等6个行业的企业2014年1月1日后新购进的固定资产，可缩短折旧年限或采取加速折旧的方法。

(2) 对轻工、纺织、机械、汽车等4个领域重点行业的企业2015年1月1日后新购进的固定资产，可由企业选择缩短折旧年限或采取加速折旧的方法。

(3) 自2019年1月1日起，固定资产加速折旧优惠的行业范围，扩大至全部制造业领域。

(4) 一次性税前扣除政策。企业持有的固定资产，单位价值不超过5 000元的，可以一次性在计算应纳税所得额时扣除。企业在2018年1月1日至2023年12月31日期间新购进的设备、器具(除房屋、建筑物以外的固定资产)，单位价值不超过500万元的，允许一次性计入当期成本费用在计算应纳税所得额时扣除，不再分年度计算折旧。中小微企业在2022年1月1日至2022年12月31日期间新购置的设备、器具，单位价值在500万元以上的，按照单位价值的一定比例自愿选择在企业所得税税前扣除。

六、减计收入优惠

(1) 综合利用资源生产产品取得的收入，在计算应纳税所得额时，减按90%计入收入总额。综合利用资源是指企业以《资源综合利用企业所得税优惠目录》规定的资源作为主要原材料，生产国家非限制和禁止并符合国家、行业相关标准的产品。

知识拓展：中小微企业设备器具所得税前扣除有关政策

(2) 提供社区养老、托育、家政服务取得的收入，在计算应纳税所得额时，减按90%计入收入总额。

七、税额抵免优惠

企业购置并实际使用《环境保护专用设备企业所得税优惠目录》《节能节水专用设备企业

所得税优惠目录》和《安全生产专用设备企业所得税优惠目录》规定的环境保护、节能节水、安全生产等专用设备的，该专用设备投资额的10%可以从企业当年的应纳税额中抵免；当年不足抵免的，可以在以后5个纳税年度结转抵免。

享受企业所得税优惠的环境保护、节能节水、安全生产专用设备，应当是企业实际购置并自身实际投入使用的设备；企业购置上述专用设备在5年内转让、出租的，应当停止享受企业所得税优惠，并补缴已经抵免的企业所得税税款。

八、非居民企业优惠

非居民企业在中国境内未设立机构、场所的，或者虽设立机构、场所但取得的所得与其所设机构、场所没有实际联系的，其来源于中国境内的所得适用税率为20%，但实际征税时减按10%的税率征收企业所得税。该类非居民企业下列所得可以免征企业所得税：

(1) 外国政府向中国政府提供贷款取得的利息所得；

(2) 国际金融组织向中国政府和居民企业提供优惠贷款取得的利息所得；

(3) 经国务院批准的其他所得。

九、其他优惠

（一）关于鼓励软件产业和集成电路产业发展的优惠政策

集成电路产业和软件产业是信息产业的核心，是引领新一轮科技革命和产业变革的关键力量。为进一步优化集成电路产业和软件产业发展环境，深化产业国际合作，提升产业创新能力和发展质量，根据《国务院关于印发新时期促进集成电路产业和软件产业高质量发展若干政策的通知》(国发〔2020〕8号)，财政部、税务总局、发展改革委、工业和信息化部联合发布2020年第45号公告，出台进一步促进集成电路产业和软件产业高质量发展企业所得税政策。

知识拓展：新时期促进集成电路产业和软件产业高质量发展的财税政策

（二）关于鼓励证券投资基金发展的优惠政策

对证券投资基金从证券市场中取得的收入，包括买卖股票、债券的差价收入，股权的股息、红利收入，债券的利息收入及其他收入，暂不征收企业所得税；对投资者从证券投资基金分配中取得的收入，暂不征收企业所得税；对证券投资基金管理人运用基金买卖股票、债券的差价收入，暂不征收企业所得税。

知识拓展：促进集成电路产业和软件产业高质量发展的企业所得税政策

（三）民族自治地方的优惠

民族自治地方的自治机关对本地方企业应缴纳的企业所得税中属于地方分享的部分，可以决定减征或者免征。对民族自治地方内国家限制和禁止行业的企业，不得减征或者免征企业所得税。

民族自治地方的企业所得税减免的决定权在省级地方政府。自治州、自治县决定减征或者免征的，须报省、自治区、直辖市人民政府批准。

（四）西部大开发税收优惠

为支持西部地区发展，国家在2001—2010年实施了首轮西部大开发战略，出台了包括税收优惠在内的重要扶持政策。2020年4月23日，财政部、税务总局、国家发展改革委三部委联合发布《关于延续西部大开发企业所得税政策的公告》(财政部公告2020年第23号)，继续实施第三轮西部大开发税收优惠政策，门槛进一步降低，惠及更多市场主体，为西部地区带来源源不断的发展动力。

自2021年1月1日至2030年12月31日，对设在西部地区的鼓励类产业企业减按15%的税率征收企业所得税。鼓励类产业企业是指以《西部地区鼓励类产业目录》中规定的产业项目为主营业务，且其主营业务收入占企业收入总额60%以上的企业。

知识拓展：西部大开发地区范围

（五）海南自由贸易港税收优惠

2021年6月10日，《中华人民共和国海南自由贸易港法》生效实施。为支持海南自由贸易港建设，财政部和国家税务总局出台了关于海南自由贸易港的企业所得税优惠政策。

(1) 对注册在海南自由贸易港并实质性运营的鼓励类产业企业，减按15%的税率征收企业所得税。

(2) 对在海南自由贸易港设立的旅游业、现代服务业、高新技术产业企业新增境外直接投资取得的所得，免征企业所得税。

知识拓展：海南自由贸易港企业所得税优惠政策

第六节　应纳税额的计算

一、居民企业应纳税额的计算

居民企业应纳税额等于应纳税所得额乘以适用税率，减除依据税法关于税收优惠的规定减免和抵免的税额后的余额，基本计算公式为

$$应纳税额＝应纳税所得额×适用税率－减免税额－抵免税额$$

根据计算公式可以看出，企业应纳税额的计算，取决于应纳税所得额和适用税率两个因素。在实际过程中，应纳税所得额的计算一般有以下两种方法。

1. 直接计算法

在直接计算法下，企业每一纳税年度的收入总额减除不征税收入、免税收入、各项扣除及允许弥补的以前年度亏损后的余额为应纳税所得额，即

$$应纳税所得额＝收入总额－不征税收入－免税收入－各项扣除金额－弥补亏损$$

2. 间接计算法

在会计利润总额的基础上，加或减按照税法规定调整的项目金额后，即为应纳税所得额。计算公式为

$$应纳税所得额＝会计利润总额±纳税调整项目金额$$

税收调整项目金额包括两方面的内容：一是企业的财务会计处理和税收规定不一致的应予以调整的金额；二是企业按税法规定准予扣除的税收金额。

【例6-15】某居民企业是国家重点扶持的高新技术企业，某年发生经营业务如下。

(1) 取得产品销售收入3 880万元。

(2) 发生产品销售成本2 500万元。

(3) 发生销售费用750万元，其中广告费600万元；管理费用460万元，其中业务招待费30万元；财务费用50万元。

(4) 销售税金150万元(含增值税100万元)。

(5) 营业外收入70万元，营业外支出40万元(含通过公益性社会团体向贫困山区捐款20万元，支付税收滞纳金4万元)。

(6) 计入成本、费用中的实发工资总额200万元，拨缴职工工会经费4万元，支出职工福利费30万元，发生职工教育经费5万元，党组织工作经费3万元。

(7) 购置环境保护专用设备200万元，当年即投入使用。

请计算该企业该年度应纳的企业所得税税额。

【解析】

(1) 计算企业的收入总额。收入总额＝3 880＋70＝3 950(万元)

(2) 计算企业税前准予扣除项目的金额。

① 销售成本：2 500(万元)

② 销售费用：750－600＋582＝732(万元)

其中，广告费用扣除限额＝3 880×15%＝582(万元)

③ 管理费用：460－30＋18＝448(万元)

其中，按实际发生业务招待费的60%计算＝30×60%＝18(万元)

按营业收入的5‰计算＝3 880×5‰＝19.4(万元)

业务招待费扣除限额为18(万元)

④ 财务费用：50(万元)

⑤ 销售税金：150－100＝50(万元)

⑥ 营业外支出：40－20＋12－4＝28(万元)

其中，税收滞纳金属于不得税前扣除项目

会计利润＝3 880－2 500－750－460－50－(150－100)＋70－40＝100(万元)

捐赠扣除限额＝100×12%＝12(万元)

⑦ 四项经费：调增(30－28)＋(3－2)＝3(万元)

其中，工会经费扣除限额＝200×2%＝4(万元)

职工福利费扣除限额＝200×14%＝28(万元)

职工教育经费扣除限额＝200×8%＝16(万元)

党组织工作经费扣除限额＝200×1%＝2(万元)

(3) 计算应纳税所得额。

应纳税所得额＝3 950－2 500－732－448－50－50－28＋3＝145(万元)

(4) 确定适用税率。税法规定，国家重点扶持的高新技术企业减按15%的税率征税。

(5) 计算允许抵免的税额。税法规定，企业购置并实际使用的环境保护专用设备，其设备投资额的10%可从企业当年的应纳税所得额中抵免，允许抵免的税额＝200×10%＝20(万元)。

(6) 计算应纳税额。应纳税额＝145×15%－20＝21.75－20＝1.75(万元)

【例6-16】某工业企业为居民企业，某年发生经营业务如下。

(1) 产品销售收入为5 500万元，产品销售成本3 000万元。

(2) 其他业务收入900万元，其他业务成本750万元。

(3) 缴纳销售税金及附加300万元(不含增值税)。

(4) 发生销售费用800万元，其中广告费650万元。

(5) 发生管理费用720万元，其中新技术的研究开发费用为80万元，业务招待费用为60万元。

(6) 发生财务费用200万元，其中含向非金融企业借款2 000万元所支付的年利息200万元，银行同期同类贷款利率为6%。

(7) 取得购买国债的利息收入40万元。

(8) 取得直接投资其他居民企业的权益性收益51万元(已在投资方所在地按15%的税率缴纳了所得税)。

(9) 取得营业外收入90万元，发生营业外支出211万元，其中含公益性捐赠40万元、赞助支出20万元。

其他资料：上一纳税年度广告费用超支200万元，未弥补亏损额100万元。

请计算该企业当年应纳的企业所得税税额。

【解析】

利润总额＝5 500＋900＋40＋51＋90－3 000－750－300－800－720－200－211＝600(万元)

广告费扣除标准＝(5 500＋900)×15%＝960(万元)，本年度发生广告费650万元小于扣除标准960万元，可据实扣除，上一年度广告费用超支200万元结转本年度扣除，调减所得额200万元。

技术开发费调减所得额＝80×50%＝40(万元)

按实际发生业务招待费的60%计算＝60×60%＝36(万元)

按销售收入的5‰计算＝(5 500＋900)×5‰＝32(万元)

按照规定税前扣除限额应为32万元，应调增应纳税所得额＝60－32＝28(万元)

利息支出扣除限额＝2 000×6%＝120(万元)，应调增应纳税所得额＝200－120＝80(万元)

国债利息收入免征企业所得税，应调减所得额40万元取得直接投资其他居民企业的权益性收益属于免税收入，应调减应纳税所得额51万元。

捐赠扣除标准＝600×12%＝72(万元)，实际捐赠额40万元小于扣除标准72万元，可据实扣除，不做纳税调整；赞助支出不得税前扣除，应调增所得额20万元。

应纳税所得额＝600－200－40＋28＋80－40－51＋20－100＝297(万元)

应纳企业所得税＝297×25%＝74.25(万元)

二、境外所得抵扣税额的计算

（一）境外所得税收抵免的一般理论

税收抵免是缓解或消除各国间所得税重复征税的一种方法。抵免法是指一国政府在优先承认其他国家的地域税收管辖权的前提下，在对本国纳税人来源于国外的所得征税时，以本国纳税人在国外缴纳税款冲抵本国税收的方法。目前，世界各国普遍采用此种方法。

1. 全额抵免与限额抵免

抵免法按计算方式不同，可分为全额抵免和限额抵免。全额抵免是指居住国政府对跨国纳税人在国外直接缴纳的所得税税款予以全部抵免。限额抵免是指居住国政府对跨国纳税人在国外直接缴纳的所得税税款给予抵免，但可抵免的数额不得超过国外所得额按本国税率计算的应纳税额。

【提示】我国在参考国际惯例的基础上，出于维护本国税收利益的考虑，采用了限额抵免法。

2. 直接抵免与间接抵免

抵免法按其适用对象不同，可分为直接抵免和间接抵免两种。直接抵免是直接对本国纳税人在国外已经缴纳的所得税的抵免，它一般适用于同一法人实体的总公司与海外分公司之间的抵免。间接抵免是指母公司所在的居住国政府，允许母公司将其子公司已缴居住国的所得税中应由母公司分得股息承担的那部分税额，来冲抵母公司的应纳税额。我国税法中同时采用了直接抵免法和间接抵免法。

（二）境外所得税收抵免的规定

1. 直接抵免

企业取得的下列所得已在境外缴纳的所得税税额，可以从其当期应纳税额中抵免，抵免限额为该项所得依照《企业所得税法》规定计算的应纳税额；超过抵免限额的部分，可以在以后5个年度内，用每年度抵免限额抵免当年应纳税额后的余额进行抵补。

(1) 居民企业来源于中国境外的应税所得。

(2) 非居民企业在中国境内设立机构、场所，取得发生在中国境外但与该机构、场所有实际联系的应税所得。

已在境外缴纳的所得税税额，是指企业来源于中国境外的所得，依照中国境外税收法律及相关规定应当缴纳并已经实际缴纳的企业所得税性质的税款。

抵免限额，是指企业来源于中国境外的所得，依照《企业所得税法》及其实施条例的规定计算的应纳税额。

除国务院财政、税务主管部门另有规定外，该抵免限额应当分国(地区)不分项计算，计算公式为

$$抵免限额＝中国境内、境外所得依照《企业所得税法》及其实施条例规定计算的应纳税总额$$
$$\times 来源于某国(地区)的应纳税所得额÷中国境内、境外应纳税所得总额$$

前述5个年度，是指从企业取得的来源于中国境外的所得，已经在中国境外缴纳的企业所得税性质的税额超过抵免限额的当年的次年起连续5个纳税年度。

【例6-17】某居民企业20×2年度境内应纳税所得额为1 000万元，适用25%的企业所得税税率。该企业分别在A、B两国设有分支机构，在A国分支机构的应纳税所得额为500万元，A国企业所得税税率为20%；在B国分支机构的应纳税所得额为300万元，B国企业所得税税率为30%。20×3年该企业境内应纳税所得额为2 000万元，在B国分支机构的应纳税所得额为1 000万元，B国企业所得税税率调整为22%。我国与A、B两国已经缔结避免双重征税协定，该企业在A、B两国所得按我国税法计算的应纳税所得额和按A、B两国税法计算的应纳税所得额一致，两个分支机构在A、B两国分别缴纳了企业所得税。请计算该企业汇总时在我国应缴纳的企业所得税税额。

【解析】

(1) 20×2年应缴纳的企业所得税计算如下。

① 该企业按我国税法计算的境内、境外所得的应纳税额＝(1 000＋500＋300)×25%
　　　　　　　　　　　　　　　　　　　　　　　　＝450(万元)

② A、B两国的扣除限额：

A国已纳税款扣除限额＝450×[500÷(1 000＋500＋300)]＝125(万元)

B国已纳税款扣除限额＝450×[300÷(1 000＋500＋300)]＝75(万元)

在A国缴纳的所得税为100万元(即500×20%),低于扣除限额125万元,可全额扣除;在B国缴纳的所得税为90万元(300×30%),高于扣除限额5万元,其超过扣除限额的部分15万元当年不能扣除。

③ 汇总时在我国应缴纳的企业所得税＝450－100－75＝275(万元)

(2) 20×3年应缴纳的企业所得税计算如下。

① 该企业按我国税法计算的境内、境外所得的应纳税额＝(2 000＋1 000)×25%＝750(万元)

② B国已纳税款扣除限额＝750×[1 000÷(2 000＋1 000)]＝250(万元)

在B国缴纳的所得税为220万元(即1 000×22%),低于扣除限额250万元,可全额扣除;上一年度超过扣除限额的部分15万元可以结转至本年度进行扣除。

③ 汇总时在我国应缴纳的企业所得税＝750－220－15＝515(万元)

2. 间接抵免

居民企业从其直接或者间接控制的外国企业分得的来源于中国境外的股息、红利等权益性投资收益,外国企业在境外实际缴纳的所得税税额中属于该项所得负担的部分,可以作为该居民企业的可抵免境外所得税税额,在《企业所得税法》规定的抵免限额内抵免。

【提示】间接抵免的具体规定,参见本书第十三章第三节"境外所得税收管理"中的相关内容。

三、居民企业核定征收应纳税额的计算

为了加强企业所得税征收管理,规范核定征收企业所得税工作,保障国家税款及时足额入库,维护纳税人合法权益,国家税务总局制定了《企业所得税核定征收办法(试行)》(国税发〔2008〕30号),对核定征收企业所得税作了如下规定。

(一) 核定征收企业所得税的范围

居民企业纳税人具有下列情形之一的,核定征收企业所得税:

(1) 依照法律、行政法规的规定可以不设置账簿的;

(2) 依照法律、行政法规的规定应当设置但未设置账簿的;

(3) 擅自销毁账簿或者拒不提供纳税资料的;

(4) 虽设置账簿,但账目混乱或者成本资料、收入凭证、费用凭证残缺不全,难以查账的;

(5) 发生纳税义务,未按照规定的期限办理纳税申报,经税务机关责令限期申报,逾期仍不申报的;

(6) 申报的计税依据明显偏低,又无正当理由的。

(二) 核定征收的办法

税务机关应根据纳税人具体情况,对核定征收企业所得税的纳税人,核定应税所得率或者核定应纳所得税额。

(1) 具有下列情形之一的,核定其应税所得率。

① 能正确核算(查实)收入总额,但不能正确核算(查实)成本费用总额的。

② 能正确核算(查实)成本费用总额,但不能正确核算(查实)收入总额的。

③ 通过合理方法,能计算和推定纳税人收入总额或成本费用总额的。

纳税人不属于以上情形的,核定其应纳所得税额。

(2) 采用应税所得率方式核定征收企业所得税的，应纳所得税额计算公式如下：

$$应纳税所得额＝应税收入额×应税所得率$$

或 $$应纳税所得额＝成本(费用)支出额÷(1－应税所得率)×应税所得率$$

$$应纳所得税额＝应纳税所得额×适用税率$$

实行应税所得率方式核定征收企业所得税的纳税人，经营多业的，无论其经营项目是否单独核算，均由税务机关根据其主营项目确定适用的应税所得率。

知识拓展：应税
所得率幅度标准

第七节 特别纳税调整

反避税工作是国家税收征收管理的重要内容，也是世界各国税务机关维护国家税收主权和税收利益的主要手段之一。《企业所得税法》及其实施条例在参照国际惯例的基础上，从实体法的角度，对关联交易的税收处理及其他反避税措施作出规定，建立了"特别纳税调整"制度，适用于税务机关对企业的转让定价、预约定价安排、成本分摊协议、受控外国企业、资本弱化及一般反避税等特别纳税调整事项的管理，从而确立了我国企业所得税的反避税制度。

知识拓展：反避税
的有关政策法规

一、转让定价税制

（一）转让定价税制概述

利用转让定价避税是目前跨国公司在世界范围内采取的一种常见的避税方法。转让定价是指存在关联关系的企业之间，为了实现企业集团利益最大化，或者是为了减轻企业税负，在商品买卖、提供服务等交易时，提高或降低价格，把利润转移到某一个企业的行为。

知识拓展：关联
关系的界定

世界各国都对关联交易进行了转让定价管理，以防范和制止避税行为。转让定价管理是指税务机关按照税法有关规定，对企业与其关联方之间的业务往来是否符合独立交易原则进行审核评估和调查调整等工作的总称。我国税法规定，企业与其关联方之间的业务往来，不符合独立交易原则而减少企业或者其关联方应纳税收入或者所得额的，税务机关有权按照合理方法调整。企业与其关联方共同开发、受让无形资产，或者共同提供、接受劳务发生的成本，在计算应纳税所得额时应当按照独立交易原则进行分摊。

（二）关联方

正确认定关联方是实施转让定价税收监管的前提。根据税法规定，关联方是指与企业有下列关联关系之一的企业、其他组织或者个人：

(1) 在资金、经营、购销等方面存在直接或者间接的控制关系；

(2) 直接或者间接地同为第三者控制；

(3) 在利益上具有相关联的其他关系。

（三）独立交易原则

独立交易原则是转让定价税制的核心原则，是指没有关联关系的交易各方，按照公平成交价格和营业常规进行业务往来遵循的原则。这里的公平成交价格即"非受控价格"，是指独立企业之间进行业务往来所采用的在市场上由价值规律决定而形成的价格。

我国税法采用了独立交易原则对关联企业利润进行调整。按照这一原则，关联企业各个经济实体之间的业务往来，包括转让财产、提供财产使用权、提供劳务、融通资金等类型的业务往来，都应按照独立交易价格进行。关联企业之间如果不按照独立交易原则，即不按独立企业之间业务往来收取或支付价款，税务机关有权参照没有关联关系所能同意的数额进行调整。

（四）调整方法

在判定纳税人的关联交易不符合独立交易原则之后，税务机关将运用以下几种合理的方法进行纳税调整。

(1) 可比非受控价格法，是指按照没有关联关系的交易各方进行相同或者类似业务往来的价格进行定价的方法。

(2) 再销售价格法，是指按照从关联方购进商品再销售给没有关联关系的交易方的价格，减除相同或者类似业务的销售毛利进行定价的方法。

(3) 成本加成法，是指按照成本加合理的费用和利润进行定价的方法。

(4) 交易净利润法，是指按照没有关联关系的交易各方进行相同或者类似业务往来取得的净利润水平确定利润的方法。

(5) 利润分割法，是指将企业与其关联方的合并利润或者亏损在各方之间采用合理标准进行分配的方法。

(6) 其他符合独立交易原则的方法。

二、预约定价安排

（一）预约定价的概念

传统的转让定价调查是一种事后审计制度。为了避免事后调整出现的一些问题，国际转让定价领域发展了一项新的程序制度——预约定价制度，把对纳税人关联交易的事后审计变成事先审计。

根据税法规定，企业可以向税务机关提出与其关联方之间业务往来的定价原则和计算方法，税务机关与企业协商、确认后，达成预约定价安排。预约定价安排，是指企业就其未来年度关联交易的定价原则和计算方法，向税务机关提出申请，与税务机关按照独立交易原则协商、确认后达成的协议。预约定价安排管理，是指税务机关按照税法规定，对企业提出的未来年度关联交易的定价原则和计算方法进行审核评估，并与企业协商达成预约定价安排等工作的总称。

知识拓展：预约定价的6个阶段

（二）预约定价的程序

预约定价安排的谈签与执行通常经过预备会谈、正式申请、审核评估、磋商、签订安排和监控执行6个阶段。预约定价安排包括单边、双边和多边3种类型。

三、成本分摊协议

成本分摊协议是企业间签订的一种契约性协议。企业与其关联方共同开发、受让无形资产，或者共同提供、接受劳务时，应预先在各参与方之间达成协议安排，采用合理方法分摊上述活动发生的成本。

企业可以依照税法规定，按照独立交易原则与其关联方分摊共同发生的成本，达成成本分摊协议。企业与其关联方分摊成本时，应当按照成本与预期收益相配比的原则进行分摊，并在税务机关规定的期限内，按照税务机关的要求报送有关资料。

四、受控外国企业

受控外国企业规则是防止受控外国企业避税的一种税收管理制度，其根本宗旨在于对由居民国的居民企业控制的，设立在低税国的外国企业保留利润不做分配或对利润做不合理分配，由此推迟缴纳居民国税收的避税行为进行控制管理。

我国税法规定，由居民企业，或者由居民企业和中国居民控制的设立在实际税负明显低于税法规定税率水平的国家(地区)的企业，并非由于合理的经营需要而对利润不做分配或者减少分配的，上述利润中应归属于该居民企业的部分，应当计入该居民企业的当期收入。也就是说，居民企业从受控外国企业分配的利润低于按照我国税法有关规定计算应归属于我国居民企业的利润，即为"不合理分配"。企业进行不合理分配的目的是通过在低税率国家或避税地区建立受控外国企业，通过各种不合理的商业安排将利润转移到受控外国企业，经营利润保留在外国公司或少量分配，逃避在国内的纳税义务。

知识拓展：受控外国企业的相关概念

五、资本弱化规则

企业投资方式有债权性投资和权益性投资两种。两种投资方式对企业的影响不尽相同。由于债务人支付给债权人的利息可以在税前抵扣，而支付的股息却不能在税前扣除，因此从税收角度来说，选择债权融资方式比股权融资方式更具有优势。对于跨国公司来说，就有动机通过操纵融资的方式，减少集团整体的税收负担，这就是所谓的"资本弱化"。

防止通过资本弱化进行避税的重点在于对利息扣除进行限定。我国税法规定，企业从其关联方接受的债权性投资与权益性投资的比例超过规定标准而发生的利息支出，不得在计算应纳税所得额时扣除。

知识拓展：债权性投资和权益性投资

不得扣除的利息支出应按以下公式计算：

不得扣除利息支出＝年度实际支付的全部关联方利息×(1－标准比例÷关联债资比例)

关联债资比例，是指根据税法有关规定，企业从其全部关联方接受的债权性投资占企业接受的权益性投资的比例。关联债资比例的具体计算方法如下：

关联债资比例＝年度各月平均关联债权投资之和/年度各月平均权益投资之和

六、一般反避税条款

企业实施其他不具有合理商业目的的安排而减少其应纳税收入或者所得额的，税务机关有权按照合理方法调整。不具有合理商业目的，是指以减少、免除或者推迟缴纳税款为主要目的。税务机关可依照税法规定对存在以下避税安排的企业，启动一般反避税调查：

(1) 滥用税收优惠；

(2) 滥用税收协定；

(3) 滥用公司组织形式；

(4) 利用避税港避税；

(5) 其他不具有合理商业目的的安排。

税务机关应按照经济实质对企业的避税安排重新定性，取消企业从避税安排获得的税收利益。对于没有经济实质的企业，特别是设在避税港并导致其关联方或非关联方避税的企业，可在税收上否定该企业的存在。

七、特别纳税调整的管理

知识拓展：关联
业务的相关资料

（一）关联业务的相关资料

企业向税务机关报送年度企业所得税纳税申报表时，应当就其与关联方之间的业务往来，附送年度关联业务往来报告表。税务机关在进行关联业务调查时，企业及其关联方，以及与关联业务调查有关的其他企业，应当按照规定提供相关资料。

（二）税务机关的纳税核定权

企业不提供与其关联方之间业务往来资料，或者提供虚假、不完整资料，未能真实反映其关联业务往来情况的，税务机关有权依法核定其纳税所得额。企业对税务机关核定的应纳税所得额有异议的，应当提供相关证据，经税务机关认定后，调整核定的应纳税所得额。

知识拓展：关联
业务的核定方法

（三）加收利息

税务机关依照规定进行特别纳税调整后，除了应当补征税款外，还应按照国务院规定加收利息。应当对补征的税款，自税款所属纳税年度的次年6月1日起至补缴税款之日止的期间，按日加收利息。

【提示】加收的利息不得在计算应纳税所得额时扣除。

（四）追溯年限

企业与其关联方之间的业务往来，不符合独立交易原则，或者企业实施其他不具有合理商业目的安排的，税务机关有权在该业务发生的纳税年度起10年内，进行纳税调整。

第八节　征收管理

一、纳税期限和纳税申报

（一）纳税年度

企业所得税按纳税年度计算，纳税年度自公历1月1日起至12月31日止。

【提示】企业在一个纳税年度的中间开业，或者由于合并、关闭等原因终止经营活动，使该纳税年度的实际经营期不足12个月的，应当以其实际经营期为一个纳税年度。

【提示】企业清算时，应当以清算期间作为一个纳税年度。企业应当在办理注销登记前，就其清算所得向税务机关申报并依法缴纳企业所得税。

（二）汇算清缴

企业所得税按年计征，分月或者分季预缴，年终汇算清缴，多退少补。

按月或按季预缴的，应当自月份或者季度终了之日起15日内，向税务机关报送预缴企业所得税纳税申报表，预缴税款。

自年度终了之日起5个月内，向税务机关报送年度企业所得税纳税申报表，并汇算清缴，结清应缴应退税款。企业在报送企业所得税纳税申报表时，应当按照规定附送财务会计报告和其他有关资料。

企业在年度中间终止经营活动的，应当自实际经营终止之日起60日内，向税务机关办理当期企业所得税汇算清缴。

【提示】企业在纳税年度内无论盈利或者亏损，都应当依照税法规定的期限，向税务机关报送企业所得税纳税申报表、财务会计报告和税务机关规定应当报送的其他有关资料。

二、纳税地点

（一）居民企业的纳税地点

除税收法律、行政法规另有规定外，居民企业以企业登记注册地为纳税地点；登记注册地在境外的，以实际管理机构所在地为纳税地点。企业注册登记地，是指企业依照国家有关规定登记注册的住所地。

（二）非居民企业的纳税地点

非居民企业在中国境内设立机构、场所的，应当就其所设机构、场所取得的来源于中国境内的所得，以及发生在中国境外但与其所设机构、场所有实际联系的所得，以机构、场所所在地为纳税地点。

非居民企业在中国境内未设立机构、场所的，或者虽设立机构、场所但取得的所得与其所设机构、场所没有实际联系的所得，以扣缴义务人所在地为纳税地点。

三、汇总、合并纳税

（一）汇总纳税

《企业所得税法》规定以法人作为判定纳税人的标准。居民企业在中国境内设立不具有法人资格的营业机构的，应当汇总计算并缴纳企业所得税。企业汇总计算并缴纳企业所得税时，应当统一核算应纳税所得额，具体办法由国务院财政、税务主管部门另行制定。

非居民企业在中国境内设立两个或者两个以上机构、场所的，经税务机关审核批准，可以选择由其主要机构、场所汇总缴纳企业所得税。

(二)合并纳税

合并纳税是指母公司在合并其子公司年度企业所得税纳税申报表的基础上，统一计算年度应纳税所得额和应纳税额，统一申报缴纳企业所得税。根据税法规定，除国务院另有规定外，企业之间不得合并缴纳企业所得税。

视频：企业所得税的征收管理

四、源泉扣缴

(一)源泉扣缴所得税概述

源泉扣缴是企业所得税的一种征收方式，它是指以所得支付者为扣缴义务人，在每次向纳税人支付有关所得款项时，代为扣缴税款的做法。源泉扣缴的规定适用于非居民企业在中国境内未设立机构、场所的，或者虽设立机构、场所但取得的所得与其所设机构、场所没有实际联系的，应当就其来源于中国境内的所得缴纳企业所得税的征收管理。

源泉扣缴的规定属于实施国际上通行的税收来源地税收管辖权。实行源泉扣缴有利于维护国家主权，加强对非居民企业的税收管理，防止国际偷逃税。

(二)源泉扣缴所得税的计算

非居民企业取得来源于中国境内的所得，按照下列方法计算应纳税所得额。

(1) 股息、红利等权益性投资收益和利息、租金、特许权使用费所得，以收入全额为应纳税所得额。

(2) 财产转让所得，以收入全额减除财产净值后的余额为应纳税所得额。

(3) 其他所得，参照前两项规定的方法计算应纳税所得额。

【例6-18】某外国公司在中国境内未设立机构、场所，某年该外国公司与中国一家企业签订一项技术转让协议，协议约定技术转让费100万元。请计算该外国公司应为该笔技术转让费在中国缴纳多少所得税？

【解析】该笔技术转让费为非居民企业未在中国境内设立机构、场所，而取得的来源于中国境内的所得，适用20%的所得税税率，减按10%的税率征税。

接受技术的中国企业应为该外国公司代扣代缴所得税=100×10%=10(万元)

(三)源泉扣缴所得税的管理

1. 源泉扣缴义务人的确定

对非居民企业在中国境内未设立机构、场所的，或者虽设立机构、场所但取得的所得与其所设机构、场所没有实际联系的所得应缴纳的所得税实行源泉扣缴，以支付人为扣缴义务人。税款由扣缴义务人在每次支付或者到期应支付时，从支付或者到期应支付的款项中扣缴。

支付人，是指依照有关法律规定或者合同约定对非居民企业直接负有支付相关款项义务的单位或者个人。

支付包括现金支付、汇拨支付、转账支付和权益兑价支付等货币支付和非货币支付。

到期应支付的款项，是指支付人按照权责发生制原则应当计入相关成本、费用的应付款项。

2. 未依法扣缴或者无法履行扣缴义务的规定

应当扣缴的所得税，扣缴义务人未依法扣缴或者无法履行扣缴义务的，由企业在所得发生地缴纳。企业未依法缴纳的，税务机关可以从该企业在中国境内其他收入项目的支付人应付的款项中，追缴该企业的应纳税款。

所得发生地，是指依照《企业所得税法实施条例》规定的原则确定的所得发生地。在中国境内存在多处所得发生地的，由企业选择其中之一申报缴纳企业所得税。

该企业在中国境内其他收入，是指该企业在中国境内取得的其他各种来源的收入。

3. 源泉扣缴的申报缴纳

扣缴义务人每次代扣的税款，应当自代扣之日起7日内缴入国库，并向所在地的税务机关报送扣缴企业所得税报告表。

视频：企业所得税的源泉扣缴

案例讨论

小微企业的"优惠成长之路"

我国小微企业的发展历程，很大程度上体现了国家税收政策的变革与优惠政策的不断放宽。在过去的10多年间，小微企业的发展一路见证了国家税收政策的变迁，也让我们纳税人享受到了经济发展背后的税收扶持力度的加大。

(1) 自2008年起，对于符合条件的小型微利企业，年度应纳税所得额不超过30万元，按20%的税率征收企业所得税。小微企业的条件具体如下。

① 从事国家非限制和禁止行业。

② 年度应纳税所得额不超过30万元。

③ 具备建账核算自身应纳税所得额条件的企业。

④ 工业企业：从业人数不超过100人，资产总额不超过3 000万元。其他企业：从业人数不超过80人，资产总额不超过1 000万元。

(2) 自2010年起，对年应纳税所得额低于3万元(含3万元)的小型微利企业，其所得减按50%计入应纳税所得额。

(3) 自2012年起，对年应纳税所得额低于6万元(含6万元)的小型微利企业，其所得减按50%计入应纳税所得额。优惠政策适用范围扩大到包括采取查账征收和核定征收方式的企业。

(4) 自2014年起，对年应纳税所得额低于10万元(含10万元)的小型微利企业，其所得减按50%计入应纳税所得额。

(5) 自2015年起，对年应纳税所得额低于20万元(含20万元)的小型微利企业，其所得减按50%计入应纳税所得额。

(6) 自2015年10月起，对年应纳税所得额在20万元到30万元(含30万元)之间的小型微利企业，其所得减按50%计入应纳税所得额。

(7) 自2017年1月1日至2019年12月31日，对年应纳税所得额低于50万元(含50万元)的小型微利企业，其所得减按50%计入应纳税所得额。

(8) 自2018年1月1日至2020年12月31日，对年应纳税所得额低于100万元(含100万元)的小型微利企业，其所得减按50%计入应纳税所得额。

(9) 对小型微利企业年应纳税所得额不超过100万元的部分，减按25%计入应纳税所得额，按20%的税率缴纳企业所得税；对年应纳税所得额超过100万元但不超过300万元的部分，减按50%计入应纳税所得额。

上述小型微利企业是指从事国家非限制和禁止行业，且同时符合年度应纳税所得额不超过

300万元、从业人数不超过300人、资产总额不超过5 000万元等三个条件的企业。

(10) 对小型微利企业年应纳税所得额不超过100万元的部分，在减按25%计入应纳税所得额的基础上，再减半征收企业所得税。

(11) 自2022年1月1日至2024年12月31日，对小型微利企业年应纳税所得额超过100万元但不超过300万元的部分，减按25%计入应纳税所得额。

资料来源：根据网络资料整理。

阅读上述材料，讨论以下问题：假设红光公司是一家汽车零配件生产企业，公司资产总额为2 800万元，从业人数95人，年应纳税所得额为68万元。试通过计算红光公司在不同年份的所得税缴纳情况，探寻小型微利企业15年间所得税优惠政策的变化，分析税收政策在助企纾困、助力经济高质量发展、稳定社会大局等方面发挥的重要作用。

本章小结 ⊕ ⊕

企业所得税是以企业的生产经营所得和其他所得为计税依据而征收的一种所得税。它以所得额为课税对象，以应纳税所得额为计税依据，体现了量能负担的征税原则。

在我国境内，企业和其他取得收入的组织为企业所得税的纳税人。按照地域管辖权和居民管辖权相结合的标准，把企业分为居民企业和非居民企业，分别确定不同的纳税义务。

我国企业所得税采用的是比例税率，基本税率为25%。在中国境内未设立机构、场所的，或者虽设立机构、场所但取得的所得与其所设机构、场所没有实际联系的非居民企业，适用税率为20%，并对其实行源泉扣缴。

企业所得税的计税依据为应纳税所得额，为企业每一个纳税年度的收入总额，减除不征税收入、免税收入、各项扣除，以及允许弥补的以前年度亏损后的余额。确定税前扣除项目是企业所得税制度的核心内容之一，也是准确计算应纳税所得额的关键内容。

资产的税务处理，主要包括资产的分类、确认、计价、扣除和处置等方面的内容。

企业所得税以产业优惠为主，其税收优惠方式包括免税、减税、加计扣除、加速折旧、减计收入、税额抵免等。

居民企业应纳税所得额的计算一般有直接计算法和间接计算法两种。对居民企业来源于国外的所得征税时，采用了限额抵免法。

《企业所得税法》中建立了"特别纳税调整"制度，对企业的转让定价、预约定价安排、成本分摊协议、受控外国企业、资本弱化，以及一般反避税等特别纳税调整事项进行管理。

企业所得税的征收管理主要包括纳税期限和纳税申报，纳税地点，汇总、合并纳税及源泉扣缴。

练习题 ⊕ ⊕

1. 某食品生产企业为增值税一般纳税人，位于市区，某年发生以下业务。

(1) 销售自产食品，取得不含税销售收入5 000万元。

(2) 12月购进一批税控收款机的扫描器具，取得增值税专用发票，发票上注明价款为2万元，税金为0.26万元。

(3) 折扣销售一批食品给A代理商，在同一张增值税专用发票上注明销售额100万元、折扣额5万元；另外，销售给A代理商饮料24 000件，不含税售价每件360元。

(4) 将新研制的一批新饮料直接赠送给客户，成本价20万元，该新饮料无同类产品市场销售价格(已计入营业外支出)。

(5) 5月外购一批原材料，取得的增值税专用发票上注明价款200万元、增值税16万元，支付运输费8万元，取得增值税专用发票，因管理不善该批材料损失了20%；7月从小规模纳税人处购进一批材料，取得普通发票，价税合计6万元。

(6) 12月进口一套食品生产设备，关税完税价格80万元，进口关税税率为20%。

(7) 发生管理费用800万元，其中含当期列支的招待费50万元。

(8) 当年发生广告和业务宣传费100万元。

(9) 营业外支出中包括向银行贷款到期无力偿还，被银行加收罚息3万元；税款滞纳金1万元；环保部门的罚款1万元；税务机关核定的其他营业外支出额是16万元。

(10) 上年度超过税前扣除标准扣除的广告和业务宣传费是50万元。

(11) 税务机关核定的准予扣除的销售成本是1 800万元。

以上相关发票均已通过税务机关认证。

根据上述资料计算：①该企业进口环节应纳税金合计数额；②企业全年应缴纳的增值税；③企业全年收入总额；④企业税前准予扣除的管理费用；⑤企业税前准予扣除的销售费用；⑥企业税前准予扣除的营业外支出；⑦该企业应纳税所得额；⑧该企业应缴纳的企业所得税。

2. 某企业为国家鼓励类高新技术企业(非科技型中小企业)，本年度生产经营情况如下。

(1) 销售收入6 000万元，租金收入120万元。

(2) 销售成本4 000万元，缴纳增值税700万元，销售税金及附加76.6万元。

(3) 销售费用800万元，其中含广告费600万元。

(4) 管理费用600万元，其中含业务招待费100万元、研究新产品开发费用100万元。

(5) 财务费用100万元，其中含向其他企业借款500万元，并按利率10%支付利息(银行同期同类贷款利率6%)。

(6) 营业外支出50万元，其中含向供货商支付违约金10万元，向税务机关支付税款滞纳金2万元，通过公益性社会团体向贫困地区捐款10万元。

根据上述资料计算：①企业所得税前可以扣除的广告费用金额；②企业所得税前可以扣除的业务招待费金额；③企业所得税前可以扣除的财务费用；④企业所得税前可以扣除的捐赠；⑤该企业当年应纳税所得额；⑥该企业当年应缴纳的企业所得税。

3. 某国有生产企业某年度有关经营情况如下。

(1) 全年实现产品销售收入5 030万元，固定资产盘盈收入20万元，取得国家发行的国债利息收入20万元。

(2) 2019年度结转产品销售成本3 000万元。

(3) 缴纳增值税90万元，消费税110万元，城市维护建设税14万元，教育费附加6万元。

(4) 发生产品销售费用250万元，其中含广告费用150万元。

(5) 发生财务费用12万元，其中含因逾期归还银行贷款，支付银行罚息2万元。

(6) 发生管理费用802万元，其中含新产品研究开发费用90万元。

(7) 发生营业外支出70万元，其中含通过当地政府部门向农村某小学捐赠款20万元，因排污不当被环保部门罚款1万元。

(8) 全年已提取未使用的职工教育经费2万元。

(9) 上一年度未弥补亏损25万元。

根据上述资料，计算该企业当年应缴纳的企业所得税。

4. 某工业企业为增值税一般纳税人，适用增值税率为13%，某年销售收入4 000万元，当年的损益表中反映的会计利润为500万元，已预缴所得税125万元，某会计师事务所检查发现，以下几项内容需作纳税调整。

(1) 5月，盘亏原材料成本10万元，已经批准转作营业外支出，但企业未作处理(盘亏存货的财产损失，已经税务机关审批)。

(2) 6月，销售产品取得含税收入56.5万元(其成本为40万元，未结转)，但企业作暂收款入账。

(3) 销售费用中，广告费用650万元。

(4) 管理费用中，业务招待费支出20万元。

(5) 企业全年工资支出1 000万元，发生职工福利费160万元、职工教育经费20万元，拨缴工会经费15万元(取得专用收据)，党组织工作经费5万元。

根据上述资料计算：①允许扣除的三项经费及党组织工作经费金额；②可以延续扣除的广告费金额；③调整后的应纳税所得额；④当年应纳企业所得税额。

第七章
个人所得税法

/////// **本章导入**

　　个人所得税是世界各国普遍开征的税种，也是我国的主要税种之一，其纳税人众多，征缴面广。个人所得税涉及个人切身利益，新修正的《个人所得税法》关于费用扣除项目的扩展和申报方式的改革势必促使广大纳税人关注合理节税，参与纳税过程，强化纳税意识。个人所得税将国家税收与个人理财密切联系，准确掌握个人所得税理论与实务，具有极强的现实意义。

/////// **学习目标**

　　☑ 认知类目标：了解个人所得税的概念、产生发展及类型；熟悉个人所得税减免税和征收管理的相关规定；掌握个人所得税纳税义务人、税目和税率的相关规定；掌握个人所得税应纳税所得额的确定和应纳税额的计算。

　　☑ 价值类目标：了解我国个人所得税的改革历程和新个人所得税法修订的亮点，结合党的二十大报告，理解个人所得税对于调节收入分配公平、实现共同富裕的重要作用，培养学生的民生意识与人文精神。

　　☑ 方法类目标：掌握个人所得税计算的方法；能够通过图书馆或网络检索查询有关文献资料，关注国内外个人所得税的改革趋势，分析个人所得税改革的减税效应。

/////// **案例引入**

　　新《个人所得税法》于2019年1月1日正式实施。这次个税改革，通过提高基本减除费用标准、增加专项附加扣除、优化调整税率结构、扩大低档税率的级距等方式，减轻了纳税人的负担，使个人所得税税负水平更趋合理。老百姓税负具体有了哪些明显变化？个人收入能享受到多少红利呢？例如，李先生月薪为1.5万元/月(已扣除"三险一金")。企业在为李先生发放薪金时，原先应纳税所得额是1.15万元，适用税率为25%，应扣缴个人所得税税额1 870元。改革后，应纳税所得额为1万元，适用税率为10%，应扣缴个人所得税税额为790元。从上述计算中可以看出，适用新的免征额和税率后，李先生减税1 080元，减税幅度超过57%，体现出这次个税改革的"减税"红利。

第一节 个人所得税概述

一、个人所得税的概念

个人所得税是以自然人取得的各类应税所得为征税对象而征收的一种直接税，是政府利用税收对个人收入进行调节的一种手段，体现了国家与个人之间的分配关系。

个人所得税与企业(法人)所得税共同构成一个国家的所得税制。个人所得税的计税依据是个人的净所得，因而计税时以纳税人的收入或报酬扣除相关费用以后的余额为计税依据。相关费用包括维持纳税人自身及家庭生活、教育及医疗等需要的费用，以及与获取收入和报酬有关的经营费用。相关费用可具体分为：第一，维持个人和家庭基本生计的费用扣除；第二，与应税收入相对应的经营成本和费用；第三，为了体现特定社会政策而鼓励的支出，如慈善捐赠等。

二、个人所得税的特点

虽然世界各国普遍征收个人所得税，但由于各国政治、经济及征收管理等方面的不同，在具体制度设计上呈现出很多差异。我国个人所得税主要有以下特点。

（一）实行分类与综合相结合的所得税制

世界各国的个人所得税制大致可分为三种类型，即分类征收制、综合征收制和混合征收制。我国现行税法实行分类与综合相结合的混合征收制，对居民个人的四项劳动性所得实行综合征收，对其他所得按照不同的费用减除规定、不同的税率和不同的计税方法分类征税。该模式与我国目前公民纳税意识、税收征管能力等因素相适应，在调节个人收入差距方面具有重要作用。

（二）定额与定率相结合的费用扣除法

个人所得税的计税依据是净所得，各个国家的个人所得税制均有费用扣除的规定，但扣除的方法及额度不尽相同。我国本着费用扣除从宽、从简的原则，采用费用定额扣除和定率扣除两种方法。

（三）累进税率与比例税率并用

比例税率计算简便，便于实行源泉扣缴；累进税率可以合理调节收入分配，体现公平。在我国现行的个人所得税制中，根据各类所得的不同性质和特点，综合适用这两种税率形式。其中，对居民的综合所得、经营所得及非居民的四项劳动性所得，采用累进税率，实行量能负担；对纳税人的财产租赁所得、利息股息红利所得及偶然所得，采用比例税率，实行等比例负担。

（四）采取源泉扣缴和自行申报两种征纳方法

我国现行税法中，对纳税人应纳税额的征收管理分别采取由支付单位源泉扣缴和纳税人自行申报两种方法。凡是可以在应税所得的支付环节扣缴个人所得税的，均由支付人履行代扣代缴义务；对于取得综合所得需要办理汇算清缴、取得经营所得没有扣缴义务人、扣缴义务人应扣未扣缴税款、取得境外所得、因移居境外注销中国户籍、非居民个人在中国境内从两处以上取得工资薪金所得等情形，由纳税人自行申报纳税。

三、个人所得税的作用

（一）调节收入分配，体现社会公平

党的二十大报告指出，中国式现代化是全体人民共同富裕的现代化。共同富裕是中国特色社会主义的本质要求，是中国式现代化的重要特征。但就目前而言，我国距离真正实现共同富裕还有一定的距离，缩小城乡差距、地区差距和收入差距是共同富裕的三大关键问题。征收个人所得税，本着公平税负的原则，能够把高收入者的一部分收入转化为国家所有，这在客观上有利于缓和社会分配不公的矛盾。个人所得税制度对调节收入分配有着至关重要的作用，成为促进共同富裕的重要手段。

（二）调节经济活动，促进经济的稳定增长

个人所得税实行的累进税率，具有"内在稳定器"功能。"内在稳定"是现代所得税制度对经济变动的弹性反应。当经济处于繁荣时期，个人收入增加，个人所得税税基扩大，应纳税所得额自动进入较高边际税率，税负自动增长，社会总需求自动随之减少，对经济发展和通货膨胀起到自动抑制作用；当经济处于萧条时期，个人所得税税基缩小，应纳税所得额自动退回较低边际税率，税收收入自然减少，会削弱经济衰退的压力，有利于维持经济总需求的规模。不仅如此，政府还可以通过提高或降低个人所得税税率、拓宽或削减其税基等方式，增加或减少个人所得税收入，有意识地对经济施加影响。

（三）组织国家财政收入

一些主要的西方发达国家都实行以所得税为主体的税制，个人所得税的规模和比重均比较大。就我国目前情况看，由于个人总体收入水平不高，个人所得税收入还十分有限。但随着经济的不断发展、个人所得税制的日益健全、征管力度的加大及纳税人纳税意识的不断增强，个人所得税作为我国收入潜力最大的税种，在筹集财政收入方面必将发挥越来越重要的作用。

知识拓展：2007—2022年我国个人所得税收入情况表

四、个人所得税的发展历程

个人所得税于1799年在英国首创以来，世界各国相继仿效，开征了此税种。目前，世界上开征了个人所得税的国家和地区已有140多个。"二战"后，西方发达国家个人所得税发展较快，增速长期稳居各税之首，其收入数额占税收总额的比例多数都在30%以上，甚至在某些国家的个别年份高达40%以上。相对来说，发展中国家的个人所得税所占比重较低，大多数国家都在10%以下。

知识拓展：英国个人所得税发展史

我国对个人所得的征税，最早可追溯到民国时期，当时曾正式开征过薪给报酬所得税等税种。中华人民共和国成立后至党的十一届三中全会前的这段时间长期实行的是低工资制度，居民工薪收入低，而且居民除了工薪之外，也很少有其他来源的收入，因此极少有人能达到征税

标准，故一直没有实际开征过个人所得税类的税种。十一届三中全会以后，我国实行对外开放、对内搞活政策，在国民收入普遍增加的情况下，于1980年9月制定并公布了《个人所得税法》。在此基础上经1993年10月、1999年8月、2005年10月、2007年6月和12月、2011年6月、2018年8月等七次修订，形成了我国现行个人所得税基本制度规范。

自2019年1月1日起施行的《个人所得税法》及其实施条例等制度，主要就居民纳税人认定标准、所得分类、费用减除额、专项附加扣除、反避税规则、预扣预缴及年度汇算清缴等内容进行了调整或首次规定，是第七次个人所得税法改革的突出亮点。本次个人所得税法的修订，广泛、公开征求了纳税人意见，适应了我国经济社会发展新形势的需要，同时借鉴了税制发达国家的先进经验，一定程度上转变了税制类型，是历次个人所得税法修法中变革最大的一次。

视频：个人所得税改革变迁史

第二节　纳税义务人、征税范围和税率

一、个人所得税的纳税人

个人所得税的纳税人是指在税法上负有纳税义务的个人。纳税人依据住所和居住时间两个标准，区分为居民和非居民，分别承担不同的纳税义务。

（一）居民纳税人及其纳税义务

1. 居民纳税人的判定

根据《个人所得税法》的规定，凡符合下列条件之一的，为居民纳税人。

(1) 在中国境内有住所的个人。《个人所得税法》所称在中国境内有住所，是指因户籍、家庭、经济利益关系而在中国境内习惯性居住。

【提示】习惯性居住，是指个人因学习、工作、探亲等原因消除之后，没有理由在其他地方继续居留时所要回到的地方，而不是指实际居住地或在某一个特定时期内的居住地。

在税收意义上，习惯性居住是判定纳税人是居民或非居民的一个法律意义上的标准。如个人因学习、工作、探亲、旅游等原因而在中国境外居住，这些原因消除之后，必须回到中国境内居住的，那么，中国就是该人的习惯性居住地。对居民的确定，加上"住所"的条件，可以将因公或其他原因到境外工作的人员纳入征税范围，堵塞了征收漏洞，也符合国际惯例。

(2) 在中国境内无住所而在境内居住累计满183天的个人。所谓在境内居住累计满183天，是指在一个纳税年度(即公历1月1日起至12月31日止)内，在中国境内居住累计满183天。

【提示】境内居住天数是将一个纳税年度内在中国境内所居住的天数累加的总天数，包括断续居住天数和连续居住天数。

例如，某外籍人员2023年3月起到中国境内的公司任职，在2023纳税年度内，曾多次离境回国，向其总公司述职和探亲，但其在中国境内居住天数累计达到183天，因此，该外籍人员应为居民纳税人。

【例7-1　单选题】根据个人所得税法律制度的规定，在中国境内无住所但取得所得的下列外籍个人中，属于居民纳税人的是(　　)。

A. M国甲，在中国境内工作6个月

B. N国乙，2009年1月10日入境，2009年10月10日离境

C. X国丙，2008年10月1日入境，2009年12月31日离境，其间临时离境28天

D. Y国丁，2009年3月1日入境，2010年3月1日离境，其间临时离境100天

【解析】正确答案为C。选项ABD：在1个纳税年度内，在中国居住时间不满365日。选项C：在1个纳税年度内，在中国境内居住满365日，且临时离境仅28天，可以不扣减其在中国境内居住天数。

2. 居民纳税人的纳税义务

按照国际惯例，居民纳税人负有无限纳税义务。因此，我国税法规定，凡是居民纳税人，其所取得的应纳税所得，无论是来源于中国境内还是中国境外的任何地方，都要在中国境内缴纳个人所得税，即对居民纳税人取得来源于全世界范围的所得实施征税权。

在中国境内无住所的个人，在中国境内居住累计满183天的年度连续不满6年的，经向主管税务机关备案，其来源于中国境外且由境外单位或者个人支付的所得，免予缴纳个人所得税；在中国境内居住累计满183天的任一年度中有一次离境超过30天的，其在中国境内居住累计满183天的年度的连续年限重新起算。

知识拓展：居民纳税人判定标准的国际惯例

（二）非居民纳税人及其纳税义务

1. 非居民纳税人的判定

非居民纳税人，是指不符合居民纳税人判定标准（条件）的纳税人。根据《个人所得税法》的规定，凡符合下列条件之一的均属于非居民纳税人。

(1) 在中国境内无住所又不居住，但有来源于中国境内所得的个人。

(2) 在中国境内无住所，并且在一个纳税年度内在中国境内居住累计不满183天的个人。

2. 非居民纳税人的纳税义务

非居民仅负有限纳税义务，即仅就来源于中国境内的所得纳税。

在中国境内无住所的个人，在一个纳税年度内在中国境内居住累计不超过90天的，其来源于中国境内的所得，由境外雇主支付并且不由该雇主在中国境内的机构、场所负担的部分，免予缴纳个人所得税。

（三）扣缴义务人

我国个人所得税实行代扣代缴和个人自行申报纳税相结合的征收管理制度。个人所得税采取代扣代缴办法，有利于从源泉控制税源，保证税收收入，简化征纳手续，加强个人所得税管理。税法规定，凡支付应纳税所得的单位或个人，都是个人所得税的扣缴义务人。扣缴义务人在向纳税人支付各项应纳税所得（生产、经营所得除外）时，必须履行代扣代缴税款的义务。

视频：个人所得税纳税人

二、所得来源地的确定

判断所得来源地，是确定该项所得是否应该征收个人所得税的重要依据。尤其对于非居民纳税人而言，由于只就其来源于中国境内的所得征税，因此判断其所得来源地就显得十分重要。

【提示】所得的来源地与所得的支付地并不是同一概念，有时两者是一致的，有时却是不相同的。

除国务院财政、税务主管部门另有规定外，下列所得，不论支付地点是否在中国境内，均为来源于中国境内的所得：

(1) 因任职、受雇、履约等在中国境内提供劳务取得的所得；

(2) 将财产出租给承租人在中国境内使用而取得的所得；

(3) 许可各种特许权在中国境内使用而取得的所得；

(4) 转让中国境内的不动产等财产或者在中国境内转让其他财产取得的所得；

(5) 从中国境内企业、事业单位、其他组织及居民个人取得的利息、股息、红利所得。

三、征税范围

个人所得税的征税对象是个人取得的应税所得。按应税所得的来源划分，现行个人所得税列举征税的个人所得共有9项。

知识拓展：工资和薪金的区别

(一) 工资、薪金所得

工资、薪金所得，是指个人因任职或者受雇而取得的工资、薪金、奖金、年终加薪、劳动分红、津贴、补贴，以及任职或者受雇有关的其他所得。

(1) 一般来说，工资、薪金所得属于非独立个人劳动所得。所谓非独立个人劳动，是指个人所从事的是由他人指定、安排并接受管理的劳动，工作或服务于公司、工厂、行政、事业单位的人员(私营企业主除外)均为非独立劳动者。他们从上述单位取得的劳动报酬，是以工资、薪金的形式体现的。

知识拓展：误餐费的规定

(2) 除工资、薪金以外，奖金、年终加薪、劳动分红、津贴、补贴也被确定为工资、薪金范畴。根据我国目前个人收入的构成情况，规定对于一些不属于工资、薪金性质的收入，不予征税。例如，个人按规定标准取得独生子女补贴和托儿补助费、差旅费津贴和误餐费。

知识拓展：关于工资、薪金所得的特殊规定

【提示】一些单位以误餐费名义发给职工的补贴、津贴，应当并入当月"工资、薪金所得"计征个人所得税。

(二) 劳务报酬所得

劳务报酬所得，指个人从事各种劳务所取得的所得，包括从事设计、装潢、安装、制图、化验、测试、法律、咨询、讲学、新闻、广播、翻译、审稿、书画、雕刻、影视、录音、录像、演出、表演、广告、展览、技术服务、介绍服务、经纪服务、代办服务和其他劳务取得的所得。

知识拓展：劳务报酬所得的内容

【提示】是否存在雇佣与被雇佣关系，是判断一种收入属于劳务报酬所得，还是属于工资、薪金所得的重要标准。

劳务报酬所得是个人独立从事某种技艺，独立提供某种劳务而取得的所得；工资、薪金所得则是个人从事非独立劳动，从所在单位领取的报酬。后者存在雇佣与被雇佣的关系，而前者则不存在这种关系。如果从事某项劳务活动取得的报酬是以工资、薪金形式体现的，如演员从剧团领取工资、教师从学校领取工资，就属于"工资、薪金所得"项目。如果从事某项劳务活动取得的报酬不是来自聘用、雇佣或工作的单位，如演员自己"走穴"演出取得的报酬，教师自行举办学习班、培训班取得的办班收入或课酬收入，就属于劳务报酬所得的范围。

知识拓展：关于劳务报酬所得的特殊规定

知识拓展：报刊、杂志、出版等单位的职员在本单位的刊物上发表作品、出版图书取得所得征税的问题

(三)稿酬所得

稿酬所得,是指个人因其作品以图书、报刊等形式出版、发表而取得的所得。将稿酬所得独立划归一个征税项目,而对不以图书、报刊形式出版、发表的翻译、审稿、书画所得归为劳务报酬所得,主要是考虑了出版、发表作品的特殊性。

【例7-2 单选题】根据个人所得税法律制度的规定,下列从事非雇佣劳动取得的收入中,应按"稿酬所得"税目缴纳个人所得税的是( )。

A. 审稿收入 B. 翻译收入

C. 题字收入 D. 出版作品收入

【解析】正确答案为D。选项A、B、C为劳务报酬所得。

知识拓展:关于特许权使用费所得的特殊规定

(四)特许权使用费所得

特许权使用费所得,是指个人提供专利权、商标权、著作权、非专利技术及其他特许权的使用权取得的所得。

【提示】我国没有开征资本利得税,故对个人提供和转让专利权取得的所得都按"特许权使用费所得"项目征税。

【例7-3 多选题】根据个人所得税法律制度的规定,下列个人所得中,应按"劳务报酬所得"项目征收个人所得税的有( )。

A. 某大学教授从甲企业取得的咨询费

B. 某公司高管从乙大学取得的讲课费

C. 某设计院设计师从丙家装修公司取得的设计费

D. 某编剧从丁电视剧制作单位取得的剧本使用费

【解析】正确答案为ABC。选项D为特许权使用费所得。

(五)经营所得

经营所得,具体包括如下几方面。

(1) 个体工商户从事生产、经营活动取得的所得,个人独资企业投资人、合伙企业的个人合伙人来源于境内注册的个人独资企业、合伙企业生产、经营的所得。

(2) 个人依法从事办学、医疗、咨询及其他有偿服务活动取得的所得。

(3) 个人对企业、事业单位承包经营、承租经营及转包、转租取得的所得。

(4) 个人从事其他生产、经营活动取得的所得。

(六)利息、股息、红利所得

利息、股息、红利所得,是指个人拥有债权、股权等而取得的利息、股息、红利所得。利息一般是指存款、贷款和债券的利息。股息、红利,指个人拥有股权取得公司、企业的派息分红;按照一定的比率对每股发给的息金叫股息;公司、企业应分配的利润按股份分配的叫红利。

除个人独资企业、合伙企业以外的其他企业的个人投资者,以企业资金为本人、家庭成员及其相关人员支付与企业生产经营无关的消费性支出及购买汽车、住房等财产性支出,或从其投资企业借款,在该纳税年度终了后既不归还又未用于企业生产经营的,视为企业对个人投资者的红利分配,依照"利息、股息、红利所得"项目计征个人所得税。企业的上述支出不允许在所得税前扣除。

（七）财产租赁所得

财产租赁所得，是指个人出租不动产、机器设备、车船及其他财产取得的所得。个人取得的财产转租收入，属于"财产租赁所得"的征税范围。

（八）财产转让所得

财产转让所得，是指个人转让有价证券、股权、合伙企业中的财产份额、不动产、机器设备、车船及其他财产取得的所得。对个人取得的各项财产转让所得，除股票转让所得外，都要征收个人所得税。

知识拓展：关于财产转让所得的特殊规定

（九）偶然所得

偶然所得，是指个人得奖、中奖、中彩及其他偶然性质的所得。得奖是指参加各种有奖竞赛活动，取得名次得到的奖金；中奖、中彩是指参加各种有奖活动，如有奖销售、有奖储蓄，或者购买彩票，经过规定程序，抽中、摇中号码而取得的奖金。

【提示】偶然所得应缴纳的个人所得税税款，一律由发奖单位或机构代扣代缴。

个人取得的所得，难以界定应纳税所得项目的，由国务院税务主管部门确定。

四、个人所得税的税率

《个人所得税法》针对不同所得项目，规定了超额累进税率和比例税率两种形式。

视频：个人所得税征税对象

（一）超额累进税率

超额累进税率适用于综合所得和经营所得。

(1) 综合所得，适用3%～45%的七级超额累进税率。具体税率如表7-1所示。

【提示】居民个人取得工资、薪金所得，劳务报酬所得，稿酬所得和特许权使用费所得为综合所得，按纳税年度合并计算个人所得税。

表7-1　个人所得税税率表(综合所得适用)

级数	全年应纳税所得额	税率/%	速算扣除数
1	不超过 36 000 元的	3	0
2	超过 36 000 元至 144 000 元的部分	10	2520
3	超过 144 000 元至 300 000 元的部分	20	16 920
4	超过 300 000 元至 420 000 元的部分	25	31 920
5	超过 420 000 元至 660 000 元的部分	30	52 920
6	超过 660 000 元至 960 000 元的部分	35	85 920
7	超过 960 000 元的部分	45	181 920

注：①本表所称全年应纳税所得额是指依照税法规定，居民个人取得综合所得以每一纳税年度收入额减除费用6万元以及专项扣除、专项附加扣除和依法确定的其他扣除后的余额。②非居民个人取得工资、薪金所得，劳务报酬所得，稿酬所得和特许权使用费所得，依照本表按月换算后计算应纳税额。

(2) 经营所得，适用3%～45%的五级超额累进税率。具体税率如表7-2所示。

表7-2　个人所得税税率表(经营所得适用)

级数	全年应纳税所得额	税率/%	速算扣除数
1	不超过 30 000 元的	5	0
2	超过 30 000 元至 90 000 元的部分	10	1 500
3	超过 90 000 元至 300 000 元的部分	20	10 500
4	超过 300 000 元至 500 000 元的部分	30	40 500
5	超过 500 000 元的部分	35	65 500

注：本表所称全年应纳税所得额是指依照税法规定，以每一纳税年度的收入总额减除成本、费用以及损失后的余额。

(二) 比例税率

利息、股息、红利所得，财产租赁所得，财产转让所得和偶然所得依照税法规定分别计算个人所得税，适用20%的比例税率。

第三节　应纳税所得额的确定

个人所得税的计税依据是纳税人取得的应纳税所得额。应纳税所得额为个人取得的各项收入减去税法规定的费用减除标准后的余额。由于个人所得税的应税项目不同，取得某项所得所需费用也不相同，因此，需按不同应税项目分项计算。

一、各项目应纳税所得额确定的具体规定

(一) 综合所得

居民个人的综合所得，按年征税，以每一纳税年度的收入额减除费用6万元以及专项扣除、专项附加扣除和依法确定的其他扣除后的余额，为应纳税所得额。计算公式为

应纳税所得额＝年应税收入额－费用6万元－专项扣除－专项附加扣除－其他扣除

1. 年应税收入额的确定

综合所得，包括工资、薪金所得，劳务报酬所得，稿酬所得，特许权使用费所得四项。其中，劳务报酬所得、稿酬所得、特许权使用费所得以收入减除20%的费用后的余额为收入额。稿酬所得的收入额减按70%计算。即

年应税收入额＝工资、薪金收入＋(劳务报酬收入＋特许权使用费收入)×(1－20%)
　　　　　　　＋稿酬收入×(1－20%)×70%

【例7-4】王某为中国居民。某年度全年工资收入为120 000元，领取劳务报酬收入36 000元、稿酬收入24 000元和特许权使用费收入48 000元。假定无专项扣除、专项附加扣除和其他扣除项目。请计算王某年度综合所得的应纳税所得额。

【解析】应纳税所得额＝[120 000＋(36 000＋48 000)×(1－20%)＋24 000×(1－20%)×70%]
　　　　　　　　　　　－60 000
　　　　　　　　　　　＝140 640(元)

2. 专项扣除

专项扣除的范围，包括居民个人按照国家规定的范围和标准缴纳的基本养老保险、基本医

疗保险、失业保险等社会保险费和住房公积金等，即通常所称的"三险一金"。

3. 专项附加扣除

专项附加扣除的范围，包括子女教育、继续教育、大病医疗、住房贷款利息或者住房租金、赡养老人和婴幼儿照护等7项支出。具体规定如下：

(1) 子女教育。纳税人的子女接受全日制学历教育的相关支出，按照每个子女每月2 000元的标准定额扣除。学历教育包括义务教育(小学、初中教育)、高中阶段教育(普通高中、中等职业、技工教育)、高等教育(大学专科、大学本科、硕士研究生、博士研究生教育)。年满3岁至小学入学前处于学前教育阶段的子女，比照执行。

【提示】父母可以选择由其中一方按扣除标准的100%扣除，也可以选择由双方分别按扣除标准的50%扣除，具体扣除方式在一个纳税年度内不能变更。

【提示】纳税人子女在中国境外接受教育的，纳税人应当留存境外学校录取通知书、留学签证等相关教育的证明资料备查。

(2) 继续教育。纳税人在中国境内接受学历(学位)继续教育的支出，在学历(学位)教育期间按照每月400元定额扣除。同一学历(学位)继续教育的扣除期限不能超过48个月。纳税人接受技能人员职业资格继续教育、专业技术人员职业资格继续教育的支出，在取得相关证书的当年，按照3 600元定额扣除。

【提示】个人接受本科及以下学历(学位)继续教育，符合规定扣除条件的，可以选择由其父母扣除，也可以选择由本人扣除。

(3) 大病医疗。在一个纳税年度内，纳税人发生的与基本医保相关的医药费用支出，扣除医保报销后个人负担(指医保目录范围内的自付部分)累计超过15 000元的部分，由纳税人在办理年度汇算清缴时，在80 000元限额内据实扣除。

视频：个人所得税——继续教育、子女教育

【提示】纳税人发生的医药费用支出可以选择由本人或者其配偶扣除；未成年子女发生的医药费用支出可以选择由其父母一方扣除。纳税人及其配偶、未成年子女发生的医药费用支出，分别计算扣除额。

(4) 住房贷款利息。纳税人本人或者配偶单独或者共同使用商业银行或者住房公积金个人住房贷款为本人或者其配偶购买中国境内住房，发生的首套住房贷款利息支出，在实际发生贷款利息的年度，按照每月1 000元的标准定额扣除，扣除期限最长不超过240个月。

【提示】纳税人只能享受一次首套住房贷款的利息扣除。

首套住房贷款是指购买住房享受首套住房贷款利率的住房贷款。经夫妻双方约定，可以选择由其中一方扣除，具体扣除方式在一个纳税年度内不能变更。

夫妻双方婚前分别购买住房发生的首套住房贷款，其贷款利息支出，婚后可以选择其中一套购买的住房，由购买方按扣除标准的100%扣除，也可以由夫妻双方对各自购买的住房分别按扣除标准的50%扣除，具体扣除方式在一个纳税年度内不能变更。

(5) 住房租金。纳税人在主要工作城市没有自有住房而发生的住房租金支出，可以按照规定标准定额扣除。

① 直辖市、省会(首府)城市、计划单列市，以及国务院确定的其他城市，扣除标准为每月1500元。

② 除第一项所列城市以外，市辖区户籍人口超过100万的城市，扣除标准为每月1 100元；市辖区户籍人口不超过100万的城市，扣除标准为每月800元。

【提示】纳税人的配偶在纳税人的主要工作城市有自有住房的，视同纳税人在主要工作城市有自有住房。夫妻双方主要工作城市相同的，只能由一方扣除住房租金支出。

【提示】纳税人及其配偶在一个纳税年度内不能同时分别享受住房贷款利息和住房租金专项附加扣除。

视频：个人所得税——租房租金支出、住房贷款利息支出

(6) 赡养老人。纳税人赡养一位及以上被赡养人的赡养支出，统一按照以下标准定额扣除：

① 纳税人为独生子女的，按照每月3 000元的标准定额扣除；

② 纳税人为非独生子女的，由其与兄弟姐妹分摊每月3 000元的扣除额度，每人分摊的额度不能超过每月1 500元。扣除额度可以由赡养人均摊或者约定分摊，也可以由被赡养人指定分摊。

知识拓展：被赡养人的规定

(7) 婴幼儿照护费用。为优化我国生育政策促进人口长期均衡发展，自2022年1月1日起，纳税人照护3岁以下婴幼儿子女的相关支出，在计算缴纳个人所得税前按照每名婴幼儿每月2 000元的标准定额扣除。具体扣除方式上，可选择由夫妻一方按扣除标准的100%扣除，也可选择由夫妻双方分别按扣除标准的50%扣除。

【提示】扣除时间为婴幼儿出生的当月至年满3周岁的前一个月。

视频：个人所得税——大病医疗支出、赡养老人

4. 其他扣除

其他扣除包括个人缴付符合国家规定的企业年金、职业年金，个人购买符合国家规定的商业健康保险、税收递延型商业养老保险的支出，以及国务院规定可以扣除的其他项目。

知识拓展：婴幼儿照护费用纳入个税专项附加扣除

（二）非居民个人应纳税所得额的确定

非居民个人取得工资、薪金所得，劳务报酬所得，稿酬所得和特许权使用费所得，按月或者按次分项计算个人所得税，不实行综合征收。

工资、薪金所得以每月收入额减除费用5 000元后的余额为应纳税所得额。

劳务报酬所得、稿酬所得、特许权使用费所得，以每次收入额为应纳税所得额，以收入减除20%的费用后的余额为收入额，其中稿酬所得的收入额减按70%计算。

知识拓展：商业健康保险个人所得税政策

（三）经营所得

经营所得，实行按年计征，以每一纳税年度的收入总额减除成本、费用及损失后的余额，为应纳税所得额。

所称成本、费用，是指生产、经营活动中发生的各项直接支出和分配计入成本的间接费用，以及销售费用、管理费用、财务费用；所称损失，是指生产、经营活动中发生的固定资产和存货的盘亏、毁损、报废损失，转让财产损失，坏账损失，自然灾害等不可抗力因素造成的损失及其他损失。所称税金，是指在生产经营活动中发生的除个人所得税和允许抵扣的增值税以外的各项税金及其附加。

知识拓展：个人税收递延型商业养老保险

取得经营所得的个人，没有综合所得的，计算其每一纳税年度的应纳税所得额时，应当减除费用6万元、专项扣除、专项附加扣除及依法确定的其他扣除。

【提示】经营所得的纳税人是个体工商户业主、个人独资企业投资人和合伙企业的个人合伙人，个体工商户、个人独资企业和合伙企业本身是上述投资者借以开展经营活动的载体，不直接是个人所得税纳税人。

【提示】个体工商户、个人独资和合伙企业本身是一个经营机构，计税时应先以该经营机构的收入总额减去成本、费用、损失等，其余额为经营机构层面的应税所得，这是一项税前所得。

（四）财产租赁所得

每次收入不超过4 000元的，减除费用800元；4 000元以上的，减除20%的费用，其余额为应纳税所得额。

个人出租财产取得的财产租赁收入，在计算缴纳个人所得税时，应依次扣除以下费用：

(1) 财产租赁过程中缴纳的税费；

(2) 由纳税人负担的该出租财产实际开支的修缮费用；

(3) 税法规定的费用扣除标准。

【提示】纳税人在出租财产过程中缴纳的税金和教育费附加，可持完税(缴款)凭证，从其财产租赁收入中扣除。

【提示】能提供有效、准确凭证和证明的修缮费用支出，准予扣除。允许扣除的修缮费用，以每次800元为限。一次扣除不完的，准予在下一次继续扣除，直到扣完为止。

应纳税所得额的计算公式如下。

每次(月)收入不超过4 000元的：

应纳税所得额＝每次(月)收入额－准予扣除项目－修缮费用(800元为限)－800元

每次(月)收入超过4 000元的：

应纳税所得额＝[每次(月)收入额－准予扣除项目－修缮费用(800元为限)]×(1－20%)

（五）财产转让所得

以转让财产的收入额减除财产原值和合理费用后的余额，为应纳税所得额。合理费用，是指卖出财产时按照规定支付的有关税费。财产转让所得的应纳税所得额的具体确定方法如下。

(1) 有价证券，为买入价及买入时按照规定缴纳的有关费用。

(2) 建筑物，为建造费或购进价格及其他有关费用。

(3) 土地使用权，为取得土地使用权所支付的金额，开发土地的费用及其他有关费用。

(4) 机器设备、车船，为购进价格、运输费、安装费及其他有关费用。

(5) 其他财产，参照以上方法确定。

(6) 纳税义务人未提供完整、准确的财产原值凭证的，不能正确计算财产原值的，由主管税务机关核定其财产原值。

（六）利息、股息、红利所得和偶然所得

利息、股息、红利所得和偶然所得以每次收入额为应纳税所得额。

二、每次收入的确定

《个人所得税法》对纳税义务人的征税方法有三种：一是按年计征，如经营所得，居民个

人取得的综合所得；二是按月计征，如非居民个人取得的工资、薪金所得；三是按次计征，如利息、股息、红利所得，财产租赁所得，偶然所得，非居民个人取得的劳务报酬所得、稿酬所得、特许权使用费所得。在按次征收的情况下，每次收入的确定可能影响费用扣除数额或者适用的税率，从而影响税额的正确计算。因此，如何准确划分"次"是十分重要的，具体规定如下。

(1) 财产租赁所得，以一个月内取得的收入为一次。

(2) 利息、股息、红利所得，以支付利息、股息、红利时取得的收入为一次。

(3) 偶然所得，以每次取得该项收入为一次。

(4) 非居民个人取得的劳务报酬所得、稿酬所得、特许权使用费所得分为以下两种：

① 属于一次性收入的，以取得该项收入为一次。劳务报酬以完成一次劳务后取得的收入为一次；稿酬以每次出版、发表取得的收入为一次；特许权使用费以某项使用权的一次转让所取得的收入为一次。

【例7-5　多选题】下列关于每次稿酬收入确定的说法中，正确的是(　　)。

A. 同一作品先在报刊上连载，然后再出版，应合并为一次稿酬所得征税

B. 同一作品在报刊上连载取得的收入，以连载完成后取得的所有收入合并为一次计征个人所得税

C. 同一作品再版取得的所得，应视为另一次稿酬所得计征个人所得税

D. 同一作品在出版和发表时，因添加印数而追加稿酬的，应与以前出版、发表时取得的稿酬合并计算为一次计征个人所得税

【解析】正确答案为BCD。选项A：同一作品先在报刊上连载，然后再出版，应视为两次稿酬所得征税，即连载作为一次，出版作为另一次。

② 属于同一事项连续取得收入的，以1个月内取得的收入为一次。例如，外籍语言教师杰森与境内某培训机构签约，杰森在一年内每天晚上八点到十点通过互联网在线视频对培训机构的学员进行语音教学一次，每次报酬为1 000元。在计算杰森的劳务报酬所得时，应视为同一事项的连续性收入，以其1个月内取得的收入为一次计征个人所得税，而不能以每天或每年的收入为一次计税。

三、个人捐赠扣除的规定

个人将其所得通过中国境内的公益性社会组织、国家机关对教育、扶贫、济困等公益慈善事业进行捐赠，捐赠额未超过纳税人申报的应纳税所得额30%的部分，可以从其应纳税所得额中扣除；国务院规定对公益慈善事业捐赠实行全额税前扣除的，从其规定。

知识拓展：允许全额税前扣除的公益慈善捐赠

第四节　应纳税额的计算

依照税法规定的适用税率和费用扣除标准，下面分别介绍各所得项目应纳所得税额的计算方法。

一、居民综合所得应纳税额的计算

(一)应纳税额的计算

按照我国税法规定，居民综合所得实行按年汇总计征的办法。综合所得应纳税额的计算公式为

应纳税额＝应纳税所得额×适用税率－速算扣除数

＝(每一纳税年度的收入额－费用6万元－专项扣除－专项附加扣除

－依法确定的其他扣除)×适用税率－速算扣除数

【例7-6】张某是国内某高校教师，某年度年收入情况如下：在单位工作每月取得工资、薪金15 000元，每月按照国家规定的范围和标准缴纳"三险一金"3 200元，享受子女教育、赡养老人、住房贷款利息等专项附加扣除每月4 500元。此外，张某还担任某上市公司独立董事，全年取得劳务报酬100 000万元；发表专著获取稿酬70 000元。请计算张某该年度应纳个人所得税额。

【解析】全年应纳税所得额＝15 000×12＋100 000×(1－20%)＋70 000×(1－20%)×70%

－60 000－3 200×12－4 500×12

＝146 800(元)

全年应纳税额＝146 800×20%－16 920＝12 440(元)

(二)预扣预缴税额的计算

1. 预扣预缴税额的含义

自2019年1月1日起施行的《国家税务总局关于全面实施新个人所得税法若干征管衔接问题的公告》(国家税务总局公告2018年第56号)明确了扣缴义务人对居民个人工资、薪金所得，劳务报酬所得，稿酬所得和特许权使用费所得预扣预缴个人所得税的计算方法。

【提示】新个人所得税法实施后，扣缴单位扣缴工资、薪金所得，劳务报酬所得，稿酬所得的税款从原来的代扣代缴变成了预扣预缴。

为什么称之为"预扣预缴"？居民个人取得综合所得，按年计算个人所得税。年度中间支付单位作为扣缴义务人所扣缴的税款，只是按照某种方法预先计算扣缴税款，即按月或者按次预扣预缴税款。年度终了时，再根据个人全年取得的总综合所得收入、专项附加扣除等扣除项目金额，计算其应纳税款。对日常多预缴的税款，年度终了纳税人办理汇算清缴申报、申请退税，税务机关将及时、足额退还。

【提示】年度预扣预缴税额与年度应纳税额不一致的，由居民个人于次年3月1日至6月30日向主管税务机关办理综合所得年度汇算清缴，税款多退少补。

2. 工资、薪金所得预扣预缴税额的计算方法——累计预扣法

对工资、薪金所得预扣预缴税额的计算采用累计预扣法。累计预扣法，是指扣缴义务人在一个纳税年度内，以截至当前月份累计支付的工资、薪金所得收入额减除累计基本减除费用、累计专项扣除、累计专项附加扣除和依法确定的累计其他扣除后的余额为预缴应纳税所得额，对照综合所得税率表，计算出累计应预扣预缴税额，减除已预扣预缴税额后的余额，确定本期应预扣预缴税额的一种方法。

采用累计预扣法，一方面对于大部分只有一处工资、薪金所得的纳税人来说，纳税年度终

了时预扣预缴的税款基本上等于年度应纳税款，无须再办理自行纳税申报、汇算清缴；另一方面，对需要补、退税的纳税人来说，预扣预缴的税款与年度应纳税款差额相对较小，不会占用纳税人过多资金。对于每个月工资、薪金收入比较均衡的人来说，采用累计预扣法影响并不大。但对于那些收入波动大，忽高忽低的个人来说，确实能起到节税的效果。因为综合所得是按年纳税，累计预扣法不会出现以前某个月收入高但整体收入低存在多扣税的情形，很好地均衡了收入波动情况，并减少预扣预缴跟年末汇算清缴之间的差异。

扣缴义务人向居民个人支付工资、薪金所得时，应当按照累计预扣法计算预扣税款，并按月办理全员全额扣缴申报。具体计算公式为

本期应预扣预缴税额＝(累计预扣预缴应纳税所得额×预扣率－速算扣除数)－累计减免税额
　　　　　　　　　－累计已预扣预缴税额

累计预扣预缴应纳税所得额＝累计收入－累计免税收入－累计减除费用－累计专项扣除
　　　　　　　　　－累计专项附加扣除－累计依法确定的其他扣除

其中：累计减除费用，按照5 000元/月乘以纳税人当年截至本月在本单位的任职受雇月份数计算。

上述公式中，计算居民个人工资、薪金所得预扣预缴税额的预扣率、速算扣除数，按《个人所得税预扣率表一》(见表7-3)执行。

【提示】如果计算本月应预扣预缴税额为负值时，暂不退税。纳税年度终了后余额仍为负值时，由纳税人通过办理综合所得年度汇算清缴，税款多退少补。

【提示】专项附加扣除项目中的子女教育、赡养老人、住房贷款利息、住房租金、继续教育费用可以通过预扣预缴扣除，而大病医疗及不愿意将专项附加扣除信息报送给任职受雇单位的，没有工资、薪金所得但有劳务报酬、稿酬、特许权使用费所得的，纳税年度内未足额享受专项附加扣除等情形的，只能通过汇总计税即汇算清缴时予以扣除。

表7-3　个人所得税预扣率表一

级数	累计预扣预缴应纳税所得额	预扣率/%	速算扣除数
1	不超过 36 000 元的	3	0
2	超过 36 000 元至 144 000 元的部分	10	2 520
3	超过 144 000 元至 300 000 元的部分	20	16 920
4	超过 300 000 元至 420 000 元的部分	25	31 920
5	超过 420 000 元至 660 000 元的部分	30	52 920
6	超过 660 000 元至 960 000 元的部分	35	85 920
7	超过 960 000 元的部分	45	181 920

【例7-7】张某为甲公司员工，每月应发工资为10 000元，每月"三险一金"等专项扣除为1 500元，享受子女教育专项附加扣除1 000元，没有减免收入及减免税额等情况。请计算甲公司作为扣缴义务人在某年度1月至3月每月应预扣预缴的税额。

【解析】

(1) 1月应预扣预缴税额计算如下。

第一步：累计预扣预缴应纳税所得额＝10 000－5 000－1 500－1 000＝2 500(元)

第二步：对照《个人所得税预扣率表一》，当月预扣率为3%，速算扣除数为0。

第三步：本期应预扣预缴税额＝2 500×3%＝75(元)

(2) 2月应预扣预缴税额计算如下。

第一步：累计预扣预缴应纳税所得额＝10 000×2−5 000×2−1 500×2−1 000×2＝5 000(元)

第二步：对照《个人所得税预扣率表一》，当月预扣率为3%，速算扣除数为0。

第三步：本期应预扣预缴税额＝5 000×3%−75＝75(元)

(3) 3月应预扣预缴税额计算如下。

第一步：累计预扣预缴应纳税所得额＝10 000×3−5 000×3−1 500×3−1 000×3＝7 500(元)

第二步：对照《个人所得税预扣率表一》，当月预扣率为3%，速算扣除数为0。

第三步：本期应预扣预缴税额＝7 500×3%−75−75＝75(元)

继续计算可知，张某全年累计预扣预缴应纳税所得额为30 000元，一直适用3%的税率，因此张某各月应预扣预缴的税款相同。

【例7-8】王某为乙公司员工，每月应发工资均为30 000元，每月"三险一金"等专项扣除为4 500元，享受子女教育、赡养老人两项专项附加扣除共计2 000元，没有减免收入及减免税额等情况。请计算乙公司作为扣缴义务人在某年度1月至3月每月应预扣预缴的税额。

【解析】

1月应预扣预缴税额＝(30 000−5 000−4 500−2 000)×3%＝18 500×3%＝555(元)

2月应预扣预缴税额＝(30 000×2−5 000×2−4 500×2−2 000×2)×10%−2 520−555

＝37 000×10%−2 520−555＝625(元)

3月应预扣预缴税额＝(30 000×3−5 000×3−4 500×3−2 000×3)×10%−2520−555−625

＝55 500×10%−2 520−555−625＝1 850(元)

上述计算结果表明，由于王某2月累计预扣预缴应纳税所得额为37 000元，已适用10%的税率，因此2月和3月应预扣预缴税额有所增加。由预扣预缴计算规律表明，纳税人应纳税所得额高于36 000元的，其预扣预缴税额一般会呈现前低后高的现象。

对年度预扣预缴税款与依法计算的个人年度应纳个人所得税额不一致的，按照"补税依法，退税自愿"的原则，由纳税人在取得所得的次年3月1日至6月30日内，向任职、受雇单位所在地主管税务机关办理汇算清缴纳税申报，并报送《个人所得税年度自行纳税申报表》，税款多退少补。

3. 劳务报酬、稿酬、特许权使用费所得税款的计算方法

扣缴义务人向居民个人支付劳务报酬所得、稿酬所得、特许权使用费所得，按次或者按月预扣预缴个人所得税。具体预扣预缴方法如下。

(1) 计算收入额。劳务报酬所得、稿酬所得、特许权使用费所得以收入减除费用后的余额为收入额。其中，稿酬所得的收入额减按70%计算。

减除费用的规定：劳务报酬所得、稿酬所得、特许权使用费所得每次收入不超过4 000元的，减除费用按800元计算；每次收入4 000元以上的，减除费用按20%计算。

(2) 计算应纳税所得额。劳务报酬所得、稿酬所得、特许权使用费所得，以每次收入额为预扣预缴应纳税所得额。

(3) 计算预扣预缴应纳税额。根据预扣预缴应纳税所得额乘以适用预扣率计算应预扣预缴税额。计算公式为

劳务报酬所得应预扣预缴税额＝预扣预缴应纳税所得额×预扣率−速算扣除数

稿酬所得、特许权使用费所得应预扣预缴税额＝预扣预缴应纳税所得额×20%

劳务报酬所得适用20%～40%的超额累进预扣率，如表7-4所示。稿酬所得、特许权使用费所得适用20%的比例预扣率。

表7-4 个人所得税预扣率表二

级数	预扣预缴应纳税所得额	预扣率/%	速算扣除数
1	不超过20 000元的	20	0
2	超过20 000元至50 000元的部分	30	2 000
3	超过50 000元的部分	40	7 000

【例7-9】某年5月，居民个人李某从丙公司取得一次性劳务报酬20 000元。请计算当月丙公司作为扣缴义务人应当预扣预缴的个人所得税。

【解析】

第一步：劳务报酬收入额＝20 000－20 000×20%＝16 000(元)

(该笔劳务报酬收入超过4 000元，因此减除费用按20%计算)

第二步：预扣预缴应纳税所得额＝劳务报酬收入额＝16 000(元)

第三步：对照《个人所得税预扣率表二》，当月预扣率为20%，速算扣除数为0。

第四步：应预扣预缴税额＝16 000×20%＝3 200(元)

【例7-10】①王某为居民个人，每月均从丁公司取得劳务报酬所得2 000元。请计算丁公司对这笔所得每月应预扣预缴的税额。

【解析】预扣预缴应纳税所得额＝2 000－800＝1 200(元)

应预扣预缴税额＝1 200×20%＝240(元)

② 当年5月，王某取得出版社支付的稿酬所得40 000元。请计算出版社对这笔所得应预扣预缴的税额。

【解析】预扣预缴应纳税所得额＝(40 000－40 000×20%)×70%＝22 400(元)

应预扣预缴税额＝22 400×20%＝4 480(元)

③ 假设王某当年工资、薪金总额为120 000元，年减除费用60 000元，"三险一金"等专项扣除为18 000元，享受专项附加扣除12 000元，已由单位预扣预缴全年所得税900元。计算王某年终汇算清缴时应退补的税额。

【解析】年应纳税所得额＝[2 000×12×(1－20%)＋40 000×(1－20%)70%＋120 000]

－60 000－18 000－12 000＝71 600(元)

应纳个人所得税＝71 600×10%－2 520＝4 640(元)

预扣预缴税额＝240×12＋4 480＋900＝8 260(元)

应退税额＝8 260－4 640＝3 620(元)

【提示】居民个人劳务报酬、稿酬、特许权使用费所得预扣预缴与汇算清缴存在以下几点区别。

(1) 收入额的计算方法不同。年度汇算清缴时，收入额一律为收入减除20%的费用后的余额。预扣预缴时，收入不超过4 000元的，费用按800元计算；每次收入4 000元以上的，费用按20%计算。

(2) 适用的税率/预扣率不同。年度汇算清缴时，适用3%～45%的7级超额累进税率。预扣预缴时，劳务报酬所得适用20%～40%的3级预扣率；稿酬所得和特许权使用费所得适用20%的预扣率。

(3) 可扣除的项目不同。年度汇算清缴时，劳务报酬、稿酬、特许权使用费所得计入综合所得，以收入额减除费用60 000元及专项扣除、专项附加扣除和依法确定的其他扣除后的余额为应纳税所得额，而日常预扣预缴税款时暂不做上述扣除。

二、非居民个人扣缴方法

扣缴义务人向非居民个人支付工资、薪金所得,劳务报酬所得,稿酬所得和特许权使用费所得时,应当按以下方法按月或者按次代扣代缴个人所得税。

(一)非居民个人取得工资、薪金所得的计税方法

非居民个人的工资、薪金所得实行按月计征的办法。非居民个人的工资、薪金所得,以每月收入额减除费用5 000元后的余额为应纳税所得额,适用个人所得税税率表三(见表7-5)计算应纳税额。计算公式为

$$应纳所得税额 = 应纳税所得额 \times 适用税率 - 速算扣除数$$
$$= (每月收入额 - 5\,000元) \times 适用税率 - 速算扣除数$$

表7-5　个人所得税税率表三

级数	应纳税所得额	税率/%	速算扣除数
1	不超过3000元的	3	0
2	超过3000元至12 000元的部分	10	210
3	超过12 000元至25 000元的部分	20	1 410
4	超过25 000元至35 000元的部分	25	2 660
5	超过35 000元至55 000元的部分	30	4 410
6	超过55 000元至80 000元的部分	35	7 160
7	超过80 000元的部分	45	15 160

【例7-11】某年度1月至2月,外籍个人彼得在中国境内C公司任职,C公司按月支付工资10 000元。请计算当年1月和2月,C公司作为扣缴义务人代扣代缴的税额。

【解析】

(1) 1月C公司作为扣缴义务人代扣代缴的税额。

第一步: 非居民个人工资、薪金所得=10 000-5 000=5 000(元)。

第二步: 对照《个人所得税税率表三》,当月预扣率为10%,速算扣除数为210。

第三步: 代扣代缴个税税额=5 000×10%-210=290(元)。

(2) 2月C公司作为扣缴义务人代扣代缴的税额。

第一步: 非居民个人工资、薪金所得=10 000-5 000=5 000(元)。

第二步: 对照《个人所得税税率表三》,当月预扣率为10%,速算扣除数为210。

第三步: 代扣代缴个税税额=5 000×10%-210=290(元)。

(二)非居民个人取得劳务报酬、稿酬、特许权使用费所得的计税方法

非居民个人取得劳务报酬、稿酬、特许权使用费所得,实行按次计征的办法,以每次收入额为应纳税所得额,适用《个人所得税税率表三》计算应纳税额。劳务报酬所得、稿酬所得、特许权使用费所得以收入减除20%的费用后的余额为收入额。稿酬所得的收入额减按70%计算。

确定应纳税所得额时,下列费用可以予以扣除:

(1) 纳税人取得劳务报酬所得时,劳务发生过程中实际缴纳的可依法扣除的税费;

(2) 纳税人取得特许权使用费所得时,提供特许权过程中发生的中介费和实际缴纳的可依

法扣除的税费。

计算公式具体如下。

劳务报酬所得、特许权使用费所得：

$$应纳所得税额＝应纳税所得额×适用税率－速算扣除数$$
$$＝收入×(1－20\%)×适用税率－速算扣除数$$

稿酬所得：

$$应纳所得税额＝应纳税所得额×适用税率－速算扣除数$$
$$＝收入×(1－20\%)×70\%×适用税率－速算扣除数$$

【例7-12】某年1月，外籍个人彼得在中国境内获得D公司支付的一次性劳务报酬10 000元。请计算该年1月D公司作为扣缴义务人代扣代缴的税额。

【解析】

第一步：非居民个人劳务报酬＝10 000－10 000×20%＝8 000(元)。

第二步：对照《个人所得税税率表三》，当月预扣率为10%，速算扣除数为210。

第三步：代扣代缴个税税额＝8 000×10%－210＝590(元)。

【例7-13】外籍语言教师杰森某年度在我国取得如下收入：7月至8月与境内某培训机构签约，杰森每天晚上八点到十点通过互联网在线视频对培训机构的学员进行语音教学一次，每次报酬为1 000元。此外，杰森还收到中国某音像出版社支付的稿酬8万元。计算杰森取得境内所得应缴纳的个人所得税。

【解析】

(1) 在线教学收入为劳务报酬所得，以其1个月内取得的收入为一次计征个人所得税。

应纳税额＝[31 000×(1－20%)×20%－1410]×2＝7 100(元)

(2) 稿酬所得应纳税额＝80 000×(1－20%)×70%×30%－4 410＝9 030(元)

全年应缴纳的个人所得税＝7 100＋9 030＝16 130(元)

【例7-14】某年5月，外籍歌手迈克来华演出，取得出场费收入800 000元，将其中300 000元通过当地民政机构捐赠给中国贫困地区。计算迈克取得的出场费收入应缴纳的个人所得税。

【解析】

(1) 未扣除捐赠的应纳税所得额＝800 000×(1－20%)＝640 000(元)。

(2) 捐赠的扣除限额＝640 000×30%＝192 000(元)，由于实际捐赠额大于扣除限额标准，税前只能按扣除限额标准扣除。

(3) 应缴纳的个人所得税＝(640 000－192 000)×45%－15 160＝186 440(元)。

【提示】非居民个人在一个纳税年度内税款扣缴方法保持不变，达到居民个人条件时，应当告知扣缴义务人基础信息变化情况，年度终了后按照居民个人有关规定办理汇算清缴。

三、经营所得应纳税额的计算

经营所得应纳税额的计算公式为

$$应纳税额＝应纳税所得额×适用税率－速算扣除数$$
$$应纳税所得额＝收入总额－(成本＋费用＋损失＋准予扣除的税金)$$

其中，取得经营所得的个人，没有综合所得的，应纳税所得额的计算公式为

$$应纳税所得额＝收入总额－(成本＋费用＋损失＋准予扣除的税金)$$
$$－(60\ 000元＋专项扣除＋专项附加扣除＋其他扣除)$$

（一）个体工商户经营所得应纳税额的计算

由于个体工商户经营所得的应纳税额实行按年计算、分月或分季预缴、年终汇算清缴、多退少补的方法，因此，在实际工作中，需要分别计算按月预缴税额和年终汇算清缴税额。其计算公式为

$$本月应预缴税额＝本月累计应纳税所得额×适用税率－速算扣除数－上月累计已预缴税额$$

公式中的适用税率，是指与计算应纳税额的月份累计应纳税所得额对应的税率。

$$全年应纳税额＝全年应纳税所得额×适用税率－速算扣除数$$

$$汇算清缴税额＝全年应纳税额－全年累计已预缴税额$$

【例7-15】王某经营的某市"味美思饼业"系个体食品经营户，账证比较齐全。某年11月取得营业额为150 000元，购进食糖、肉、蛋、面粉、大米等原料支出60 000元，缴纳电费、水费、房租、煤气费等15 000元，缴纳其他税费合计为7 600元。当月支付给4名雇员工资共12 000元，王某本人领取工资6 000元。1—10月累计应纳税所得额为95 600元，1—10月累计已预缴个人所得税为10 165元。王某没有综合所得，假定无专项扣除、专项附加扣除及其他扣除。请计算王某当年11月应预缴的个人所得税。

【解析】11月应纳税所得额＝150 000－60 000－15 000－7 600－12 000－5 000＝50 400(元)

11月累计应纳税所得额＝95 600＋50 400＝146 000(元)

11月应预缴个人所得税＝146 000×20%－10 500－10 165＝8 535(元)

（二）个人独资企业和合伙企业经营所得应纳税额的计算

对个人独资企业和合伙企业生产经营所得，其个人所得税应纳税额的计算，可视其账证是否齐全，采用查账征收或核定征收办法。

1. 查账征收

投资者兴办的两个或两个以上企业，并且企业性质全部是独资的，年度终了后，汇算清缴时，应纳税款的计算按以下方法进行：汇总其投资兴办的所有企业的经营所得作为应纳税所得额以此确定适用税率，计算出全年经营所得的应纳税额，再根据每个企业的经营所得占所有企业经营所得的比例，分别计算出每个企业的应纳税额和应补缴税额。计算公式为

$$应纳税所得额＝\sum 各个企业的经营所得$$

$$应纳税额＝应纳税所得额×税率－速算扣除数$$

$$本企业应纳税额＝应纳税额×本企业的经营所得÷\sum 各企业的经营所得$$

$$本企业应补缴的税额＝本企业应纳税额－本企业预缴的税额$$

2. 核定征收

核定征收方式，包括定额征收、核定应税所得率征收及其他合理的征收方式。

实行核定应税所得率征收方式的，应纳所得税额的计算公式如下：

$$应纳税额＝应纳税所得额×适用税率$$

$$应纳税所得额＝收入总额×应税所得率$$

或　　　　　　　$=成本费用支出额 \div (1-应税所得率) \times 应税所得率$

【提示】实行核定征税的投资者，不能享受个人所得税的优惠政策。

知识拓展：个人所得税应税所得率

四、财产租赁所得应纳税额的计算

财产租赁所得适用20%的比例税率。其应纳税额的计算公式为

$$应纳税额 = 应纳税所得额 \times 适用税率$$

【提示】对个人按市场价格出租的居民住房取得的所得，自2001年1月1日起暂减按10%的税率征收个人所得税。

【例7-16】李某于某年1月将其自有的四间面积为150平方米的临街铺面出租给张某作为商店使用，租期1年。李某每月取得租金收入3 800元，全年租金收入18 000元。计算李某全年租金收入应缴纳的个人所得税。

【解析】财产租赁收入以每月内取得的收入为一次。

每月应纳税额$=(3\,800-800)\times20\%=600(元)$

全年应纳税额$=600\times12=7\,200(元)$

本例在计算个人所得税时未考虑其他税费。如果对租金收入计征增值税、城市维护建设税、房产税和教育费附加等，还应将其从税前的收入中先扣除后再计算应缴纳的个人所得税。

【例7-17】接上例，当年2月，因铺面下水道堵塞，李某找人修理，发生修理费用1 000元，有维修部门的正式收据。请计算2月和3月的应纳税额。

【解析】

(1) 2月应纳税额$=(3\,800-800-800)\times20\%=440(元)$

(2) 3月应纳税额$=(3\,800-200-800)\times20\%=560(元)$

五、财产转让所得应纳税额的计算

财产转让所得应纳税额的计算公式为

$$应纳税额 = 应纳税所得额 \times 适用税率 = (收入总额-财产原值-合理税费)\times20\%$$

【例7-18】王某于某年购买一套房屋，买价为360 000元，支付过户费用2 000元。两年后王某将该房屋转让，售价为600 000元，在卖房过程中王某按规定支付交易费等有关税费5 000元。请计算王某应缴纳的个人所得税额。

【解析】应纳税所得额$=600\,000-(360\,000+2\,000)-5\,000=233\,000(元)$

应纳税额$=233\,000\times20\%=46\,600(元)$

六、利息、股息、红利所得应纳税额的计算

（一）上市公司股息、红利差别化个人所得税政策

对个人投资者从上市公司取得的股息、红利所得，自2013年1月1日起，实施差别化的个人所得税政策。个人从公开发行和转让市场取得的上市公司股票，持股期限在1个月以内(含1个月)的，其股息、红利所得全额计入应纳税所得额；持股期限在1个月以上至1年(含1年)的，暂减按50%计入应纳税所得额；持股期限超过1年的，暂减按25%计入应纳税所得额。上述所得

统一适用20%的税率计征个人所得税。

(二) 应纳税额的计算

利息、股息、红利所得适用20%的比例税率。其应纳税额的计算公式为

$$应纳税额＝应纳税所得额(每次收入额)×适用税率$$

【提示】自2008年10月9日(含)起，暂免征收储蓄存款利息所得税。

【例7-19】李某于某月取得单位集资款的利息收入750元。请计算李某应缴纳多少个人所得税。

【解析】应纳税额＝750×20%＝150(元)

七、偶然所得应纳税额的计算

偶然所得，以个人每次取得的收入额为应纳税所得额，不得从收入额中扣除任何费用。偶然所得应纳税额的计算公式为

$$应纳税额＝应纳税所得额×适用税率＝每次收入额×20\%$$

【例7-20】李某以500元购买体育彩票，中奖所得共计价值40 000元。李某领奖时从中奖收入中拿出8 000元通过民政部门向某灾区捐赠。请计算颁奖方应为李某代扣的个人所得税额。

【解析】捐赠扣除限额＝40 000×30%＝12 000元＞8 000元，李某的捐赠额8 000元可以全部从应纳税所得额中扣除。

应纳税所得额＝40 000－8 000＝32 000(元)

应纳税额＝32 000×20%＝6 400(元)

第五节　应纳税额计算中的特殊问题

一、对个人取得全年一次性奖金等计算征收个人所得税的方法

全年一次性奖金是指行政机关、企事业单位等扣缴义务人根据其全年经济效益和对雇员全年工作业绩的综合考核情况，向雇员发放的一次性奖金。一次性奖金也包括年终加薪、实行年薪制和绩效工资办法的单位根据考核情况兑现的年薪和绩效工资。

为进一步减轻纳税人负担，财政部、税务总局发布2023年第30号公告，允许在2027年12月31日前，居民个人取得全年一次性奖金，符合国税发〔2005〕9号规定的，可以不并入当年综合所得，单独计算纳税，也可以选择并入当年综合所得计算纳税。

视频：全年一次性奖金收入

纳税人取得全年一次性奖金，选择不并入当年综合所得单独计算纳税的，计税方法如下。

(1) 先将全年一次性奖金除以12个月得到商数，以商数按照按月换算后的综合所得税率表(见表7-6)确定适用税率和速算扣除数。

(2) 将取得的全年一次性奖金，按上述第(1)项确定的适用税率和速算扣除数计算征税，公式为

应纳税额＝全年一次性奖金收入×适用税率－速算扣除数

(3) 在一个纳税年度内，对每一个纳税人，该计税办法只允许采用一次。

(4) 雇员取得除全年一次性奖金以外的其他各种名目奖金，如半年奖、季度奖、加班奖、先进奖、考勤奖等，一律与工资、薪金收入合并，按税法规定缴纳个人所得税。

表7-6　按月换算后的综合所得税率表

级数	全月应纳税所得额	税率/%	速算扣除数
1	不超过 3000 元的	3	0
2	超过 3000 元至 12 000 元的部分	10	210
3	超过 12 000 元至 25 000 元的部分	20	1 410
4	超过 25 000 元至 35 000 元的部分	25	2 660
5	超过 35 000 元至 55 000 元的部分	30	4 410
6	超过 55 000 元至 80 000 元的部分	35	7 160
7	超过 80 000 元的部分	45	15 160

【例7-21】某公司职员王某2022年一次性领取年终奖金(兑现的绩效工资)84 000元。王某选择不并入当年综合所得而是单独计算纳税。请计算王某取得该笔奖金应缴纳的个人所得税。

【解析】

(1) 该笔奖金适用的税率和速算扣除数：

每月的奖金＝84 000÷12＝7 000(元)，根据表7-6所示的按月换算后的税率表，适用的税率和速算扣除数分别为10%、210。

(2) 应纳税额＝84 000×10%－210＝8 190(元)

【提示】居民个人取得全年一次性奖金，也可以选择并入当年综合所得计算纳税。

对部分中低收入者而言，如将全年一次性奖金并入当年工资、薪金所得，扣除基本减除费用、专项扣除、专项附加扣除等后，可能根本无须缴税或者缴纳很少税款。在此情况下，如果将全年一次性奖金采取单独计税方式，反而会产生应纳税款或者增加税负。同时，如单独适用全年一次性奖金政策，可能在税率换档时出现税负突然增加的"临界点"现象。因此，居民个人取得全年一次性奖金的，纳税人可以自行判断是否将全年一次性奖金并入综合所得计税。

【思考】王某为某居民企业员工，每月工资收入3 000元，年终取得单位发放的年终奖金20 000元。请问：王某选择何种年终奖的个人所得税计征方法对自己更有利？即王某应选择单独享受全年一次性奖金计税政策，还是将全年一次性奖金并入综合所得征税？

二、境外缴纳税额抵免的计税方法

在对纳税人的境外所得征税时，会存在其境外所得已在来源国家或者地区缴税的实际情况，基于国家之间对同一所得应避免双重征税的原则，我国在对纳税人的境外所得行使税收管辖权时，对该所得在境外已纳税额采取了分不同情况从应征税额中予以扣除的做法。

税法规定，居民个人从中国境外取得的所得，可以从其应纳税额中抵免已在境外缴纳的个人所得税税额，但抵免额不得超过该纳税人境外所得依照我国税法规定计算的应纳税额。对境外已纳税款抵免制度的具体理解如下。

(1) 已在境外缴纳的个人所得税税额，是指居民个人来源于中国境外的所得依照该所得来源国家(地区)的法律应当缴纳并且实际已经缴纳的所得税税额。

(2) 纳税人境外所得依照我国税法规定计算的应纳税额，是居民个人抵免已在境外缴纳的所得税税额的限额(以下简称抵免限额)。

(3) 抵免限额计算采用分国不分项方法。除国务院财政、税务主管部门另有规定外，来源于境外一个国家(地区)的综合所得抵免限额、经营所得抵免限额及其他所得抵免限额之和，为来源于该国家(地区)所得的抵免限额。

居民个人从中国境外取得的所得，应区别不同国家(地区)，依照我国税法规定计算抵免限额。计算公式为

来源于一国综合所得的抵免限额＝中国境内、境外综合所得依照个人所得税法及其实施条例的规定计算的综合所得应纳税总额×来源于该国(地区)的综合所得收入额÷中国境内、境外综合所得收入总额

居民个人在境外一个国家(地区)实际已经缴纳的个人所得税税额，低于依照前款规定计算出的来源于该国家(地区)所得的抵免限额的，应当在中国缴纳差额部分的税款；超过来源于该国家(地区)所得的抵免限额的，其超过部分不得在本纳税年度的应纳税额中抵免，但是可以在以后纳税年度来源于该国家(地区)所得的抵免限额的余额中补扣。即境外实际已缴纳税额低于限额的，只能扣除实际已缴纳税额；境外实际已缴纳税额高于限额的，则扣除限额。简单说就是二者比较后扣除较少者。

【提示】补扣期限最长不得超过五年。

【例7-22】中国居民个人王某某年度收入情况如下。①境内收入：取得任职单位发放的工资、薪金所得18万元，另取得劳务报酬所得4万元和特许权使用费所得10万元。②境外收入：在A国取得特许权使用费所得20万元，已在A国纳税2万元。假定王某全年的专项扣除为1.8万元，专项附加扣除为4.8万元，无其他扣除。请计算王某汇总纳税时应缴纳的个人所得税。

【解析】王某的综合所得＝180 000＋(40 000＋100 000＋200 000)×(1－20%)＝452 000(元)

应纳税所得额＝452 000－60 000－18 000－48 000＝326 000(元)

应纳税额＝326 000×25%－31 920＝49 580(元)

来源于A国综合所得的抵免限额＝49 580×200 000×(1－20%)÷452 000＝17 550(元)

汇总纳税＝49 580－17 550＝32 030(元)

【例7-23】居民陈某某年度在境内任职单位取得全年工资、薪金收120 000元，专项扣除为1 800元/月，专项附加扣除为2 500元/月，同时，从境外甲、乙两国取得应税收入。陈某某将在甲国的铺面出租，全年收取租金42 000元；持有甲国某公司股票，取得股息收入90 000元；以上收入已在甲国分别缴纳个人所得税7 200元和12 000元。陈某某在乙国购买彩票，中奖收入为30 000元，已在乙国缴纳个人所得税7 500元。请计算陈某某汇总纳税时应缴纳的个人所得税。

【解析】

(1) 计算甲国已纳税款的抵免限额：

租金应纳税额＝(3 500－800)×20%×12＝6 480(元)

股息应纳税额＝90 000×20%＝18 000(元)

在甲国两项所得应纳税额合计＝6 480＋18 000＝24 480(元)

在甲国实际纳税＝7 200＋12 000＝19 200(元)

需在中国补缴差额部分的税款＝24 480－19 200＝5 280(元)

(2) 计算乙国已纳税款的抵免限额:

偶然所得应纳税额＝30 000×20%＝6 000(元)

在乙国实际纳税7 500元, 超出抵免限额, 超出的1 500元可以留抵5年。

(3) 陈某当年境内外共应缴纳个人所得税＝(120 000－60 000－1 800×12－2 500×12)

$$×3\%＋(3 500－800)×20\%×12＋90 000×20\%$$
$$＋30 000×20\%－19 200－6 000$$
$$＝252＋24 480＋6 000－19 200－6 000$$
$$＝5 532(元)$$

三、两人以上共同取得同一项目收入的计税方法

两个或两个以上的个人共同取得同一项目收入的, 如编著一本书, 参加同一场演出等, 应当对每个人分得的收入分别按照税法规定计算纳税, 即实行"先分、后扣、再税"的方法。

【例7-24】 某高校5位教师共同编写出版一本教材, 共取得出版社支付的稿酬收入20 000元。稿酬由5位教师平分。请计算出版社应预扣预缴每位教师的个人所得税额。

【解析】 平均每人所得＝20 000÷5＝4 000(元)

应预扣预缴每位教师的税额＝4 000×(1－20%)×70%×20%＝448(元)

四、关于支付各种免税之外的保险金的征税方法

企业为员工支付各项免税之外的保险金, 应在企业向保险公司缴付时(即该保险落到被保险人的保险账户)并入员工当期的工资收入, 按"工资、薪金所得"项目计征个人所得税, 税款由企业负责代扣代缴。

五、关于解除劳动关系、提前退休、内部退养的一次性补偿收入的政策

(1) 个人与用人单位解除劳动关系取得一次性补偿收入(包括用人单位发放的经济补偿金、生活补助费和其他补助费), 在当地上年职工平均工资3倍数额以内的部分, 免征个人所得税; 超过3倍数额的部分, 不并入当年综合所得, 单独适用综合所得税率表, 计算纳税。

(2) 个人办理提前退休手续而取得的一次性补贴收入, 应按照办理提前退休手续至法定离退休年龄之间实际年度数平均分摊, 确定适用税率和速算扣除数, 单独适用综合所得税率表, 计算纳税。计算公式为

应纳税额＝{[(一次性补贴收入÷办理提前退休手续至法定退休年龄的实际年度数)
－费用扣除标准]×适用税率－速算扣除数}
×办理提前退休手续至法定退休年龄的实际年度数

(3) 个人办理内部退养手续而取得的一次性补贴收入, 按照《国家税务总局关于个人所得税有关政策问题的通知》(国税发〔1999〕58号)规定计算纳税。

知识拓展: 内部退养取得一次性补贴收入的个人所得税政策

六、关于上市公司股权激励的政策

(1) 居民个人取得股票期权、股票增值权、限制性股票、股权奖励等股权激励的, 不并入当年综合所得, 全额单独适用综合所得税率表, 计算纳税。计算公式为

$$应纳税额＝股权激励收入×适用税率－速算扣除数$$

【提示】居民个人一个纳税年度内取得两次以上(含两次)股权激励的，应合并计算纳税。

(2) 股票期权，是指上市公司按照规定的程序授予本公司及其控股企业员工的一项权利，该权利允许被授权员工在未来时间内以某一特定价格购买本公司一定数量的股票，计算公式为

股票期权形式的工资薪金应纳税所得额＝(行权股票的每股市场价－员工取得该股票期权支付的每股施权价)×股票数量

(3) 股票增值权，是指上市公司授予公司员工在未来一定时期和约定条件下，获得规定数量的股票价格上升所带来收益的权利，计算公式为

股票增值权某次行权应纳税所得额＝(行权日股票价格－授权日股票价格)×行权股票份数

(4) 限制性股票，是指上市公司按照股权激励计划约定的条件，授予公司员工一定数量本公司的股票，计算公式为

应纳税所得额＝(股票登记日股票市价＋本批次解禁股票当日市价)÷2×本批次解禁股票份数－被激励对象实际支付的资金总额×(本批次解禁股票份数÷被激励对象获取的限制性股票总份数)

七、房屋赠与个人所得税的计算

(1) 房屋产权所有人将房屋产权无偿赠与他人的，受赠人因无偿受赠房屋取得的受赠收入，按照"偶然所得"项目计算缴纳个人所得税。其应纳税所得额为房地产赠与合同上标明的赠与房屋价值减除赠与过程中受赠人支付的相关税费后的余额。

(2) 受赠人转让受赠房屋的，以其转让受赠房屋的收入减除原捐赠人取得该房屋的实际购置成本及赠与和转让过程中受赠人支付的相关税费后的余额，为受赠人的应纳税所得额，依法计征个人所得税。

(3) 符合以下情形的，对当事双方不征收个人所得税：

① 房屋产权所有人将房屋产权无偿赠与配偶、父母、子女、祖父母、外祖父母、孙子女、外孙子女、兄弟姐妹；

② 房屋产权所有人将房屋产权无偿赠与对其承担直接抚养或者赡养义务的抚养人或者赡养人；

③ 房屋产权所有人死亡，依法取得房屋产权的法定继承人、遗嘱继承人或者受遗赠人。

八、个人取得公务交通、通信补贴收入的征税问题

个人因公务用车和通信制度改革而取得的公务用车、通信补贴收入，扣除一定标准的公务费用后，按照"工资、薪金所得"项目计算和代扣代缴个人所得税。按月发放的，并入当月"工资、薪金所得"计算个人所得税；不按月发放的，分解到所属月份并与该月份"工资、薪金所得"合并后计算个人所得税。

公务费用的扣除标准，由省级税务局根据纳税人公务交通、通信费用的实际发生情况调查测算，报经省级人民政府批准后确定，并报国家税务总局备案。

九、企业年金、职业年金个人所得税的政策

企业年金和职业年金，是指企业及其职工或事业单位及其工作人员在依法参加基本养老保

险的基础上，建立的补充养老保险制度。

1. 缴费的个人所得税处理

(1) 单位根据国家有关政策规定的办法和标准，为在本单位任职或者受雇的全体职工缴付的年金单位缴费部分，在计入个人账户时，个人暂不缴纳个人所得税。

(2) 个人根据国家有关政策规定缴付的年金个人缴费部分，在不超过本人缴费工资计税基数的4%标准内的部分，暂从个人当期的应纳税所得额中扣除。

(3) 超过规定的标准缴付的年金单位缴费和个人缴费部分，应并入个人当期的工资、薪金所得，依法计征个人所得税。

2. 年金基金投资运营收益的个人所得税处理

年金基金投资运营收益分配计入个人账户时，个人暂不缴纳个人所得税。

3. 领取年金的个人所得税处理

(1) 个人达到国家规定的退休年龄，按月领取的年金，全额按照"工资、薪金所得"项目适用的税率，计征个人所得税；按年或按季领取的年金，平均分摊计入各月，每月领取额全额按照"工资、薪金所得"项目适用的税率，计征个人所得税。

(2) 个人因出境定居而一次性领取的年金个人账户资金，或个人死亡后其指定的受益人或法定继承人一次性领取的年金个人账户余额，适用综合所得税率表计算纳税。对个人除上述特殊原因外一次性领取年金个人账户资金或余额的，适用月度税率表计算纳税。

十、个人兼职和退休人员再任职取得收入个人所得税的征税方法

个人兼职取得的收入应按照"劳务报酬所得"应税项目缴纳个人所得税；退休人员再任职取得的收入，在减除规定的费用扣除标准后，按"工资、薪金所得"应税项目缴纳个人所得税。

十一、企业促销展业赠送礼品个人所得税的规定

(1) 企业在销售商品(产品)和提供服务过程中向个人赠送礼品，属于下列情形之一的，不征收个人所得税：

① 企业通过价格折扣、折让方式向个人销售商品(产品)和提供服务；

② 企业在向个人销售商品(产品)和提供服务的同时给予赠品，如通信企业对个人购买手机赠话费、入网费，或者购话费赠手机等；

③ 企业对累积消费达到一定额度的个人按消费积分反馈礼品。

(2) 企业向个人赠送礼品，属于下列情形之一的，按照"偶然所得"项目，全额适用20%的税率缴纳个人所得税，税款由赠送礼品的企业代扣代缴：

① 本企业以外的个人在企业的业务宣传、广告等活动中，获得随机赠送礼品的所得；

② 本企业以外的个人在企业的年会、座谈会、庆典及其他活动中，获得赠送礼品的所得；

③ 累积消费达到一定额度的顾客，在企业给予额外抽奖机会中获奖的所得。

十二、个人取得拍卖收入征收个人所得税的规定

(1) 作者将自己的文字作品手稿原件或复印件拍卖取得的所得，应以其转让收入额减除800元或20%后的余额为应纳税所得额，按照"特许权使用费所得"项目缴纳个人所得税。

(2) 个人拍卖除文字作品原件及复印件外的其他财产，应以其转让收入额减除财产原值和合理费用后的余额为应纳税所得额，按照"财产转让所得"项目缴纳个人所得税。

十三、鼓励创业投资的个人所得税的规定

(1) 合伙创投企业采用股权投资方式直接投资于初创科技型企业满2年的，合伙创投企业的个人合伙人可以按照对初创科技型企业投资额的70%抵扣个人合伙人从合伙创投企业分得的经营所得。

(2) 创投企业可以选择按单一投资基金核算或按创投企业年度所得整体核算两种方式之一，对个人合伙人来源于创投企业的所得计算个人所得应纳税额。

(3) 天使投资人个人采用股权投资方式直接投资于初创科技型企业满2年的，可以按照对初创科技型企业投资额的70%抵扣转让该初创科技型企业股权取得的应纳税所得额。

知识拓展：关于创业投资企业个人合伙人所得税政策问题的通知

十四、转增股本个人所得税的规定

(1) 股份制企业用资本公积转增股本不属于股息、红利性质的分配，对个人取得的转增股本数额，不作为个人所得，不征收个人所得税。

【提示】这里的资本公积金是指股份制企业股票溢价发行收入所形成的资本公积金。与此不相符的其他资本公积金分配个人所得部分，应当依法征收个人所得税。

(2) 股份制企业用盈余公积金派发红股属于股息、红利性质的分配，对个人取得的红股数额，应作为个人所得征税。

十五、科技人员取得奖励有关个人所得税的规定

科技机构、高等学校转化职务科技成果以股份或出资比例等股权形式给予科技人员个人奖励，经主管税务机关审核后，暂不征收个人所得税。

依法批准设立的非营利性研究开发机构和高等学校根据相关规定，从职务科技成果转化收入中给予科技人员的现金奖励，可减按50%计入科技人员当月"工资、薪金所得"，依法缴纳个人所得税。

第六节　税收优惠

个人所得税既是一种分配手段，也是体现国家政策的重要工具。为了鼓励科学发明，支持社会福利、慈善事业和照顾某些纳税人的实际困难，《个人所得税法》对有关所得项目有免税、减税的优惠规定。

一、免税优惠

下列各项个人所得，免征个人所得税：

(1) 省级人民政府、国务院部委和中国人民解放军军以上单位，以及外国组织、国际组织颁发的科学、教育、技术、文化、卫生、体育、环境保护等方面的奖金；

(2) 国债和国家发行的金融债券利息；

(3) 按照国家统一规定发给的补贴、津贴；

(4) 福利费、抚恤金、救济金；

(5) 保险赔款；

(6) 军人的转业费、复员费、退役金；

(7) 按照国家统一规定发给干部、职工的安家费、退职费、基本养老金或者退休费、离休费、离休生活补助费；

(8) 依照有关法律规定应予免税的各国驻华使馆、领事馆的外交代表、领事官员和其他人员的所得；

(9) 中国政府参加的国际公约、签订的协议中规定免税的所得；

(10) 个人因见义勇为而获得的乡镇以上(含乡镇)人民政府或经县以上(含县)人民政府主管部门批准成立的机构、有章程的见义勇为基金会或者类似组织颁发的奖金或奖品；

知识拓展：上市公司股息、红利差别化个人所得税政策

(11) 个人举报、协查各种违法、犯罪行为而获得的奖金；

(12) 个体工商户或个人，以及个人独资企业和合伙企业从事种植业、养殖业、饲养业和捕捞业取得的所得；

(13) 个人转让自用达5年以上，并且是唯一的家庭生活居住用房取得的所得；

(14) 被拆迁人按照规定标准取得的拆迁补偿款；

(15) 个人转让上市公司股票取得的所得；

(16) 个人从公开发行和转让市场取得的上市公司股票，持股期限超过1年的，股息、红利所得；

(17) 个人购买社会福利有奖募捐奖券、体育彩票一次中奖收入不超过10 000元的。

二、减征优惠

有下列情形之一的，可以减征个人所得税，具体幅度和期限，由省、自治区、直辖市人民政府规定，并报同级人民代表大会常务委员会备案：

(1) 残疾、孤老人员和烈属的所得；

(2) 因自然灾害遭受重大损失的。

国务院可以规定其他减税情形，报全国人民代表大会常务委员会备案。

第七节 税收征管

一、自然人纳税人识别号

《个人所得税法》明确了纳税人识别号制度。纳税人识别号制度是指国家税务机关赋予自然人纳税人唯一且终身不变的承载其收入、支出等基础信息的纳税身份代码，并且要求在规定的涉税行为中使用该纳税身份代码，以实现对自然人纳税人进行全面、即时的税务管理的法律制度。

自然人纳税人识别号是自然人纳税人办理各类涉税事项的唯一代码标识，自然人纳税人办理纳税申报、税款缴纳、申请退税、开具完税凭证、纳税查询等涉税事项时应当向税务机关或扣缴义务人提供纳税人识别号。自然人纳税人识别号是建立"一人式"纳税档案，归集个人相关收入、扣除、纳税等各项涉税信息的基础，是纳税人数据信息在税务、银行、工商、房管、车管和海关等部门之间交换共享，以及开展服务和管理工作的基础。

自然人纳税人识别号制度在促进税收法治建设过程中具有重要意义。通过自然人纳税人识别号来归集自然人纳税人的相关涉税信息，有利于减少税务部门的行政成本，提高行政效率，推动我国税收征管信息化进程，实现"信息管税"；有利于税务部门准确掌握自然人纳税人税源收入状况，降低涉税信息不对称状况，是防止纳税人漏报收入的有效手段，有利于提升自然人纳税人的税法遵从度。

纳税人有中国公民身份号码的，以中国公民身份号码为纳税人识别号。纳税人首次办理涉税事项时，应当向税务机关或者扣缴义务人出示有效身份证件，并报送相关基础信息。

知识拓展：有效身份证件

二、源泉扣缴

（一）扣缴义务人

税法规定，个人所得税以取得应税所得的个人为纳税人，以支付所得的单位或者个人为扣缴义务人，包括企业(公司)、事业单位、国家机关、社会团体、军队、个体工商户等单位或个人。按照税法规定扣缴个人所得税，是扣缴义务人的法定义务，必须依法履行。

（二）应扣缴税款的所得项目

扣缴义务人应当依法办理全员全额扣缴申报，在代扣税款的次月15日内，向主管税务机关报送其支付所得的所有个人的有关信息、支付所得数额、扣除事项和数额、扣缴税款的具体数额和总额，以及其他相关涉税信息资料。实行个人所得税全员全额扣缴申报的应税所得项目包括：工资、薪金所得；劳务报酬所得；稿酬所得；特许权使用费所得；利息、股息、红利所得；财产租赁所得；财产转让所得；偶然所得。也就是说，扣缴人在支付经营所得之外的其他所得时均应履行全员全额扣缴申报义务。

（三）法律责任

扣缴义务人应扣未扣、应收而不收税款的，由税务机关向纳税人追缴税款，对扣缴义务人处应扣未扣、应收未收税款50%以上3倍以下的罚款；纳税人、扣缴义务人逃避、拒绝或者以其他方式阻挠税务机关检查的，由税务机关责令改正，可处以1万元以下的罚款；情节严重的，处1万元以上5万元以下的罚款。

知识拓展：扣缴义务人的法定义务

知识拓展：个人所得税扣缴申报管理办法(试行)

三、自行申报纳税

（一）申报纳税的所得项目

有下列情形之一的，纳税人必须自行向税务机关申报所得并缴纳税款。

(1) 取得综合所得需要办理汇算清缴，该情形包括：

① 从两处以上取得综合所得，且综合所得年收入额减除专项扣除的余额超过6万元；

② 取得劳务报酬所得、稿酬所得、特许权使用费所得中一项或者多项所得，且综合所得年收入额减除专项扣除的余额超过6万元；

③ 纳税年度内预缴税额低于应纳税额；

④ 纳税人申请退税。

(2) 取得应税所得没有扣缴义务人。

(3) 取得应税所得，扣缴义务人未扣缴税款。

(4) 取得境外所得；

(5) 因移居境外注销中国户籍；

(6) 非居民个人在中国境内从两处以上取得工资、薪金所得；

(7) 国务院规定的其他情形。

（二）申报纳税期限及地点

1. 取得综合所得需要办理汇算清缴的纳税申报

需要办理汇算清缴的纳税人，应当在取得所得的次年3月1日至6月30日内，向任职、受雇单位所在地主管税务机关办理纳税申报。纳税人有两处以上任职、受雇单位的，选择向其中一处任职、受雇单位所在地主管税务机关办理纳税申报；纳税人没有任职、受雇单位的，向户籍所在地或经常居住地主管税务机关办理纳税申报。

2. 取得经营所得的纳税申报

取得经营所得的纳税人在月度或季度终了后15日内，向经营管理所在地主管税务机关办理预缴纳税申报。在取得所得的次年3月31日前，向经营管理所在地主管税务机关办理汇算清缴；从两处以上取得经营所得的，选择向其中一处经营管理所在地主管税务机关办理年度汇总申报。

3. 取得境外所得的纳税申报

居民个人从中国境外取得所得的，应当在取得所得的次年3月1日至6月30日内，向中国境内任职、受雇单位所在地主管税务机关办理纳税申报；在中国境内没有任职、受雇单位的，向户籍所在地或中国境内经常居住地主管税务机关办理纳税申报。

知识拓展：取得应税所得，扣缴义务人未扣缴税款的纳税申报

（三）申报纳税方式

纳税人可以采用远程办税端、邮寄等方式申报，也可以直接到主管税务机关申报。

四、特别纳税调整

《个人所得税法》经第七次修订后首次增加了体现反避税精神的特别纳税调整条款。纳税人有下列情形之一的，税务机关有权按照合理方法进行纳税调整。

(1) 个人与其关联方之间的业务往来不符合独立交易原则而减少本人或者其关联方应纳税额，且无正当理由。

(2) 居民个人控制的，或者居民个人和居民企业共同控制的设立在实际税负明显偏低的国家(地区)的企业，无合理经营需要，对应当归属于居民个人的利润不作分配或者减少分配。

(3) 个人实施其他不具有合理商业目的的安排而获取不当税收利益。

【提示】税务机关依照上述规定作出纳税调整，需要补征税款的，应当补征税款，并依法加收利息。

以上条款赋予税务机关一定的特别纳税调整权，对纳税人关联交易和利润分配等事项实施监控，以制约纳税人通过非合理商业目的的安排而获取不当税收利益的避税行为。

案例讨论

个人所得税减免案例

一、企业基本情况

中国平安人寿保险股份有限公司宁夏分公司(以下简称平安宁夏分公司)，于2003年3月经宁夏银保监局批准成立，主要经营范围为承保各种人身保险业务等。该公司个人所得税主要涉及工资薪金、劳务报酬和偶然所得三个税目。根据《个人所得税法》(第七次修正)及国家税务总局公告2016年第45号《国家税务总局关于个人保险代理人税收征管有关问题的公告》的相关规定：个人保险代理人为保险企业提供保险代理服务应当缴纳的个人所得税，由保险企业按照现行规定依法代扣代缴。

二、个人所得税税款变动情况

(一) 税款缴纳情况

平安宁夏分公司2019年一季度缴纳个人所得税款273.69万元，2018年同期缴纳个人所得税税款1 544.4万元，同比降低82.28%(税款减少约1 270.71万元)。缴纳明细如表7-7所示。

表7-7 2018年、2019年一季度个人所得税缴纳明细表

单位：万元

税目	2018年			2019年		
	1月	2月	3月	1月	2月	3月
工资薪金	12.76	83.14	10.19	11.93	73.71	3.53
劳务报酬	389.77	696.56	338.87	37.05	88.06	48.01
偶然所得	0.17	1.76	11.18	0.98	2.30	8.12
小计	402.7	781.46	360.24	49.96	164.07	59.66
合计	1544.4			273.69		

(二) 税款变动情况

2019年一季度个税同比减收82.28%(税款减少1 270.71万元)，其中：个人所得税一工资薪金同比下降幅度为15.95%，个人所得税一劳务报酬同比下降幅度为87.85%，个人所得税一偶然所得同比下降幅度为13.04%。

(三) 纳税人员变动情况

2019年一季度纳税人数同比明显减少，2019年1月同比减少6 649人，2月同比减少6 869

人，3月同比减少6 519人，详细情况如表7-8所示。

表7-8　2018年、2019年一季度纳税人(个税为正数)数量明细表

单位：个

人员类别	2018			2019		
	1月	2月	3月	1月	2月	3月
员　工	625	480	469	140	393	474
代理人	7 703	8 372	7 602	1 539	1 590	1 078
合　计	8 328	8 852	8 071	1 679	1 983	1 552

资料来源：黑小娟. 市县减税降费典型案例[EB/OL]. https://czt.nx.gov.cn/ztzl/jsjf/gzdt_37777/202001/
t20200115_1922985.html，2020-01-15.

阅读上述材料，讨论以下问题：

1. 从个税政策改革对劳务报酬所得和工资薪金所得影响的角度，分析平安宁夏分公司员工税负降低原因。

2. 党的二十大报告对税收工作提出"加大税收、社会保障、转移支付等的调节力度""完善个人所得税制度"等新的要求。如何把握"坚持以人民为中心的发展思想"这一重要原则，推进个人所得税制度改革，让改革发展成果更多更公平惠及全体人民，请谈谈你的认识。

本 章 小 结 ⊕ ⊕

本章介绍了我国《个人所得税法》的基本政策、计税方法及报缴制度。

个人所得税是以自然人取得的各类应税所得为征税对象而征收的一种直接税，其税制分为三种类型，即分类所得税制、综合所得税制和分类综合所得税制。我国现行个人所得税采用的是分类与综合相结合的所得税制。

个人所得税的应税所得项目主要为工资、薪金所得，劳务报酬所得，稿酬所得，特许权使用费所得，经营所得，利息、股息、红利所得，财产租赁所得，财产转让所得，偶然所得等9项，居民纳税人的前四项劳动性所得合并为综合所得计税。

个人所得税的纳税人按照在中国境内有无住所或者居住时间标准，划分为居民纳税人和非居民纳税人。居民纳税人应就其在中国境内所得和境外所得征税，而非居民纳税人仅就其在中国境内所得征税。

个人所得税根据不同的个人所得项目，规定了超额累进税率和比例税率两种税率形式。其中，对于综合所得、经营所得及非居民的四项劳动性所得适用累进税率，其他所得适用比例税率。

个人所得税的计税依据是纳税人取得的应纳税所得额，应纳税所得额是个人取得的每项收入减去税法规定的扣除项目或扣除金额之后的余额。扣除项目对于不同收入分别实行定额扣除、比例扣除、据实扣除和不允许扣除四种方式。个人所得税应纳税额计算时，可分为按年、按月及按次计征三种计税方式，对综合所得实行按年计征同时按月累计预缴预扣，对经营所得按年计算按月或者按季度预缴，对财产租赁所得及非居民工资、薪金所得按月计征，对其他所得按次计征。对于居民个人境外所得，应按我国税法计算纳税，但在计算缴纳税额时对于在境

外已经缴纳的所得税允许依法抵免。

个人所得税缴纳实行源泉扣缴和自行申报纳税相结合的方式。

练习题 ⊕ ⊕

1. 李某为某公司高级工程师,某年度收入情况如下:

(1) 每月取得工资15 000元,12月取得年终奖工资48 000元,通过红十字会向地震灾区捐款20 000元。

(2) 业余为某单位搞一项创新设计,取得设计收入50 000元。

(3) 根据自己的生活经历,与其夫人合写的小说《我们的爱情》由出版社出版。根据两人付出的工作量,向出版单位要求按照60%∶40%分配稿酬,出版社向李某夫妇共计支付稿酬50 000元。

(4) 与他人共同投资的一家合伙企业,获得该企业年度经营所得50 000元。

(5) 两年前购买某上市公司股票,现取得上市公司分配的股息、红利所得2 000元。

(6) 向A国某公司提供一项专利,取得使用费收入80 000元,已按收入来源国税法规定缴纳了个人所得税8 000元。

李某"三险一金"每月按照国家规定的范围和标准缴纳2 100元,子女教育费、赡养老人等专项附加扣除每月3 500元。

根据上述资料,按下列序号计算有关纳税事项,每问需计算出合计数:

(1) 计算李某当年全年综合所得应缴纳的个人所得税。

(2) 计算李某的合伙企业所得应纳的个人所得税。

(3) 计算李某取得上市公司股息应纳的个人所得税。

(4) 计算李某境外所得应补或应退的个人所得税。

2. 外籍人士杰森(非居民纳税人)系自由职业者,某年度境内所得情况如下:

(1) 在我国出版中篇小说一部,取得稿酬60 000元。

(2) 受托对一部电影剧本进行审核,取得审稿收入15 000元。

(3) 临时担任会议翻译,取得收入3 000元。

(4) 出租其境内财产收入240 000元(每月20 000元)。

根据上述资料,按下列序号计算杰森有关纳税事项:

(1) 稿酬应缴纳的个人所得税。

(2) 审核剧本收入应缴纳的个人所得税。

(3) 翻译收入应缴纳的个人所得税。

(4) 租赁所得应缴纳的个人所得税。

3. 某公司员工李某某年度每月应发工资均为21 000元,"三险一金"等专项扣除为2 200元/月,从1月起享受子女教育、父母赡养专项附加扣除4 500元/月,没有减免税收入及减免税额等情况。

根据上述资料,逐月计算1—5月公司对李某应预扣预缴个人所得税额。

第八章
资源环保税法

////// 本章导入

　　自然资源是人类生存和发展的物质基础，是社会物质财富的源泉，是人类可持续发展的重要依据之一。随着自然资源消耗日益严重，世界各国广泛开征对自然资源占用、使用课税的资源税类。为促进对自然资源的合理开发利用，我国开征了资源税、城镇土地使用税、土地增值税、环境保护税等税种。

////// 学习目标

☑ 认知类目标：了解资源税、土地使用税、土地增值税、环境保护税的概念和开征意义；熟悉各税种纳税义务人、税目、税率、税收优惠和征收管理的相关规定；掌握各税种的计税依据和应纳税额的计算。

☑ 价值类目标：了解我国资源税改革的历程，理解环境保护税开征的意义，引导学生树立资源保护和环境保护意识，践行二十大精神，推进人与自然和谐发展的生态文明建设。

☑ 方法类目标：掌握各税种应纳税额计算的方法；能够通过图书馆或网络检索查询有关文献资料，了解我国资源类税改革的主要内容、趋势及对企业的影响。

////// 案例引入

　　2022年10月11日，新西兰总理与气候变化部长、农业部长和紧急事务管理部长发布了一项重要提案内容——新西兰政府将在全国引入"农场排放定价系统"，最晚于2025年实施。简而言之，政府即将对新西兰境内的1 000万头牛和2 600万只羊征收"打嗝放屁"税。人烟稀少的新西兰温室气体排放量一直居高不下。据新西兰环境部统计，该国2020年的温室气体总排放量为7 880万吨二氧化碳当量，主要包括44%的二氧化碳和44%的甲烷。其中，农业部门是新西兰当年温室气体总排放量的主要来源，占50%。为此，新西兰政府承诺到2030年将农业的甲烷排放量减少10%，到2050年减少24%～47%。农民则需在饲养牲畜的过程中，根据他们的农场面积、牲畜数量、牲畜产量和氮肥使用情况来确定排放量向国家缴纳相应的税款。

　　资料来源：周弋博. 为减少温室气体排放，新西兰将征收"牛羊打嗝费"[EB/OL]. https://baijiahao.baidu.com/s?id=1735056783264992277&wfr=spider&for=pc，2022-06-08.

第一节　资源税法

一、资源税概述

（一）资源税的概念

资源税是对在我国领域和管辖的其他海域开发应税资源的单位和个人课征的一种税，属于对自然资源占用课税的范畴。

对资源占用行为课税在我国具有十分悠久的历史，至少可以追溯到西周时期的"山泽之赋"。此后，我国历代政府一直延续了对矿冶资源和盐业资源等自然资源开发、利用课税的制度。1994年1月1日，《中华人民共和国资源税暂行条例》(已废止)开始施行，将盐、矿产品列入征税范围。之后，国务院多次启动资源税改革，调整煤炭、原油、天然气等资源税相关政策，实行从价计征改革及水资源税改革试点。《中华人民共和国资源税法》于2020年9月1日起施行，这是贯彻习近平生态文明思想、落实税收法定原则和完善地方税体系的重要举措。

对资源占用行为课税也被许多国家广泛采用。当代有些国家仍然征收"地税"，而地税的内容已不仅限于土地，还包括渔业、矿产、森林等。也有一些国家把土地作为财产税的课征对象，而把矿产、森林等单列税目作为资源税的课征对象。第二次世界大战后，石油成为各国经济发展的重要物资，同时石油的级差收益又比较大，所以，不少国家都对石油开采业征收多种形式的资源税。

（二）资源税的作用

1. 促进企业之间开展平等竞争

我国的资源税属于比较典型的级差资源税，它根据应税产品的品种、质量、存在形式、开采方式，以及企业所处地理位置和交通运输条件等客观因素的差异确定差别税率，从而使条件优越者税负较高，反之则税负较低。这种税率设计能够有效调节由于自然资源条件差异等客观因素给企业带来的级差收入，减少或排除资源条件差异对企业盈利水平的影响，为企业之间开展平等竞争创造有利的外部条件。

2. 促进对自然资源的合理开发利用

通过对开发、利用应税资源的行为课征资源税，体现了国有自然资源有偿占用的原则，从而可以促使纳税人节约、合理地开发和利用自然资源，有利于我国经济可持续发展。

3. 为国家筹集财政资金

随着资源税课征范围的逐渐扩展，资源税的收入规模及其在税收收入总额中所占的比重都相应增加，其财政意义也日渐明显，在为国家筹集财政资金方面发挥着不可忽视的作用。

二、纳税义务人

资源税的纳税义务人是指在中华人民共和国领域和中华人民共和国管辖的其他海域开发应税资源的单位和个人。上述单位是指企业、行政单位、事业单位、军事单位、社会团体及其他单位；个人是指个体经营者和其他个人。

【提示】资源税规定仅对在中国境内开采或生产应税产品的单位和个人征收，进口的应税产品不征收资源税。相应地，对出口应税产品也不免征或退还已纳资源税。

中外合作开采陆上、海上石油资源的企业应依法缴纳资源税。

国务院根据国民经济和社会发展需要，对取用地表水或者地下水的单位和个人试点征收水资源税。2016年7月1日，我国开始在河北省试点水资源税改革。自2017年12月1日起，水资源税试点范围扩大到北京、天津、山西等9个省(自治区、直辖市)。

三、税目、征税对象与税率

（一）税目

现行资源税征税范围分为5大类，每个税目下又设置若干个子目。《资源税法》所列的税目有164个，涵盖了所有已发现的矿种和盐。

(1) 能源矿产。①原油，指开采的天然原油，不包括人造石油。②天然气、页岩气、天然气水合物。③煤，包括原煤和以未税原煤加工的洗选煤。④煤成(层)气。⑤铀、钍。⑥油页岩、油砂、天然沥青、石煤。⑦地热。

(2) 金属矿产。包括黑色金属和有色金属。

(3) 非金属矿产。包括矿物类、岩石类和宝玉石类。

(4) 水气矿产。包括二氧化碳气、硫化氢气、氦气、氢气和矿泉水。

(5) 盐。包括钠盐、钾盐、镁盐、锂盐、天然卤水和海盐。

（二）征税对象

资源税的征税对象有以下三类。

1. 原矿。纳税人以自采原矿直接销售，或者自用于应当缴纳资源税情形的，按照原矿计征资源税。

2. 选矿。纳税人以自采原矿洗选加工为选矿产品销售，或者将选矿产品自用于应当缴纳资源税情形的，按照选矿计征资源税，在原矿移送环节不缴纳资源税。

3. 原矿或选矿。

（三）税率

资源税法按原矿、选矿分别设定税率。对原油、天然气、中重稀土、钨、钼等战略资源实行固定税率，由税法直接规定。其他应税资源实行幅度税率，其具体适用税率由省、自治区、直辖市人民政府统筹考虑该应税资源的品位、开采条件以及对生态环境的影响等情况，在规定的税率幅度内提出，报同级人民代表大会常务委员会决定，并报全国人民代表大会常务委员会和国务院备案。

【提示】纳税人开采或者生产不同税目或同一税目下适用不同税率应税产品的，应当分别核算不同税率应税产品的销售额或者销售数量；未分别核算或者不能准确提供不同税率应税产品的销售额或者销售数量的，从高适用税率。

知识拓展：中外合作油气田的纳税问题

知识拓展：资源税税目税率表

视频：资源税(上)

四、计税依据和应纳税额的计算

资源税的计税依据为应税产品的销售额或销售数量。资源税适用从价计征为主、从量计征为辅的征税方式。根据规定，地热、砂石、矿泉水和天然卤水可采用从价计征或从量计征的方式，其他应税产品统一适用从价定率征收的方式。

（一）从价定率征收的计税依据

1. 销售额的基本规定

从价定率征收的计税依据为销售额，是指纳税人销售应税产品向购买方收取的全部价款，不包括增值税税款。

计入销售额中的相关运杂费，凡取得增值税发票或其他合法有效凭据的，准予从销售额中扣除。相关运杂费是指应税产品从坑口或洗选(加工)地到车站、码头或购买方指定地点的运输费用、建设基金，以及随运销产生的装卸、仓储、港杂费用。

2. 特殊情形下销售额的确定

纳税人申报的应税产品销售额明显偏低且无正当理由的，或者有自用应税产品行为而无销售额的，主管税务机关可以按下列方法和顺序确定其应税产品销售额：

① 按纳税人最近时期同类产品的平均销售价格确定；

② 按其他纳税人最近时期同类产品的平均销售价格确定；

③ 按后续加工非应税产品销售价格，减去后续加工环节的成本利润后确定；

④ 按应税产品组成计税价格确定；

组成计税价格＝成本×(1＋成本利润率)÷(1－资源税税率)

⑤ 按其他合理方法确定。

【提示】纳税人开采或者生产应税产品，自用于连续生产应税产品的，不缴纳资源税；自用于其他方面的，视同销售，缴纳资源税。

3. 外购应税产品购进金额、购进数量的扣减

(1) 纳税人外购应税产品与自采应税产品混合销售或者混合加工为应税产品销售的，在计算应税产品销售额或销售数量时，准予扣减外购应税产品的购进金额或购进数量。当期不足扣减的，可结转下期扣减。

(2) 纳税人以外购原矿与自采原矿混合洗选加工为选矿产品销售的，在计算应税产品销售额或销售数量时，按照下列方法进行扣减：

准予扣减的外购应税产品购进金额(数量)＝外购原矿购进金额(数量)×本地区原矿税率÷本地区选矿税率

例如，某煤炭企业将外购100万元原煤与自采200万元原煤混合洗选加工为选煤销售，选煤销售额为450万元。当地原煤税率为3%，选煤税率为2%。在计算应税产品销售额时，准予扣减的外购应税产品购进金额＝100×(3%÷2%)＝150(万元)。

（二）从量定额征收的计税依据

从量定额征收的计税依据为应税产品的销售数量。应税产品的销售数量，包括纳税人开采或者生产应税产品的实际销售数量和自用于应当缴纳资源税情形的应税产品数量。

（三）应纳税额的计算

1. 从价定率方式

实行从价定率征收的，根据应税产品的销售额和规定的适用税率计算应纳税额，计算公式为

$$应纳税额＝销售额×比例税率$$

【例8-1】华北某油田为增值税一般纳税人。某月销售自产原油400 000吨，开具增值税专用发票，取得销售额200 000万元、增值税税额26 000万元。用开采的原油2 000吨加工生产汽油1 300吨。按《资源税税目税率表》的规定，其适用的比例税率为6%。计算该油田本月应纳资源税税额。

【解析】每吨原油的不含税销售价格＝200 000÷400 000＝0.5(万元)

应纳税额＝200 000×6%＋0.5×2 000×6%

＝12 000＋60＝12 060(万元)

【例8-2】某油田企业为增值税一般纳税人。某月销售自产原油1 000吨，取得含税收入2 260万元，同时向购买方收取赔偿金3.39万元、储备费2.26万元；支付运输费用1万元，取得增值税专用发票。原油资源税税率为6%。计算该油田当月应纳资源税税额。

【解析】应纳税额＝(2 260＋3.39＋2.26)÷(1＋13%)×6%＝120.3(万元)

2. 从量定额方式

实行从量定额征收的，根据应税产品的课税数量和规定的单位税额计算应纳税额，计算公式为

$$应纳税额＝课税数量×单位税额$$

【例8-3】某砂石开采企业某月销售砂石4 000立方米，资源税税额为2元/立方米。计算该企业本月应纳资源税税额。

【解析】应纳税额＝4 000×2＝8 000(元)

视频：资源税(下)

五、税收优惠

（一）免征资源税的情形

免征资源税的情形包括：

(1) 开采原油以及在油田范围内运输原油过程中用于加热的原油、天然气；

(2) 煤炭开采企业因安全生产需要抽采的煤成(层)气。

（二）减征资源税的情形

减征资源税的情形包括：

(1) 从低丰度油气田开采的原油、天然气，减征20%资源税；

(2) 高含硫天然气、三次采油和从深水油气田开采的原油、天然气，减征30%资源税；

(3) 稠油、高凝油减征40%资源税；

(4) 从衰竭期矿山开采的矿产品，减征30%资源税。

根据国民经济和社会发展需要，国务院对有利于促进资源节约集约利用、保护环境等情形可以规定免征或者减征资源税，报全国人民代表大会常务委员会备案。

（三）省、自治区、直辖市可以决定免征或者减征资源税的情形

省、自治区、直辖市可以决定免征或者减征资源税的情形包括：

(1) 纳税人开采或者生产应税产品过程中，因意外事故或者自然灾害等原因遭受重大损失；

(2) 纳税人开采共伴生矿、低品位矿、尾矿。

六、征收管理

（一）纳税义务发生时间

纳税人销售应税产品，纳税义务发生时间为收讫销售款或者取得索取销售款凭据的当日。自用应税产品的，纳税义务发生时间为移送应税产品的当日。

（二）纳税期限

资源税按月或者按季申报缴纳；不能按固定期限计算缴纳的，可以按次申报缴纳。

纳税人按月或者按季申报缴纳的，应当自月度或者季度终了之日起15日内，向税务机关办理纳税申报并缴纳税款；按次申报缴纳的，应当自纳税义务发生之日起15日内，向税务机关办理纳税申报并缴纳税款。

（三）纳税地点

纳税人应当向应税产品开采地或者生产地的税务机关申报缴纳资源税。

七、水资源税改革试点实施办法

为全面贯彻落实党的十九大精神，推进资源全面节约和循环利用，推动形成绿色发展方式和生活方式，自2017年12月1日起在北京、天津、山西、内蒙古、山东、河南、四川、陕西、宁夏等9个省、自治区、直辖市扩大水资源税改革试点。

（一）纳税义务人

直接取用地表水、地下水的单位和个人，为水资源税纳税人。

下列情形，不缴纳水资源税：

(1) 农村集体经济组织及其成员从本集体经济组织的水塘、水库中取用水的；

(2) 家庭生活和零星散养、圈养畜禽饮用等少量取用水的；

(3) 水利工程管理单位为配置或者调度水资源取水的；

(4) 为保障矿井等地下工程施工安全和生产安全必须进行临时应急取用(排)水的；

(5) 为消除对公共安全或者公共利益的危害临时应急取水的；

(6) 为农业抗旱和维护生态与环境必须临时应急取水的。

（二）征税对象

水资源税的征税对象为地表水和地下水。

（三）税率

水资源税实行从量定额计征，适用取水口所在地的税额。除中央直属和跨省(区、市)水力发电取用水外，由试点省份省级人民政府统筹考虑本地区水资

知识拓展：试点
省份水资源税最
低平均税额表

源状况、经济社会发展水平和水资源节约保护要求，在《试点省份水资源税最低平均税额表》规定的最低平均税额基础上，分类确定具体适用税额。

为发挥水资源税调控作用，按不同取用水性质实行差别税额。严格控制地下水过量开采，对取用地下水从高确定税额；超采地区的地下水税额要高于非超采地区；对特种行业取用水，从高确定税额；对超计划(定额)取用水，从高确定税额；对超过规定限额的农业生产取用水，以及主要供农村人口生活用水的集中式饮水工程取用水，从低确定税额；对回收利用的疏干排水和地源热泵取用水，从低确定税额。

【提示】特种行业取用水，是指洗车、洗浴、高尔夫球场、滑雪场等取用水。

(四) 应纳税额的计算

对一般取用水按照实际取用水量征税，应纳税额的计算公式为

$$应纳税额＝实际取用水量×适用税额$$

水力发电和火力发电贯流式(不含循环式)冷却取用水应纳税额的计算公式为

$$应纳税额＝实际发电量×适用税额$$

(五) 税收减免

下列情形，予以免征或者减征水资源税：

(1) 规定限额内的农业生产取用水，免征水资源税；

(2) 取用污水处理再生水，免征水资源税；

(3) 除接入城镇公共供水管网以外，军队、武警部队通过其他方式取用水的，免征水资源税；

(4) 抽水蓄能发电取用水，免征水资源税；

(5) 采油排水经分离净化后在封闭管道回注的，免征水资源税；

(6) 财政部、国家税务总局规定的其他免征或者减征水资源税情形。

(六) 征收管理

水资源税的纳税义务发生时间为纳税人取用水资源的当日。除农业生产取用水外，水资源税按季或者按月征收。对超过规定限额的农业生产取用水水资源税可按年征收。不能按固定期限计算纳税的，可以按次申报纳税。

纳税人应当自纳税期满或者纳税义务发生之日起15日内申报纳税。

纳税人应当向生产经营所在地的税务机关申报缴纳水资源税。跨省(区、市)调度的水资源，由调入区域所在地的税务机关征收水资源税。

第二节　城镇土地使用税法

土地是人类赖以生存、从事生产活动必不可少的物质条件。我国人多地少，珍惜土地、节约用地是一项基本国策。城镇土地使用税是以城镇土地为征税对象，对拥有土地使用权的单位和个人征收的一种税。征收城镇土地使用税有利于促进土地的合理利用，调节土地级差收入，也有利于筹集地方财政资金。我国现行城镇土地使用税法的基本规范是2006年12月31日国务院

修改并颁布的《中华人民共和国城镇土地使用税暂行条例》。

一、纳税义务人和征税范围

（一）纳税义务人

在城市、县城、建制镇、工矿区范围内使用土地的单位和个人，为城镇土地使用税的纳税人。城镇土地使用税的纳税人通常包括以下几类：

(1) 拥有土地使用权的单位和个人。

(2) 拥有土地使用权的单位和个人不在土地所在地的，其土地的实际使用人和代管人为纳税人。

(3) 土地使用权未确定或权属纠纷未解决的，其实际使用人为纳税人。

(4) 土地使用权共有的，共有各方都是纳税人，由共有各方分别纳税。

【提示】几个人或几个单位共同拥有一块土地的使用权，纳税人应是对这块土地拥有使用权的每一个人或每一个单位。他们应以其实际占用的土地面积占总面积的比例，分别计算缴纳城镇土地使用税。

（二）征税范围

城镇土地使用税的征税范围，包括在城市、县城、建制镇和工矿区内的国家所有和集体所有的土地。建立在城市、县城、建制镇和工矿区以外的工矿企业则不需缴纳城镇土地使用税。

知识拓展：城市、县城、建制镇和工矿区的确认标准

二、适用税额、计税依据和应纳税额的计算

（一）适用税额

城镇土地使用税采用定额税率，即采用有幅度的差别税额，按大、中、小城市和县城、建制镇、工矿区分别规定每平方米土地使用税的年应纳税额。城镇土地使用税年税额具体如表8-1所示。

知识拓展：大、中、小城市的划分标准

表8-1 城镇土地使用税年税额

级别	每平方米年税额/元
大城市	1.5～30
中等城市	1.2～24
小城市	0.9～18
县城、建制镇、工矿区	0.6～12

【提示】每个幅度税额的差距规定为20倍。省、自治区、直辖市人民政府应当在规定的税额幅度内根据市政建设状况和经济繁荣程度等条件，确定所辖地区的适用税额幅度。

经济落后地区的土地使用税的适用税额标准可适当降低，但降低额不得超过上述规定最低税额的30%。经济发达地区的适用税额标准可以适当提高，但须报财政部批准。

（二）计税依据

城镇土地使用税以纳税人实际占用的土地面积为计税依据，土地面积计量标准为每平方

米。纳税人实际占用的土地面积按下列办法确定：

(1) 由省、自治区、直辖市人民政府确定的单位组织测定土地面积的，以测定的面积为准。

(2) 尚未组织测量，但纳税人持有政府部门核发的土地使用证书的，以证书确认的土地面积为准。

(3) 尚未核发土地使用证书的，应由纳税人先行申报土地面积，据以纳税，待核发土地使用证以后再作调整。

(4) 自2009年12月1日起，对在征税范围内单独建造的地下建筑用地，暂按应征税款的50%征收城镇土地使用税。其中，已取得地下土地使用权证的，按证书确认的土地面积计算应征税款；未取得地下土地使用权证的或土地使用权证未标明土地面积的，按地下建筑垂直投影面积计算缴税。

（三）应纳税额的计算

城镇土地使用税的应纳税额可以通过纳税人实际占用的土地面积乘以该土地所在地段的适用税额求得。其计算公式为

$$全年应纳税额＝实际占用应税土地面积(平方米)×适用税额$$

视频：城镇土地使用税(上)

【例8-4】某中等城市一家加工企业某年占地面积为50 000平方米，企业所在地城镇土地使用税每平方米年税额为10元。请计算其全年应纳的城镇土地使用税税额。

【解析】年应纳城镇土地使用税税额＝50 000×10＝500 000(元)

三、税收优惠

（一）法定免缴城镇土地使用税的优惠

法定免缴城镇土地使用税的优惠包括以下几方面。

(1) 国家机关、人民团体、军队自用的土地免缴城镇土地使用税。

(2) 由国家财政部门拨付事业经费的单位自用的土地免缴城镇土地使用税。

(3) 宗教寺庙、公园、名胜古迹自用的土地免缴城镇土地使用税。

【提示】以上单位的生产、经营用地和其他用地，不属于免税范围。如公园中附设的影剧院、照相馆使用的土地必须照章纳税。

(4) 市政街道、广场、绿化地带等公共用地免缴城镇土地使用税。

(5) 直接用于农、林、牧、渔业的生产用地免缴城镇土地使用税。

【提示】这里指直接从事于种植养殖、饲养的专业用地，不包括农副产品加工场地和生活办公用地。

(6) 经批准开山填海整治的土地和改造的废弃土地，从使用的月份起免缴城镇土地使用税5年至10年。

(7) 对非营利性医疗机构、疾病控制机构和妇幼保健机构等卫生机构自用的土地，免征城镇土地使用税。对营利性医疗机构自用的土地自2000年起免征城镇土地使用税3年。

(8) 对国家拨付事业经费和企业办的学校、医院、托儿所、幼儿园自用的房产、土地，免征城镇土地使用税。

(9) 免税单位无偿使用纳税单位的土地(如公安、海关等单位使用铁路、民航等单位的土地)，免征城镇土地使用税。纳税单位无偿使用免税单位的土地，纳税单位应照章缴纳城镇土地使用税。纳税单位与免税单位共同使用、共有使用权土地上的多层建筑，对纳税单位可按其占用的建筑面积占建筑总面积的比例计征城镇土地使用税。

(10) 对改造安置住房建设用地免征城镇土地使用税。

(11) 为了体现国家的产业政策，支持重点产业的发展，对一些特殊用地划分了征免税界限，给予了政策性减免税照顾。如：

● 对企业的铁路专用线、公路等用地，在厂区以外、与社会公用地段未加隔离的，暂免征收城镇土地使用税；

● 对企业厂区以外的公共绿化用地和向社会开放的公园用地，暂免征收城镇土地使用税。

(二) 省、自治区、直辖市地方税务局确定减免城镇土地使用税的优惠

省、自治区、直辖市地方税务局确定减免城镇土地使用税的情形包括：

(1) 个人所有的居住房屋及院落用地；

(2) 房产管理部门在房租调整改革前经租的居民住房用地；

(3) 免税单位职工家属的宿舍用地；

(4) 集体和个人办的各类学校、医院、托儿所、幼儿园用地。

【例8-5 多选题】下列用地，可以免征城镇土地使用税的是(　　)。

A. 人民法院的办公楼用地　　　　　　B. 企业内道路占用的土地

C. 军队的家属院落用地　　　　　　　D. 公园的照相馆经营用地

【解析】正确答案为AC。国家机关、人民团体、军队自用的土地免征城镇土地使用税。

视频：城镇土地使用税(下)

四、征收管理

(一) 纳税期限

城镇土地使用税实行按年计算、分期缴纳的征收方法，具体纳税期限由省、自治区、直辖市人民政府确定。

(二) 纳税义务发生时间

(1) 纳税人购置新建商品房，自房屋交付使用之次月起，缴纳城镇土地使用税。

(2) 纳税人购置存量房，自办理房屋权属转移、变更登记手续，房地产权属登记机关签发房屋权属证书之次月起，缴纳城镇土地使用税。

(3) 纳税人出租、出借房产，自交付出租、出借房产之次月起，缴纳城镇土地使用税。

(4) 以出让或转让方式有偿取得土地使用权的，应由受让方从合同约定缴税时间的次月起缴纳城镇土地使用税；合同未约定缴付时间的，由受让方从合同签订的次月起缴纳城镇土地使用税。

(5) 纳税人新征用的耕地，自批准征用之日起满1年时，开始缴纳城镇土地使用税。

(6) 纳税人新征用的非耕地，自批准征用次月起，缴纳城镇土地使用税。

(7) 自2009年1月1日起，纳税人因土地的权利发生变化而依法终止城镇使用税纳税义务的，其应纳税款的计算应截至土地权利发生变化的当月末。

【例8-6 单选题】某公司某年3月通过挂牌取得一宗土地，土地出让合同约定当年4月交

付，土地使用证记载占地面积为6 000平方米。该土地年税额4元/平方米。该公司当年应缴纳的城镇土地使用税为(　　)元。

  A. 16 000   B. 18 000   C. 20 000   D. 24 000

【解析】正确答案为A。应缴纳城镇土地使用税＝6 000×4×8/12＝16 000(元)

（三）纳税地点

城镇土地使用税在土地所在地缴纳。

纳税人使用的土地不属于同一省、自治区、直辖市管辖的，由纳税人分别向土地所在地的税务机关缴纳土地使用税；在同一省、自治区、直辖市管辖范围内，纳税人跨地区使用的土地，其纳税地点由各省、自治区、直辖市地方税务局确定。

第三节　土地增值税法

一、土地增值税概述

（一）土地增值税的概念

土地增值税是对有偿转让国有土地使用权及地上建筑物和其他附着物产权(以下简称转让房地产)，取得增值收入的单位和个人征收的一种税。我国从1994年1月1日起开征土地增值税，这是我国第一个专门对土地增值额或土地收益额征收的税种。征收土地增值税增强了政府对房地产开发和交易市场的调节，有利于抑制炒买炒卖土地获取暴利的行为，也增加了国家财政收入。为贯彻落实税收法定原则，2019年7月《中华人民共和国土地增值税法(征求意见稿)》发布，向社会公开征求意见。

（二）我国土地增值税的特点

1. 以转让房地产取得的增值额为计税依据

转让房地产取得的增值额为纳税人转让房地产的收入减除税法规定准予扣除的项目金额后的余额。这些准予扣除的项目包括相关的成本、费用、税金及其他项目。

2. 征税面比较广

凡在我国境内转让房地产并取得收入的单位和个人，除税法规定免税的外，均应依照规定缴纳土地增值税。换言之，凡发生应税行为的单位和个人，不论其经济性质，也不分内、外资企业或中、外籍人员，无论专营或兼营房地产业务，均有缴纳土地增值税的义务。

3. 实行超率累进税率

土地增值税的税率以转让房地产增值率的高低为依据来确认，按照累进原则设计，实行分级计税。增值率是以收入总额减去准予扣除项目金额后的余额再除以扣除项目合计金额计算的。增值率高的，则税率高，需多纳税；增值率低的，则税率低，应少纳税。

4. 实行按次征收

土地增值税在房地产发生转让的环节，实行按次征收，每发生一次转让行为，就应根据每次取得的增值额征一次税。

二、纳税义务人和征税范围

（一）纳税义务人

土地增值税的纳税义务人为转让房地产并取得收入的单位和个人。

《中华人民共和国土地增值税暂行条例》对纳税人的规定主要有以下4个特点。

(1) 不论法人与自然人。不论是企业、事业单位、国家机关、社会团体及其他组织，还是个人，只要有偿转让房地产，都是土地增值税的纳税人。

(2) 不论经济性质。不论是全民所有制企业、集体企业、私营企业、个体经营者，还是联营企业、合资企业、合作企业、外商独资企业等，只要有偿转让房地产，都是土地增值税的纳税人。

(3) 不论内资与外资企业、中国公民与外籍个人。不论是内资企业还是外商投资企业、外国驻华机构，也不论是中国公民还是外国公民，只要有偿转让房地产，都是土地增值税的纳税人。

(4) 不论部门。不论是工业、农业、商业、学校、医院、机关等，只要有偿转让房地产，都是土地增值税的纳税人。

（二）征税范围

1. 一般规定

(1) 土地增值税是对转让国有土地使用权及其地上建筑物和附着物的行为征税，非国有土地使用权的转让行为不在征税范围内。

【提示】被转让土地的使用权是否为国家所有，是判定是否属于土地增值税征税范围的标准之一。

【提示】集体土地的自行转让是一种违法行为，按现行规定，须由国家征用后才能进行转让。

(2) 土地增值税是对国有土地使用权及其地上的建筑物和附着物的转让行为征税，国有土地出让行为和非转让行为不在征税范围内。

① 土地使用权的出让不属于土地增值税的征税范围。

② 未转让土地使用权、房产产权的行为(如房地产的出租)，不属于土地增值税的征税范围。

【提示】土地使用权、地上的建筑物及其附着物的产权是否发生转让，是判定是否属于土地增值税征税范围的标准之二。

(3) 土地增值税是对转让房地产并取得收入的行为征税，无偿转让土地(如房地产的继承)不在征税范围之内。

【提示】是否取得收入是判定是否属于土地增值税征税范围的标准之三。

【提示】无论是单独转让国有土地使用权，还是房屋产权与国有土地使用权一并转让的，只要取得收入，均属于土地增值税的征税范围，应对其征收土地增值税。

2. 具体情况的判定

(1) 以赠与方式转让房地产。因其只发生房地产产权转让，没有取得相应的收入，属于无偿转让房地产的行为，不属于土地增值税的征税范围。但是这里的"赠与"仅指以下情况：

① 房产所有人、土地使用权所有人将房屋产权、土地使用权赠与直系亲属或承担直接赡养义务人的。

② 房产所有人、土地使用权所有人通过中国境内非营利的社会团体、国家机关将房屋产权、土地使用权赠与教育、民政和其他社会福利、公益事业的。

(2) 房地产的抵押。由于房产的产权、土地使用权在抵押期间产权并没有发生权属的变更，因此，不征收土地增值税。抵押期满后，视该房地产是否转移占有而确定是否征收土地增值税。对于以房地产抵债而发生房地产权属转让的，应列入土地增值税的征税范围。

(3) 以房地产进行投资、联营。对于以房地产进行投资、联营的，投资、联营的一方以土地(房地产)作价入股进行投资或作为联营条件，将房地产转让到所投资、联营的企业中时，暂免征收土地增值税。对投资、联营企业将上述房地产再转让的，应征收土地增值税。但投资、联营的企业属于从事房地产开发的，或房地产开发企业以其建造的商品房进行联营和投资的，应当征收土地增值税。

(4) 合作建房。对于一方出地，一方出资金，双方合作建房，建成后按比例分房自用的，暂免征收土地增值税；建成后转让的，应征收土地增值税。

(5) 企业兼并转让房地产。在企业兼并中，对被兼并企业将房地产转让到兼并企业中的，暂免征收土地增值税。

(6) 房地产的代建房行为。对于房地产开发公司而言，虽然取得了收入，但没有发生房地产权属的转移，其收入属于劳务收入性质，故不属于土地增值税的征税范围。

(7) 房地产的重新评估。这种情况下，房地产虽然有增值，但其既没有发生房地产权属的转移，房产产权人、土地使用权人也未取得收入，所以不属于土地增值税的征税范围。

【例8-7　多选题】下列行为中，不属于土地增值税征税范围的是(　　)。

A. 房屋出租　　　　　　　　　　　B. 以房地产抵债

C. 将房屋产权赠与直系亲属　　　　D. 房地产的继承

【解析】正确答案为ACD。

三、税率

土地增值税实行四级超率累进税率，如表8-2所示。

视频：土地增值税(上)

表8-2　土地增值税四级超率累进税率表

级数	增值额与扣除项目金额的比率	税率(%)	速算扣除系数(%)
1	不超过50%的部分	30	0
2	超过50%至100%的部分	40	5
3	超过100%至200%的部分	50	15
4	超过200%的部分	60	35

四、应纳税额的计算

土地增值税的计算一般有以下几个步骤：

(1) 确定转让国有土地使用权或房地产所取得的收入；

(2) 确定扣除项目的金额；

(3) 计算增值额和增值率，并确定税率；

(4) 计算应纳税额。

（一）应税收入的确定

纳税人转让房地产取得的收入，是指转让房地产所取得的全部价款及有关的经济收益。从收入的形式来看，包括货币收入、实物收入和其他收入。

【提示】该收入为不含增值税的收入。

知识拓展：收入
的形式

（二）从事房地产开发的纳税人扣除项目

1. 取得土地使用权所支付的金额

取得土地使用权所支付的金额包括以下两方面的内容：

(1) 纳税人为取得土地使用权所支付的地价款。如果是以协议、招标、拍卖等出让方式取得土地使用权的，地价款为纳税人所支付的土地出让金；如果是以行政划拨方式取得土地使用权的，地价款为按照国家有关规定补缴的土地出让金；如果是以转让方式取得土地使用权的，地价款为向原土地使用权人实际支付的地价款。

(2) 纳税人在取得土地使用权时按国家统一规定缴纳的有关费用。包括纳税人在取得土地使用权过程中为办理有关手续，按国家统一规定缴纳的有关登记、过户手续费。

2. 房地产开发成本

房地产开发成本是指纳税人房地产开发项目实际发生的成本，包括土地的征用及拆迁补偿费、前期工程费、建筑安装工程费、基础设施费、公共配套设施费、开发间接费用等。

(1) 土地征用及拆迁补偿费。包括土地征用费、耕地占用税、劳动力安置费，以及有关地上、地下附着物拆迁补偿的净支出、安置动迁用房支出等。

(2) 前期工程费。包括规划、设计、项目可行性研究和水文、地质、勘察、测绘、"三通一平"等支出。

(3) 建筑安装工程费。指以出包方式支付给承包单位的建筑安装工程费，以自营方式发生的建筑安装工程费。

(4) 基础设施费。包括开发小区内道路、供水、供电、供气、排污、排洪、通信、照明、环卫、绿化等工程发生的支出。

(5) 公共配套设施费。包括不能有偿转让的开发小区内公共配套设施发生的支出。

(6) 开发间接费用。指直接组织、管理开发项目发生的费用，包括工资、职工福利费、折旧费、修理费、办公费、水电费、劳动保护费、周转房摊销等。

3. 房地产开发费用

房地产开发费用是指与房地产开发项目有关的销售费用、管理费用和财务费用。作为土地增值税扣除项目的房地产开发费用，不按纳税人房地产开发项目实际发生的费用进行扣除，而按《土地增值税暂行条例实施细则》的标准进行扣除。

根据利息支出能否提供金融机构证明和按转让房地产项目计算分摊，房地产开发费用的确定方式分为以下两种。

(1) 纳税人能够按转让房地产项目计算分摊利息支出，并能提供金融机构的贷款证明的：

$$允许扣除的房地产开发费用＝利息＋(取得土地使用权所支付的金额＋房地产开发成本)×5\%以内$$

(2) 纳税人不能按转让房地产项目计算分摊利息支出或不能提供金融机构贷款证明的：

$$允许扣除的房地产开发费用＝(取得土地使用权所支付的金额＋房地产开发成本)×10\%以内$$

【提示】

(1) 利息最高不能超过按商业银行同类同期贷款利率计算的金额;

(2) 利息的上浮幅度按国家的有关规定执行, 超过上浮幅度的部分不允许扣除;

(3) 对于超过贷款期限的利息部分和加罚的利息不允许扣除。

4. 与转让房地产有关的税金

与转让房地产有关的税金是指在转让房地产时缴纳的城市维护建设税、印花税。因转让房地产缴纳的教育费附加, 也可视同税金予以扣除。

【提示】房地产开发企业在转让房屋时缴纳的印花税因列入管理费用中, 故在此不允许再扣除。其他纳税人缴纳的印花税, 允许在此扣除。

5. 其他扣除项目

对从事房地产开发的纳税人可按"取得土地使用权所支付的金额"和"房地产开发成本"之和, 加计20%的扣除。

【提示】此条优惠只适用于从事房地产开发的纳税人, 除此之外的其他纳税人不适用。

6. 代收费用

对于县级以上人民政府要求房地产开发企业在售房时代收的各项费用, 如果代收费用计入房价向购买方一并收取, 则在计算扣除项目金额时, 可以扣除代收费用, 但不作为加计20%扣除的基数。

(三) 转让旧房及建筑物的扣除项目

纳税人转让旧房及建筑物应纳土地增值税时, 准予扣除的有以下项目。

(1) 取得土地使用权所支付的金额。包括取得土地使用权所支付的地价款和按国家统一规定缴纳的有关费用。

(2) 与转让房地产有关的税金。

(3) 旧房及建筑物的评估价格。旧房及建筑物的评估价格是指在转让已使用的房屋及建筑物时, 由政府批准设立的房地产评估机构评定的重置成本价乘以成新度折扣率后的价格。评估价格须经当地税务机关确认。

纳税人转让旧房及建筑物凡不能取得评估价格, 但能提供购房发票的, 经当地税务机关确认, 取得土地使用权所支付的金额、旧房及建筑物的评估价格, 可按发票所载金额并从购买年度起至转让年度止每年加计5%计算扣除。

【提示】对纳税人购房时缴纳的契税, 凡能提供契税完税凭证的, 准予作为"与转让房地产有关的税金"予以扣除, 但不作为加计5%的基数。

(四) 增值额和增值率的确定

1. 增值额的确定

土地增值税的增值额为纳税人转让房地产所取得的收入减去规定的扣除项目金额后的余额。

$$增值额=应税收入-扣除项目$$

在实际房地产交易活动中, 有些纳税人由于不能准确提供房地产转让价格或扣除项目金额, 致使增值额不准确, 直接影响应纳税额的计算和缴纳。因此, 纳税人有下列情形之一的, 应按照房地产评估价格计算征收:

(1) 隐瞒、虚报房地产成交价格的；

(2) 提供扣除项目金额不实的；

(3) 转让房地产的成交价格低于房地产评估价格，又无正当理由的。

2. 增值率和税率的确定

土地增值税的增值率为增值额占扣除项目金额的比率。通过计算确定增值率，就可以按照税率表确定土地所得税的适用税率。

$$增值率(\%)=增值额\div扣除项目金额$$

（五）应纳税额的计算

土地增值税按照纳税人转让房地产所取得的增值额和适用税率计算征收，计算公式为

$$应纳税额=\sum(每级距的土地增值额\times适用税率)$$
$$=增值额\times适用税率-扣除项目金额\times速算扣除数$$

【例8-8】某房地产开发公司转让新建的房屋取得收入1 000万元，扣除项目金额为400万元。请计算该企业应该缴纳的土地增值税。

【解析】

(1) 先计算增值额，增值额＝1 000－400＝600(万元)。

(2) 再计算增值额与扣除项目的比率，增值率＝600÷400＝150%。

根据表8-2，转让房屋的增值率超过100%，未达到200%，适用第三级税率50%，速算扣除数为15%。

(3) 最后计算应纳土地增值税税额。

应纳税额计算方法一：分别计算各级次土地增值税税额。

① 增值额未超过扣除项目金额50%的部分，适用30%的税率。

$$这部分增值额应纳土地增值税=400\times50\%\times30\%=60(万元)$$

② 增值额超过扣除项目金额50%，未超过100%的部分，适用40%的税率。

$$这部分增值额应纳土地增值税=400\times(100\%-50\%)\times40\%=80(万元)$$

③ 增值额超过扣除项目金额100%，未超过200%的部分，适用50%的税率。

$$这部分增值额应纳土地增值税=400\times(150\%-100\%)\times50\%=100(万元)$$

④ 将各级的税额相加，得出总税额，应纳土地增值税＝60＋80＋100＝240(万元)。

应纳税额计算方法二：速算扣除法

$$土地增值税税额=600\times50\%-400\times15\%=240(万元)$$

不难看出，两种计算方法所得出的结果是一样的，但是使用速算扣除法计算更为简便。

【例8-9】某市房地产开发公司转让写字楼(老项目)一栋，共取得不含税转让收入5 000万元，按规定缴纳了有关税金。已知公司为取得土地使用权所支付的金额为500万元；投入的房地产开发成本为1500万元；房地产开发费用中的利息支出为120万元(能够按转让房地产项目计算分摊并提供金融机构证明)，包括罚息10万元。另知公司所在地政府规定的其他房地产开发费用的计算扣除比例为5%。请计算该公司转让此写字楼应纳的土地增值税税额。

【解析】

(1) 确定转让房地产的收入为5 000万元。

(2) 确定转让房地产的扣除项目金额为2 640万元。

- 取得土地使用权所支付的金额为500万元;
- 房地产开发成本为1 500万元;
- 房地产的开发费用为$(120-10)+(500+1500)\times5\%=210$(万元);
- 与转让房地产有关的税金为$5\,000\times5\%\times(7\%+3\%+2\%)=30$(万元);
- 从事房地产开发的加计扣除金额为$(500+1500)\times20\%=400$(万元)。

(3) 转让房地产的增值额为$5\,000-2\,640=2\,360$(万元)。

(4) 增值额与扣除项目金额的比率为$2\,360\div2\,640=89.39\%$。

(5) 应纳的土地增值税税额为$2\,360\times40\%-2\,640\times5\%=812$(万元)。

视频:土地增值税(下)

五、税收优惠

(一)建造普通标准住宅的税收优惠

纳税人建造普通标准住宅出售,增值额未超过扣除项目金额20%的,免征土地增值税。增值额超过扣除项目金额20%的,应就其全部增值额按规定计税。

知识拓展:普通标准住宅的界定

对于纳税人既修建普通标准住宅又搞其他房地产开发的,应分别核算增值额。不分别核算增值额或不能准确核算增值额的,其建造的普通标准住宅不能适用这一免税规定。

(二)国家征用收回的房地产的税收优惠

因国家建设需要依法征用、收回的房地产,免征土地增值税。

这里所说的"因国家建设需要依法征用、收回的房地产",是指因城市实施规划、国家建设的需要而被政府批准征用的房产或收回的土地使用权。因城市实施规划、国家建设的需要而搬迁,由纳税人自行转让原房地产的,比照有关规定免征土地增值税。

(三)个人转让房地产的税收优惠

从2008年11月1日起,对个人销售住房暂免征收土地增值税。

六、土地增值税清算和征收管理

(一)土地增值税清算

土地增值税清算,是指纳税人在符合土地增值税清算条件后,依照有关政策规定,计算房地产开发项目应缴纳的土地增值税税额,结清该房地产项目应缴纳土地增值税税款的行为。

1. 土地增值税的清算单位

土地增值税清算应该以国家有关部门审批的房地产开发项目为单位进行清算。对于分期开发的项目,以分期项目为清算单位。如果开发项目中同时包含普通住宅和非普通住宅的,应分别计算增值额。

2. 土地增值税的清算条件

(1) 纳税人符合下列条件之一的,应进行土地增值税的清算:

① 房地产开发项目全部竣工、完成销售的;

② 整体转让未竣工决算房地产开发项目的;

③ 直接转让土地使用权的。

(2) 对符合以下条件之一的,主管税务机关可要求纳税人进行土地增值税清算:

① 已竣工验收的房地产开发项目,已转让的房地产建筑面积占整个项目可售建筑面积的比例在85%以上,或该比例虽未超过85%,但剩余的可售建筑面积已经出租或自用的;

② 取得销售(预售)许可证满3年仍未销售完毕的;

③ 纳税人申请注销税务登记但未办理土地增值税清算手续的(应在办理注销登记前进行土地增值税清算);

④ 省(自治区、直辖市、计划单列市)税务机关规定的其他情况。

知识拓展: 土地增值税清算时应提供的资料

3. 清算审核要点

(1) 清算审核时,应审核房地产开发项目是否以国家有关部门审批、备案的项目为单位进行清算;对于分期开发的项目,是否以分期项目为单位清算;对同项目中的不同类型房地产(如普通住宅和非普通住宅)是否分别计算增值额、增值率来缴纳土地增值税。

(2) 审核收入情况时,应结合销售发票、销售合同、商品房销售(预售)许可证、房产销售分户明细表及其他有关资料,重点审核销售明细表、房地产销售面积与项目可售面积的数据关联性,以核实计税收入;对销售合同所载商品房面积与有关部门实际测量面积不一致,而发生补、退房款的收入调整情况进行审核;对销售价格进行评估,审核有无价格明显偏低情况;确认有无少计、漏计事项,确认有无将开发产品用于职工福利、奖励、对外投资等视同销售的情况。

(3) 审核扣除项目是否符合下列要求。

① 在土地增值税清算中,计算扣除项目金额时,其实际发生的支出应当取得但未取得合法凭据的不得扣除。

② 扣除项目金额中所归集的各项成本和费用,必须是实际发生的。

③ 扣除项目金额应当准确地在各扣除项目中分别归集,不得混淆。

④ 扣除项目金额中所归集的各项成本和费用,必须是在清算项目开发中直接发生的或应当分摊的。

⑤ 纳税人分期开发项目或者同时开发多个项目的,或者同一项目中建造不同类型房地产的,应按照受益对象,采用合理的分配方法,分摊共同的成本费用。

⑥ 对同一类事项,应当采取相同的会计政策或处理方法。会计核算与税务处理规定不一致的,以税务处理规定为准。

4. 核定征收

在土地增值税清算过程中,发现纳税人符合核定征收条件的,应按核定征收方式对房地产项目进行清算。

在土地增值税清算中符合以下条件之一的,可实行核定征收:

① 依照法律、行政法规的规定应当设置但未设置账簿的;

② 擅自销毁账簿或者拒不提供纳税资料的;

③ 虽设置账簿,但账目混乱或者成本资料、收入凭证、费用凭证残缺不全,难以确定转

让收入或扣除项目金额的；

④ 符合土地增值税清算条件，企业未按照规定的期限办理清算手续，经税务机关责令限期清算，逾期仍不清算的；

⑤ 申报的计税依据明显偏低，又无正当理由的。

5. 清算后再转让房地产的处理

在土地增值税清算时未转让的房地产，清算后销售或有偿转让的，纳税人应按规定进行土地增值税的纳税申报，扣除项目金额按清算时的单位建筑面积成本费用乘以销售或转让面积计算。

$$单位建筑面积成本费用＝清算时的扣除项目总金额÷清算的总建筑面积$$

（二）征收管理

1. 纳税地点

土地增值税的纳税人应向房地产所在地主管税务机关办理纳税申报，并在税务机关核定的期限内缴纳土地增值税。这里所说的"房地产所在地"，是指房地产的坐落地。纳税人转让的房地产坐落在两个或两个以上地区的，应按房地产所在地分别申报纳税。

知识拓展：纳税地点的确定

2. 纳税申报

土地增值税的纳税人应在转让房地产合同签订后的7日内，到房地产所在地主管税务机关办理纳税申报。

纳税人因经常发生房地产转让而难以在每次转让后申报的，经税务机关审核同意后，可以定期进行纳税申报，具体期限由税务机关根据情况确定。

第四节　环境保护税

一、环境保护税概述

一些经济发达国家由于经济发展过程中曾饱受环境问题的困扰，率先尝试将税收用之于环境保护。荷兰是征收环境保护税较早的国家，为环境保护设计的税收主要包括燃料税、噪声税、水污染税等，其税收政策已为不少发达国家借鉴。

我国在环境保护方面的措施主要是排污费的征收，从1979年就确立了排污费制度。但排污费制度一直以来都存在着法律层级较低、执法刚性不足、行政干预较多、强制性和规范性较差等问题。我国在环境保护方面也有一些税收措施，但比较零散且在整个税收体系中所占比重较小，无法充分起到调节作用。加上近年来雾霾治理的紧迫、水污染防治的难题等种种环保问题的加剧，都倒逼环境保护税加快开征步伐。

《中华人民共和国环境保护税法》自2018年1月1日起正式实施。环境保护税是对我国领域及其管辖的其他海域，直接向环境排放应税污染物的企业事业单位和其他生产经营者征收的一种税，其立法目的是保护和改善环境，减少污染物排放，推进生态文明建设。它是我国首个明确以环境保护为目标的税种，有利于解决原排污费制度存在的诸多问题，有利于提高纳税人环境保护意识和强化企业治污减排责任。

二、纳税义务人

环境保护税法的纳税义务人是在中华人民共和国领域和中华人民共和国管辖的其他海域，直接向环境排放应税污染物的企业事业单位和其他生产经营者。

达到省级人民政府确定的规模标准并且有污染物排放口的畜禽养殖场，应当依法缴纳环境保护税，但依法对畜禽养殖废弃物进行综合利用和无害化处理的除外。

三、征税对象

环境保护税法的征税对象为应税污染物，是指《环境保护税税目税额表》《应税污染物和当量值表》所规定的大气污染物、水污染物、固体废物和噪声4大类污染物。

知识拓展：环境保护税的征税范围

【提示】环境保护税的征税范围不包括温室气体二氧化碳。

【提示】应税噪声污染目前只包括工业噪声。

有下列情形之一的，不属于直接向环境排放污染物，不缴纳相应污染物的环境保护税：

(1) 企业事业单位和其他生产经营者向依法设立的污水集中处理、生活垃圾集中处理场所排放应税污染物的；

(2) 企业事业单位和其他生产经营者在符合国家和地方环境保护标准的设施、场所贮存或处置固体废物的。

视频：环境保护税

四、税率

环境保护税实行定额税率，税目、税额依照《环境保护税税目税额表》执行，如表8-3所示。具体适用税额的确定和调整由省、自治区、直辖市人民政府统筹考虑本地区环境承载能力、污染物排放现状和经济社会生态发展目标要求，在规定的税额幅度内提出，报同级人民代表大会常务委员会决定，并报全国人民代表大会常务委员会和国务院备案。

表8-3　环境保护税税目税额表

税目		计税单位	税额
大气污染物		每污染当量	1.2元至12元
水污染物		每污染当量	1.4元至14元
固体废物	煤矸石	每吨	5元
	尾矿	每吨	15元
	危险废物	每吨	1000元
	冶炼渣、粉煤灰、炉渣、其他固体废物(含半固态、液态废物)	每吨	25元
噪声污染	工业噪声	超标1～3分贝	每月350元
		超标4～6分贝	每月700元
		超标7～9分贝	每月1 400元
		超标10～12分贝	每月2 800元
		超标13～15分贝	每月5 600元
		超标16分贝以上	每月11 200元

五、计税依据

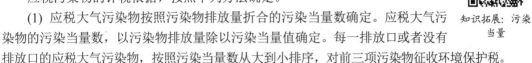

知识拓展：污染当量

应税污染物的计税依据，按照下列方法确定。

(1) 应税大气污染物按照污染物排放量折合的污染当量数确定。应税大气污染物的污染当量数，以污染物排放量除以污染当量值确定。每一排放口或者没有排放口的应税大气污染物，按照污染当量数从大到小排序，对前三项污染物征收环境保护税。

(2) 应税水污染物按照污染物排放量折合的污染当量数确定。应税水污染物的污染当量数，以污染物排放量除以污染当量值确定。每一排放口的应税水污染物，区分第一类水污染物和其他类水污染物，按照污染当量数从大到小排序，对第一类水污染物按照前五项征收环境保护税，对其他类水污染物按照前三项征收环境保护税。

纳税人有下列情形之一的，以其当期应税大气污染物、水污染物的产生量作为污染物的排放量：

① 未依法安装使用污染物自动监测设备或者未将污染物自动监测设备与环境保护主管部门的监控设备联网；

② 损毁或者擅自移动、改变污染物自动监测设备；

③ 篡改、伪造污染物监测数据；

④ 通过暗管、渗井、渗坑、灌注或者稀释排放，以及不正常运行防止污染设施等方式违法排放应税污染物；

⑤ 进行虚假纳税申报。

(3) 应税固体废物按照固体废物的排放量确定。固体废物的排放量为当期应税固体废物的产生量减去当期应税固体废物的贮存量、处置量、综合利用量的余额。纳税人有下列情形之一的，以其当期应税固体废物的产生量作为固体废物的排放量：

① 非法倾倒应税固体废物；

② 进行虚假纳税申报。

(4) 应税噪声按照超过国家规定标准的分贝数确定。

六、应纳税额的计算

（一）应税大气污染物应纳税额的计算

应税大气污染物的应纳税额为污染当量数乘以具体适用税额，计算公式为

$$应税大气污染物的应纳税额＝污染当量数×适用税额$$

【例8-10】某企业某月向大气直接排放二氧化硫、氟化物各100千克，一氧化碳200千克、氧化氢80千克，假设当地大气污染物每污染当量税额1.2元，该企业只有一个排放口。计算该企业当月应缴纳的环保税税额。

【解析】

第一步：计算各污染物的污染当量数。

二氧化硫污染当量数＝100/0.95＝105.26

氟化物污染当量数＝100/0.87＝114.94

一氧化碳污染当量数＝200/16.7＝11.98

氧化氢污染当量数＝80/10.75＝7.44

第二步：按污染当量数排序。

氟化物污染当量数(114.94)＞二氧化硫污染当量数(105.26)＞一氧化碳污染当量数(11.98)＞氧化氢污染当量数(7.44)。

该企业只有一个排放口，排序选取的计税前三项污染物为：氟化物、二氧化硫、一氧化碳。

第三步：计算应纳税额。

应纳税额＝(114.94＋105.26＋11.98)×1.2＝278.62(元)

(二) 应税水污染物应纳税额的计算

应税水污染物的应纳税额为污染当量数乘以具体适用税额，计算公式为

$$应税水污染物的应纳税额＝污染当量数×适用税额$$

【例8-11】甲化工厂仅有1个污水排放口且直接向河流排放污水，已安装使用符合国家规定和监测规范的污染物自动监测设备。检测数据显示，该排放口某月共排放污水6万吨(折合6万立方米)，应税污染物为六价铬，浓度为六价铬0.5mg/L。请计算该化工厂当月应缴纳的环境保护税(该厂所在省的水污染物税率为2.8元/污染当量，六价铬的污染当量值为0.02)。

【解析】

(1) 计算污染当量数，计算公式为

$$六价铬污染当量数＝排放总量×浓度值÷当量值$$
$$＝60\ 000\ 000\ 000×0.5÷1\ 000\ 000÷0.02＝1\ 500$$

(2) 应纳税额＝1500×2.8＝4 200(元)。

(三) 应税固体废物应纳税额的计算

应税固体废物的应纳税额为固体废物排放量乘以具体适用税额，计算公式为

$$应税固体废物的应纳税额＝(当期固体废物的产生量－当期固体废物的综合利用量$$
$$－当期固体废物的贮存量－当期固体废物的处置量)×适用税额$$

【例8-12】某企业某月产生现矿1 000吨，其中综合利用的尾矿300吨(符合国家相关规定)，在符合国家和地方环境保护标准的设施贮存300吨。请计算该企业当月尾矿应缴纳的环境保护税。

【解析】环境保护税应纳税额＝(1 000－300－300)×15＝6 000(元)

(四) 应税噪声应纳税额的计算

应税噪声的应纳税额为超过国家规定标准的分贝数对应的具体适用税额。

【例8-13】某工业企业只有一个生产场所，只在昼间生产，边界处声环境功能区类型为1类，生产时产生的噪声为60分贝，《工业企业厂界环境噪声排放标准》规定1类功能区昼间的噪声排放限值为55分贝，当月超标天数为18天。请计算该企业当月噪声污染应缴纳的环境保护税。

【解析】超标分贝数＝60－55＝5(分贝)，根据《环境保护税税目税额表》，可得出该企业当月噪声污染应缴纳环境保护税700元。

七、税收减免

(一) 暂免征税项目

下列情形，暂予免征环境保护税：

(1) 农业生产(不包括规模化养殖)排放应税污染物的；

(2) 机动车、铁路机车、非道路移动机械、船舶和航空器等流动污染源排放应税污染物的；

(3) 依法设立的城乡污水集中处理、生活垃圾集中处理场所排放相应应税污染物，不超过国家和地方规定的排放标准的；

(4) 纳税人综合利用的固体废物，符合国家和地方环境保护标准的；

(5) 国务院批准免税的其他情形。

（二）减征税额项目

减征税额项目包括以下情形：

(1) 纳税人排放应税大气污染物或者水污染物的浓度值低于国家和地方规定的污染物排放标准30%的，减按75%征收环境保护税；

(2) 纳税人排放应税大气污染物或者水污染物的浓度值低于国家和地方规定的污染物排放标准50%的，减按50%征收环境保护税。

八、征收管理

（一）征管方式

环境保护税采用"企业申报、税务征收、环保协同、信息共享"的征管方式。环境保护主管部门应当将排污单位的排污许可、污染物排放数据、环境违法和受行政处罚情况等环境保护相关信息，定期交送税务机关。税务机关应当将纳税人的纳税申报、税款入库、减免税额、欠缴税款及风险疑点等环境保护税涉税信息，定期交送环境保护主管部门。

（二）纳税时间

环境保护税纳税义务发生时间为纳税人排放应税污染物的当日。环境保护税按月计算，按季申报缴纳。不能按固定期限计算缴纳的，可以按次申报缴纳。

纳税人按季申报缴纳的，应当自季度终了之日起15日内，向税务机关办理纳税申报并缴纳税款。纳税人按次申报缴纳的，应当自纳税义务发生之日起15日内，向税务机关办理纳税申报并缴纳税款。

（三）纳税地点

纳税人应当向应税污染物排放地的税务机关申报缴纳环境保护税。应税污染物排放地是指应税大气污染物、水污染物排放口所在地；应税固体废物产生地；应税噪声产生地。

案例讨论

水资源税守护巴山蜀水秀美安澜

四川水资源总量相对丰沛，居全国前列，年均达2 616亿立方米，占长江流域的26%，被称为"千河之省"。但四川的水资源也存在时空分布不均的问题，川内既有水资源总量高达660多亿立方米的甘孜州，也有总量仅约22亿立方米、重度缺水的自贡与遂宁。2017年12月，四川被列为全国第二批水资源税改革试点省份，正式实施水资源税改革。

四川税务部门会同水利部门因地施策，在水资源税制度设计上推出了四川方案。比如，在水网密布、水资源丰富的"千河之市"巴中，通过持续推进取水计量体系建设，为落实水资源税提供了可靠的计量依据。在水资源总量约96亿立方米的南充，税务部门通过实时综合分析企业取用水量，采取"在线监控＋实时比对＋预警提醒＋数据核查"机制优化城市用水结构。而在缺水的自贡，节水是重中之重，税务部门在加强征管的同时，持续落实税惠政策等工具鼓励企业自主创新、设备换新，以提高水资源利用率，合理降低取水量。

水资源税改革的成效之一，就是用税收调节企业用水成本。在水资源费改税以前，阿坝州新希望牦牛产业有限公司一直使用地下水进行生产，年均取用地下水总量达8 000立方米。税务部门通过走访宣传节约用水理念，帮助企业测算不同类型水资源税负差异，引导企业主动关停了自备井，接入城镇公共供水管网。截至目前，四川省共关停封存自备井1 950眼，1 238户纳税人减少取用地下水，1 445户纳税人停止取用地下水。

水资源税带动企业主动变革用水模式，对推动节约用水发挥了积极作用，同时在一定程度上也帮助企业减轻了税负。雅安的国能大渡河大岗山发电有限公司投入在线监测系统建设和清水系统PLC技改项目，有效降低企业采水量，2022年缴纳水资源税同比下降13.51%。企业税负的减轻，更进一步促进企业树立节约用水、保护水资源的意识。据统计，截至2021年，四川水资源总量已达2 924.5亿立方米，较水资源税改革实施当年增加457.35亿立方米，比多年平均增加14%。

水资源税改革的推进也极大促进了用水企业的绿色转型。乐山的四川德胜集团钒钛有限公司进一步完善三级用水计量设施，建立全区集中污水处理站和区域内多级小型水循环利用池等多项措施提高用水利用率，现年节水量达30～50万立方米，2022年取水量较改革前下降15.48%，走上了工业绿色高质量发展的道路。

数据显示，截至2021年，四川全省总供水量和总用水量较水资源税改革试点当年明显减少，下降了24.11亿立方米，节约用水超过一个泸沽湖库容量。全省循环用水率、节约用水意识正稳步提升，节水护水惜水推动绿色经济发展的效果越发明显。水资源税改革从生态文明建设大局出发，充分发挥了税收杠杆调节作用，有效促进水资源的合理开发、利用、保护和节约。

资料来源：刘宇丰、蔡雅芸. 四川：水资源税守护巴山蜀水秀美安澜[EB/OL]. http://sc.people.com.cn/n2/2023/0322/c379469-40347304.html，2023-03-22.

阅读上述材料，讨论以下问题：

1. 结合上述资料，谈谈我国进行水资源税试点的意义。

2. 结合四川税务部门根据川内水资源分布特点进行水资源税制度设计的做法，分析我国如何在课税权上做到科学运用，并据此谈谈你对坚定"四个自信"的认识。

3. 党的二十大报告强调"推动绿色发展，促进人与自然和谐共生"，并从"降碳、减污、扩绿、增长"四个方面阐述绿色发展的具体实现路径。分析思考现行资源税与绿色发展不相适应之处，结合二十大精神谈谈如何进一步推进资源税改革，实现绿色发展目标。

本 章 小 结 ⬇ ⬇

资源税是对在我国领域和管辖的其他海域开发应税资源的单位和个人课征的一种税。征税范围包括能源矿产、金属矿产、非金属矿产、水气矿产和盐5大类。资源税适用从价计征为主、从量计征为辅的征税方式，应纳税额按照应税产品的销售额或销售数量乘以适用税率计算。纳税地点为应税产品的开采或者生产地。

城镇土地使用税是以国有土地为征税对象，对拥有土地使用权的单位和个人征收的一种税。征税范围包括在城镇、县城、建制镇、工矿区范围内的国家所有和集体所有的土地，纳税人为在以上范围内使用土地的单位和个人。城镇土地使用税采用定额税率，以纳税人实际占用的土地面积为计税依据。实行按年计算、分期缴纳的征收方法，在土地所在地缴纳。

土地增值税是对有偿转让国有土地使用权及地上建筑物和其他附着物产权，取得增值收入的单位和个人征收的一种税。纳税义务人包括各类企业、事业单位、国家机关、社会团体、其他组织及个人。征税对象是增值额，即纳税人转让房地产所取得的全部收入减去规定的扣除项目金额后的余额。实行四级超率累进税率，计税方法是按照纳税人转让房地产所取得的增值额和扣除项目的比率，确定适用税率，用每级距的土地增值额乘以适用税率再相加计算征收。对其的管理主要包括纳税地点、纳税申报等征收管理和清算管理。

环境保护税是对我国领域及其管辖的其他海域，直接向环境排放应税污染物的企业事业单位和其他生产经营者征收的一种税。征税对象为大气污染物、水污染物、固体废物和噪声4类应税污染物。环境保护税实行定额税率，计税依据包括：大气和水污染物的污染当量；固体废物的排放量；应税噪声超过国家规定标准的分贝数。

练习题 ⊕⊕

1. 甲煤矿开采企业是增值税一般纳税人，主营业务为对外销售原煤、洗选煤和煤层气。某月发生如下业务。

(1) 以每吨400元(不含增值税，下同)价格销售自产原煤2万吨，并将1万吨用于对外投资。

(2) 将上月购入的200万元的原煤(已取得增值税专用发票并在上月抵扣)，与自采的原煤混合洗选加工为洗选煤进行销售，销售额为420万元(含从洗选场地到客户指定货场的洗选煤的运费3万元，该运费取得增值税发票)。

(3) 开采销售煤层气，取得销售额20万元。

(4) 出于安全生产需要抽采煤层气并销售，取得销售额14万元。

已知：该企业所在地资源税税率为原煤8%；洗选煤5%；煤层气1%。

根据上述资料，计算该企业应纳资源税税额。

2. 甲公司(非房地产开发企业)为增值税一般纳税人。某月转让一栋2012年自建的办公楼，取得含税收入9 000万元，已按规定缴纳转让环节的有关税金，并取得完税凭证。该办公楼造价为800万元，其中包含为取得土地使用权支付的地价款300万元、契税9万元，以及按国家统一规定缴纳的其他有关费用1万元。经房地产评估机构评定，该办公楼重新购建价格为5 000万元，成新度折扣率为五成，支付房地产评估费用10万元，该公司的评估价格已经税务机关认定。甲公司对于转让"营改增"之前自建的办公楼选择"简易征收"方式；转让该办公楼缴纳的印花税税额为4.5万元。甲公司适用的城市维护建设税税率为7%，教育费附加征收比率为3%，地方教育附加征收比率为2%。

根据以上资料，计算：①该公司转让办公楼应纳增值税；②在计算土地增值税时，可扣除转让环节税金；③在计算土地增值税时，可扣除项目合计金额；④甲公司应纳土地增值税。

3. 某企业某月向水体直接排放第一类水污染物总汞、总镉、总铬、总砷、总铅、总银各10千克；排放第二类水污染物悬浮物(SS)、总有机碳(TOC)、挥发酚、氨氮各10千克。假设水污染物每污染当量税额按最低标准1.4元计算。计算企业当月水污染物应缴纳的环境保护税。

4. 某企业某月向大气直接排放二氧化硫、氟化物各10千克，一氧化碳、氯化氢各100千克。假设大气污染物每污染当量税额按最低标准1.2元计算。这家企业只有一个排放口。计算企业当月大气污染物应缴纳的环境保护税。

第九章
财产税类法

////// **本章导入**

房产税、契税和车船税都属于与财产有关的税种。财产税是对法人或自然人在某一时点占有或可支配财产课征的一类税收的统称。财产税类税种的课税对象是财产的价值、收益或财产所有人的收入。对财产课税，对于促进纳税人加强财产管理、提高财产使用效果具有特殊的作用。财产税调节的重点是富人，有利于缩小贫富差距。本章主要介绍房产税、契税和车船税的概念、纳税人、征税范围、计税依据、应纳税额的计算、税收优惠及征收管理。

////// **学习目标**

☑ 认知类目标：了解房产税、契税、车船税的纳税义务人、征税范围、税收优惠和征收管理的相关规定；掌握各税种的计税依据和应纳税额的计算。

☑ 价值类目标：关注我国房地产税制改革、地方税体系构建等前沿问题，引导学生关注我国社会经济问题，增强国家认同，增强理想信念与爱国情怀；结合《党的二十大报告辅导读本》中提及的相关内容，从共同富裕和财富分配等角度理解房地产税的改革。

☑ 方法类目标：掌握各税种应纳税额计算的方法；能够通过图书馆或网络检索查询有关文献资料，了解我国房地产税改革的动向。

////// **案例引入**

中国对房产征税始自古代。周朝行"廛布"，"廛"为市内邸舍，"布"为对公舍的收税，是早期的房屋税。唐德宗建中四年(783)设"税间架"，即以房屋为课税对象，是一种财产税，因过于苛重扰民，不久即被迫废除。清朝初期的"市廛输钞""计檩输钞"，清末和民国时期的"房捐"等，都是对房屋征税。随着田宅、马牛等财产转移而课征的契税，起源于东晋的估税。宋开宝二年(969)，规定人民典、买田宅，应在两个月内向官府输钱，请求验印，名曰契钱。元、明、清朝和民国时期的国民党政府，也都征收契税。

第一节 房产税法

一、房产税概述

(一)房产税的概念

房产税是以房屋为征税对象,按照房屋的计税余值或租金收入,向产权所有人征收的一种财产税。

房产税是为中外各国政府广为开征的古老的税种。现行房产税法的基本规范,是1986年9月15日国务院颁布的《中华人民共和国房产税暂行条例》。征收房产税有利于地方政府筹集财政收入,也有利于加强房产管理。

(二)房产税的特点

1. 房产税属于财产税中的个别财产税

财产税按征收方式分类,可分为一般财产税与个别财产税。一般财产税也称综合财产税,是对纳税人所拥有的全部财产,按其综合计算的价值进行课征的一种财产税。个别财产税,也称特种财产税,是对纳税人所有的土地、房屋、资本或其他财产分别课征的税收。我国现行房产税属于个别财产税。

2. 征税范围限于城镇的经营性房屋

房产税的征税范围是在城市、县城、建制镇和工矿区,不涉及农村。另外,对某些虽然拥有房屋但自身没有纳税能力的单位,如国家拨付行政经费、事业经费和国防经费的单位自用的房产,税法也通过免税的方式将这类房屋排除在征税范围之外。

3. 根据房屋的经营使用方式区别规定征税办法

房产税根据纳税人经营形式不同,确定对房屋征税可以分为两种:按房产计税余值征收,和按租金收入征收。两种不同的征收方式符合纳税人的不同经营特点,便于平衡税收负担和征收管理。

(三)房产税的作用

1. 筹集地方财政收入

房产税属于地方税,征收房产税可以为地方财政筹集一部分市政建设资金,解决地方财力不足。而且,房产税以房屋为征税对象,税源比较稳定,随着地方经济的发展,城市基础设施改善和工商各业的兴旺,房产税收逐渐成为地方财政收入的一个主要来源。

2. 有利于加强房产管理

对房屋拥有者征收房产税,可以调节纳税人的收入水平,有利于加强对房屋的管理,提高房屋的使用效益,控制固定资产的投资规模和配合国家房产政策的调整,合理调节房产所有人和经营人的收入。

二、纳税义务人和征税范围

（一）纳税义务人

房产税以在征税范围内的房屋产权所有人为纳税人。具体规定如下。

(1) 产权属国家所有的，由经营管理单位纳税；产权属集体和个人所有的，由集体单位和个人纳税。

(2) 产权出典的，由承典人依照房产余值缴纳房产税。由于在房屋出典期间，产权所有人无权支配房屋，因此，税法规定由对房屋具有支配权的承典人为纳税人。

(3) 产权所有人、承典人不在房屋所在地的，由房产代管人或者使用人纳税。

(4) 产权未确定及租典纠纷未解决的，亦由房产代管人或者使用人纳税。

(5) 无租使用其他单位房产的应税单位和个人，依照房产余值代缴纳房产税。

（二）征税范围

房产税以房产为征税对象。所谓房产，是指有屋面和围护结构(有墙或两边有柱)，能够遮风避雨，可供人们在其中生产、学习、工作、娱乐、居住或贮藏物资的场所。比如水池不是房产税的征税对象，办公楼则为征税对象。

知识拓展：租典纠纷

房地产开发企业建造的商品房，在出售前，不征收房产税；但对出售前房地产开发企业已使用或出租、出借的商品房应按规定征收房产税。

【提示】房产税的征税范围为城市、县城、建制镇和工矿区，不包括农村。

因为农村的房屋，除农副业生产用房外，大部分是农民居住用房。对农村房屋不纳入房产税征税范围，有利于农业发展，减轻农民负担，繁荣农村经济，促进社会稳定。

【例9-1 单选题】下列选项中，属于房产税纳税人的是(　　)。

A. 房屋的出典人

B. 拥有农村房产的农民

C. 允许他人无租使用房产的房管部门

D. 产权不明的房屋的使用人

【解析】正确答案为D。A项，产权出典的，由承典人缴纳；B项，农村地区不在房产税征税范围；C项，纳税单位无租使用房管部门的房产的，由纳税单位缴纳房产税。

三、税率、计税依据和应纳税额的计算

（一）税率

我国现行房产税采用的是比例税率。由于房产税的计税依据分为从价计征和从租计征两种形式，所以房产税的税率也有两种。

(1) 从价计征：按房产原值一次减除10%~30%后的余值计征，税率为1.2%。

(2) 从租计征：按房产出租的租金收入计征的，税率为12%。

【提示】从2001年1月1日起，对个人出租住房，不区分用途，减按4%的税率征收房产税。对企事业单位、社会团体以及其他组织按市场价格向个人出租用于居住的住房，减按4%的税率征收房产税。

（二）计税依据

房产税的计税依据是房产的计税价值或房产的租金收入。按照房产计税价值征税的，称为从价计征；按照房产租金收入计征的，称为从租计征。

1. 从价计征

房产自用的，房产税依照房产原值一次性扣除10%~30%后的余值计算缴纳。各地扣除比例由当地省、自治区、直辖市人民政府确定。

计算房产原值时需要注意以下内容。

(1) 房产原值是指纳税人按照会计制度规定，在账簿"固定资产"科目中记载的房屋原价。没有记载房屋原价的，参照同类房屋确定房产原值，按规定计征房产税。

【提示】从价计征房产税的房产，无论会计上如何核算，房产原值均应包含地价，包括为取得土地使用权支付的价款、开发土地发生的成本费用等。宗地容积率低于0.5的，按房产建筑面积的2倍计算土地面积并据此确定计入房产原值的地价。

(2) 房屋附属设备和配套设施的计税规定。房产原值应包括与房屋不可分割的，不可随意移动的各种附属设备或一般不单独计算价值的配套设施。对于更换房屋附属设备和配套设施的，在将其价值计入房产原值时，可扣减原来相应设备和设施的价值；对附属设备和配套设施中易损坏、需要经常更换的零配件，更新后不再计入房产原值。

(3) 纳税人对原有房屋进行改建、扩建的，要相应增加房屋的原值。

(4) 对投资联营的房产，在计征房产税时应予以区别对待。对于以房产投资联营，投资者参与投资利润分红，共担风险的，按房产余值作为计税依据计征房产税；对以房产投资，收取固定收入，不承担联营风险的，实际是以联营名义取得房产租金，应按租金收入计缴房产税。

知识拓展：附属设备和配套设施

(5) 融资租赁的房产，由承租人自融资租赁合同约定开始日的次月起依照房产余值缴纳房产税。合同未约定开始日的，由承租人自合同签订的次月起依照房产余值缴纳房产税。

(6) 对居民住宅区内业主共有的经营性房产，由实际经营(包括自营和出租)的代管人或使用人缴纳房产税。

(7) 凡在房产税征收范围内的具备房屋功能的地下建筑，包括与地上房屋相连的地下建筑，以及完全建在地面以下的建筑、地下人防设施等，均应当依照有关规定征收房产税。自用的地下建筑，按以下方式计税。

① 工业用途房产，以房屋原价的50%～60%作为应税房产原值。

$$应纳房产税的税额＝应税房产原值×[1－(10\%～30\%)]×1.2\%$$

② 商业和其他用途房产，以房屋原价的70%~80%作为应税房产原值。

$$应纳房产税的税额＝应税房产原值×[1－(10\%～30\%)]×1.2\%$$

③ 对于与地上房屋相连的地下建筑，如房屋的地下室、地下停车场、商场的地下部分等，应将地下部分与地上房屋视为一个整体，按照地上房屋建筑的有关规定计算征收房产税。

2. 从租计征

房产出租的，以房产租金收入为房产税的计税依据。所谓房产的租金收入，是房屋产权所有人出租房产使用权所得的报酬，包括货币收入和实物收入。

如果是以劳务或者其他形式为报酬抵付房租收入的，应根据当地同类房产的租金水平，确定一个标准租金额从租计征。

对出租房屋,租赁双方签订的租赁合同约定有免收租金期限的,免收租金期间由产权所有人按照房产原值缴纳房产税。

(三)应纳税额的计算

房产税的计税依据有两种,与之相适应的应纳税额计算也分为两种:一是从价计征的计算;二是从租计征的计算。

1. 从价计征的计算

从价计征是按房产的原值扣除一定比例后的余值计征,其计算公式为

$$应纳税额=应税房产原值×(1-扣除比例)×1.2\%$$

【例9-2】某企业的经营用房原值为5 000万元,按照当地规定减除30%后余值计税,适用税率为1.2%。请计算其应纳房产税税额。

【解析】应纳税额=5 000×(1-30%)×1.2%=42(万元)

视频:房产税(上)

2. 从租计征的计算

从租计征是按房产的租金收入计征,其计算公式为

$$应纳税额=租金收入×12\%(或4\%)$$

【例9-3】某公司出租房屋3间,年租金收入为30 000元,适用税率为12%。请计算其应纳房产税税额。

【解析】应纳税额=30 000×12%=3 600(元)

【例9-4】陈某将其住房按照市场价格出租给李某居住,当月取得收入2 000元。请计算陈某应该缴纳的房产税。

【解析】应纳税额=2 000×4%=80(元)

【例9-5】某企业有原值为2 500万元的房产,某年1月1日将其中的30%用于对外投资联营,投资期限10年,每年固定利润分红50万元,不承担投资风险。已知当地政府规定的扣除比例为20%,计算该企业当年度应纳房产税。

视频:房产税(下)

【解析】应纳税额=2 500×(1-30%)×(1-20%)×1.2%+50×12%=22.8(万元)

四、税收优惠

(一)《房产税暂行条例》规定的税收优惠政策

(1) 国家机关、人民团体、军队自用的房产免征房产税。

(2) 由国家财政部门拨付事业经费的单位(如学校、医疗卫生单位、幼儿园、敬老院等实行全额或差额预算管理的事业单位)自用的房产免征房产税。

【提示】自用的房产是指单位本身的办公用房和公务用房。上述免税单位的出租房产,以及非自身业务使用的生产、营业用房,不属于免税范围。

(3) 宗教寺庙、公园、名胜古迹自用的房产免征房产税。

宗教寺庙自用的房产,是指举行宗教仪式等的房屋和宗教人员使用的生活用房屋。

公园、名胜古迹自用的房产,是指供公共参观游览的房屋及其管理单位的办公用房屋。

【提示】上述免税单位中附设的营业单位,如影剧院、饮食部、茶社、照相馆等所使用的房产及出租的房产,不属于免税范围。

(4) 个人所有非营业用的房产免征房产税。

【提示】对个人拥有的营业用房或者出租的房产，不属于免税房产，应照章纳税。

（二）经财政部批准免税的房产

(1) 对毁损不堪使用的房屋和危险房屋，经有关部门鉴定，在停止使用后，可免征房产税。

(2) 纳税人因房屋大修导致连续停用半年以上的，在房屋大修期间免征房产税，免征房产税。

(3) 在基建工地为基建工地服务的各种工棚、材料棚、休息棚和办公室、食堂、茶炉房、汽车房等临时性房屋，在施工期间，一律免征房产税。

(4) 对非营利性医疗机构、疾病控制机构和妇幼保健机构等卫生机构自用的房产，免征房产税。

(5) 对按政府规定价格出租的公有住房和廉租住房，暂免征收房产税。对经营公租房的租金收入，免征房产税。

(6) 自2019年6月1日至2025年12月31日，为社区提供养老、托育、家政等服务的机构自用或其通过承租、无偿使用等方式取得并用于提供社区养老、托育、家政服务的房产免征房产税。

五、征收管理

（一）纳税义务发生时间

(1) 纳税人将原有房产用于生产经营，从生产经营之月起缴纳房产税。

(2) 纳税人自行新建房屋用于生产经营，从建成之次月起缴纳房产税。

(3) 纳税人委托施工企业建设的房屋，从办理验收手续之次月起缴纳房产税。

(4) 纳税人购置新建商品房，自房屋交付使用之次月起缴纳房产税。

(5) 纳税人购置存量房，自办理房屋权属转移、变更登记手续，房地产权属登记机关签发房屋权属证书之次月起，缴纳房产税。

(6) 纳税人出租、出借房产，自交付出租、出借房产之次月起，缴纳房产税。

(7) 房地产开发企业自用、出租、出借本企业建造的商品房，自房屋使用或交付之次月起，缴纳房产税。

(8) 纳税人因房产的实物或权利状态发生变化而依法终止房产税纳税义务的，其应纳税款的计算应截止到房产的实物或权利状态发生变化的当月末。

【例9-6 多选题】

下列各项中，符合房产税纳税义务发生时间规定的有(　　)。

A. 房地产开发企业自用的商品房，自房屋使用的当月起缴纳房产税

B. 房地产开发企业自用的商品房，自房屋使用的次月起缴纳房产税

C. 纳税人因房产的实物或权利状态发生变化而依法终止房产税纳税义务的，其应纳税款的计算应截止到房产的实物或权利状态发生变化的当月末

D. 纳税人因房产的实物或权利状态发生变化而依法终止房产税纳税义务的，其应纳税款的计算应截止到房产的实物或权利状态发生变化的次月末

【解析】正确答案为BC。

（二）纳税期限

房产税实行按年计算、分期缴纳的征收方法，具体纳税期限由省、自治区、直辖市人民政府确定。

（三）纳税地点

房产税在房产所在地缴纳。房产不在同一地方的纳税人，应按房产的坐落地点分别向房产所在地的税务机关纳税。

（四）纳税申报

知识拓展：上海、重庆的房产税试点

房产税的纳税人应按照条例的有关规定，及时办理纳税申报，并如实填写《房产税纳税申报表》。

第二节　契税法

一、契税概述

（一）契税的概念

知识拓展：契税的历史

契税是以在中华人民共和国境内转移土地、房屋权属为征税对象，向产权承受人征收的一种财产税。

契税在我国有着悠久的历史。它起源于东晋的"估税"，至今已有1600多年的历史。1997年7月7日，国务院发布了《中华人民共和国契税暂行条例》，并于1997年10月1日起施行。2021年9月1日起，《中华人民共和国契税法》施行，1997年7月7日国务院发布的《中华人民共和国契税暂行条例》同时废止。

（二）契税的特点

契税具有以下特点。

(1) 契税属于财产转移税。它以权属发生转移的土地和房屋为征税对象，具有对财产转移课税性质。

(2) 契税由财产承受人纳税。对买方征税的主要目的，在于承认不动产转移生效，承受人纳税以后，便可拥有转移过来的不动产的产权或使用权，法律保护纳税人的合法权益。

(3) 契税采用比例税率，即在房屋产权发生转移变动行为时，对纳税人依一定比例的税率课征。

（三）契税的作用

1. 有利于增加地方财政收入

契税按财产转移价值征税，税源较为充足，它可以弥补其他财产课税的不足，扩大其征税范围，为地方政府增加一部分财政收入。随着市场经济的发展和房地产交易的日趋活跃，契税的财政作用将日益显著。

2. 保护合法产权，避免产权纠纷

契税规定对承受人征税，一方面是对承受人财富的调节，另一方面有利于通过法律形式确定产权关系，维护公民的合法利益，避免产权纠纷。

3. 有利于调控房地产交易价格，加强房地产市场管理

房地产市场的发展与供需关系和市场价格有着紧密的联系。征收契税对房地产交易价格能起到一定的规范作用，从而促进房地产市场的健康发展。

4. 调节财富分配，实现社会公平

目前，我国企事业单位经济实力不一，个人收入水平高低不等，地区发展程度有很大差别，能购买土地、房的一般是较为富裕的单位和个人，对其承受土地、房屋征收契税，有利于调节经济收入，有利于公平税负。

二、纳税义务人和征税范围

（一）纳税义务人

契税的纳税义务人是境内转移土地、房屋权属，承受的单位和个人。境内是指中华人民共和国实际税收行政管辖范围内。土地、房屋权属是指土地使用权和房屋所有权。

（二）征税范围

契税的征税对象是发生土地使用权和房屋所有权权属转移的土地和房屋。其征税范围具体如下。

1. 国有土地使用权出让

国有土地使用权出让是指土地使用者向国家交付土地使用权出让费用，国家将国有土地使用权在一定年限内让与土地使用者的行为。

2. 土地使用权的转让

土地使用权的转让是指土地使用者以出售、赠与、交换或者其他方式将土地使用权转移给其他单位和个人的行为。

【提示】土地使用权的转让不包括农村集体土地承包经营权的转移。

3. 房屋买卖

以下几种特殊情况，视同买卖房屋。

(1) 以房产抵债或实物交换房屋。经当地政府和有关部门批准，以房抵债和实物交换房屋，均视同房屋买卖，应由产权承受人，按房屋现值缴纳契税。

例如，甲某因无力偿还乙某债务，而以自有的房产折价抵偿债务。经双方同意，有关部门批准，乙某取得甲某的房屋产权，在办理产权过户手续时，按房产折价款缴纳契税。如以实物(金银首饰等等价物品)交换房屋，应视同以货币购买房屋。

(2) 以房产作投资或作股权转让。这种交易业务属房屋产权转移，应根据国家房地产管理的有关规定，办理房屋产权交易和产权变更登记手续，视同房屋买卖，由产权承受方按契税税率计算缴纳契税。

例如，甲某以自有房产，投资于乙某企业。其房屋产权变为乙某企业所有，故产权所有人发生变化，因此，乙某企业在办理产权登记手续后，按甲某入股房产现值(国有企事业房产须

经国有资产管理部门评估核价)缴纳契税。如丙某以股份方式购买乙某企业房屋产权，丙某在办理产权登记后，按取得房产买价缴纳契税。

【提示】以自有房产作股投入本人独资经营的企业，免纳契税。

因为以自有的房地产投入本人独资经营的企业，产权所有人和使用权使用人未发生变化，不需办理房产变更手续，也不办理契税手续。

(3) 买房拆料或翻建新房，应照章征收契税。例如，甲某购买乙某房产，不论其目的是取得该房产的建筑材料或是翻建新房，实际构成房屋买卖。甲某应首先办理房屋产权变更手续，并按买价缴纳契税。

4. 房屋赠与

房屋的赠与是指房屋产权所有人(房屋赠与人)将房屋无偿转让给他人(受赠人)所有。由于房屋是不动产，价值较大，故法律要求赠与房屋应有书面合同(契约)，并到相关部门办理登记过户手续，才能生效。房屋的受赠人要按规定缴纳契税。

【提示】以获奖方式取得房屋产权的，其实质是接受赠与房产，应照章缴纳契税。

【提示】法定继承人继承土地、房屋权属的，不征契税。非法定继承人根据遗嘱承受死者生前的土地、房屋权属，属于赠与行为，应征收契税。

5. 房屋交换

房屋交换是指房屋所有者之间互相交换房屋使用权或所有权的行为。交换双方应订立交换契约，办理房屋产权变更手续和契税手续。房屋产权相互交换，双方交换价值相等，免纳契税，办理免征契税手续。其价值不相等的，按超出部分由支付差价方缴纳契税。

三、税率、计税依据和应纳税额的计算

视频：契税(上)

（一）税率

契税实行3%～5%的幅度比例税率。实行幅度税率是考虑到我国经济发展的不平衡，各地经济差别较大的实际情况。因此，各省、自治区、直辖市人民政府可以在3%～5%的幅度税率规定范围内，按照本地区的实际情况决定。

（二）计税依据

契税的计税依据为不动产的价格。由于土地、房屋权属转移方式不同，定价方法不同，因而具体计税依据视不同情况而决定。

【提示】契税的计税依据不含增值税。

(1) 国有土地使用权出让、土地使用权出售、房屋买卖，以成交价格为计税依据。成交价格是指土地、房屋权属转移合同确定的价格，包括承受者应交付的货币、实物、无形资产或者其他经济利益。

【提示】房屋买卖的契税计税价格为房屋买卖合同的总价款，买卖装修的房屋，装修费用应包括在内。

(2) 土地使用权赠与、房屋赠与，由征收机关参照土地使用权出售、房屋买卖的市场价格核定计税依据。

(3) 土地使用权交换、房屋交换，计税依据为所交换的土地使用权、房屋的价格差额。也就是说，交换价格相等时，免征契税；交换价格不等时，由多交付的货币、实物、无形资产或

者其他经济利益的一方缴纳契税。

(4) 以划拨方式取得土地使用权,经批准转让房地产时,由房地产转让者补交契税。计税依据为补交的土地使用权出让费用或者土地收益。

(5) 个人无偿赠与不动产行为(法定继承人除外),应对受赠人全额征收契税。

【提示】成交价格明显低于市场价格并且无正当理由的,或者所交换土地使用权、房屋的价格的差额明显不合理并且无正当理由的,征收机关可以参照市场价格核定计税依据。

(三)应纳税额的计算方法

应纳税额的计算公式为

$$应纳税额=计税依据×税率$$

知识拓展:房屋附属设施征收契税的依据

【例9-7】某企业新购入写字楼一幢,产权转移书据上注明不含增值税成交价格为700万元,试计算该企业应缴纳的契税(假定税率为3%)。

【解析】企业应缴纳契税=7 000 000×3% =210 000(元)

【例9-8】居民甲有两套住房,将一套出售给居民乙,成交价格为200 000元;将另一套两室住房与居民丙交换成两处一室住房,并支付给居民丙换房差价款60 000元。试计算甲、乙、丙相关行为应缴纳的契税(假定税率为4%)。

【解析】

(1) 甲应缴纳契税=60 000×4%=2 400(元)

(2) 乙应缴纳契税=200 000×4%=8 000(元)

(3) 丙不缴纳契税。

四、税收优惠

(一)契税优惠的一般规定

(1) 国家机关、事业单位、社会团体、军事单位承受土地、房屋用于办公、教学、医疗、科研和军事设施的,免征契税。

(2) 非营利性的学校、医疗机构、社会福利机构承受土地、房屋权属用于办公、教学、医疗、科研、养老、救助的,免征契税。

(3) 承受荒山、荒沟、荒丘、荒滩土地使用权,并用于农、林、牧、渔业生产的,免征契税。

(4) 婚姻关系存续期间,夫妻之间变更土地房屋权属,免征契税。

(5) 法定继承人通过继承承受土地、房屋权属,免征契税。

(6) 依照法律规定应当予以免税的外国驻华使馆、领事馆、联合国驻华机构承受土地、房屋权属,免征契税。

(7) 公租房经营单位购买住房作为公租房的,免征契税。

(8) 对个人购买家庭唯一住房,面积为90平方米及以下的,减按1%的税率征收契税;面积为90平方米以上的,减按1.5%的税率征收契税。对个人购买家庭第二套改善性住房,面积为90平方米及以下的,减按1%的税率征收契税;面积为90平方米以上的,减按2%的税率征收契税。

(9) 承受房屋、土地用于提供社区养老、托育、家政服务的,免征契税。

【提示】经批准减征、免征契税的纳税人改变有关土地、房屋的用途，不再属于规定的减征、免征契税范围的，应当补缴已经减征、免征的税款。

(10) 因不可抗力灭失住房而重新购买住房的，酌情减免。

(11) 土地、房屋被县级以上人民政府征用、占用后，重新承受土地、房屋权属的，由省级人民政府确定是否减免。

(二) 契税优惠的特殊规定

1. 企业改制

企业依法整体改制，包括非公司制企业改制为有限责任公司或股份有限公司，有限责任公司变更为股份有限公司，股份有限公司变更为有限责任公司，原企业投资主体存续并在改制(变更)后的公司中所持股权(股份)比例超过75%，且改制(变更)后公司承继原企业权利、义务的，对改制(变更)后公司承受原企业土地、房屋权属，免征契税。

2. 事业单位改制

事业单位按照国家有关规定改制为企业，原投资主体存续并在改制后企业中出资(股权、股份)比例超过50%的，对改制后企业承受原事业单位土地、房屋权属，免征契税。

3. 企业合并

两个或两个以上的企业，依据法律规定、合同约定，合并为一个企业，对其合并后的企业承受原合并各方的土地、房屋权属，免征契税。

4. 企业分立

企业依照法律规定、合同约定分设为两个或两个以上投资主体相同的企业，对派生方、新设方承受原企业土地、房屋权属，不征收契税。

5. 企业破产

企业依法实施破产，债权人(包括破产企业职工)承受破产企业抵偿债务的土地、房屋权属，免征契税；对非债权人承受破产企业土地、房屋权属，凡依法妥善安置原企业全部职工，与原企业全部职工签订服务年限不少于三年的劳动用工合同的，对其承受所购企业土地、房屋权属，免征契税；与原企业超过30%的职工签订服务年限不少于三年的劳动用工合同的，减半征收契税。

6. 资产划转

对承受县级以上人民政府或国有资产管理部门按规定进行行政性调整、划转国有土地房屋权属的单位，免征契税。

同一投资主体内部所属企业之间土地、房屋权属的划转，包括母公司与其全资子公司之间，同一公司所属全资子公司之间，同一自然人与其设立的个人独资企业、一人有限公司之间土地、房屋权属的划转，免征契税。

7. 债权转股权

经国务院批准实施债权转股权的企业，对债权转股权后新设立的公司承受原企业的土地、房屋权属，免征契税。

8. 划拨用地出让或作价出资

以出让方式或国家作价出资(入股)方式承受原改制重组企业、事业单位划拨用地的，不属上述规定的免税范围，对承受方应按规定征收契税。

9. 公司股权(股份)转让

在股权(股份)转让中，单位、个人承受公司股权(股份)，公司土地、房屋权属不发生转移，不征收契税。

五、征收管理

（一）纳税义务发生时间

契税的纳税义务发生时间是纳税人签订土地、房屋权属转移合同的当天，或者纳税人取得其他具有土地、房屋权属转移合同性质凭证的当天。

（二）纳税期限

纳税人应当自纳税义务发生之日起10日内，向土地、房屋所在地的契税征收机关办理纳税申报，并在契税征收机关核定的期限内缴纳税款。

（三）纳税地点

契税在土地、房屋所在地的征收机关缴纳。

（四）办理权属变更登记手续

纳税人办理纳税事宜后，征收机关应向纳税人开具契税完税凭证。纳税人持契税完税凭证和其他规定的文件材料，依法向土地管理部门、房产管理部门办理有关土地、房屋的权属变更登记手续。

视频：契税(下)

纳税人未出具契税完税凭证的，土地管理部门、房产管理部门不予办理有关土地、房屋的权属变更登记手续。

第三节　车船税法

一、车船税概述

（一）车船税的概念

车船税是以车船为征税对象，向拥有车船的单位和个人征收的一种税。征收车船税有利于为地方政府筹集财政资金，有利于车船的管理和合理配置，也有利于调节财富差异。

车船税在我国历史悠久。早在汉朝即开征了类似车船税的算商车。1951年9月我国颁布了《中华人民共和国车船使用牌照税暂行条例》，1984年10月国务院将原税名改为"车船使用税"。2007年1月1日《中华人民共和国车船税暂行条例》施行，内外资企业和个人的车船施行统一的车船税。《中华人民共和国车船税法》于2012年1月1日正式实施。

知识拓展：车船税的历史

（二）车船税的特点

1. 属于财产税类

现行车船税的纳税义务人是拥有车船的单位和个人，因此，该税种具有财产税的特点。从财产税的角度看，车船税属于单项财产税，不仅征税对象仅限于车船类运输工具，而且，对不同的车船还规定了不同的征税标准。

2. 实行有幅度的定额税率

车船税首先划分车辆与船舶，规定它们各自的定额税率。对车辆征税采用分类幅度税额，即对不同类别的车辆规定了最高税额和最低税额，以适应我国各地经济发展不平衡，车辆种类繁多、大小不同的实际情况。

（三）征收车船税的意义

1. 筹集地方财政资金，支持交通运输事业发展

改革开放以来，我国的交通业发展迅速，运输紧张状况大为缓解，但矛盾依然存在。开征车船税，可以增加地方财源，增加对交通运输建设的财政投入，加快交通运输业的发展。

2. 加强对车船使用的管理，促进车船的合理配置

随着经济发展，社会拥有车船的数量急剧增加。开征车船税后，购置、使用车船越多，应缴纳的车船税越多，可以促使纳税人加强对已有车船的管理与核算，合理使用车船，提高车船的利用效率。

3. 调节财富分配，体现社会公平

车船税除了筹集地方财政收入外，另一个重要功能是对个人拥有的财产或财富(如轿车、游艇等)进行调节，缓解财富分配不公。随着我国经济增长，部分先富起来的个人拥有私人汽车、游艇及其他车船的情况将会日益增加，征收车船税的财富再分配作用亦会显得更加重要。

二、纳税义务人和征税范围

（一）纳税义务人

车船税的纳税义务人，是指在中华人民共和国境内属于《车船税法》所附《车船税税目税额表》规定的车辆、船舶的所有人或者管理人。

（二）征税范围

车船税的征收范围，是指在我国境内属于规定范围的车辆、船舶。具体包括指：

(1) 依法应当在车船登记管理部门登记的机动车辆和船舶；

(2) 依法不需要在车船登记管理部门登记的在单位内部场所行驶或者作业的机动车辆和船舶。

【提示】境内单位和个人租入外国籍船舶的，不征收车船税。境内单位和个人将船舶出租到境外的，应依法征收车船税。

三、税目和税率

车辆税采用幅度定额税额，即对不同类别的车辆和船舶规定了单位上下限税额，以适应我

国各地经济发展不平衡，车辆种类繁多、大小不同的实际情况。车船税确定税额总的原则：非机动车船的税负轻于机动车船；人力车的税负轻于畜力车；小吨位船舶的税负轻于大船舶。

车船税的适用税额，依照《车船税税目税额表》(见表9-1)执行。车辆的具体适用税额由省、自治区、直辖市人民政府在规定的子税目税额幅度内确定。船舶的具体适用税额由国务院在车船税法规定的税额幅度内确定。

表9-1 车船税税目税额表

税目		计税单位	年基准税额/元	备注
乘用车按发动机汽缸容量(排气量)分档	1.0升(含)以下的	每辆	60~360	核定载客人数9人(含)以下
	1.0升以上至1.6升(含)的		300~540	
	1.6升以上至2.0升(含)的		360~660	
	2.0升以上至2.5升(含)的		660~1 200	
	2.5升以上至3.0升(含)的		1 200~2 400	
	3.0升以上至4.0升(含)的		2 400~3 600	
	4.0升以上的		3 600~5 400	
商用车	客车	每辆	480~1 440	核定载客人数9人以上，包括电车
	货车	整备质量每吨	16~120	包括半挂牵引车、三轮汽车和低速载货车等
挂车		整备质量每吨	按照货车税额的50%计算	——
其他车辆	专用作业车	整备质量每吨	16~120	不包括拖拉机
	轮式专用机械车	整备质量每吨	16~120	
摩托车		每辆	36~180	——
船舶	机动船舶	净吨位每吨	3~6	拖船、非机动驳船分别按照机动船舶税额的50%计算
	游艇	艇身长度每米	600~2 000	

【例9-9 单选题】下列关于车船税计税单位确认的表述中，正确的是(   )。

A. 摩托车按"排气量"作为计税单位

B. 游艇按"净吨位每吨"作为计税单位

C. 专业作业车按"整备质量每吨"作为计税单位

D. 商用货车按"每辆"作为计税单位

【解析】正确答案为C。

四、应纳税额的计算

纳税人按照纳税地点所在的省、自治区、直辖市人民政府确定具体适用税额缴纳车船税。车船税由当地税务机关负责征收。

(1) 购置的新车船，购置当年的应纳税额自纳税义务发生的当月起按月计算，计算公式为

$$应纳税额＝(年应纳税额÷12)×应纳税月份数$$

$$应纳税月份数＝12－纳税义务发生时间(取月份)＋1$$

【例9-10】张某于某年4月12日购小轿车1辆，到当年12月31日未到车辆管理部门登记。已知小轿车年单位税额480元。计算张某当年应缴纳车船税税额。

【解析】应缴纳车船税＝480×9÷12＝360(元)

(2) 在一个纳税年度内，已完税的车船被盗抢、报废、灭失的，纳税人可以凭有关管理机关出具的证明和完税凭证，向纳税所在地的主管税务机关申请退还自被盗抢、报废、灭失月份起至该纳税年度终了期间的税款。

(3) 已办理退税的被盗抢车船失而复得的，纳税人应当从公安机关出具相关证明的当月起计算缴纳车船税。

(4) 在一个纳税年度内，纳税人在非车辆登记地由保险机构代收代缴机动车车船税，且能够提供合法有效完税证明的，纳税人不再向车辆登记地的主管税务机关申报缴纳车船税。

(5) 已缴纳车船税的车船在同一纳税年度内办理转让过户的，不另纳税，也不退税。

【例9-11】某运输公司拥有载货汽车25辆(货车载重净吨位全部为10吨)，乘人大客车30辆，小客车10辆。计算该公司应纳车船税。(注：载货汽车每吨年税额90元，乘人大客车每辆年税额1 200元，小客车每辆年税额800元)。

【解析】载货汽车应纳税额＝25×10×90＝22 500(元)

乘人汽车应纳税额＝30×1200＋10×800＝44 000(元)

全年应纳车船税额＝22 500＋44 000＝66 500(元)

五、税收优惠

（一）法定减免

(1) 捕捞、养殖渔船，是指在渔业船舶管理部门登记为捕捞船或者养殖船的渔业船舶。

(2) 军队、武警专用的车船，是指按照规定在军队、武警车船管理部门登记，并领取军用、武警牌照的车船。

(3) 警用车船，是指公安机关、国家安全机关、监狱、人民法院、人民检察院领取警用牌照的车辆和执行警务的专用船舶。

(4) 按照法律规定应当予以免税的外国驻华使馆、领事馆和国际组织驻华机构及其有关人员的车船。

(5) 对节约能源的车船，减半征收车船税；对使用新能源的车船，免征车船税。

(6) 省、自治区、直辖市人民政府根据当地实际情况，可以对公共交通车船、农村居民拥有并主要在农村地区使用的摩托车、三轮汽车和低速载货汽车定期减征或者免征车船税。

(7) 非机动车船(不包括非机动驳船)。非机动车是指以人力或者畜力驱动的车辆，以及符合国家有关标准的残疾人机动轮椅车、电动自行车等车辆。非机动船是指自身没有动力装置，依靠外力驱动的船舶。非机动驳船是指在船舶管理部门登记为驳船的非机动船。

（二）特定减免

(1) 经批准临时入境的外国车船和香港特别行政区、澳门特别行政区、台湾地区的车船，不征收车船税。

(2) 按照规定缴纳船舶吨税的机动船舶，自车船税法实施之日起5年内免征车船税。

(3) 依法不需要在车船登记管理部门登记的机场、港口、铁路站场内部行驶或作业的车船，自车船税法实施之日起5年内免征车船税。

六、征收管理

（一）纳税期限

车船税的纳税义务发生时间，为车船管理部门核发的车船登记证书或者行驶证书所记载日期的当月，即为购买车船的发票或其他证明文件所载日期的当月。

（二）纳税地点

车船税的纳税地点为车船的登记地或者车船税扣缴义务人所在地。依法不需要办理登记的车船，车船税的纳税地点为车船的所有人或者管理人所在地。

知识拓展：车船税
管理规程(试行)

（三）纳税申报

车船税按年申报，分月计算，一次性缴纳。纳税年度为公历1月1日至12月31日。具体申报纳税期限由省、自治区、直辖市人民政府规定。

从事机动车第三者责任强制保险业务的保险机构为机动车车船税的扣缴义务人，应当在收取保险费时依法代收车船税，并出具代收税款凭证。

视频：车船税(下)

案例讨论

深耕税收制度改革推进税收制度现代化

党的二十大报告对深化改革做出新的部署，明确提出要健全现代预算制度，优化税制结构，完善财政转移支付体系。

与党的十九大侧重税制改革相比，党的二十大更侧重优化结构，即中央与地方的税收分配关系；而党的二十大与十九届五中全会提法则更为接近、任务更为一致，这是因为《中华人民共和国国民经济和社会发展第十四个五年规划和2035年远景目标纲要》是横跨两届的联结点。

优化税制结构包括两个层面：一是优化体制结构；二是优化实体税制结构。

优化体制结构主要指优化中央与地方税收分配结构和优化中央与地方税政管理权结构。优化分配结构包括培育地方主体税种，比如所得税和财产税应当逐步成为地方主体税种；理顺税费关系，比如加快社保费改税进程并使之成为地方重要税源；合理划分中央与地方税收收入，保证县级地方政府提供基本公共产品与基本公共服务的财力，比如后移消费税征收环节并稳步下划地方，结合消费税立法统筹研究推进改革等。优化中央与地方税政管理权结构，主要是适当扩大地方税政管理权，比如授权前提下的税收立法权。

优化实体税制结构主要指简化税制，包括税种结构、税制要素结构、税负结构等。优化税种结构主要是优化直接税和间接税结构，逐步降低间接税比例、提高直接税比例；优化税制要素结构主要是优化各要素所占比重，比如个人所得税中劳动所得和资本所得的比重；税负结构包括税种间税率和税种内税率结构，比如个人所得税不同要素间的结构等。如前所述，海南省税制改革是优化实体税制结构性改革的重大突破。

可以预计，党的二十大以后的税制改革以税收供给侧结构性改革即优化央地财政税收收入分配为主线展开，已推出的共享税改革要调整比例，未推出的税制改革要确定地方税主体税种及其比例。

资料来源：涂京骞. 深耕税收制度改革 推进税收制度现代化[J]. 新理财，2023(01).

阅读上述材料，讨论以下问题：

(1) 结合本章所学内容，分析我国现行房产税制存在的不足。

(2) 党的二十大报告从"增进民生福祉，提高人民生活品质"的角度阐述了房地产发展方向，并在《党的二十大报告辅导读本》中提及"积极稳妥推进房地产税立法和改革"。结合对二十大精神的学习，谈谈你对我国房地产税收制度的构建有何认识和建议？

(3) 党的二十大报告为新时代税制改革指明了方向，中国式现代化对税制改革提出了新的要求。结合上述材料，提出加快完善地方税体系的建议。

本章小结 ⊕ ⊕

房产税是以房屋为征税对象，按照房屋的计税余值或租金收入，向产权所有人征收的一种财产税。房产税以房屋产权所有人为纳税人，以房产为征税对象，征税范围为城市、县城、建制镇和工矿区。房产税的计征方法有两种，一是从价计征，计税依据为房产余值，税率为1.2%；二是从租计征，计税依据为租金收入，税率为12%。房产税实行按年计算、分期缴纳的征收方法，在房产所在地缴纳。

契税是以在中华人民共和国境内转移土地、房屋权属为征税对象，向产权承受人征收的一种财产税。征税对象为发生土地使用权和房屋所有权权属转移的土地和房屋，实行3%～5%的幅度税率。纳税义务人是承受中国境内转移土地、房屋权属的单位和个人。由于土地、房屋权属转移方式不同，定价方法不同，其具体计税依据视不同情况而决定。

车船税是对在我国境内属于《车船税法》中《车船税税目税额表》所规定的车辆、船舶的所有人或者管理人征收的一种税。车船税采用定额税率，即对征税的车船规定单位固定税额。车船税由当地税务机关负责征收。对某些具有特殊用途的车船减征或者免征车船税。

练习题 ⊕ ⊕

1. 某工业企业某年2月自建的厂房竣工并投入使用。该厂房的原值为8 000万元，其中用于储存物资的地下室为800万元。假设房产原值的减除比例为30%，地下室应税原值为房产原值的60%。计算该企业当年应缴纳的房产税。

2. 某公司某年1月以1 200万元(不含增值税)购入一幢旧写字楼作为办公用房，该写字楼原值2 000万元，已计提折旧800万元。当地适用契税税率3%，计算该公司购入写字楼应缴纳的契税。

3. 某公司某年有如下车辆：货车5辆，每辆整备质量10吨；7月份购入挂车2辆，每辆整备质量5吨。公司所在地政府规定货车年税额96元/吨。计算当年该公司应缴纳的车船税。

4. 甲公司的机构所在地在上海，某年发生以下业务。

(1) 1月1日，甲公司把其A座办公楼租赁给一家外国公司，租金为8 000美元/年，适用的人民币汇率中间价为1:6.5，租期为一年。

(2) 3月1日，甲公司把其B座办公楼租给乙公司，租赁合同约定：租期为9个月，乙公司无须支付给甲公司任何租金，也无须附带任何条件。此办公楼的市场租金为16万元/年。

(3) 6月30日,甲公司与丙公司签订租赁协议,租赁协议约定:丙公司租赁甲公司C座办公楼,当年7至12月为免租使用期,第2年至第3年为有偿租赁期,租金为12万元/年,C座办公楼房产原值为1 000万元。

(4) 8月1日,甲公司购买丁公司自办的幼儿园,此幼儿园的房产市场价值为1 000万元,账簿记载固定资产原值900万元。

其他相关资料:此题涉及的金额全部为不含税金额,房产税的扣除比例为30%。

根据上述资料,分别计算业务(1)、业务(2)、业务(3)和业务(4)甲企业应缴纳的房产税。

第十章
行为税类法
//////

行为税是国家为了对某些特定行为进行限制或开辟某些财源而课征的一类税收。从性质来看，印花税、车辆购置税和耕地占用税都属于行为税，三者在税制体系上属于小税种，其征缴制度极具特色。

////// **学习目标**

☑ 认知类目标：了解印花税、车辆购置税、耕地占用税的纳税义务人、征税范围、税收优惠和征收管理的相关规定；掌握各税种的计税依据和应纳税额的计算。

☑ 价值类目标：关注我国税制改革的前沿问题，培养学生的创新与科学精神；贯彻党的二十大精神，坚持"十分珍惜和合理利用每一寸土地，切实保护耕地"的基本国策，培养家国情怀和爱国主义精神。

☑ 方法类目标：掌握各税种应纳税额计算的方法；能够通过图书馆或网络检索查询有关文献资料，了解我国行为税制改革的动向。

////// **案例引入**

企业在生产经营的过程中的某些特定行为需要纳税。某市茂源渔业公司关注到生态农产品的巨大市场潜力，准备推出"生态鱼"系列产品。该公司因此占用了100亩农村鱼塘，一部分用于鱼类养殖，另一部分把地面填平用来建设厂房。茂源公司和YH超市签订了销售合同，定时把养殖的生态鱼运送到YH超市销售。茂源公司为了及时向超市送货，购买了五辆小货车用于鲜鱼运送。茂源公司的以上行为是否需要纳税呢？

第一节　印花税法

一、印花税概述

（一）印花税的概念

印花税历史悠久，是世界各国普遍征收的一个税种。该税种因曾经的纳税方式为纳税人通过在应税凭证上粘贴印花税票来完成纳税义务而得名。

印花税是对在中华人民共和国境内书立应税凭证、进行证券交易的行为所征收的一种税。我国于1988年10月1日开始征收印花税。现行印花税法的基本规范是自2022年7月1日起施行的《中华人民共和国印花税法》。

知识拓展：印花税的起源和发展

（二）印花税的特点

1. 征税范围广

印花税的征税范围十分广泛：一是涉及的应税行为广泛，包括订立和领受应税凭证及证券交易的行为，这些行为在经济生活中是经常发生的；二是涉及的应税凭证范围广泛，包括各类合同、产权转移书据和营业账簿等，这些凭证在经济生活中被广泛地使用着。

2. 税率低、税负轻

印花税税负较轻，主要表现在其税率或税额明显低于其他税种，最低比例税率为应税凭证所载金额的万分之零点五，一般都为万分之几或千分之几。

3. 纳税期限的特殊性

印花税一般按季、按年或者按次计征。纳税期限相对较长，纳税人根据实际情况适用不同的纳税期限。

（三）征收印花税的意义

1. 可以广集财政收入

印花税税负虽轻，但征税面广，可以积少成多，为国家建设积累资金。同时，还有利于完善地方税体系和分税制财政体制。

2. 有助于促进我国经济法治化建设

各种应税经济凭证缴纳印花税，是完备应税经济凭证法律手续的重要方面。而且，根据印花税法的规定，证券登记结算机构为证券交易印花税的扣缴义务人，负有监督纳税的义务。这样，可以配合经济法规的实施，逐步提高合同的兑现率，促使经济交往中的各方依法办事，促进我国的经济法治建设。

3. 有利于培养公民的依法纳税观念

印花税涉及的应税行为在经济生活中普遍发生，可以促使纳税人养成自觉纳税的观念。

4. 有利于维护我国涉外经济权益

印花税是国际通行的税种。随着我国对外经济交往的日益频繁，开征印花税，有利于在对外经济交往中贯彻税收对等互利原则，维护国家的经济权益，促进对外经济的发展。

5. 有利于加强对其他税种的监督管理

经济单位和个人的应税凭证是该单位和个人经济活动的反映，通过对各种应税凭证的税款申报和检查，税务机关可以掌握经济活动中的真实情况，进行印花税和其他税种的交叉稽核稽查，有利于加强对其他税种的监督管理。

二、纳税义务人

在中华人民共和国境内书立应税凭证、进行证券交易的单位和个人，为印花税的纳税人，应当依法缴纳印花税。按照征税项目划分，具体有以下纳税人。

(1) 立合同人。订立各类合同的，以立合同人为纳税人。所谓立合同人，是指合同的当事人，即对凭证有直接权利义务关系的单位和个人。

【提示】立合同人不包括合同的担保人、证人、鉴定人。

(2) 立账簿人。建立营业账簿的，以立账簿人为纳税人。所谓立账簿人，指设立并使用营业账簿的单位和个人。例如，企业因生产、经营需要，设立了营业账簿，该企业即为纳税人。

(3) 立据人。订立各种财产转移书据的，以立据人为纳税人。立据人是指土地、房屋权属转移过程中买卖双方的当事人。

(4) 使用人，指在中华人民共和国境外书立在境内使用的应税凭证的单位和个人。

(5) 各类电子应税凭证的当事人，即以电子形式签订的各类应税凭证的当事人。

(6) 进行证券交易的单位和个人。

【提示】证券交易印花税对证券交易的出让方征收，不对受让方征收。证券登记结算机构为证券交易印花税的扣缴义务人。

【提示】同一应税凭证由两方以上当事人书立的，按照各自涉及的金额分别计算应纳税额。

三、税目与税率

（一）税目

印花税税目，指印花税法明确规定的应当纳税的项目，它具体划定了印花税的征税范围。印花税税目采用正列举的方式，凡有列举的项目都须征税，未列入范围的则不用征收。印花税征税范围共有4大类、17个税目。具体征税范围如下。

1. 合同

印花税税目中的合同比照我国《合同法》对合同的分类，在税目税率表中列举了以下11类合同。

(1) 买卖合同，指动产买卖合同，不包括个人书立的不动产买卖合同。

【提示】对商品房销售合同按照产权转移书据征收印花税。

(2) 借款合同，指银行业金融机构、经国务院银行业监督管理机构批准设立的其他金融机构与借款人(不包括同业拆借)的借款合同。

(3) 融资租赁合同。

(4) 租赁合同。

(5) 承揽合同。

(6) 建设工程合同。

(7) 运输合同,指货运合同和多式联运合同,不包括管道运输合同。

(8) 技术合同,不包括专利权、专有技术使用权转让合同。

【提示】一般的法律、会计、审计等方面的咨询不属于技术咨询,其所立合同不贴印花。

(9) 保管合同。

(10) 仓储合同。

(11) 财产保险合同。不包括再保险合同。

此外,在确定应税合同的范围时,特别需要注意以下三个问题。

(1) 具有合同性质的凭证应视同合同征税。所谓具有合同性质的凭证,是指具有合同效力的协议、契约、合约、单据、确认书及其他各种名称的凭证。这类凭证具有上述合同大致相同的内容、形式和作用,虽未采用规范的合同名称,但对当事人各方仍具有特定的民事法律约束力。

(2) 未按期兑现合同亦应缴税。印花税具有行为税性质。纳税人签订应税合同,就发生了应税经济行为,必须依法缴税,履行完税手续。所以,不论合同是否兑现或能否按期兑现,都应当缴纳印花税。

(3) 同时订立合同和开立单据的缴税方法。办理一项业务(如货物运输、仓储保管、财产保险、银行借款等),如果既订立合同,又开立单据,只就合同缴税;凡不订立合同,只开立单据,以单据作为合同适用的,其使用的单据应按规定缴税。

2. 产权转移书据

产权转移即财产权利关系的变更行为,表现为产权主体发生变更。产权转移书据是在产权的买卖、交换、继承、赠与、分割等产权主体变更过程,由产权出让人与受让人之间所订立的民事法律文书。印花税税目的产权转移书据包括:

(1) 土地使用权出让书据;

(2) 土地使用权、房屋等建筑物和构筑物所有权转让书据(不包括土地承包经营权和土地经营权转移);

(3) 股权转让书据(不包括应缴纳证券交易印花税的);

(4) 商标专用权、著作权、专利权、专有技术使用权转让书据。

3. 营业账簿

营业账簿是指单位或者个人记载生产经营活动的财务会计核算账簿。征收印花税的营业账簿为记载资金的账簿。

4. 证券交易

证券交易是指转让在依法设立的证券交易所、国务院批准的其他全国性证券交易场所交易的股票和以股票为基础的存托凭证。

【提示】中国香港市场投资者通过沪港通买卖、继承、赠与上交所上市A股,按照内地现行税制规定缴纳证券交易印花税。内地投资者通过沪港通买卖、继承、赠与联交所上市股票,按照中华人民共和国香港特别行政区现行税法规定缴纳印花税。

(二) 适用税率

现行印花税采用比例税率,税率分为5档,即1‰、0.5‰、0.3‰、0.25‰、0.05‰,具体规定如表10-1所示。

视频:印花税(上)

表10-1 印花税税目、税率

税目		税率
合同	1. 买卖合同	价款的0.3‰
	2. 借款合同	借款金额的0.05‰
	3. 融资租赁合同	租金的0.05‰
	4. 租赁合同	租金的1‰
	5. 承揽合同	报酬的0.3‰
	6. 运输合同	运输费用的0.3‰
	7. 技术合同	价款、报酬或者使用费的0.3‰
	8. 建设工程合同	价款的0.3‰
	9. 保管合同	保管费的1‰
	10. 仓储合同	仓储费的1‰
	11. 财产保险合同	保险费的1‰
产权转移书据	土地使用权出让书据	价款的0.5‰
	土地使用权、房屋等建筑物和构筑物所有权转让书据	价款的0.5‰
	股权转让书据(不包括应缴纳证券交易印花税的)	价款的0.5‰
	商标专用权、著作权、专利权、专有技术使用权转让书据	价款的0.3‰
营业账簿		实收资本(股本)、资本公积合计金额的0.25‰
证券交易		成交金额的1‰

四、应纳税额的计算

(一)计税依据的一般规定

印花税的计税依据为各种应税凭证上所记载的计税金额。具体规定包括:

(1) 应税合同的计税依据为合同所列的金额,不包括列明的增值税税款;

(2) 应税产权转移书据的计税依据为产权转移书据所列的金额,不包括列明的增值税税款;

(3) 应税营业账簿的计税依据为账簿记载的实收资本(股本)、资本公积合计金额;

(4) 证券交易的计税依据为成交金额。

(二)计税依据的特殊规定

(1) 应税合同、产权转移书据未列明金额的,印花税的计税依据按照实际结算的金额确定。

(2) 计税依据按照前款规定仍不能确定的,按照书立合同、产权转移书据时的市场价格确定;依法应当执行政府定价或者政府指导价的,按照国家有关规定确定。

(3) 证券交易无转让价格的,按照办理过户登记手续时该证券前一个交易日收盘价计算确定计税依据;无收盘价的,按照证券面值计算确定计税依据。

(4) 同一应税凭证载有两个以上税目事项并分别列明金额的,按照各自适用的税目税率分别计算应纳税额;未分别列明金额的,从高适用税率。

(三)应纳税额的计算方法

印花税应纳税额按照下列方法计算:

(1) 合同的应纳税额为价款或者报酬乘以适用税率；

(2) 产权转移书据的应纳税额为价款乘以适用税率；

(3) 营业账簿的应纳税额为实收资本(股本)、资本公积合计金额乘以适用税率；

(4) 证券交易的应纳税额为成交金额乘以适用税率。

【例10-1 单选题】某企业签订了如下经济合同：与甲公司签订技术开发合同，合同总金额为400万元，其中研究开发费100万元；与乙公司签订货物销售合同，销售额为300万元；签订运输合同，记载运输费4万元，其中包括保险费0.5万元、装卸费0.5万元。该企业应缴纳印花税(   )元。

A. 1 800   B. 1 815   C. 2 115   D. 2 120

【解析】正确答案为B。①为了鼓励技术研究开发，对技术开发合同，只就合同所载的报酬金额计税，研究开发费不作为计税依据。技术开发合同应缴纳印花税＝(4 000 000－1 000 000)×0.3‰＝900(元)。②销售合同应纳的印花税＝3 000 000×0.3‰＝900(元)。③货物运输合同，不含所运货物的金额、装卸费和保险费，因此运输合同应纳的印花税＝(4－0.5－0.5)×10 000×0.5‰＝15(元)。④该企业应缴纳印花税＝900＋900＋15＝1 815(元)。

【例10-2】甲公司和乙公司签订一份加工合同，甲公司提供价值50万元的辅料并收取加工费20万元，代乙公司购买加工用原材料100万元。计算该笔业务中甲公司应缴纳的印花税。

【解析】甲公司代乙公司购买的材料属于甲公司向乙公司提供原材料的情形，应按买卖合同缴纳印花税，加工费按照承揽合同贴花，辅料按照买卖合同贴花。

应纳印花税＝(100＋50)×0.03%＋20×0.05%＝0.055(万元)＝550(元)

五、税收优惠

下列凭证免征印花税：

(1) 应税凭证的副本或者抄本；

(2) 依照法律规定应当予以免税的外国驻华使馆、领事馆和国际组织驻华代表机构为获得馆舍书立的应税凭证；

(3) 中国人民解放军、中国人民武装警察部队书立的应税凭证；

(4) 农民、家庭农场、农民专业合作社、农村集体经济组织、村民委员会购买农业生产资料或者销售农产品书立的买卖合同和农业保险合同；

(5) 无息或者贴息借款合同、国际金融组织向中国提供优惠贷款书立的借款合同；

(6) 财产所有权人将财产赠与政府、学校、社会福利机构、慈善组织书立的产权转移书据；

(7) 非营利性医疗卫生机构采购药品或者卫生材料书立的买卖合同；

(8) 个人与电子商务经营者订立的电子订单。

六、征收管理

（一）纳税时间和期限

1. 纳税时间

印花税的纳税义务发生时间为纳税人书立应税凭证或者完成证券交易的当日。证券交易印花税扣缴义务发生时间为证券交易完成的当日。

2. 纳税期限

印花税按季、按年或者按次计征。实行按季、按年计征的，纳税人应当自季度、年度终了之日起15日内申报缴纳税款；实行按次计征的，纳税人应当自纳税义务发生之日起15日内申报缴纳税款。

证券交易印花税按周解缴。证券交易印花税扣缴义务人应当自每周终了之日起5日内申报解缴税款及银行结算的利息。

（二）纳税地点

纳税人为单位的，应当向其机构所在地的主管税务机关申报缴纳印花税；纳税人为个人的，应当向应税凭证书立地或者纳税人居住地的主管税务机关申报缴纳印花税。

不动产产权发生转移的，纳税人应当向不动产所在地的主管税务机关申报缴纳印花税。

证券交易印花税的扣缴义务人应当向其机构所在地的主管税务机关申报解缴税款及银行结算的利息。

（三）纳税方式

印花税可以采用粘贴印花税票或者由税务机关依法开具其他完税凭证的方式缴纳。

印花税票粘贴在应税凭证上的，由纳税人在每枚税票的骑缝处盖戳注销或者画销。

视频：印花税(下)

第二节　车辆购置税法

一、车辆购置税概述

（一）车辆购置税的概念

车辆购置税是以在中国境内购置规定车辆为课税对象、在特定的环节向车辆购置者征收的一种税。

我国于2001年1月1日开始征收车辆购置税，它是在原交通部门收取的车辆购置附加费的基础上，通过"费改税"方式演变而来的一个新税种。2018年12月29日第十三届全国人民代表大会常务委员会第七次会议通过了《中华人民共和国车辆购置税法》，自2019年7月1日起正式施行。

（二）车辆购置税的特点

1. 征收范围和征收环节单一

车辆购置税是以购置的特定车辆为课税对象，而不是对所有的财产或消费财产征税，征收范围窄。车辆购置税实行一次课征制，它不是在生产、经营和消费的每一环节实行道道征收，而是在消费领域的特定环节征收，具有行为税的性质。

2. 税率及征收方法单一

车辆购置税只确定一个统一比例税率征收，税率具有不随课税对象数额变动的特点。车辆购置税根据纳税人购置应税车辆的计税价格实行从价计征，计征简便、负担稳定，有利于依法治税。

3. 征税具有特定目的

车辆购置税具有专门用途，由中央财政根据国家交通建设投资计划，统筹安排。这种特定目的的税收，可以保证国家财政支出的需要，既有利于统筹合理地安排资金，又有利于保证特定事业和建设支出的需要。

4. 价外征收，税负不发生转嫁

车辆购置税的计税依据中不包含车辆购置税税额，车辆购置税税额是附加在价格之外的，且纳税人即为负税人，税负不发生转嫁。

（三）开征车辆购置税的作用

1. 合理筹集建设资金

国家通过开征车辆购置税参与国民收入的再分配，可以更好地将一部分消费基金转化为财政资金，有利于依法合理地筹集交通基础设施建设和维护资金，保证资金专款专用，从而促进交通基础设施建设事业的健康发展。

2. 规范政府行为

以费改税，开征车辆购置税，有利于理顺税费关系，进一步完善财税制度，实现税制结构的不断优化。

3. 调节收入差距

车辆购置税在消费环节对消费应税车辆的使用者征收，可以对过高的消费支出进行调节。

4. 配合打击走私和维护国家权益

其一，车辆购置税不论车辆来源渠道，都按同一比例税率征收，具有同一应税车辆税负相同的特性，可以平衡进口车辆与国产车辆的税收负担，体现国民待遇原则。其二，车辆购置税在车辆上牌使用时征收，具有源泉控制的特点，可以配合有关部门在打击走私、惩治犯罪等方面起到积极的作用。

二、纳税义务人和征税范围

（一）纳税义务人

在中华人民共和国境内购置应税车辆的单位和个人，为车辆购置税的纳税人，应当依法缴纳车辆购置税。

【提示】购置是指以购买、进口、自产、受赠、获奖或者其他方式取得并自用应税车辆的行为。

（二）征税范围

车辆购置税以列举的车辆作为征税对象，未列举的车辆不纳税。应税车辆的范围包括汽车、有轨电车、汽车挂车、排气量超过150毫升的摩托车。

【提示】地铁、轻轨等城市轨道交通车辆，装载机、平地机、挖掘机、推土机等轮式专用机械车，以及起重机(吊车)、叉车、电动摩托车，不属于应税车辆。

三、税率与计税依据

（一）税率

车辆购置税实行统一比例税率，税率为10%。

（二）计税依据

车辆购置税的应纳税额按照应税车辆的计税价格乘以税率计算。

应税车辆的计税价格，按照下列规定确定。

(1) 纳税人购买自用应税车辆的计税价格，为纳税人实际支付给销售者的全部价款，不包括增值税税款。

【提示】该全部价款依据纳税人购买应税车辆时相关凭证载明的价格确定。

(2) 纳税人进口自用应税车辆，是指纳税人直接从境外进口或者委托代理进口自用的应税车辆，不包括在境内购买的进口车辆。纳税人进口自用应税车辆的计税价格，为关税完税价格加上关税和消费税。

(3) 纳税人自产自用应税车辆的计税价格，按照纳税人生产的同类应税车辆(即车辆配置序列号相同的车辆)的销售价格确定，不包括增值税税款；没有同类应税车辆销售价格的，按照组成计税价格确定。组成计税价格的计算公式为

$$组成计税价格＝成本×(1＋成本利润率)$$

属于应征消费税的应税车辆，其组成计税价格中应加计消费税税额。

(4) 纳税人以受赠、获奖或者其他方式取得自用应税车辆的计税价格，按照购置应税车辆时相关凭证载明的价格确定，不包括增值税税款。

【提示】纳税人申报的应税车辆计税价格明显偏低，又无正当理由的，由税务机关依照《税收征收管理法》的规定核定其应纳税额。

四、应纳税额的计算

（一）车辆购置税实行从价定率应纳税额的计算

车辆购置税实行从价定率的方法计算应纳税额，计算公式为

$$应纳税额＝计税依据×税率$$

【例10-3】张某购买一辆国产轿车供自己使用，支付含增值税车价款100 000元。计算张某应纳车辆购置税税额。

【解析】应纳税额＝100 000÷(1＋13%)×10%＝8 849(元)

【例10-4】某外贸进出口公司于2019年5月12日，从国外进口10辆宝马BMW3181型小轿车。小轿车关税完税价格为198 000元/辆，海关课征关税217 800元/辆，并代征进口消费税21 884元/辆，增值税74 406元/辆。由于业务工作的需要，该公司将两辆小轿车用于本单位使用。计算该公司应纳的车辆购置税税额。

【解析】组成计税价格＝198 000＋217 800＋21 884＝437 684(元)

应纳税额＝自用数量×组成计税价格×税率＝2×437 684×10%＝87 536.8(元)

（二）减税、免税条件消失的车辆应纳税额的计算

免税、减税车辆因转让、改变用途等原因不再属于免税、减税范围的，纳税人应当在办理车辆转移登记或者变更登记前缴纳车辆购置税。计税价格以免税、减税车辆初次办理纳税申报时确定的计税价格为基准，每满一年扣减10%。计算公式为

$$应纳税额＝初次办理纳税申报时确定的计税价格×(1－使用年限×10%)×10%－已纳税额$$

【提示】发生转让行为的，受让人为车辆购置税纳税人；未发生转让行为的，车辆所有人为车辆购置税纳税人。

【提示】纳税义务发生时间为车辆转让或者用途改变等情形发生之日。

【例10-5】某国驻我国的外交官乙某将自用4年的一辆进口小轿车转让给我国公民，该小轿车进口时的关税完税价格为100万元，转让时的成交价格为60万元。小轿车进口时适用的关税税率为20%，消费税税率为9%。计算受让方应当缴纳的车辆购置税。

【解析】初次申报时的计税价格＝关税完税价格＋关税＋消费税

$$＝100×(1＋20\%)÷(1－9\%)＝131.87(万元)$$

免税条件消失的车辆应纳税额＝131.87×(1－4×10%)×10%＝7.91(万元)

五、税收优惠

（一）车辆购置税的免征

下列车辆免征车辆购置税：

(1) 依照法律规定应当予以免税的外国驻华使馆、领事馆和国际组织驻华机构及其有关人员自用的车辆；

(2) 中国人民解放军和中国人民武装警察部队列入装备订货计划的车辆；

(3) 悬挂应急救援专用号牌的国家综合性消防救援车辆；

(4) 设有固定装置的非运输专用作业车辆；

(5) 城市公交企业购置的公共汽电车辆。

根据国民经济和社会发展的需要，国务院可以规定减征或者其他免征车辆购置税的情形，报全国人民代表大会常务委员会备案。

知识拓展：城市公交企业和公共汽电车辆的定义

（二）车辆购置税的退税

纳税人将已征车辆购置税的车辆退回车辆生产企业或者销售企业的，可以向主管税务机关申请退还车辆购置税。退税额以已缴税款为基准，自缴纳税款之日至申请退税之日，每满一年扣减10%。

应退税额计算公式为

$$应退税额＝已纳税额×(1－使用年限×10\%)$$

六、征收管理

（一）纳税申报

(1) 车辆购置税实行一车一申报制度。

(2) 车辆购置税的纳税义务发生时间为纳税人购置应税车辆的当日。

① 购买自用应税车辆的为购买之日，即车辆相关价格凭证的开具日期。

② 进口自用应税车辆的为进口之日，即《海关进口增值税专用缴款书》或者其他有效凭证的开具日期。

③ 自产、受赠、获奖或者以其他方式取得并自用应税车辆的为取得之日，即合同、法律文书或者其他有效凭证的生效或者开具日期。

(3) 纳税人应当自纳税义务发生之日起60日内申报缴纳车辆购置税。

（二）纳税环节

车辆购置税实行一次性征收。车辆购置税的征税环节为使用环节，即最终消费环节。具体而言，纳税人应当在向公安机关等车辆管理机构办理车辆登记注册手续前，缴纳车辆购置税。

知识拓展：关于车辆购置税有关具体政策的公告

【提示】购置已征车辆购置税的车辆，不再征收车辆购置税。购买二手车时，购买者应当向原车主索要《车辆购置税完税证明》。

（三）纳税地点

购置应税车辆的纳税人，应当到下列地点申报纳税：

(1) 需要办理车辆登记的，向车辆登记地的主管税务机关申报纳税；

(2) 不需要办理车辆登记的，单位纳税人向其机构所在地的主管税务机关申报纳税，个人纳税人向其户籍所在地或者经常居住地的主管税务机关申报纳税。

知识拓展：国家税务总局关于车辆购置税征收管理有关事项的公告

第三节　耕地占用税法

一、耕地占用税概述

（一）耕地占用税的概念

耕地是土地资源中最重要的组成部分，是农业生产最基本的生产资料。我国人口众多，耕地资源相对较少，要用占世界总量7%的耕地，养活占世界总量22%的人口，人多地少的矛盾十分突出。为了遏制并逐步改变这种状况，合理利用土地资源，加强土地管理，保护耕地，我国自1987年4月1日起开征耕地占用税，运用税收经济杠杆与法律、行政等手段相配合，以便有效地保护耕地。

耕地占用税是对在中华人民共和国境内占用耕地建设建筑物、构筑物或者从事非农业建设的单位和个人，就其实际占用的耕地面积征收的一种税，它属于对特定土地资源占用课税。

为了合理利用土地资源，加强土地管理，保护耕地，2018年12月29日，第十三届全国人民代表大会常务委员会第七次会议通过了《中华人民共和国耕地占用税法》，自2019年9月1日起施行。

（二）耕地占用税的特点及作用

耕地占用税作为一个出于特定目的、对特定的土地资源课征的税种，与其他税种相比，具有比较鲜明的特点，主要表现在：

(1) 兼具资源税与特定行为税的性质；

(2) 采用地区差别税率；

(3) 在占用耕地环节一次性课征；

(4) 税收收入专用于耕地开发与改良。

通过开征耕地占用税，使那些占用耕地建房及从事其他非农业建设的单位和个人承担必要的经济责任，有利于政府运用税收经济杠杆调节他们的经济利益，引导他们节约、合理地使用耕地资源。这对于保护国土资源，促进农业可持续发展，以及强化耕地管理，保护农民的切身利益等，都具有十分重要的意义。

二、纳税义务人和征税范围

（一）纳税义务人

耕地占用税的纳税义务人，是在中华人民共和国境内占用耕地建设建筑物、构筑物或者从事非农业建设的单位和个人。

【提示】占用耕地建设农田水利设施的，不缴纳耕地占用税。

（二）征税范围

耕地占用税的征税范围包括纳税人为建设建筑物、构筑物或从事其他非农业建设而占用的国家所有和集体所有的耕地。

(1) 所谓"耕地"是指种植农业作物的土地，包括菜地、园地。其中，园地包括花圃、苗圃、茶园、果园、桑园和其他种植经济林木的土地。

(2) 占用园地、林地、草地、农田水利用地、养殖水面、渔业水域滩涂，以及其他农用地建设建筑物、构筑物或者从事非农业建设的，应按规定缴纳耕地占用税。

占用上述农用地建设直接为农业生产服务的生产设施的，不缴纳耕地占用税。

三、税额、计税依据和应纳税额的计算

（一）税额

1. 一般规定

由于在我国不同地区之间人口和耕地资源的分布极不均衡，各地区之间的经济发展水平也有很大差异，考虑到不同地区之间客观条件的差别，以及与此相关的税收调节力度和纳税人负担能力方面的差别，耕地占用税在税率设计上采用了地区差别定额税率。具体税率规定如表10-2所示。

表10-2　耕地占用税税率

人均耕地面积(县级行政区域为单位)	每平方米税额/元
小于 1 亩	10～50
超过 1 亩但不超过 2 亩	8～40
超过 2 亩但不超过 3 亩	6～30
3 亩以上	5～25

2. 特殊规定

各地区耕地占用税的适用税额，由省、自治区、直辖市人民政府根据人均耕地面积和经济发展等情况，在规定的税额幅度内提出，报同级人民代表大会常务委员会决定，并报全国人民代表大会常务委员会和国务院备案。各省、自治区、直辖市耕地占用税适用税额的平均水平，不得低于本法所附《各省、自治区、直辖市耕地占用税平均税额表》规定的平均税额。

在人均耕地低于0.5亩的地区，省、自治区、直辖市可以根据当地经济发展情况，适当提高耕地占用税的适用税额，但提高的部分不得超过适用税额的50%。

占用基本农田的，应当按照当地适用税额，加按150%征收。

（二）计税依据

耕地占用税以纳税人占用耕地的面积(平方米)为计税依据。

（三）应纳税额的计算方法

知识拓展：各省、自治区、直辖市耕地占用税平均税额

耕地占用税以纳税人实际占用的耕地面积为计税依据，按照规定的适用税额一次性征收，应纳税额为纳税人实际占用的耕地面积(平方米)乘以适用税额。其计算公式为

$$应纳税额＝实际占用耕地面积(平方米)×适用定额税率$$

【例10-6】一家化工企业新占用2 000平方米耕地用于修建厂房，当地适用的定额税率为15元/平方米。请计算该化工企业应缴纳的耕地占用税。

【解析】应纳税额＝2 000×15＝30 000(元)

四、税收优惠

(1) 军事设施、学校、幼儿园、社会福利机构、医疗机构占用耕地，免征耕地占用税。

(2) 铁路线路、公路线路、飞机场跑道、停机坪、港口、航道、水利工程占用耕地，减按每平方米2元的税额征收耕地占用税。

(3) 农村居民在规定用地标准以内占用耕地新建自用住宅，按照当地适用税额减半征收耕地占用税；其中农村居民经批准搬迁，新建自用住宅占用耕地不超过原宅基地面积的部分，免征耕地占用税。

(4) 农村烈士遗属、因公牺牲军人遗属、残疾军人以及符合农村最低生活保障条件的农村居民，在规定用地标准以内新建自用住宅，免征耕地占用税。

【提示】依法免征或者减征耕地占用税后，纳税人改变原占地用途，不再属于免征或者减征耕地占用税情形的，应当按照当地适用税额补缴耕地占用税。

纳税人因建设项目施工或者地质勘查临时占用耕地，应当按照规定缴纳耕地占用税。纳税人在批准临时占用耕地期满之日起一年内依法复垦，恢复种植条件的，全额退还已经缴纳的耕地占用税。

五、征收管理

耕地占用税由税务机关负责征收。

耕地占用税的纳税义务发生时间为纳税人收到自然资源主管部门办理占用耕地手续的书面通知的当日。纳税人应当自纳税义务发生之日起30日内申报缴纳耕地占用税。

自然资源主管部门凭耕地占用税完税凭证或者免税凭证和其他有关文件发放建设用地批准书。

税务机关应当与相关部门建立耕地占用税涉税信息共享机制和工作配合机制。县级以上地方人民政府自然资源、农业农村、水利等相关部门应当定期向税务机关提供农用地转用、临时占地等信息，协助税务机关加强耕地占用税征收管理。

视频：耕地占用税(下)

案例讨论

"绿色税制"引导更多企业复垦

2022年6月25日是第32个"全国土地日"。国家税务总局重庆市税务局数据显示，2022年前五月，重庆税务部门严格落实耕地占用税及相关税费政策，助力耕地数量、质量、生态"三位一体"保护的作用日益显现。

中铁二十四局集团福建铁路建设有限公司就是耕地占用税复垦退税政策受益者。2019年11月，该公司向规划和自然资源主管部门申请了临时用地许可证，用于万盛区关坝镇光明村渝黔高速公路扩能项目隧道建设需要，公司依法申报缴纳了耕地占用税151.1万元。

当地税务部门加大耕地占用税相关优惠政策宣传力度，帮助企业算好保护耕地和缴纳耕地占用税两笔账。在政策引导下，2021年6月该公司对临时用地进行复垦，并通过了万盛区规划和自然资源局验收，收到了"土地复垦验收合格确认书"。渝黔高速公路扩能项目全线竣工通车后，2022年1月，该公司向当地税务部门提交了退税申请，收到全额退税151.1万元。

"这次复垦经历，我们不但减少了耕地占用税支出，也有更多资金投入生产。"该公司会计任宏说，复垦退税让企业对"绿色税制"的作用有了更清晰的认识。

在耕地占用税的征收过程中，重庆市税务局加强与规划和自然资源等相关部门的协作，建立起耕地占用税涉税信息共享机制和工作配合机制，既从严征收，又从细落实各项优惠政策，为守护耕地红线和粮食安全"生命线"贡献税务力量。

数据显示，目前，重庆耕地面积已达到2805万亩，其中建成高标准农田1315万亩，为粮食稳产增产打牢了耕地基础。

资料来源：国家税务总局重庆市税务局，重庆：发挥"税力量"守护耕地红线[EB/OL]. https://www.chinatax.gov.cn/chinatax/n810219/n810739/c5176960/content.html，2022-06-30.

阅读上述材料，讨论以下问题：

(1) 结合耕地占用税法的规定，谈谈如何通过税收导向和调节作用，达到合理利用土地资源、加强土地管理、保护耕地的目的。

(2) 粮食安全是"国之大者"，耕地保护更是重中之重。习近平总书记在党的二十大报告中再次提出"牢牢守住十八亿亩耕地红线""确保中国人的饭碗牢牢端在自己手中"，并强调要逐步把永久基本农田全部建成高标准农田。结合我国将《耕地占用税暂行条例》上升为法律的做法，谈谈实施《中华人民共和国耕地占用税法》对促进土地资源合理利用和农业可持续发展，保障国家粮食安全的重要意义。

本 章 小 结 ⊕ ⊕
/////////

印花税是对在中华人民共和国境内书立应税凭证、进行证券交易的行为所征收的一种税。纳税人为在中华人民共和国境内书立应税凭证、进行证券交易的单位和个人。印花税征税范围包括合同、产权转移书据、营业账簿、证券交易4大类，共17个税目。税目采用正列举的方式，凡有列举的项目都须征税，未列入范围的不用征收。采用比例税率，计税依据为各种应税凭证上所记载的计税金额。印花税可以采用粘贴印花税票或者由税务机关依法开具其他完税凭证的方式缴纳。证券交易印花税由证券登记结算机构代扣代缴。

在中华人民共和国境内购置应税车辆的单位和个人，为车辆购置税的纳税人。应税车辆的范围包括汽车、有轨电车、汽车挂车、排气量超过150毫升的摩托车。实行统一比例税率，税率为10%。实行从价定率、价外征收的方法计算应纳税额，应税车辆的价格即计税价格为车辆购置税的计税依据。车辆购置税实行一车一申报制度。

耕地占用税是对在我国境内占用耕地建设建筑物、构筑物或者从事非农业建设的单位和个人，就其实际占用的耕地面积征收的一种税。征税范围包括纳税人为建房或从事其他非农业建设而占用的国家所有和集体所有的耕地。耕地占用税采用地区差别定额税率，以纳税人实际占用的耕地面积为计税依据，按照规定的适用税额一次性征收。

练习题 ⬇⬇

1. 某建筑公司与甲企业签订一份建筑承包合同，合同金额6 000万元。施工期间，该建筑公司又将其中价值800万元的安装工程转包给乙企业，并签订转包合同。计算该建筑公司此项业务应缴纳的印花税。

2. 甲公司为一家工业制造企业，某月发生以下业务：

(1) 销售自产产品，签订销售合同，合同注明不含税销售额为400 000元；

(2) 签订受托加工合同，为乙企业加工工作服。根据合同规定，由乙企业提供面料和主要衬料800 000元，本企业代垫辅料20 000元并收取加工费30 000元，该合同本月签订但当月未执行；

(3) 签订一份专利申请权转让合同，协议转让金额10 000元，在当月取得转让收入；

(4) 购买一项土地使用权，签订土地使用权转让合同，合同注明价款为60万元；

(5) 出租设备一台，签订财产租赁合同，合同约定年租金18万元，租赁期两年。

计算以上各业务应缴纳的印花税。

(1) 甲公司签订产品销售合同应缴纳印花税；

(2) 甲公司签订受托加工合同应缴纳印花税；

(3) 甲公司签订转让专利申请权合同应缴纳印花税；

(4) 甲公司签订土地使用权转让合同应缴纳印花税；

(5) 甲公司签订财产租赁合同应缴纳印花税。

3. 某运输企业2020年2月购置一辆小汽车，支付车辆购置税10 000元，在2022年3月因车辆质量问题退回，计算应退还的车辆购置税。

4. 村民张某2022年起承包耕地面积3 000平方米。2023年将其中300平方米用于新建住宅，其余耕地仍和上年一样使用，即700平方米用于种植药材，2 000平方米用于种植水稻。当地耕地占用税税率为25元/平方米，计算张某2023年应缴纳的耕地占用税。

5. 农村居民王某，某年10月经批准占用耕地2 000平方米，其中1 500平方米用于种植大棚蔬菜，500平方米用于新建自用住宅(符合当地规定标准，住宅自用)。假设耕地占用税为20元/平方米，计算王某当年应缴纳的耕地占用税。

第十一章
税收征收管理法

///////// **本章导入**

    税收征收管理法属于税收程序法，是税收征收管理的法律规范。税收征收管理法主要包括税务管理、税款征收、税务检查和法律责任等方面的内容。国家制定税收征收管理法的目的是加强税收征收管理，规范税收征纳行为，保障国家税收收入，保护纳税人的合法权益，促进经济和社会发展。

///////// **学习目标**

    ☑ 认知类目标：了解税收征收管理法关于税务登记、账簿凭证管理、纳税申报、税务检查等相关规定；了解违反税法规定的法律责任；掌握税款征收的方式和措施。

    ☑ 价值类目标：熟悉税收征管的环节和流程，了解税收法律责任，培养学生遵纪守法、依法纳税的法治意识和观念。

    ☑ 方法类目标：能够通过图书馆或网络检索查询有关违反税收法律法规的典型案例，从中总结经验教训，防范违法行为发生。

///////// **案例引入**

    2018年6月初，群众举报范××"阴阳合同"涉税问题后，国家税务总局高度重视，即责成江苏等地税务机关依法开展调查核实。

    从调查核实情况看，范××在电影《大轰炸》剧组拍摄过程中实际取得片酬3 000万元，其中2 000万元以拆分合同方式偷逃个人所得税618万元，少缴营业税及附加112万元。此外，还查出范××及其担任法定代表人的企业少缴税款2.48亿元，其中偷逃税款1.34亿元。

    对于上述违法行为，税务机关依据《税收征收管理法》第三十二、五十二条的规定，对范××及其担任法定代表人的企业追缴税款2.55亿元，加收滞纳金0.33亿元；依据第六十三条的规定，对范××采取拆分合同手段隐瞒真实收入偷逃税款处4倍罚款计2.4亿元，对其利用工作室账户隐匿个人报酬的真实性质偷逃税款处3倍罚款计2.39亿元；对其担任法定代表人的企业少计收入偷逃税款处1倍罚款计94.6万元；依据第六十九条和《税收征收管理法实施细则》第九十三条的规定，对其担任法定代表人的两户企业未代扣代缴个人所得税和非法提供便利协助少缴税款各处0.5倍罚款，分别计0.51亿元、0.65亿元。

    资料来源：根据新华社2018年10月3日发文《税务部门依法查处范冰冰"阴阳合同"等偷逃税问题》整理。

第一节 税收征收管理法概述

税收征收管理法是指调整税收征收与管理过程中所发生的社会关系的法律规范的总称。《税收征收管理法》于1993年1月1日实施，并于1995年、2001年、2013年和2015年进行了三次修正和一次修订。《税收征收管理法实施细则》是根据《税收征收管理法》的规定制定的细则，自2002年10月15日起施行，并于2012年、2013年和2016年进行了三次修正。

目前，我国经济进入高质量发展阶段，经济结构不断优化升级，经济增长从要素驱动、投资驱动转向创新驱动，互联网、大数据、云计算、人工智能等新技术突飞猛进。在这样的背景下，及时修订《税收征收管理法》既有必要又很紧迫。税收征收管理法的修改已列入第十三届全国人民代表大会常务委员会立法规划，全国人民代表大会财政经济委员会建议有关部门加快修法工作进度，争取早日提请全国人民代表大会常务委员会审议。

一、税收征收管理法的立法目的

《税收征收管理法》是我国第一部以法律形式对国内税收和涉外税收作出统一规定的税收征收管理法，属于我国税收法律体系中的程序法。《税收征收管理法》第一条规定："为了加强税收征收管理，规范税收征收和缴纳行为，保障国家税收收入，保护纳税人的合法权益，促进经济和社会发展，制定本法。"

（一）加强税收征收管理

税收征收管理是国家征税机关依据国家税收法律、行政法规的规定，按照统一的标准，通过一定的程序，对纳税人应纳税额组织入库的一种行政活动，是国家将税收政策贯彻实施到每个纳税人，有效地组织税收收入及时、足额入库的一系列活动的总称。税收征管工作的好坏，直接关系到税收职能作用能否很好地发挥。加强税收征收管理《税收征收管理法》立法的首要目的是加强税收征收管理。

（二）规范税收征收和缴纳行为

《税收征收管理法》既要为税务机关、税务人员依法行政提供标准和规范，税务机关、税务人员必须依照该法的规定进行税收征收，其一切行为都要依法进行，违者要承担法律责任；同时也要为纳税人缴纳税款提供标准和规范，纳税人只有按照法律规定的程序和办法缴纳税款，才能更好地保障自身的权益。因此，在该法中加入"规范税收征收和缴纳行为"的目的，是对依法治国、依法治税思想的深刻理解和运用，为《税收征收管理法》其他条款的修订指明了方向。

（三）保障国家税收收入

税收收入是国家财政的主要来源，组织税收收入是税收的基本职能之一。《税收征收管理法》是税收征收管理的标准和规范，其根本目的是保证税收收入的及时、足额入库。

（四）保护纳税人的合法权益

税收征收管理作为国家的行政行为，一方面要维护国家的利益，另一方面要保护纳税人的合法权益不受侵犯。纳税人按照国家税收法律、行政法规的规定缴纳税款之外的任何其他款项，都是对纳税人合法权益的侵害。保护纳税人的合法权益一直是《税收征收管理法》的立法目的。

（五）促进经济和社会发展

税收是国家宏观调控的重要杠杆，《税收征收管理法》是市场经济的重要法律规范，这就要求税收征收管理的措施，如税务登记、纳税申报、税款征收、税收检查及税收政策等以促进经济和社会发展为目标，方便纳税人，保护纳税人。因此，在该法中加入"促进经济和社会发展"的目的，表明了税收征收管理的历史使命和前进方向。

二、税收征收管理法的适用范围

《税收征收管理法》第二条规定："凡依法由税务机关征收的各种税收的征收管理，均适用本法。"我国税收的征收机关有税务机关和海关部门，《税收征收管理法》只适用于由税务机关征收的各种税收的征收管理。

【提示】海关征收的关税及代征的增值税、消费税，不适用《税收征收管理法》的规定。
【提示】由税务机关征收的政府收费，如教育费附加，不适用《税收征收管理法》。

【例11-1 多选题】下列税费项目中，适用《税收征收管理法》规定的是(　　)。

A. 关税　　　　　B. 城市维护建设税　　　　C. 增值税　　　　　D. 社会保险费

【解析】正确答案为BC。《税收征收管理法》只适用于由税务机关征收的各种税收的征收管理。

三、税收征收管理法的主体及其权利与义务的设定

（一）税务行政主体——税务机关

国务院税务主管部门主管全国税收征收管理工作。各地国家税务局和地方税务局应当按照国务院规定的税收征收管理范围分别进行征收管理。税务机关是指各级税务局、税务分局、税务所和省以下税务局的稽查局。稽查局专司偷税、逃避追缴欠税、骗税、抗税案件的查处。

（二）税务行政管理相对人——纳税人、扣缴义务人和其他有关单位

法律、行政法规规定负有纳税义务的单位和个人为纳税人。法律行政法规规定负有代扣代缴、代收代缴税款义务的单位和个人为扣缴义务人。纳税人、扣缴义务人必须依照法律、行政法规的规定缴纳税款、代扣代缴、代收代缴税款，按照有关规定如实向税务机关提供与纳税和代扣代缴、代收代缴税款有关的信息。纳税人、扣缴义务人和其他有关单位是税务行政管理的相对人，是《税收征收管理法》的遵守主体，必须按照《税收征收管理法》的有关规定接受税务管理，享受合法权益。

（三）有关部门和单位

包括地方各级人民政府在内的有关部门和单位同样是《税收征收管理法》的遵守主体，必须遵守《税收征收管理法》的有关规定。地方各级人民政府应当依法加强对本行政区域内税收管理工作的领导或者协调，支持税务机关依法执行职务，依照法定税率计算税额，依法征收税款。各有关部门和单位应当支持、协助税务机关依法执行职务。

（四）纳税人、扣缴义务人的权利与义务

纳税人的权利与义务是指国家通过法律法规赋予纳税人应有的权利与应尽的义务。2009年1月1日，国家税务总局发布2009年第1号公告《国家税务总局关于纳税人权利与义务的公告》，赋予纳税人十四项权利和十项义务。

1. 纳税人、扣缴义务人的权利

纳税人、扣缴义务人在履行纳税义务过程中，依法享有下列权利：知情权、保密权、税收监督权、纳税申报方式选择权、申请延期申报权、申请延期缴纳税款权、申请退还多缴税款权、依法享受税收优惠权、委托税务代理权、陈述与申辩权、对未出示税务检查证和税务检查通知书的拒绝检查权、税收法律救济权、依法要求听证的权利和索取有关税收凭证的权利。

知识拓展：税务机关和税务人员的权利和义务

2. 纳税人、扣缴义务人的义务

依照宪法、税收法律和行政法规的规定，纳税人、扣缴义务人在纳税过程中负有以下义务：依法进行税务登记的义务，依法设置账簿、保管账簿和有关资料以及依法开具、使用、取得和保管发票的义务、财务会计制度和会计核算软件备案的义务，按照规定安装、使用税控装置的义务，按时如实申报的义务，按时缴纳税款的义务，代扣、代收税款的义务，接受依法检查的义务，及时提供信息的义务和报告其他涉税信息的义务。

知识拓展：地方各级人民政府、有关部门和单位的权利与义务

视频：纳税人的权利与义务

第二节　税务管理

税务管理是税收征收管理的重要内容，是税款征收的前提和基础。税务管理主要包括税务登记管理、账簿和凭证管理、发票管理、纳税申报管理和涉税专业服务管理等。

一、税务登记管理

（一）税务登记概述

税务登记，是税务机关对纳税人的设立、变更、歇业及生产、经营活动情况进行登记管理的一项基本制度，是税务管理的首要环节和基础工作，也是纳税人已经纳入税务机关监督管理的一项证明，是纳税人必须依法履行的义务。

税务登记的主管税务机关是县以上(含本级，下同)税务局(分局)，负责税务登记的开业登记，变更、注销登记，停业、复业登记和跨区域涉税事项报验登记等事项。

（二）开业税务登记

1. 开业税务登记申请人

(1) 从事生产、经营的纳税人。包括企业、企业在外地设立的分支机构和从事生产、经营的场所、个体工商户，以及从事生产、经营的事业单位。

(2) 非从事生产经营但依照规定负有纳税义务的单位和个人。前款规定以外的纳税人，除国家机关、个人和无固定生产、经营场所的流动性农村小商贩外，也应该办理税务登记。

(3) 根据税收法律、法规的规定，负有扣缴税款义务的扣缴义务人(国家机关除外)，应办理扣缴税款登记。

2. "五证合一、一照一码"登记制度

从2016年10月1日起正式实施的"五证合一、一照一码"登记制度改革是指在全面实施工商营业执照、组织机构代码证、税务登记证"三证合一"登记制度改革的基础上，再整合社会保险登记证和统计登记证，实现"五证合一、一照一码"。企业登记时，由工商行政管理部门核发加载法人和其他组织统一社会信用代码的营业执照，企业的组织机构代码证、税务登记证、社会保险登记证和统计登记证不再另行发放。

"五证合一"登记制度改革并非将税务登记取消了，税务登记的法律地位仍然存在，只是政府简政放权将此环节改为由工商行政管理部门"一口受理"，核发一个加载法人和其他组织统一社会信用代码的营业执照，这个营业执照在税务机关完成信息补录后具备税务登记证的法律地位和作用。

(三) 变更税务登记

1. 变更税务登记的适用范围

变更税务登记，是指纳税人税务登记内容发生变化需要对原登记内容进行更改时，向税务机关申报办理的税务登记。其适用范围主要有以下情形：改变名称、改变法定代表人、改变经济性质或经济类型、改变住所和经营地点(不涉及主管税务机关变动的)、改变生产经营或经营方式、增减注册资本、改变隶属关系、改变生产经营期限、改变或增减银行账号、改变生产经营权属，以及改变其他税务登记内容。

2. 变更税务登记管理规程

领取"一照一码"营业执照的企业，其生产经营地、财务负责人、核算方式三项信息由企业登记机关在新设时采集。在企业经营过程中，上述信息发生变化的，企业应向主管税务机关申请变更，不向工商部门申请变更。除上述三项信息外，企业在登记机关新设时采集的信息发生变更的，均由企业向工商部门申请变更。对于税务机关在后续管理中采集的其他必要涉税基础信息发生变更的，企业直接向税务机关申请变更即可。

(四) 停业、复业登记

实行定期定额征收方式的个体工商户需要停业的，应当向税务机关提出停业登记，说明停业的理由、时间，停业前的纳税情况和发票的领、用、存情况，并如实填写申请停业登记表。纳税人的停业期限不得超过一年。

【提示】纳税人停业期间发生纳税义务，应当及时向主管税务机关申报缴纳税款。

纳税人应当于恢复生产、经营之前，向税务机关提出复业登记申请，经确认后，办理复业登记，领回或启用税务登记证件、发票领购簿和领购的发票，纳入正常管理。

纳税人停业期满不能及时恢复生产、经营的，应当在停业期满前到税务机关办理延长停业登记，并如实填写《停业复业报告书》。

【提示】纳税人停业期满未按期复业又不申请延长停业的，税务机关应当视为已恢复营业，实施正常的税收征收管理。

（五）注销税务登记

1. 注销税务登记的范围

注销税务登记，是指纳税人由于法定的原因终止纳税义务时，向原税务机关申请办理的取消税务登记的手续。其适用范围主要有以下情形：发生解散、破产、撤销等情形，被工商行政管理机关吊销营业执照，因住所、生产、经营场所变动而涉及改变主管税务登记机关的。

知识拓展：免予办理清税证明的情形

2. 注销税务登记管理规程

(1) 已实行"五证合一、一照一码"登记模式的企业办理注销登记，须先向主管税务机关申报清税，填写《清税申报表》。清税完毕后，由税务机关向纳税人出具《清税证明》，并将信息共享到交换平台。

(2) 实行清税证明免办服务。对向市场监管部门申请简易注销的纳税人，符合规定情形的，可免于到税务机关办理清税证明，直接向市场监管部门申请办理注销登记。

知识拓展："承诺制"容缺办理

(3) 优化税务注销即办服务。对向市场监管部门申请一般注销的纳税人，即未处于税务检查状态、无欠税(滞纳金)及罚款、已缴销增值税专用发票及税控专用设备，且符合规定情形的纳税人，税务机关在为其办理税务注销时，优化即时办结服务，采取"承诺制"容缺办理，进一步落实限时办结规定。

（六）跨区域涉税事项报验管理

根据《国家税务总局关于创新跨区域涉税事项报验管理制度的通知》(税总发〔2017〕103号)的规定，将"外出经营活动税收管理"更名为"跨区域涉税事项报验管理"。

知识拓展：优化即时办结服务的情形

(1) 纳税人跨省(自治区、直辖市和计划单列市)临时从事生产经营活动的，不再开具《外出经营活动税收管理证明》，改向机构所在地的国税机关填报《跨区域涉税事项报告表》。纳税人在省内跨县(市)临时从事生产经营活动的，是否实施跨区域涉税事项报验管理由各省税务机关自行确定。

知识拓展：关于创新跨区域涉税事项报验管理制度的通知

(2) 取消跨区域涉税事项报验管理的固定有效期。税务机关不再按照180天设置报验管理的固定有效期，改按跨区域经营合同执行期限作为有效期限。合同延期的，纳税人可向经营地或机构所在地的国税机关办理报验管理有效期限延期手续。

知识拓展：关于明确跨区域涉税事项报验管理相关问题的公告

二、账簿、凭证管理

账簿是纳税人、扣缴义务人连续地记录其各种经济业务的账册或簿籍。凭证是纳税人用来记录经济业务，明确经济责任，并据以登记账簿的书面证明。账簿、凭证管理是继税务登记之后税收征管的又一重要环节，在税收征管中占有十分重要的地位。

视频：税收征收管理概述

（一）账簿的设置

1. 设置账簿的范围

所有的纳税人和扣缴义务人都必须按照有关法律、行政法规和国务院财政、税务主管部门的规定设置账簿。

从事生产、经营的纳税人应当自领取营业执照或者发生纳税义务之日起15日内设置账簿。

扣缴义务人应当自税收法律、行政法规规定的扣缴义务发生之日起10日内，按照所代扣、代收的税种，分别设置代扣代缴、代收代缴税款账簿。

生产、经营规模小又确无建账能力的纳税人，可以聘请经批准从事会计代理记账业务的专业机构或者经税务机关认可的财会人员代为建账和办理账务；聘请上述机构或人员有实际困难的，经县以上税务机关批准，可以按照税务机关的规定，建立收支凭证粘贴簿、进货销货登记簿或者使用税控装置。

2. 对会计核算的要求

所有纳税人和扣缴义务人都必须根据合法、有效的凭证进行账务处理。纳税人建立的会计电算化系统应当符合国家有关规定，并能正确、完整核算其收入或者所得。纳税人使用计算机记账的，应当在使用前将会计电算化系统的会计核算软件、使用说明书及有关资料报送主管税务机关备案。

知识拓展：关于
会计核算要求的
其他规定

（二）对财务会计制度的管理

1. 备案制度

从事生产、经营的纳税人必须将所采用的财务、会计制度和具体的财务、会计处理办法，按税务机关的规定，自领取税务登记证件之日起15日内，及时报送主管税务机关备案。

2. 财会制度、办法与税收规定相抵触的处理办法

当从事生产、经营的纳税人、扣缴义务人所使用的财务会计制度和具体的财务、会计处理办法与国务院、财政部和国家税务总局有关税收方面的规定相抵触时，纳税人、扣缴义务人必须按照国务院制定的税收法规的规定或者财政部、国家税务总局制定的有关税收的规定计缴税款。

（三）账簿、凭证的保管

从事生产经营的纳税人、扣缴义务人必须按照国务院财政、税务主管部门规定的保管期限保管账簿、记账凭证、完税凭证及其他有关资料。账簿、记账凭证、报表、完税凭证、发票、出口凭证及其他有关涉税资料不得伪造、变造或者擅自损毁。

除另有规定者外，账簿、记账凭证、报表、完税凭证、发票、出口凭证及其他有关涉税资料应当保存10年。

三、发票管理

税务机关是发票的主管机关，负责发票的印制、领购、开具、取得、保管、缴销的管理和监督。

（一）发票的种类

1. 税控发票种类

使用增值税发票开票软件开具的发票种类包括：

(1) 增值税专用发票(折叠式)。一般纳税人和自愿使用增值税发票管理系统自行开具专用

发票的小规模纳税人，可用于抵扣进项税额。

(2) 增值税电子专用发票。属于增值税专用发票，其法律效力、基本用途、基本使用规定等与增值税纸质专用发票相同。

(3) 增值税普通发票(折叠式、卷式、电子发票)。发生于大多数购买物品的行为中，一般纳税人和小规模纳税人均可领购，票面税款一般不可作为进项税额抵扣或扣除。

(4) 机动车销售统一发票(折叠式)。凡从事机动车零售业务的单位和个人，在销售机动车(不包括销售旧机动车)收取款项时，必须开具税务机关统一印制的《机动车销售统一发票》，作为车辆上牌凭证。购买方为单位的，票面税款可作为进项抵扣。

(5) 二手车销售统一发票(折叠式)。从事二手车销售的企业领用，二手车经销企业、经纪机构和拍卖企业，在销售、中介和拍卖二手车收取款项时，必须开具《二手车销售统一发票》。

2. 非税控发票种类

不使用增值税发票开票软件开具的发票种类包括：

(1) 通用机打发票(折叠式、卷式)。联次和规格多样，一般为未达到起征点纳税人和某些特殊行业的企业领用。

(2) 定额发票(订本式)。单张发票金额固定，无须打印即可开具，通常为个体定额户和某些特殊行业的企业领用。

【提示】纳税人在申领发票时，应根据实际情况选择发票种类，未达到起征点纳税人不强制使用税控系统开具发票。

(3) 其他特殊发票。电子客票行程单、中国铁路总公司及其所属运输企业(含分支机构)自行印制的铁路票据、门票等。

(二) 发票领取管理

1. 发票领用对象

(1) 需要领购发票的单位和个人，应当持税务登记证件、经办人身份证明、发票专用章的印模，向主管税务机关办理发票领购手续。

(2) 需要临时使用发票的单位和个人，可以凭从事经营活动的书面证明、经办人身份证明，向经营地税务机关申请代开发票。

(3) 临时到本省以外从事经营活动的单位和个人，应当向机构所在地税务机关填报《跨区域涉税事项报告表》，对按规定需要领用经营地发票的，应在按要求提供担保人或缴纳保证金的前提下，向经营地税务机关领用。

知识拓展：发票领用数量的审批

2. 发票领用数量的审批

纳税人领用发票的数量由纳税人申请，主管税务机关根据领用单位和个人的经营范围和规模，确定领用发票的数量。

知识拓展：简化增值税发票领用和使用程序

(三) 发票开具和使用管理

1. 开具发票的范围

销售商品、提供服务及从事其他经营活动的单位和个人，对外发生经营业务收取款项，收款方应向付款方开具发票。特殊情况下，由付款方向收款方开具发票。

知识拓展：由付款方向收款方开具发票的情形

2. 开具发票的要求

《发票管理办法》对发票的开具作了如下规定：

(1) 所有单位和从事生产、经营活动的个人在购买商品、接受服务及从事其他经营活动支付款项，应当向收款方取得发票。取得发票时，不得要求变更品名和金额。

(2) 不符合规定的发票，不得作为财务报销凭证，任何单位和个人有权拒收。

(3) 开具发票应当按照规定的时限、顺序、栏目，全部联次一次性如实开具，并加盖发票专用章。

(4) 任何单位和个人不得有虚开发票行为。

(5) 安装税控装置的单位和个人，应当按照规定使用税控装置开具发票，并按期向主管税务机关报送开具发票的数据。

知识拓展：虚开发票行为

【提示】根据国家税务总局公告2017年第16号的规定，自2017年7月1日起，购买方为企业的，索取增值税普通发票时，应向销售方提供纳税人识别号或统一社会信用代码。

3. 选择相应的编码开具增值税发票

税务总局编写了《商品和服务税收分类与编码(试行)》，并在增值税发票管理新系统中增加了编码相关功能，在全国范围内进行编码推广。

知识拓展：关于增值税发票开具有关问题的公告

如纳税人销售黄金项链，在开具增值税发票时输入的商品名称为"黄金项链"，选择的商品和服务税收分类编码为"珠宝首饰"，则发票票面上会显示并打印"*珠宝首饰*黄金项链"。

4. 发票使用的管理

(1) 任何单位和个人应当按照发票管理规定使用发票，不得有下列行为：

① 转借、转让、介绍他人转让发票、发票监制章和发票防伪专用品；

② 知道或者应当知道是私自印制、伪造、变造、非法取得或者废止的发票而受让、开具、存放、携带、邮寄、运输；

知识拓展：商品和服务税收分类编码

③ 拆本使用发票；

④ 扩大发票使用范围；

⑤ 以其他凭证代替发票使用。

(2) 除国务院税务主管部门规定的特殊情形外，发票限于领购单位和个人在本省、自治区、直辖市内开具，任何单位和个人不得跨规定的使用区域携带、邮寄、运输空白发票。禁止携带、邮寄或者运输空白发票出入境。

(3) 开具发票的单位和个人应当建立发票使用登记制度，设置发票登记簿，并定期向主管税务机关报告发票使用情况。

视频：发票管理概述

(四) 发票的保管

根据发票管理的要求，发票保管分为税务机关保管和用票单位、个人保管两个层次，都必须建立严格的发票保管制度。包括专人保管制度、专库保管制度、专账登记制度、保管交接制度和定期盘点制度。

视频：增值税发票

开具发票的单位和个人应当按照税务机关的规定存放和保管发票，不得擅自损毁。已经开具的发票存根联和发票登记簿，应当保存5年。保存期满，报经税务机关查验后销毁。

（五）发票缴销管理

发票缴销包括发票收缴和发票销毁。发票收缴是指用票单位和个人按照规定向税务机关上缴已经使用或者未使用的发票；发票销毁是指由税务机关统一将自己或者他人已使用或者未使用的发票进行销毁。

开具发票的单位和个人应当在办理变更或者注销税务登记的同时，办理发票和发票领购簿的变更、缴销手续。

【例11-2　单选题】根据税收征收管理法律制度的规定，关于发票开具、使用和保管的下列表述中，正确的是(　　)。

A. 销售货物开具发票时，可按付款方要求变更品名和金额

B. 经单位财务负责人批准后，可拆本使用发票

C. 已经开具的发票存根联保存期满后，开具发票的单位可直接销毁

D. 收购单位向个人支付收购款项时，由付款方向收款方开具发票

【解析】正确答案为D。选项A：取得发票时，不得要求变更品名和金额；选项B：禁止拆本使用发票；选项C：保存期满，应报经税务机关查验后销毁；选项D：正确。

（六）税控管理

税控管理是税收征收管理的一个重要组成部分，它是指税务机关利用税控装置对纳税人的生产经营情况进行监督和管理，以保障国家税收收入，防止税款流失，提高税收征管工作效率，降低征收成本的各项活动的总称。

国家根据税收征收管理的需要，积极推广使用税控装置。纳税人应当按照规定安装、使用税控装置，不得损毁或者擅自改变税控装置。同时不能按照规定安装、使用税控装置，损毁或者擅自改动税控装置的，由税务机关责令限期改正，可以处以2 000元以下的罚款；情节严重的，处2 000元以上1万元以下的罚款。这样不仅使推广使用税控装置有法可依，而且可以打击在推广使用税控装置中的各种违法犯罪活动。

四、纳税申报管理

纳税申报是纳税人按照税法规定的期限和内容，向税务机关提交有关纳税事项书面报告的法律行为，是纳税人履行纳税义务、界定纳税人法律责任的主要依据，是税务机关税收管理信息的主要来源和税务管理的重要制度。

（一）纳税申报的对象

纳税申报的对象为纳税人和扣缴义务人。

【提示】纳税人在纳税期内没有应纳税款的，也应当按照规定办理纳税申报。纳税人享受减税、免税待遇的，在减税、免税期间应当按照规定办理纳税申报。

（二）纳税申报的内容

纳税人和扣缴义务人的纳税申报和代扣代缴、代收代缴税款报告的主要内容包括：税种、税目，应纳税项目或者代扣代缴、代收代缴税款项目，计税依据，扣除项目及标准，适用税率或者单位税额，应退税项目及税额、应减免税项目及税额，应纳税额或者应代扣代缴、代收代缴税额，以及税款所属期限、延期缴纳税款、欠税、滞纳金等。

（三）纳税申报的期限

纳税人和扣缴义务人都必须按照法定的期限办理纳税申报。申报期限有两种：一种是法律、行政法规明确规定的；另一种是税务机关按照法律、行政法规的原则规定，结合纳税人生产经营的实际情况及其所应缴纳的税种等相关问题予以确定的。两种期限具有同等的法律效力。

（四）纳税申报的要求

纳税人办理纳税申报时，应当如实填写纳税申报表，并根据不同的情况相应报送有关证件、资料。

（五）纳税申报的方式

纳税申报方式是指纳税人、扣缴义务人在纳税申报期限内，依照规定到税务机关进行纳税申报的形式。纳税申报的方式主要有自行申报、邮寄申报、数据电文申报和其他方式。

知识拓展：办理纳税申报应报送的文件、资料

其中自行申报是一种传统申报方式；数据电文申报代表着纳税申报方式的发展方向，适用范围逐渐扩大，目前纳税人的网上申报，就是数据电文申报方式的一种形式；其他方式是指实行定期定额缴纳税款的纳税人，可以实行简易申报、简并征期等申报纳税方式。

知识拓展：纳税申报的方式

（六）延期申报管理

延期申报是指纳税人、扣缴义务人不能按照税法规定的期限办理纳税申报或扣缴税款报告。

纳税人因有特殊情况，不能按期进行纳税申报的，应当在规定的期限内向税务机关提出书面延期申请，经县以上税务机关核准，可以延期申报，但应当在不可抗力情形消除后立即向税务机关报告。

视频：纳税申报

五、涉税专业服务管理

为规范涉税专业服务，维护国家税收利益和纳税人合法权益，国家税务总局制定了《涉税专业服务监管办法(试行)》，自2017年9月1日起施行。

（一）涉税专业服务机构

涉税专业服务是指涉税专业服务机构接受委托，利用专业知识和技能，就涉税事项向委托人提供的税务代理等服务。

涉税专业服务机构是指税务师事务所和从事涉税专业服务的会计师事务所、律师事务所、代理记账机构、税务代理公司、财税类咨询公司等机构。

（二）涉税专业服务机构的业务范围

涉税专业服务机构可以从事下列涉税业务：①纳税申报代理；②一般税务咨询；③专业税务顾问；④税收策划；⑤涉税鉴证；⑥纳税情况审查；⑦其他税务事项代理(接受纳税人、扣缴义务人的委托，代理建账记账、发票领用、减免退税申请等税务事项)；⑧其他涉税服务。

前款第③项至第⑥项涉税业务，应当由具有税务师事务所、会计师事务所、律师事务所资质的涉税专业服务机构从事，相关文书应由税务师、注册会计师、律师签字，并承担相应

的责任。

（三）税务机关对涉税专业服务机构的监管

税务机关对涉税专业服务机构在我国境内从事涉税专业服务进行监管。税务机关通过建立行政登记、实名制管理、业务信息采集、检查和调查、信用评价、公告与推送等制度，同时加强对税务师行业协会的监督与指导，形成较为完善的涉税专业服务机构监督体系。

知识拓展：涉税专业服务监管办法

第三节　税款征收

税款征收是税收征收管理工作中的中心环节，是全部税收征管工作的目的和归宿，在整个税收工作中占据着极其重要的地位。

一、税款征收的原则

(1) 税务机关是征税的唯一行政主体。除税务机关、税务人员，以及经税务机关依照法律、行政法规委托的单位和个人外，任何单位和个人不得进行税款征收活动。采取税收保全措施、强制执行措施的权利，不得由法定的税务机关以外的单位和个人行使。

(2) 税务机关只能依照法律、行政法规的规定征收税款。税务机关代表国家向纳税人征收税款，不能任意征收，只能依法征收。

(3) 税务机关不得违反法律、行政法规的规定开征、停征、多征、少征、提前征收或者延缓征收税款或者摊派税款。

(4) 税务机关征收税款必须遵守法定权限和法定程序。这是税款征收的一项基本原则。税务机关在税款征收过程中必须按照法律或者行政法规规定的审批权限和程序进行操作，否则就是违法。

(5) 税务机关征收税款或扣押、查封商品、货物或其他财产时，必须向纳税人开具完税凭证或开付扣押、查封的收据或清单。

(6) 税款、滞纳金、罚款统一由税务机关上缴国库。

(7) 税款优先。①税收优先于无担保债权。②税收优先于发生在其后的抵押权、质权和留置权。③税收优先于罚款、没收非法所得。

二、税款征收的方式

知识拓展：税款优先原则

税款征收方式是指税务机关根据各税种的不同特点、征纳双方的具体条件而确定的计算征收税款的方法和形式。税款征收的方式主要有以下几种。

(1) 查账征收。查账征收是指税务机关按照纳税人提供的账表所反映的经营情况，依照适用税率计算缴纳税款的方式。这种方式一般适用于财务会计制度较为健全，能够认真履行纳税义务的纳税单位。

(2) 查定征收。查定征收是指税务机关根据纳税人的从业人员、生产设备、采用原材料等因素，对其产制的应税产品查实核定产量、销售额并据以征收税款的方式。这种方式一般适用于账册不够健全，但是能够控制原材料或进销货的纳税单位。

（3）查验征收。查验征收是指税务机关对纳税人应税商品，通过查验数量，按市场一般销售单价计算其销售收入并据以征税的方式。这种方式一般适用于经营品种比较单一，经营地点、时间和商品来源不固定的纳税单位。

（4）定期定额征收。定期定额征收是指税务机关通过典型调查，逐户确定营业额和所得额并据以征税的方式。这种方式一般适用于无完整考核依据的小型纳税单位。

（5）委托代征税款。委托代征税款是指税务机关委托代征人以税务机关的名义征收税款，并将税款缴入国库的方式。这种方式一般适用于小额、零散税源的征收。

（6）邮寄纳税。邮寄纳税是指纳税人将纳税申报表及有关纳税资料以邮寄的方式送达税务机关。邮寄申报的邮件内容包括纳税申报表、财务会计报表及税务机关要求纳税人报送的其他纳税资料。

（7）其他方式。如利用网络申报、用IC卡纳税等方式。

【例11-3　单选题】甲公司为大型国有企业，财务会计制度健全，能够如实核算和提供生产经营情况，并能正确计算应纳税款和如实履行纳税义务，其适用的税款征收方式是(　　)。

A. 定期定额征收　　　　B. 查账征收　　　　C. 查定征收　　　　D. 查验征收

【解析】正确答案为B。

三、税款征收的制度

（一）代扣代缴、代收代缴税款制度

（1）对法律、行政法规没有规定负有代扣、代收税款义务的单位和个人，税务机关不得要求其履行代扣、代收税款义务。

（2）税法规定的扣缴义务人必须依法履行代扣、代收税款义务。如果不履行义务，除按规定给予扣缴义务人处罚外，还应责成其限期将应扣未扣、应收未收的税款补扣或补收。

（3）扣缴义务人依法履行代扣、代收税款义务时，纳税人不得拒绝。纳税人拒绝的，扣缴义务人应当在1日之内报告主管税务机关处理。

（4）扣缴义务人代扣、代收税款，只限于法律、行政法规规定的范围，并依照法律、行政法规规定的征收标准执行。

（5）税务机关按照规定付给扣缴义务人代扣、代收手续费。

知识拓展：关于"特殊困难"的规定

（二）延期缴纳税款制度

纳税人和扣缴义务人必须在税法规定的期限内缴纳、解缴税款。但考虑到纳税人在履行纳税义务的过程中，可能会遇到特殊困难的客观情况，为了保护纳税人的合法权益，因有特殊困难，不能按期缴纳税款的纳税人，经省、自治区、直辖市国家税务局、地方税务局批准，可以延期缴纳税款，但最长不得超过3个月。

纳税人在申请延期缴纳税款时应当注意以下几个问题：

（1）在规定期限内提出书面申请；

（2）税款的延期缴纳，必须经省、自治区、直辖市国家税务局、地方税务局批准，方为有效；

（3）延期期限最长不得超过3个月，同一笔税款不得滚动审批；

知识拓展：关于书面申请的具体规定

(4) 批准延期内免予加收滞纳金。

（三）税收滞纳金征收制度

纳税人未按照规定期限缴纳税款的，扣缴义务人未按照规定期限解缴税款的，税务机关除责令限期缴纳外，从滞纳税款之日起，按日加收滞纳税款万分之五的滞纳金。加收滞纳金的起止时间为法律、行政法规规定或者税务机关依照法律、行政法规的规定确定的税款缴纳期限届满次日起至纳税人、扣缴义务人实际缴纳或者解缴税款之日止。

【例11-4】 某企业某年6月(税款所属期)应纳的增值税税金及附加为11万元(其中增值税税金10万元，城市维护建设税0.7万元，教育费附加0.3万元)。企业直到当年7月25日才缴纳该部分税款。计算该企业应缴纳的税收滞纳金。

【解析】 教育费附加不适用税收征收管理法加收滞纳金的规定；滞纳天数为10天(7月16日至25日)。

应缴纳的税收滞纳金＝(100 000＋7 000)×10×0.5‰＝535(元)

（四）税额核定和税收调整制度

1. 税额核定制度

纳税人有下列情形之一的，税务机关有权核定其应纳税额：

(1) 依照法律、行政法规的规定可以不设置账簿的。

(2) 依照法律、行政法规的规定应当设置但未设置账簿的。

(3) 擅自销毁账簿或者拒不提供纳税资料的。

(4) 虽设置账簿，但账目混乱或者成本资料、收入凭证、费用凭证残缺不全，难以查账的。

(5) 发生纳税义务，未按照规定的期限办理纳税申报，经税务机关责令限期申报，逾期仍不申报的。

(6) 纳税人申报的计税依据明显偏低，又无正当理由的。

知识拓展：税务机关核定税额的方法

知识拓展：关于关联企业的规定

2. 税收调整制度

这里所说的税收调整制度，主要指的是关联企业的税收调整制度。

企业或者外国企业在中国境内设立的从事生产、经营的机构、场所与其关联企业之间的业务往来，应当按照独立企业之间的业务往来收取或者支付价款、费用；不按照独立企业之间的业务往来收取或者支付价款、费用，而减少其应纳税的收入或者所得额的，税务机关有权进行合理调整。

税务机关可以按照下列方法调整计税收入额或者所得额：

(1) 按照独立企业之间进行的相同或者类似业务活动的价格。

(2) 按照再销售给无关联关系的第三者的价格所应取得的收入和利润水平。

(3) 按照成本加合理的费用和利润。

(4) 按照其他合理的方法。

知识拓展：税务机关调整应纳税额的情形

知识拓展：关于"特殊情况"的规定

【提示】 调整期限：纳税人与其关联企业未按照独立企业之间的业务往来支付价款、费用的，税务机关自该业务往来发生的纳税年度起3年内进行调整；有特殊情况的，可以自该业务往来发生的纳税年度起10年内进行调整。

（五）未办理税务登记的从事生产、经营的纳税人及临时从事经营纳税人的税款征收制度

1. 适用对象

未办理税务登记的从事生产、经营的纳税人及临时从事经营的纳税人。

2. 执行程序

(1) 核定应纳税额。税务机关要按一定的标准，尽可能合理地确定其应纳税额。

(2) 责令缴纳。税务机关核定应纳税额后，应责令纳税人按核定的应纳税额缴纳税款。

(3) 扣押商品、货物。对经税务机关责令缴纳而不缴纳税款的纳税人，税务机关可以扣押其价值相当于应纳税款的商品、货物。纳税人应当自扣押之日起15日内缴纳税款。

(4) 解除扣押或者拍卖、变卖所扣押的商品、货物。扣押后缴纳应纳税款的，税务机关必须立即解除扣押，并归还所扣押的商品、货物。

(5) 抵缴税款。税务机关拍卖或者变卖所扣押的商品、货物后，以拍卖或者变卖所得抵缴税款。

（六）税收保全措施

税收保全措施是指税务机关对可能由于纳税人的行为或者某种客观原因，致使以后税款的征收不能保证或难以保证的案件，采取限制纳税人处理或转移商品、货物或其他财产的措施。

知识拓展：税收保全措施执行时应注意的问题

1. 采取税收保全措施的前提和条件

税务机关采取税收保全措施的前提是从事生产、经营的纳税人有逃避纳税义务行为。也就是说，税务机关采取税收保全措施的前提是对逃税的纳税人采取的。采取时，应当符合下列两个条件。

(1) 纳税人有逃避纳税义务的行为。逃避纳税义务行为的最终目的是不缴或少缴税款，其采取的方法主要是转移、隐匿可以用来缴纳税款的资金或实物。

(2) 必须是在规定的纳税期之前和责令限期缴纳应纳税款的限期内。如果纳税期和责令缴纳应纳税款的限期届满，纳税人又没有缴纳应纳税款的，税务机关可以按规定采取强制执行措施，就无所谓税收保全了。

知识拓展：纳税担保

2. 采取税收保全措施的法定程序

(1) 责令纳税人提前缴纳税款。税务机关有根据认为从事生产、经营的纳税人有逃避纳税义务行为的，可以在规定的纳税期之前，责令限期缴纳应纳税款。

(2) 责成纳税人提供纳税担保。在限期内，纳税人有明显转移、隐匿应纳税的商品、货物及其他财产或者应纳税的收入迹象的，税务机关可以责成纳税人提供纳税担保。

知识拓展：采取冻结存款措施应注意的问题

(3) 冻结纳税人的存款。纳税人不能提供纳税担保的，经县以上税务局(分局)局长批准，书面通知纳税人开户银行或者其他金融机构冻结纳税人的金额相当于应纳税款的存款。

(4) 查封、扣押纳税人的商品、货物或其他财产。纳税人在开户银行或其他金融机构中没有存款，或者税务机关无法掌握其存款情况的，税务机关可以扣押、查封纳税人的价值相当于应纳税款的商品、货物或其他财产。

3. 税收保全措施的终止

税收保全的终止有两种情况：一是纳税人在规定的期限内缴纳了应纳税款的，税务机关必须立即解除税收保全措施；二是纳税人超过规定的期限仍不缴纳税款的，经税务局(分局)局长批准，终止保全措施，转入强制执行措施。

（七）税收强制执行措施

税收强制执行措施是指当事人不履行法律、行政法规规定的义务，有关国家机关采用法定的强制手段，强迫当事人履行义务的行为。

1. 税收强制执行的适用范围

强制执行措施适用于未按照规定的期限缴纳或者解缴税款，经责令限期缴纳，逾期仍未缴纳的从事生产、经营的纳税人、扣缴义务人和纳税担保人。

【提示】采取税收保全措施时，不适用于扣缴义务人和纳税担保人。

2. 税收强制执行应坚持的原则

税务机关采取税收强制执行措施时，必须坚持告诫在先的原则，即纳税人、扣缴义务人、纳税担保人未按照规定的期限缴纳或者解缴税款的，应当先行告诫，责令限期缴纳。逾期仍未缴纳的，再采取税收强制执行措施。如果没有责令限期缴纳就采取强制执行措施，也就违背了告诫在先的原则，所采取的措施和程序是违法的。

3. 采取税收强制执行措施的程序

(1) 税款的强制征收(扣缴税款)。纳税人、扣缴义务人、纳税担保人在规定的期限内未缴纳或者解缴税款或者提供担保的，经主管税务机关责令限期缴纳，逾期仍未缴纳的，经县以上税务局(分局)局长批准，书面通知其开户银行或者其他金融机构，从其存款中扣缴税款。

知识拓展：采取税收保全措施和强制执行措施的注意事项

在扣缴税款的同时，主管税务机关可以处以不缴或者少缴税款50%以上5倍以下的罚款。

(2) 扣押、查封、拍卖或者变卖，以拍卖或者变卖所得抵缴税款。扣押、查封、拍卖或者变卖等行为具有连续性，即扣押、查封后，不再给纳税人自动履行纳税义务的期间，税务机关可以直接拍卖或者变卖其价值相当于应纳税款的商品、货物或者其他财产，以拍卖或者变卖所得抵缴税款。

4. 滞纳金的强行划拨

采取税收强制执行措施时，对纳税人、扣缴义务人、纳税担保人未缴纳的滞纳金必须同时强制执行。对纳税人已缴纳税款，但拒不缴纳滞纳金的，税务机关可以单独对纳税人应缴未缴的滞纳金采取强制执行措施。

【例11-5】某年6月，某县地方税务局在调查摸底的基础上，对某纳税户的税收定额从7月进行调整，将其税收定额由原来的40 000元调整为45 000元并书面通知该纳税户。该纳税户不服，表示不准备缴纳7月的税款。7月25日，税务机关经过调查，有根据认为该企业有逃避纳税的行为，于是书面责令该纳税户必须于8月5日前缴纳该月税款。8月2日，税务机关发现该纳税户已开始转移财产，便责令该纳税户提供纳税担保，但该纳税户没有提供纳税担保。8月3日，税务机关书面通知该纳税户的开户银行从其存款中扣缴了7月份的税款。

根据上述资料，回答下列问题：(1)税务机关的行政行为是否合法？为什么？(2)就该纳税户的行为，请提出处理意见。

【解析】

(1) 税务机关的行政行为不合法。因为根据《税收征收管理法》的规定，税务机关责成纳税人提供纳税担保，纳税人不能提供的，须经县以上税务局(分局)局长批准，税务机关才能采取税收保全措施。

(2) 正确的处理方法：8月2日后，因该纳税户没有提供纳税担保，经县税务局(分局)局长批准，可以书面通知该纳税户开户银行冻结该纳税户相当于7月份应缴税款的存款，而不应直接采取强制执行。在8月5日后纳税人仍未缴纳税款的，方可对该纳税户采取税收强制措施，即经税务局(分局)局长批准，可以书面通知该纳税户开户银行从其冻结的存款中扣缴7月份的税款。

(八) 欠税清缴制度

欠税，是指纳税人未按照规定期限缴纳税款，扣缴义务人未按照规定期限解缴税款的行为。《税收征收管理法》在欠税清缴方面主要采取了以下措施。

1. 严格控制欠缴税款的审批权限

缓缴税款的审批权限集中在省、自治区、直辖市国家税务局、地方税务局。

2. 限期缴税时限

从事生产、经营的纳税人、扣缴义务人未按照规定的期限缴纳或者解缴税款的，纳税担保人未按照规定的期限缴纳所担保的税款的，由税务机关发出限期缴纳税款通知书，责令缴纳或者解缴税款的最长期限不得超过15日。

3. 建立欠税清缴制度

(1) 扩大了阻止出境对象的范围。欠缴税款的纳税人及其法定代表需要出境的，应当在出境前向税务机关结清应纳税款或者提供担保。未结清税款，又不提供担保的，税务机关可以通知出境管理机关阻止其出境。

知识拓展：关于执行离境清税制度的规定

(2) 建立改制纳税人欠税的清缴制度。纳税人有合并、分立情形的，应当向税务机关报告，并依法缴清税款。纳税人合并时未缴清税款的，应当由合并后的纳税人继续履行未履行的纳税义务；纳税人分立时未缴清税款的，分立后的纳税人对未履行的纳税义务应当承担连带责任。

(3) 大额欠税处分财产报告制度。欠缴税款数额在5万元以上的纳税人，在处分其不动产或者大额资产之前，应当向税务机关报告。

(4) 税务机关可以对欠缴税款的纳税人行使代位权、撤销权，即对纳税人的到期债权等财产权利，税务机关可以依法向第三者追索以抵缴税款。

(5) 建立欠税公告制度。税务机关应当对纳税人欠缴税款的情况，在办税场所或者新闻媒体上定期向社会公告纳税人的欠税情况。同时税务机关还可以根据实际情况和实际需要，制定纳税人的纳税信用等级评价制度。

(九) 税款的退还和追征制度

1. 税款的退还

纳税人超过应纳税额缴纳的税款，税务机关发现后应当立即退还；纳税人自结算缴纳税款之日起3年内发现的，可以向税务机关要求退还多缴的税款并

知识拓展：关于税款退还时应注意的问题

加算银行同期存款利息，税务机关及时查实后应当立即退还。

2. 税款的补缴和追征

(1) 税款的补缴。因税务机关责任，致使纳税人、扣缴义务人未缴或者少缴税款的，税务机关在3年内可要求纳税人、扣缴义务人补缴税款，但是不得加收滞纳金。

(2) 税款的追征。因纳税人、扣缴义务人计算等失误，未缴或者少缴税款的，税务机关在3年内可以追征税款、滞纳金；有特殊情况的追征期可以延长到5年。

所称特殊情况，是指纳税人或者扣缴义务人因计算错误等失误，未缴或者少缴、未扣或者少扣、未收或者少收税款，累计数额在10万元以上的。

对偷税、抗税、骗税的，税务机关追征其未缴或者少缴的税款、滞纳金或者所骗取的税款，不受前款规定期限的限制。

知识拓展：关于追征税款的规定

第四节　税务检查

税务检查是指税务机关根据国家税收政策、法规及财务会计制度，对纳税人履行纳税义务情况进行检查监督的一种方式。

一、税务检查的形式和方法

（一）税务检查的形式

税务检查形式是指税务机关开展税务检查的具体组织方式。税务检查形式往往因检查时间、检查内容和检查目的的不同而不同，主要有重点检查、分类计划检查、集中性检查、临时性检查和专项检查等。

知识拓展：税务检查的形式

（二）税务检查的方法

(1) 根据税务检查中检查财务会计资料的范围，可以将税务检查的方法分为全查法和抽查法。

(2) 根据税务检查中检查会计资料的顺序，可以将税务检查的方法分为顺查法和逆查法。

(3) 根据税务检查中被选定的检查资料，可以将税务检查方法分为联系查法和侧面查法。

知识拓展：税务检查的基本方法

(4) 根据税务检查中对经济指标和数据采用的方法，可以将税务检查方法分为指标对比法和数字控制法。

二、税务机关在税收检查中的权责

税务机关有权进行下列税务检查。

(1) 检查纳税人的账簿、记账凭证、报表和有关资料，检查扣缴义务人代扣代缴、代收代缴税款账簿、记账凭证和有关资料。

因检查需要时，经县以上税务局(分局)局长批准，可以将纳税人、扣缴义务人以前会计年度的账簿、记账凭证、报表和其他有关资料调回税务机关检查，但是税务机关必须向纳税人、扣缴义务人开付清单，并在3个月内完整退还；有特殊情况的，经设区的市、自治州以上税务局局长批准，税务机关可以将纳税人、扣缴义务人当年的账簿、记账凭证、报表和其他有关资料调回检查，但是税务机关必须在30日内退还。

(2) 到纳税人的生产、经营场所和货物存放地检查纳税人应纳税的商品、货物或者其他财产，检查扣缴义务人与代扣代缴、代收代缴税款有关的经营情况。

(3) 责成纳税人、扣缴义务人提供与纳税或者代扣代缴、代收代缴税款有关的文件、证明材料和有关资料。

(4) 询问纳税人、扣缴义务人与纳税或者代扣代缴、代收代缴税款有关的问题和情况。

(5) 到车站、码头、机场、邮政企业及其分支机构检查纳税人托运、邮寄应税商品、货物或者其他财产的有关单据、凭证和有关资料。

(6) 经县以上税务局(分局)局长批准，凭全国统一格式的检查存款账户许可证明，查询从事生产、经营的纳税人、扣缴义务人在银行或者其他金融机构的存款账户。税务机关在调查税收违法案件时，经设区的市、自治州以上税务局(分局)局长批准，可以查询案件涉嫌人员的储蓄存款。税务机关查询所获得的资料，不得用于税收以外的用途。

上述所称的"经设区的市、自治州以上税务局局长"包括地(市)一级(含直辖市下设区)的税务局局长。

第五节　税收法律责任

一、纳税人、扣缴义务人违反税务管理基本规定行为的处罚

1. 纳税人有下列行为之一的，由税务机关责令限期改正，可以处2 000元以下的罚款；情节严重的，处2 000元以上1万元以下的罚款。

(1) 未按照规定的期限申报办理税务登记、变更或者注销登记的。

(2) 未按照规定设置、保管账簿或者保管记账凭证和有关资料的。

(3) 未按照规定将财务、会计制度或者财务、会计处理办法和会计核算软件报送税务机关备查的。

(4) 未按照规定将其全部银行账号向税务机关报告的。

(5) 未按照规定安装、使用税控装置，或者损毁或擅自改动税控装置的。

(6) 纳税人未按照规定办理税务登记证件验证或者换证手续的。

2. 纳税人不办理税务登记的，由税务机关责令限期改正；逾期不改正的，经税务机关提请，由工商行政管理机关吊销其营业执照。

3. 纳税人通过提供虚假的证明资料等手段，骗取税务登记证的，处2 000元以下的罚款；情节严重的，处2 000元以上10 000元以下的罚款。纳税人涉嫌其他违法行为的，按有关法律、行政法规的规定处理。

4. 扣缴义务人未按照规定办理扣缴税款登记的，税务机关应当自发现之日起3日内责令其限期改正，并可处以1 000元以下的罚款。

二、扣缴义务人违反账簿、凭证管理的处罚

扣缴义务人未按照规定设置、保管代扣代缴、代收代缴税款账簿或者保管代扣代缴、代收代缴税款记账凭证及有关资料的，由税务机关责令限期改正，可以处2 000元以下的罚款；情节严重的，处2 000元以上5 000元以下的罚款。

三、纳税人、扣缴义务人未按规定进行纳税申报的法律责任

纳税人未按照规定的期限办理纳税申报和报送纳税资料的，或者扣缴义务人未按照规定的期限向税务机关报送代扣代缴、代收代缴税款报告表和有关资料的，由税务机关责令限期改正，可以处2 000元以下的罚款；情节严重的，可以处2 000元以上10 000元以下的罚款。

四、对偷税的认定及其法律责任

(1) 纳税人伪造、变造、隐匿、擅自销毁账簿、记账凭证，或者在账簿上多列支出或者不列、少列收入，或者经税务机关通知申报而拒不申报或者进行虚假的纳税申报，不缴或者少缴应纳税款的，是偷税。对纳税人偷税的，由税务机关追缴其不缴或者少缴的税款、滞纳金，并处不缴或者少缴的税款50%以上5倍以下的罚款；构成犯罪的，依法追究刑事责任。

扣缴义务人采取前款所列手段，不缴或者少缴已扣、已收税款，由税务机关追缴其不缴或者少缴的税款、滞纳金，并处不缴或者少缴的税款50%以上5倍以下的罚款；构成犯罪的，依法追究刑事责任。

(2) 纳税人采取欺骗、隐瞒手段进行虚假纳税申报或者不申报，逃避缴纳税款数额较大并且占应纳税额10%以上的，处3年以下有期徒刑或者拘役，并处罚金；数额巨大并且占应纳税额30%以上的，处3年以上7年以下有期徒刑，并处罚金。

扣缴义务人采取前款所列手段，不缴或者少缴已扣、已收税款，数额较大的，依照前款的规定处罚。对多次实施前两款行为，未经处理的，按照累计数额计算。有第一款行为，经税务机关依法下达追缴通知后，补缴应纳税款，缴纳滞纳金，已受行政处罚的，不予追究刑事责任；但是，5年内因逃避缴纳税款受过刑事处罚或者被税务机关给予两次以上行政处罚的除外。

【例11-6】某年7月5日，某县国家税务局接到市民举报，称庆源造纸厂有偷税行为，遂以县国税局的名义下发了《税务检查通知书》，并于7月8日派检查人员李某和刘某到该厂检查。两位检查人员在向该厂的相关人员出示了《税务检查通知书》和税务检查证后，即开始实施检查。经过检查核实，该厂2019年度应纳税总额为498.96万元，而该厂在2019年度通过销售不入账等手段不缴或者少缴各种税款的总额为47.12万元。

根据上述材料，分析下列问题：(1)该造纸厂的行为属于什么性质？(2)对该造纸厂应如何处理？

【解析】

(1) 逃避缴纳税款数额占应纳数额的比例＝47.12÷498.96≈9.44%。

该造纸厂逃避缴纳税款数额占应纳税额的比例不足10%，所以，构成偷税行为，但未构成刑事犯罪。

(2) 对该造纸厂的偷税行为，应由税务机关追缴其不缴或少缴的税款、滞纳金，并处以所偷税额50%以上5倍以下的罚款。

五、进行虚假申报或不进行申报行为的法律责任

纳税人、扣缴义务人编造虚假计税依据的，由税务机关责令限期改正，并处5万元以下的罚款。纳税人不进行纳税申报，不缴或者少缴应纳税款的，由税务机关追缴其不缴或者少缴的税款、滞纳金，并处不缴或者少缴税款50%以上5倍以下的罚款。

六、逃避追缴欠税的法律责任

纳税人欠缴应纳税款，采取转移或者隐匿财产的手段，妨碍税务机关追缴欠缴的税款的，由税务机关追缴欠缴的税款、滞纳金，并处欠缴税款50%以上5倍以下的罚款；构成犯罪的，依法追究刑事责任。

纳税人欠缴应纳税款，采取转移或者隐匿财产的手段，致使税务机关无法追缴欠缴的税款，数额在1万元以上不满10万元的，处3年以下有期徒刑或者拘役，并处或者单处欠缴税款1倍以上5倍以下罚金；数额在10万元以上的，处3年以上7年以下有期徒刑，并处欠缴税款1倍以上5倍以下罚金。

七、骗取出口退税的法律责任

以假报出口或者其他欺骗手段，骗取国家出口退税款的，由税务机关追缴其骗取的退税款，并处骗取税款1倍以上5倍以下的罚款；构成犯罪的，依法追究刑事责任。

对骗取国家出口退税款的，税务机关可以在规定期间内停止为其办理出口退税。

以假报出口或者其他欺骗手段，骗取国家出口退税款，数额较大的，处5年以下有期徒刑或者拘役，并处骗取税款1倍以上5倍以下罚金；数额巨大或者有其他严重情节的，处5年以上10年以下有期徒刑，并处骗取税款1倍以上5倍以下罚金；数额特别巨大或者有其他特别严重情节的，处10年以上有期徒刑或者无期徒刑，并处骗取税款1倍以上5倍以下罚金或者没收财产。

八、抗税的法律责任

以暴力、威胁方法拒不缴纳税款的，是抗税，除由税务机关追缴其拒缴的税款、滞纳金外，依法追究刑事责任。情节轻微，未构成犯罪的，由税务机关追缴其拒缴的税款、滞纳金，并处拒缴税款1倍以上5倍以下的罚款。

以暴力、威胁方法拒不缴纳税款的，处3年以下有期徒刑或者拘役，并处拒缴税款1倍以上5倍以下罚金；情节严重的，处3年以上7年以下有期徒刑，并处拒缴税款1倍以上5倍以下罚金。

九、在规定期限内不缴或者少缴税款的法律责任

纳税人、扣缴义务人在规定期限内不缴或者少缴应纳或者应解缴的税款，经税务机关责令限期缴纳，逾期仍未缴纳的，税务机关除依照《税收征收管理法》第四十条的规定采取强制执行措施追缴其不缴或者少缴的税款外，可以处不缴或者少缴的税款50%以上5倍以下的罚款。

十、扣缴义务人不履行扣缴义务的法律责任

扣缴义务人应扣未扣、应收而不收税款的，由税务机关向纳税人追缴税款，对扣缴义务人处应扣未扣、应收未收税款50%以上3倍以下的罚款。

十一、不配合税务机关依法检查的法律责任

纳税人、扣缴义务人逃避、拒绝或者以其他方式阻挠税务机关检查的，由税务机关责令改正，可以处1万元以下的罚款；情节严重的，处1万元以上5万元以下的罚款。

逃避、拒绝或者以其他方式阻挠税务机关检查的情形有：

(1) 提供虚假资料，不如实反映情况，或者拒绝提供有关资料的。

(2) 拒绝或者阻止税务机关记录、录音、录像、照相和复制与案件有关的情况和资料的。

(3) 在检查期间，纳税人、扣缴义务人转移、隐匿、销毁有关资料的。

(4) 有不依法接受税务检查的其他情形的。

十二、有税收违法行为而拒不接受税务机关处理的法律责任

从事生产、经营的纳税人、扣缴义务人有《税收征收管理法》规定的税收违法行为，拒不接受税务机关处理的，税务机关可以收缴其发票或者停止向其发售发票。

知识拓展：税务机关及税务人员的税收法律责任

案例讨论

薇娅偷税案

2021年12月，浙江省杭州市税务部门经税收大数据分析发现网络主播黄薇(网名：薇娅)涉嫌偷逃税款，在相关税务机关协作配合下，依法对其开展了全面深入的税务检查。

经查，黄薇在2019年至2020年期间，通过隐匿个人收入、虚构业务转换收入性质虚假申报等方式偷逃税款6.43亿元，其他少缴税款0.6亿元。

在税务调查过程中，黄薇能够配合并主动补缴税款5亿元，同时主动报告税务机关尚未掌握的涉税违法行为。综合考虑上述情况，国家税务总局杭州市税务局稽查局依据《个人所得税法》《税收征收管理法》《行政处罚法》等相关法律法规规定，按照《浙江省税务行政处罚裁量基准》，对黄薇追缴税款、加收滞纳金并处罚款，共计13.41亿元。其中，对隐匿收入偷税但主动补缴的5亿元和主动报告的少缴税款0.31亿元，处0.6倍罚款计3.19亿元；对隐匿收入偷税但未主动补缴的0.27亿元，处4倍罚款计1.09亿元；对虚构业务转换收入性质偷税少缴的1.16亿元，处1倍罚款计1.16亿元。

资料来源：根据浙江省杭州市税务局稽查局官方通报整理。

阅读上述材料，讨论以下问题：

1. 结合《税收征收管理法》的相关规定，分析薇娅存在哪些税收违法行为。

2. 《中华人民共和国刑法》第201条规定，分析对薇娅巨额偷税为什么未予追究刑责？

3. 大数据如何治税？和传统工具有什么不同？未来将带来哪些税收监管上的变化？

本章小结 ⊕ ⊕
///////

税收征收管理法是有关税收征纳及其管理程序方面的法律规范,适用于由税务机关征收的各种税收的征收管理。税收征收管理法的遵从主体,包括各级税务部门、税务行政管理相对人(纳税人、扣缴义务人及其他税务当事人),以及包括地方政府在内的其他有关单位和部门。

税收征收管理法的内容,包括税务管理、税款征收、税务检查和法律责任等4个部分。

税务管理包括税务登记管理、账簿和凭证管理、纳税申报和涉税专业服务管理;税款征收包括延期纳税、加收滞纳金、减免税管理、核定征收、关联企业纳税调整、纳税担保、税收保全措施、税收强制执行措施、税款优先、欠税清缴,以及税款的补缴、追征、退还等。

税务检查包括税务检查的形式与方法和税务检查权限等。

法律责任指纳税人、扣缴义务人违反税收征收管理的法律责任。

练习题 ⊕ ⊕
///////

1. 某市税务局接到群众举报,称该市某酒家有偷税行为。为获取证据,该税务局派税务人员王某等四人扮作食客,到该酒家就餐。餐后索要发票时,服务人员开具了一张商业零售发票,且将饭菜写成了烟酒,当税务人员问是否可以打折时,对方称如果要白条,就可以打折。第二天,王某等四人又来到该酒家,称是市税务局的,有人举报其有偷税行为,并出示税务检查证,依法对酒家进行税务检查。检查中,该酒家老板不予配合。检查人员出示了前一天的就餐发票,同时当着老板的面打开吧台抽屉,从中搜出大量该酒家的自制收据和数本商业零售发票。经核实,该酒家擅自印制收据并非法使用商业零售发票,偷逃税款58 856.74元,根据《税收征收管理法》及其有关规定,依法作出如下处理:补税58 856.74元,并处所偷税款1倍的罚款,对违反发票管理行为处以9 000元的罚款。翌日,该市税务局向该酒家下达了《税务违章处罚通知书》。该酒家不服,遂向当地人民法院提起行政诉讼。

请分析:(1)税务机关的检查行为是否合法?(2)行政处罚是否有效?(3)行政处罚是否符合法律形式?

2. 某市居民于某于某年5月15日领取个体营业执照,在市内开设一家照相馆,从事照相业务。同年8月25日,主管税务机关在漏征漏管户清理工作中,发现于某未进行税务登记,也未申报纳税。经核实,于某自领取营业执照以来,一直从事经营活动,且经营情况良好。

请分析:(1)对该纳税户应如何处理?(2)如果该纳税户拒不执行税务机关的决定,如何处理?

3. 某年8月25日,某区税务局稽查局对所属某商场当年的纳税情况进行纳税检查。稽查人员到该商场财务部门向有关人员出示税务检查证证后,对该商场的纳税情况开始进行检查。在实地检查中,稽查人员强行打开财务人员抽屉后发现一本收款收据,内容为该商场出租营业门店及收取特许权使用费的收入。经清点核对,属于账外单据,未计入收入账簿,共应补缴增值税、企业所得税等地方各税7万元,应课征滞纳金1万元。该商场法人刘某发现后,指使有关人员将收款收据夺回,将稽查人员推出门外,还给有关人员打电话,调集车辆准备将现存商品货物转移运走。当日下午,稽查人员迅速返回单位,报经稽查局长批准后,开具《查封(扣押)证》,会同公安人员一同返回该商场。当即查封了该商场价值18万余元的商品货物。8月26日,税务稽查人员在履行了有关法定手续后,向该商场下达了《税务处理决定书》,认定该商场偷税7万元，限期缴纳，同时还送达了《税务行政处罚告知书》，告知该商场，对其偷税行为将按照所偷税款给予1倍罚款，对其拒绝检查行为将罚款0.5万元。该商场法人刘某觉得理亏，怕事情闹大，放弃听证权利。8月30日，稽查人员在履行了有关法定手续后，向该商场下达了《税务行政处罚决定书》，对其偷税行为按照所偷税款给予1倍罚款，对其拒绝检查的行为罚款0.5万元。8月31日，刘某主动送交8万元现金缴纳税款及滞纳金。9月10日，刘某又送交7.5万元现金缴纳罚款。稽查人员当即履行有关法定手续解除对该商场商品货物的查封。

请分别指出税务人员上述行为中哪些执法行为违反了《税收征收管理法》，并说明理由。

第十二章
税务行政法制

///////// **本章导入**

　　税务行政法制是规范税务执法机关和工作人员执法行为的基本规范，是保护纳税人合法权益的司法保障。税务行政法制包括税务行政处罚、税务行政复议、税务行政诉讼和税务行政赔偿4个方面的内容。

///////// **学习目标**

☑ 认知类目标：了解税务行政处罚的种类和程序；了解税务行政诉讼的范围和程序；掌握税务行政复议的范围和程序；

☑ 价值类目标：了解税务行政处罚的相关规定和救济措施，维护纳税人的合法权益，尊重公民人格；理解税务行政复议和诉讼的范围规定和程序要求，正确合法履行纳税人权利；

☑ 方法类目标：能够通过图书馆或网络收集税务行政救济方面的法律法规和典型案例，从中学习好的实践经验。

///////// **案例引入**

　　江苏悦达卡特新能源有限公司与国家税务总局常州市税务局稽查局、国家税务总局常州市税务局税务行政处理及行政复议案

　　基本案情简介：原常州市国税局稽查局认定悦达卡特公司在2011年1月至2013年12月生产销售"生物重油"14 767.426吨，未作消费税应税产品申报纳税，遂作出税务处理决定书，要求该公司按燃料油消费税税率补缴消费税11 991 149.91元。悦达卡特公司对该税务处理决定不服，申请行政复议。复议机关维持，遂诉至法院。因申请人悦达卡特公司向原常州市国税局提出行政复议申请系原常州市国税局稽查局在税务处理决定中错误告知复议机关所致，原常州市国家税务局亦未依法作出处理告知悦达卡特公司向有权复议机关提出申请，而是在无复议职权的情况下作出复议决定，故复议决定被撤销所致的不利后果，不应由悦达卡特公司承担，而应由受理悦达卡特公司行政复议申请的常州市税务局依照《中华人民共和国行政复议法》第十八条的规定，将悦达卡特公司的复议申请移送有复议权的江苏省税务局处理。故撤销原审判决、撤销《行政复议决定书》、责令行政复议移送江苏省税务局处理。

典型意义：经过重大税务案件审理程序作出的处理、处罚决定，其复议机关应为重大案件审理委员会所在税务机关的上一级机关而非本级税务机关。本案存在复议主体不适格的情况，法院撤销处理决定和复议决定，保障了纳税人的救济权利，同时也纠正了复议机关超越职权作出的行政行为。该案是法院正确行使税务司法审判监督权的经典案例，对切实维护纳税人合法权益具有典型示范作用。

资料来源：国家税务总局台州市路桥区税务局. 国家税务总局台州市路桥区税务局 2022 年度以案释法案例[EB/OL]. http://zhejiang.chinatax.gov.cn/art/2022/12/1/art_21451_577088.html，2022-12-01.

第一节　税务行政处罚

一、税务行政处罚概述

税务行政处罚是指公民、法人或者其他组织有违反税收征收管理秩序的违法行为，尚未构成犯罪，依法应当承担行政责任的，由税务机关给予行政处罚。税务行政处罚主要包括税务行政处罚的原则、设定和种类、主体与管辖，以及处罚程序、执行等。而税务行政处罚的原则主要包括以下几个方面。

（一）法定原则

法定原则包括以下4个方面的内容。

(1) 对公民和组织实施税务行政处罚必须有法定依据，无明文规定不得处罚。

(2) 税务行政处罚必须由法定的国家机关在其职权范围内设定。

(3) 税务行政处罚必须由法定的税务机关在其职权范围内实施。

(4) 税务行政处罚必须由税务机关按照法定程序实施。

（二）公正、公开原则

公正就是要防止偏听偏信，要使当事人了解其违法行为的性质，并给其申辩的机会。公开，一是指税务行政处罚的规定要公开，凡是需要公开的法律规范都要事先公布；二是指处罚程序要公开，如依法举行听证会等。

（三）以事实为依据原则

任何法律规范的适用必然基于一定的法律行为和事件，法律事实不清或者脱离了法律事实，法律的适用就不可能准确，法律对各种社会关系的调整功能就不可能有效发挥。因此，税务行政处罚必须以事实为依据，以法律为准绳。

（四）过罚相当原则

过罚相当是指在税务行政处罚的设定和实施方面，都要根据税务违法行为的性质、情节、社会危害性的大小而定，防止畸轻畸重或者"一刀切"的行政处罚现象。

（五）处罚与教育相结合原则

税务行政处罚的目的是纠正违法行为，教育公民自觉守法，处罚只是手段。因此，税务机关在实施行政处罚时，要责令当事人改正或者限期改正违法行为，对情节轻微的违法行为也不一定都实施处罚。

（六）监督、制约原则

对税务机关实施行政处罚实行两方面的监督制约。一是内部的，如将对违法行为的调查与处罚决定分离，决定罚款的机关与收缴的机构分离，当场作出的处罚决定向所属行政机关备案等。二是外部的，包括税务系统上下级之间的监督制约和司法监督，具体体现主要是税务行政复议和诉讼。

二、税务行政处罚的设定和种类

（一）税务行政处罚的设定

税务行政处罚的设定是指由特定的国家机关通过一定形式首次独立规定公民、法人或者其他组织的行为规范，并规定违反该行为规范的行政制裁措施。现行我国税收法制的原则是税权集中、税法统一，税收的立法权主要集中在中央。

(1) 全国人民代表大会及其常务委员会可以通过法律的形式设定各种税务行政处罚。

(2) 国务院可以通过行政法规的形式设定除限制人身自由以外的税务行政处罚。

(3) 国家税务总局可以通过规章的形式设定警告和罚款。税务行政规章对非经营活动中的违法行为设定罚款不得超过1 000元；对经营活动中的违法行为，有违法所得的，设定罚款不得超过违法所得的3倍，且最高不得超过3万元，没有违法所得的，设定罚款不得超过1万元；超过限额的，应当报国务院批准。

（二）税务行政处罚的种类

根据税务行政处罚的设定原则，税务行政处罚的种类是可变的，它将随着税收法律、法规、规章设定的变化而变化或者增减。根据税法的规定，现行税务行政处罚主要有：罚款；没收财物违法所得；停止出口退税权。

【例12-1 单选题】税务机关作出的下列行为中，属于税务行政处罚的是(　　)。

A. 行政拘留　　　　　　　　　B. 停止出口退税权

C. 收缴税务登记证　　　　　　D. 责令停止税收违法行为

【解析】正确答案为B。

三、税务行政处罚的主体与管辖

（一）主体

税务行政处罚的实施主体主要是县以上的税务机关。我国税务机关的组织构成包括国家税务总局；省(自治区、直辖市)国家税务局；地(市、州、盟)国家税务局；县(市、旗)国家税务局四级。这些税务机关都具有税务行政处罚主体资格。各级税务机关的内设机构、派出机构不具有处罚主体资格，不能以自己的名义实施税务行政处罚。

【提示】税务所可以实施罚款额在2 000元以下的税务行政处罚。这是《税收征收管理法》对税务所的特别授权。

（二）管辖

根据《行政处罚法》和《税收征收管理法》的规定，税务行政处罚由当事人税收违法行为发生地的县(市、旗)以上税务机关管辖。这一管辖原则有以下几层含义。

(1) 从税务行政处罚的地域管辖来看，税务行政处罚实行行为发生地原则。只有当事人违法行为发生地的税务机关才有权对当事人实施处罚，其他地方的税务机关则无权实施。

(2) 从税务行政处罚的级别管辖来看，必须是县(市、旗)以上的税务机关。法律特别授权的税务所除外。

(3) 从税务行政处罚的管辖主体的要求来看，必须有税务行政处罚权。

四、税务行政处罚程序

（一）税务行政处罚的简易程序

税务行政处罚的简易程序，是指税务机关及其执法人员对于公民、法人或者其他组织违反税收征收管理秩序的行为，当场作出税务行政处罚决定的行政处罚程序。简易程序的适用条件：一是案情简单、事实清楚、违法后果比较轻微且有法定依据应当给予处罚的违法行为；二是给予的处罚较轻，仅适用于对公民处以50元以下和对法人或者其他组织处以1000元以下罚款的违法案件。税务行政执法人员当场制作的税务行政处罚决定书，应当报所属税务机关备案。

（二）税务行政处罚的一般程序

除了适用简易程序的税务违法案件外，对于其他违法案件，税务机关在作出处罚决定之前都要经过立案、调查取证(有的案件还要举行听证)、审查、决定、执行程序。适用一般程序的案件一般是情节比较复杂、处罚比较重的案件。

知识拓展：税务行政处罚的简易程序

1. 调查与审查

对税务违法案件的审查由税务机关内部设立的比较超脱的机构(如法制机构)负责。审查机构收到调查机构移交的案卷后，应对案卷材料进行登记，填写《税务案件审查登记簿》。审查机构应在自收到调查机构移交案卷之日起10日内审查终结，制作审查报告，并连同案卷材料报送税务机关负责人审批。

2. 听证

听证，是指税务机关在对当事人某些违法行为作出处罚决定之前，按照一定形式听取调查人员和当事人意见的程序。税务行政处罚听证的范围是对公民作出2 000元以上，或者对法人或其他组织作出1万元以上罚款的案件。税务行政处罚听证主持人应由税务机关内设的非本案调查机构的人员(如法制机构工作人员)担任。

知识拓展：对案件审查的内容

3. 决定

审查机构作出审查意见并报送税务机关负责人审批后，应当在收到审批意见之日起3日内做出处理决定。

知识拓展：处理决定的不同情形

五、税务行政处罚的执行

税务机关作出行政处罚决定后，应当依法送达当事人执行。税务行政处罚的执行是指履行税务机关依法作出的行政处罚决定的活动。税务机关依法作出行政处罚决定后，当事人应当在行政处罚决定规定的期限内，予以履行。当事人在法定期限内不申请复议又不起诉，并且在规定期限内又不履行的，税务机关可以依法强制执行或者申请法院强制执行。

税务机关对当事人作出罚款行政处罚决定的，当事人应当在收到行政处罚决定书之日起15日内缴纳罚款，到期不缴纳的，税务机关可以对当事人每日按罚款数额的3%加处罚款。

（一）税务机关行政执法人员当场收缴罚款

税务机关对当事人当场作出行政处罚决定，具有依法给予20元以下罚款或者不当场收缴罚款事后难以执行情形的，税务机关行政执法人员可以当场收缴罚款。

税务机关行政执法人员当场收缴罚款的，必须向当事人出具合法罚款收据，并应当自收缴罚款之日起2日内将罚款交至税务机关。税务机关应当在2日内将罚款交付指定的银行或者其他金融机构。

（二）税务行政罚款决定与罚款收缴分离

除了依法可以当场收缴罚款的情形以外，税务机关作出罚款的行政处罚决定的执行，自1998年1月1日起，应当按照国务院制定的《罚款决定与罚款收缴分离实施办法》的规定，实行作出罚款决定的税务机关与收缴罚款的机构分离。

代收机构代收罚款，应当向当事人出具财政部规定的罚款收据。

第二节　税务行政复议

一、税务行政复议概述

税务行政复议是指当事人(纳税人、扣缴义务人、纳税担保人及其他税务当事人)不服税务机关及其工作人员作出的税务具体行政行为，依法向上一级税务机关(复议机关)提出申请，复议机关经审理对原税务机关具体行政行为依法作出维持、变更、撤销等决定的活动。

税务行政复议是我国行政复议制度的一个重要组成部分。我国税务行政复议具有以下特点。

(1) 税务行政复议以当事人不服税务机关及其工作人员作出的税务具体行政行为为前提。这是由行政复议对当事人进行行政救济的目的所决定的。如果当事人认为税务机关的处理合法、适当，或税务机关还没有作出处理，当事人的合法权益没有受到侵害，就不存在税务行政复议。

(2) 税务行政复议因当事人的申请而产生。当事人提出申请是引起税务行政复议的重要条件之一。当事人不申请，就不可能通过行政复议这种形式获得救济。

(3) 税务行政复议案件的审理一般由原处理税务机关的上一级税务机关进行。

(4) 税务行政复议与行政诉讼相衔接。在两个程序的衔接方面，税务行政案件的适用有其特殊性。对于因征税问题引起的争议，税务行政复议是税务行政诉讼的必经前置程序，未经复议不能向法院起诉，经复议仍不服的，才能起诉；对于因处罚、保全措施及强制执行引起的争议，当事人可以选择适用复议或诉讼程序，如选择复议程序，对复议决定仍不服的，可以向法院起诉。

二、税务行政复议机构和人员

(1) 各级行政复议机关负责法制工作的机构为行政复议机构，依法办理行政复议事项，履行职责。

(2) 各级行政复议机关可以成立行政复议委员会，研究重大、疑难案件，提出处理建议。行政复议委员会可以邀请本机关以外的具有相关专业知识的人员参加。

(3) 行政复议工作人员应当具备与履行行政复议职责相适应的品行、专业知识和业务能力，并取得《中华人民共和国行政复议法实施条例》规定的资格。

知识拓展：税务行政复议机构的职责

三、税务行政复议的范围与管辖

（一）税务行政复议范围

(1) 行政复议机关受理申请人对税务机关下列具体行政行为不服提出的行政复议，如表12-1所示。

表12-1　税务行政复议的受案范围及具体行为

税务行政复议的受案范围	限于税务机关作出的税务具体行政行为
征税行为	(1) 确认纳税主体、征税对象、征税范围、减税、免税、退税、抵扣税款、适用税率、计税依据、纳税环节、纳税期限、纳税地点和税款征收方式等具体行政行为 (2) 征收税款、加收滞纳金 (3) 扣缴义务人、受税务机关委托的征收单位作出的代扣代缴、代收代缴、代征行为
行政许可、行政审批行为	——
发票管理行为	包括发售、收缴、代开发票等
税收保全措施、强制执行措施	税收保全措施有： (1) 书面通知银行或者其他金融机构冻结纳税人存款 (2) 扣押、查封商品、货物或者其他财产 强制执行措施有： (1) 书面通知银行或者其他金融机构从当事人存款中扣缴税款 (2) 拍卖所扣押、查封商品、货物或者其他财产以抵缴税款
行政处罚行为	(1) 罚款 (2) 没收财物和违法所得 (3) 停止出口退税权
不依法履行下列职责的行为	(1) 颁发税务登记 (2) 开具、出具完税凭证、外出经营活动税收管理证明 (3) 行政赔偿 (4) 行政奖励 (5) 其他不依法履行职责的行为

(续表)

税务行政复议的受案范围	限于税务机关作出的税务具体行政行为
资格认定行为	——
不依法确认纳税担保行为	——
政府信息公开工作中的具体行政行为	——
纳税信用等级评定行为	——
通知出入境管理机关阻止出境行为	——
其他具体行政行为	——

(2) 申请人认为税务机关的具体行政行为所依据的下列规定不合法,对具体行政行为申请行政复议时,可以一并向行政复议机关提出对有关规定的审查申请;申请人对具体行政行为提出行政复议申请时不知道该具体行政行为所依据的规定的,可以在行政复议机关做出行政复议决定以前提出对该规定的审查申请。

① 国家税务总局和国务院其他部门的规定。

② 其他各级税务机关的规定。

③ 地方各级人民政府的规定。

④ 地方人民政府工作部门的规定。

【提示】前款中的规定不包括规章。

(二) 税务行政复议管辖

(1) 对各级税务机关的具体行政行为不服的,向其上一级税务机关申请行政复议。

(2) 对国家税务总局的具体行政行为不服的,向国家税务总局申请行政复议。对行政复议决定不服的,申请人可以向人民法院提起行政诉讼,也可以向国务院申请裁决。国务院的裁决为最终裁决。

(3) 对下列税务机关的具体行政行为不服的,按照下列规定申请行政复议。

① 对计划单列市税务局的具体行政行为不服的,向国家税务总局申请行政复议。

② 对税务所(分局)、各级税务局的稽查局的具体行政行为不服的,向其所属税务局申请行政复议。

③ 对税务机关与其他行政机关共同作出的具体行政行为不服的,向其共同上一级行政机关申请行政复议。

④ 对被撤销的税务机关在撤销以前所作出的具体行政行为不服的,向继续行使其职权的税务机关的上一级税务机关申请行政复议。

⑤ 对税务机关做出逾期不缴纳罚款加处罚款的决定不服的,向作出行政处罚决定的税务机关申请行政复议。但是,对已处罚款和加处罚款都不服的,一并向作出行政处罚决定的税务机关的上一级税务机关申请行政复议。

四、税务行政复议的程序

(一) 税务行政复议申请

(1) 申请人可以在知道税务机关作出具体行政行为之日起60日内提出行政复议申请。

(2) 申请人对"征税行为"不服的,应当向行政复议机关申请行政复议;对行政复议决定不服的，可以向人民法院提起行政诉讼。

【提示】申请人按照前款规定申请行政复议的，必须依照税务机关根据法律、法规确定的税额、期限，先行缴纳或者解缴税款和滞纳金，或者提供相应的担保，才可以提出行政复议申请。

(3) 申请人对"征税行为"以外的其他具体行政行为不服，可以申请行政复议，也可以直接向人民法院提起行政诉讼。

【提示】申请人对税务机关作出逾期不缴纳罚款加处罚款的决定不服的，应当先缴纳罚款和加处罚款，再申请行政复议。

(4) 申请人向行政复议机关申请行政复议，行政复议机关已经受理的，在法定行政复议期限内申请人不得向人民法院提起行政诉讼；申请人向人民法院提起行政诉讼，人民法院已经依法受理的，不得申请行政复议。

【例12-2　多选题】根据《税务行政复议规则》，纳税人对税务机关(　　)的行为不服，应先申请复议，对复议决定不服，再向法院提起行政诉讼。

A. 加收滞纳金　　B. 采取税收保全措施　　C. 税收强制执行　　D. 确认征税范围

【解析】正确答案为AD。根据规定，征税行为实行复议前置，相对人对征税行为不服，应先申请行政复议，对行政复议决定不服的，才可以提起行政诉讼。只有选项AD属于征税行为。

（二）税务行政复议受理

(1) 行政复议机关收到行政复议申请以后，应当在5日内审查，决定是否受理。对不符合本规则规定的行政复议申请，决定不予受理，并书面告知申请人。

知识拓展：税务行政复议审理的条件

对不属于本机关受理的行政复议申请，应当告知申请人向有关行政复议机关提出。行政复议机关收到行政复议申请以后未按照前款规定期限审查并作出不予受理决定的，视为受理。

(2) 对符合规定的行政复议申请，自行政复议机构收到之日起即为受理；受理行政复议申请，应当书面告知申请人。

(3) 对应当先向行政复议机关申请行政复议，对行政复议决定不服再向人民法院提起行政诉讼的具体行政行为，行政复议机关决定不予受理或者受理以后超过行政复议期限不作答复的，申请人可以自收到不予受理决定书之日起或者行政复议期满之日起15日内，依法向人民法院提起行政诉讼。

(4) 行政复议期间具体行政行为不停止执行；但是有下列情形之一的，可以停止执行：

① 被申请人认为需要停止执行的；

② 行政复议机关认为需要停止执行的；

③ 申请人申请停止执行，行政复议机关认为其要求合理，决定停止执行的；

④ 法律规定停止执行的。

五、税务行政复议决定

(1) 行政复议机构应当对被申请人的具体行政行为提出审查意见，经行政复议机关负责人批准，按照下列规定作出行政复议决定。

① 具体行政行为认定事实清楚，证据确凿，适用依据正确，程序合法，内容适当的，决

定维持。

② 被申请人不履行法定职责的，决定其在一定期限内履行。

③ 具体行政行为有下列情形之一的，决定撤销、变更或者确认该具体行政行为违法：

● 主要事实不清、证据不足的；

● 适用依据错误的；

● 违反法定程序的；

● 超越职权或者滥用职权的；

● 具体行政行为明显不当的。

决定撤销或者确认该具体行政行为违法的，可以责令被申请人在一定期限内重新作出具体行政行为。

④ 被申请人自收到行政复议机构申请书副本或者申请笔录复印件之日起10日内，不能提出书面答复，提交当初作出具体行政行为的证据、依据和其他有关材料的，视为该具体行政行为没有证据、依据，决定撤销该具体行政行为。

(2) 行政复议机关责令被申请人重新作出具体行政行为的，被申请人不得以同一事实和理由作出与原具体行政行为相同或者基本相同的具体行政行为；但是行政复议机关以原具体行政行为违反法定程序决定撤销的，被申请人重新作出具体行政行为的除外。

(3) 行政复议机关责令被申请人重新作出具体行政行为的，被申请人不得作出对申请人更为不利的决定；但是行政复议机关以原具体行政行为主要事实不清、证据不足或适用依据错误决定撤销的，被申请人重新作出具体行政行为的除外。

(4) 下列情形之一的，行政复议机关可以决定变更：

① 认定事实清楚，证据确凿，程序合法，但是明显不当或者适用依据错误的；

② 认定事实不清，证据不足，但是经行政复议机关审理查明事实清楚，证据确凿的。

(5) 申请人在申请行政复议时可以一并提出行政赔偿请求，行政复议机关对符合《中华人民共和国国家赔偿法》的规定应当赔偿的，在决定撤销、变更具体行政行为或者确认具体行政行为违法时，应当同时决定被申请人依法赔偿。

知识拓展：税务行政复议审查

(6) 行政复议机关应当自受理申请之日起60日内作出行政复议决定。情况复杂，不能在规定期限内作出行政复议决定的，经行政复议机关负责人批准，可以适当延期，并告知申请人和被申请人；但是延期不得超过30日。

行政复议机关作出行政复议决定，应当制作行政复议决定书，并加盖行政复议机关印章。

行政复议决定书一经送达，即发生法律效力。

第三节　税务行政诉讼

一、税务行政诉讼概述

（一）税务行政诉讼的概念

税务行政诉讼，是指公民、法人和其他组织认为税务机关及其工作人员的具体税务行政行为违法或者不当，侵犯了其合法权益，依法向人民法院提起行政诉讼，由人民法院对具体税务行政行为的合法性和适当性进行审理并作出裁决的司法活动。其目的是保证人民法院正确、及时审理税务行政案件，保护纳税人、扣缴义务人等当事人的合法权益，维护和监督税务机关依法行使行政职权。

从税务行政诉讼与税务行政复议及其他行政诉讼活动的比较中可以看出，税务行政诉讼具有以下特殊性。

(1) 税务行政诉讼是由人民法院进行审理并作出裁决的一种诉讼活动。这是税务行政诉讼与税务行政复议的根本区别。税务行政复议和税务行政诉讼是解决税务行政争议的两条重要途径。由于税务行政争议范围广、数量多、专业性强，大量税务行政争议由税务机关以税务复议方式解决，只有由人民法院对税务案件进行审理并作出裁决的活动，才是税务行政诉讼。

(2) 税务行政诉讼以解决税务行政争议为前提。这是税务行政诉讼与其他行政诉讼活动的根本区别，具体体现在：

① 被告必须是税务机关，或经法律、法规授权的行使税务行政管理权的组织，而不是其他行政机关或组织；

② 税务行政诉讼解决的争议发生在税务行政管理过程中；

③ 因税款征纳问题发生的争议，当事人在向人民法院提起行政诉讼前，必须先经税务行政复议程序，即复议前置。

（二）税务行政诉讼的原则

除具有行政诉讼的共有原则外，税务行政诉讼还应遵循以下几个特有原则。

(1) 人民法院特定主管原则，即人民法院对税务行政案件只有部分管辖权。根据《行政诉讼法》的规定，人民法院只能受理因具体行政行为引起的税务行政争议案。

(2) 合法性审查原则。除审查税务机关是否滥用权力、税务行政处罚是否显失公正外，人民法院只对具体税务行为是否合法予以审查。与此相适应，人民法院原则上不直接判决变更。

(3) 不适用调解原则。税收行政管理权是国家权力的重要组成部分，税务机关无权依自己意愿进行处置，因此，人民法院也不能对税务行政诉讼法律关系的双方当事人进行调解。

(4) 起诉不停止执行原则，即当事人不能以起诉为理由而停止执行税务机关所作出的具体行政行为，如税收保全措施和税收强制执行措施。

(5) 税务机关负举证责任原则。由于税务行政行为是税务机关单方依一定事实和法律作出的，只有税务机关最了解作出该行为的证据。如果税务机关不提供或不能提供证据，就可能败诉。

(6) 由税务机关负责赔偿的原则。依据《中华人民共和国国家赔偿法》的有关规定，税务机关及其工作人员因执行职务不当，给当事人造成人身及财产损害，应承担赔偿责任。

【例12-3 多选题】以下关于税务行政诉讼原则的表述正确的有(　　)。

A. 人民法院特定主管的原则　　　　　B. 不适用调解的原则

C. 起诉可停止执行的原则　　　　　　D. 纳税人负举证责任的原则

【解析】正确答案为AB。

二、税务行政诉讼的范围与管辖

（一）税务行政诉讼的受案范围

税务行政诉讼的受案范围，是指人民法院对税务机关的哪些行为拥有司法审查权。换言之，公民、法人或者其他组织对税务机关的哪些行为不服可以向人民法院提起税务行政诉讼。

税务行政诉讼案件的受案范围除受《行政诉讼法》有关规定的限制外，也受《税收征收管理法》及其他相关法律、法规的调整和制约。具体地说，税务行政诉讼的受案范围与税务行政复议的受案范围基本一致。参见本章第二节"三、(一)税务行政复议范围"。

知识拓展：税务行政诉讼的受案范围

（二）税务行政诉讼的管辖

税务行政诉讼管辖，是指人民法院受理第一审税务案件的职权分工。具体来讲，税务行政诉讼的管辖分为级别管辖、地域管辖和裁定管辖。

1. 级别管辖

级别管辖是上下级人民法院之间受理第一审税务案件的分工和权限。根据《行政诉讼法》的规定，基层人民法院管辖除上级法院管辖的第一审税务行政案件以外的所有的第一审税务行政案件，即一般的税务行政案件；中、高级人民法院管辖本辖区内重大、复杂的第一审税务行政案件；最高人民法院管辖全国范围内重大、复杂的第一审税务行政案件。

2. 地域管辖

地域管辖是同级人民法院之间受理第一审行政案件的分工和权限，分一般地域管辖和特殊地域管辖两种。

(1) 一般地域管辖，是指按照最初作出具体行政行为的机关所在地来确定管辖法院。凡是未经复议直接向人民法院提起诉讼的，或者经过复议，复议裁决维持原具体行政行为，当事人不服向人民法院提起诉讼的，均由最初作出具体行政行为的税务机关所在地人民法院管辖。

(2) 特殊地域管辖，主要是指经过复议的案件，复议机关改变原具体行政行为的，由原告选择最初作出具体行政行为的税务机关所在地的人民法院，或者复议机关所在地人民法院管辖。原告可以向任何一个有管辖权的人民法院起诉，最先收到起诉状的人民法院为第一审法院。

3. 裁定管辖

裁定管辖，是指人民法院依法自行裁定的管辖，包括移送管辖、指定管辖及管辖权的转移三种情况。

三、税务行政诉讼的程序

（一）税务行政诉讼的起诉和受理

1. 税务行政诉讼的起诉

税务行政诉讼起诉，是指公民、法人或者其他组织认为自己的合法权益受到税务机关行政行为的侵害，而向人民法院提出诉讼请求，要求人民法院行使审判权，依法予以保护的诉讼行为。

知识拓展：税务地域管辖的裁定管辖具体内容

【提示】在税务行政诉讼等行政诉讼中，起诉权是单向性的权利，税务机关不享有起诉权，只有应诉权，即税务机关只能作为被告；与民事诉讼不同，作为被告的税务机关不能反诉。

此外，提起税务行政诉讼，还必须符合法定的期限和必经的程序。对征税行为以外的其他具体行政行为不服的，当事人可以在接到通知或者知道之日起15日内直接向人民法院起诉。

【提示】对税务机关的征税行为提起诉讼，必须先经过复议；对复议决定不服的，可以在接到复议决定书之日起15日内向人民法院起诉。

税务机关作出具体行政行为时，未告知当事人诉权和起诉期限，致使当事人逾期向人民法院起诉的，其起诉期限从当事人实际知道诉权或者起诉期限时计算，但最长不得超过2年。

知识拓展：提起税务行政诉讼的条件

2. 税务行政诉讼的受理

人民法院在接到起诉状时对符合规定的起诉条件的，应当登记立案。

对当场不能判定是否符合《行政诉讼法》规定的起诉条件的，应当接收起诉状，出具注明收到日期的书面凭证，并在7日内决定是否立案。不符合起诉条件的，作出不予立案的裁定。裁定书应当载明不予立案的理由。原告对裁定不服的，可以提起上诉。

（二）税务行政诉讼的审理和判决

1. 税务行政诉讼的审理

人民法院审理行政案件实行合议、回避、公开审判和两审终审的审判制度。审理的核心是审查被诉具体行政行为是否合法，即作出该行为的税务机关是否依法享有该税务行政管理权；该行为是否依据一定的事实和法律作出；税务机关作出该行为是否遵照必备的程序，等等。

另为推进税务机关科学民主决策，强化内部权力制约，保护纳税人合法权益，国家税务总局制定了《重大税务案件审理办法》，自2015年2月1日起施行。

知识拓展：重大税务案件

2. 税务行政诉讼的判决

人民法院对受理的税务行政案件，经过调查、收集证据、开庭审理之后，分别做出如下判决。

(1) 维持判决。适用于具体行政行为证据确凿，适用法律、法规正确，符合法定程序的案件。

(2) 撤销判决。被诉的具体行政行为主要证据不足，适用法律、法规错误，违反法定程序，或者超越职权、明显不当的滥用职权，人民法院应判决撤销或部分撤销，同时可判决税务机关重新做出具体行政行为。

(3) 履行判决。人民法院经过审理，查明被告不履行法定职责的，判决被告在一定期限内履行。

(4) 变更判决。税务行政处罚明显不当或显失公正的，可以判决变更。

对一审人民法院的判决不服，当事人可以上诉。对发生法律效力的判决，当事人必须执行，否则人民法院有权依对方当事人的申请予以强制执行。

第四节　税务行政赔偿

一、税务行政赔偿概述

税务行政赔偿，是指税务机关和税务机关工作人员违法行使税收征管职权，对公民、法人和其他组织的合法权益造成损害的，由国家承担赔偿责任，并由税务机关具体履行义务的一项法律制度。按照《中华人民共和国国家赔偿法》的规定，国家赔偿范围包括行政赔偿和司法赔偿。

（一）赔偿条件

税务行政机关及其税务人员在行使行政职权时有下列侵犯财产权情形之一的，受害人有取得赔偿的权利：

(1) 违法实施罚款等行政处罚的；

(2) 违法对财产采取查封、扣押、冻结等行政强制措施的；

(3) 造成财产损害的其他违法行为。

（二）构成要件

(1) 侵权主体是行使国家税收征管职权的税务机关及其工作人员。

(2) 必须是税务机关及其工作人员行使税收征管职权的行为。

(3) 必须是行使税收征管职权的行为具有违法性。

(4) 必须有公民、法人和其他组织的合法权益受到损害的事实。

(5) 必须是违法行为与损害后果有因果关系。

二、税务行政赔偿的范围和时效

（一）赔偿范围

(1) 违反国家税法规定作出征税行为损害纳税人合法财产权的。

(2) 违法作出税务行政处罚行为损害纳税人合法财产权的。

(3) 违法作出责令纳税人提供纳税保证金或纳税担保行为给纳税人的合法财产造成损害的。

(4) 违法作出税收保全措施给纳税人的合法财产权造成损害的。

(5) 违法作出通知出入境管理机关阻止纳税人出境给纳税人的合法权益造成损害的。

(6) 违法作出税收强制执行措施造成纳税人合法财产权损害的。

(7) 违法拒绝颁发税务登记证、审批认定为一般纳税人、发售发票或不予答复造成纳税人合法财产权损害的。

（二）赔偿时效

赔偿请求人请求税务行政赔偿的时效为两年，自税务行政人员行使职权时的行为被依法确认为违法之日起计算。

赔偿请求人在赔偿请求时效的最后六个月内，因不可抗力或者其他障碍不能行使请求权的，时效中止。从中止时效的原因消除之日起，赔偿请求时效期间继续计算。

赔偿义务机关应当自收到申请之日起两个月内依照法律规定给予赔偿；逾期不予赔偿或者赔偿请求人对赔偿数额有异议的，赔偿请求人可以自期间届满之日起三个月内向人民法院提起诉讼。

三、税务行政赔偿的程序

（一）受理环节

审核纳税人提出的税务行政赔偿是否在规定时限，申请赔偿的主体是否合法；符合条件的，受理纳税人的税务行政赔偿申请；不符合受理条件的当场告知纳税人不予受理的理由。

（二）审查环节

接收受理环节转来的资料进行审查，主要审查以下内容：

法制部门对受理环节转来的申请资料中赔偿申请的具体要求、事实和理由进行审查，确定税务机关具体行政行为是否违法、是否给赔偿请求人造成损害等，审查完毕后制作《赔偿申请书审查表》。

赔偿申请及审查表经审理完毕后制作《行政赔偿决定书》，《行政赔偿决定书》经审批后送赔偿请求人。

（三）履行环节

依据《中华人民共和国国家赔偿法》的规定，作为履行赔偿义务的税务机关在赔偿损失后，应当责令有故意或者重大过失的工作人员承担全部或者部分赔偿费用。

四、税务行政赔偿的方式

赔偿方式是指国家承担赔偿责任的各种形式。依据《中华人民共和国国家赔偿法》规定，国家赔偿以支付赔偿金为主要方式，赔偿义务机关能够通过返还财产或者恢复原状实施国家赔偿的，应当返还财产或者恢复原状。

（一）支付赔偿金

这是最主要的赔偿形式。支付赔偿金简便易行，适用范围广，它可以使受害人的赔偿要求迅速得到满足。

（二）返还财产

这是对财产所有权造成损害后的赔偿方式。返还财产要求财产或者原物存在，只有这样才谈得上返还财产。返还财产所指的财产一般是特定物，但也可以是种类物，如罚款所收缴的货币。

（三）恢复原状

这是指对受到损害的财产进行修复，使之恢复到受损前的形状或者性能。使用这种赔偿方式必须是受损害的财产确能恢复原状且易行。

【例12-4 多选题】下列属于税务行政赔偿方式的有( )。

A. 支付赔偿金　　　　B. 退还税款　　　　　C. 恢复原状　　　　　D. 返还财产

【解析】正确答案为ACD。

案例讨论

某面馆与北京某税务所行政纠纷案 〔(2021)京0115行初635号〕

案情：2011年，某面馆在不知情的情况下，在税收管理系统中被认定为非正常户注销状态。之后不久，主管税务所向该面馆发出《税务行政处罚决定书》，认定其未按照规定限期办理纳税申报。面馆表示其一直正常经营，并提交了证据。税务所撤销原处罚决定。但面馆在税务文书档案系统里查不到撤销决定，第三方网站仍显示该面馆因税收违法被处罚。面馆提起诉讼。法院审理认为，税务所有关认定属事实认定不清、主要证据不足、程序违法、依法应予撤销。被诉处罚决定被撤销后，税务所应当及时在系统中对相关处罚记录进行删除或标注已撤销，避免后续对原告产生其他影响。

资料来源：北京功夫坊手擀面馆与国家税务总局北京经济技术开发区税务局第一税务所其他一审行政判决书[EB/OL]. https://www.bjcourt.gov.cn/，2021-06-21.

阅读上述材料，讨论以下问题：

1. 纳税人可以通过哪些途径依法维护自身的合法权益？

2. 结合本案例，谈谈通过司法审判监督税务机关依法行政，对促进法治中国建设的警示意义。

本章小结 ⬇⬇

本章包括税务行政处罚、行政复议、行政诉讼和行政赔偿四个方面的内容，重点内容有税务行政处罚的设定和形式，行政处罚实施主体和管辖；税务行政复议及诉讼案件的受案范围；行政赔偿的主要方式等。

税务行政处罚主要涉及设定、种类、主体、管辖、程序和执行等内容。现行税务行政处罚种类主要有三种：罚款、没收非法所得和停止出口退税权。税务行政处罚实行行为发生地原则，税务行政处罚的实施主体主要是县以上的税务机关。税务行政处罚的程序有简易程序和一般程序。

税务行政复议主要涉及复议机构、受案范围、管辖和程序等内容。当事人对税务机关作出的具体行政行为不服的，可在知道税务机关作出具体行政行为之日起60日内，向其上一级税务机关申请行政复议。

税务行政诉讼主要涉及原则、受案范围、管辖和程序等内容。税务行政诉讼的受案范围与税务行政复议的受案范围基本一致。税务行政诉讼的管辖分为级别管辖、地域管辖和裁定管辖。

税务行政赔偿方式是指国家承担赔偿责任的各种形式，主要包括支付赔偿金、返还财产和恢复原状。

练习题 ⬇⬇

1. 张某的个体超市某年2月开业，因一直未申报纳税，县税务局几次通知其申报，其拒不申报。10月14日县税务局稽查核定该超市欠缴税款5万元，于10月17日作出补缴税款和加收滞纳金，并处以罚款10万元的决定，并送达税务行政处罚决定书。张某认为罚款过重，于10月27日仅向税务机关缴纳了税款和滞纳金，并于同年11月14日以自己的名义，邮寄了行政复议申请书。行政复议机关以张某未缴纳罚款为由作出了不予受理决定，并书面通知了张某。

请回答以下问题：

(1) 县税务局的处理是否正确？说明理由。

(2) 张某能否作为申请人申请行政复议？张某申请行政复议，行政复议被申请人、行政复议机关分别是谁？

(3) 张某应于多长时间内提出行政复议申请？

(4) 行政复议机关不予受理决定是否符合规定？并说明理由。

2. 某地区税务局于某年8月对甲企业进行纳税检查，发现该企业通过少计收入偷税35 600元，检查人员当即作出处罚决定，处以甲企业所偷税款一倍的罚款共计35 600元，当事人不服，于接到行政处罚决定书次日向该国税局申请行政复议，复议机关作出维持原处罚决定的复议决定。当事人对复议决定不服，于接到复议决定之后第五天以该国税局为被告向该辖区法院提起行政诉讼。

请回答以下问题：

(1) 检查人员当场作出的处罚决定是否正确?为什么?

(2) 检查人员是否告知当事人有申请行政复议或提起行政诉讼的权利即可?为什么?

(3) 复议机关的复议决定是否正确?为什么?

第十三章
国际税收法律制度

///////

/////// **本章导入**

  国际税收是指两个或两个以上国家政府在对跨国纳税人行使各自的征税权力中形成征纳关系从而发生的国家之间的税收分配关系，这种关系是基于各国政府所拥有的税收管辖权。国际重复征税、国际避税与反避税、国际税收合作是常见的国际税收问题和税收现象。

/////// **学习目标**

  ☑ 认知类目标：了解国际税收协定的产生与发展；了解非居民企业税收管理的主要规定；了解国际避税与反避税及国际税收征管协作的发展情况；掌握境外所得抵免限额的计算方法和间接抵免法的计算方法；

  ☑ 价值类目标：启发学生思考国际税收工作的意义和重要性，理解加强国际税收合作的重要意义，培育构建人类命运共同体理念；激发学生的爱国情怀和捍卫国家主权和利益的决心；培养学生的家国情怀、国际视野和职业道德感；

  ☑ 方法类目标：能够通过图书馆或网络收集国际避税与反避税的典型案例，了解中国政府反避税的具体措施，思考未来工作所需的国际税收知识和经验。

/////// **案例引入**

> ### Facebook联合创始人萨维林移民新加坡
>
>   2012年，Facebook联合创始人爱德华多·萨维林(Eduardo Saverin)于Facebook登陆纳斯达克之前宣布自己移民新加坡，并放弃美国国籍。持有价值36.4亿美元Facebook股票的萨维林选择在此时宣布放弃美国国籍，引发了强烈的避税质疑，因为新加坡并不征收资本利得税(Capital Gains Tax)。
>
>   萨维林1992年来到美国，1998年成为美国公民。尽管已经退出美国国籍，但萨维林也不可能避开美国的全部税收。根据美国税法，美国人在放弃公民身份时需要缴纳弃籍税(Exit Tax)。
>
>   美国老牌歌手蒂娜·特纳(Tina Turner)也因为税收的考虑，在2013年放弃美国国籍。
>
>   资料来源：2013年放弃美国国籍人数创新高IT大亨、老牌歌手放弃国籍[N]. 广州日报，2014-2-16.

第一节 国际税收协定

一、国际税收协定概述

国际税收协定是指两个或者两个以上的主权国家或者地区为了协调相互间在处理跨国纳税人征纳事务和其他有关方面的税收关系，本着对等原则，经由政府谈判所签订的一种书面协议或者条约，也被称为国际税收条约。

国际税收协定的内容主要包括协定适用范围、基本用语的定义、对所得和财产的课税、避免双重征税的办法、特别规定，以及协定生效和终止的时间等。

根据不同的标准，国际税收协定可分为不同种类：依照协定适用的税种可分为关税协定、增值税协定、所得税协定和财产税协定；依照协定涉及内容的范围可将其分为综合性税收协定和专项税收协定等。专项税收协定通常是缔约国双方为协调处理某一特定项目的税收分配关系或者税收事项所签订的协定。

世界上第一个国际税收协定是由比利时和法国于1843年签订的关于在征税方面提供协助的协议。此后，随着跨国投资日益增多，以及所得和财产的国际重复征税问题日趋普遍，参与缔结国际税收协定的国家开始增加。为了规范国际税收协定的内容，简化国际税收协定的签订过程，20世纪60年代《经合组织范本》(或称《OECD范本》)和《联合国范本》(或称《UN范本》)这两个国际性税收协定范本应运而生，成为国际上影响最大的国际税收协定范本。

《经合组织范本》和《联合国范本》都是全面的税收协定范本，是对国与国之间关于所得及财产的各种可能出现的重复征税问题做出的全面性的规定。两者在总体结构上基本一致，但也存在着重要的差异。前者强调的是居民税收管辖权，主要是为了促进经合组织成员国之间国际税收协定的签订；而《联合国范本》较为注重扩大收入来源国的税收管辖权，主要在于促进发达国家和发展中国家之间国际税收协定的签订，同时也促进发展中国家相互间国际税收协定的签订，在注重收入来源国税收管辖权的同时兼顾了缔约国双方的利益，比较容易被发展中国家所接受。所以，发展中国家在谈判和缔结国际税收协定时，较多地参照了《联合国范本》。

二、我国缔结的国际税收协定

我国为促进对外经济技术合作交流，一向重视对外缔结税收协定。早在20世纪60年代中期，我国曾与巴基斯坦缔结关于互免海运企业运输收入税收的协定。20世纪70年代，我国先后又与前南斯拉夫、日本和英国分别缔结关于互免空运企业运输收入税收的协定。1980年和1981年，我国连续颁布了《中华人民共和国中外合资经营企业所得税法》《个人所得税法》和《中华人民共和国外国企业所得税法》，这一系列涉外税收法规的颁布，基本确立了我国涉外税收的法律体系。1983年，我国同日本签订避免双重征税的协定，这是我国对外签订的第一个全面性的避免双重征税协定。

改革开放四十余年来，我国对外签订避免双重征税协定的工作取得了很大进展。截至2017

知识拓展：多边
税收征管互助
公约

年10月，我国已对外正式签署103个避免双重征税协定，其中99个协定已生效，这些税收协定的签署在加强我国与缔约国家(地区)间的经贸往来，尤其在吸引外资和促进我国企业"走出去"战略的实施等方面发挥了重要作用。

值得关注的是，中国政府于2013年8月27日正式签署了《多边税收征管互助公约》。《多边税收征管互助公约》是一项旨在通过开展国际税收征管协助，打击跨境逃避税行为，维护公平税收秩序的多边条约。

知识拓展：国家税务总局青岛市税务局借相互协商程序协助企业追回修理费42万美元

第二节 非居民企业税收管理

非居民企业是指依照外国(地区)法律成立且实际管理机构不在中国境内，但在中国境内设立机构、场所的，或者在中国境内未设立机构、场所，但有来源于中国境内所得的企业。

一、外国企业常驻代表机构

为规范外国企业常驻代表机构的设立及其业务活动，税务总局于2010年2月20日发布了《外国企业常驻代表机构税收管理暂行办法》(国税发〔2010〕18号)。外国企业常驻代表机构(以下简称代表机构)，是指外国企业依照规定，在中国境内设立的从事与该外国企业业务有关的非营利性活动的办事机构。我国法律法规对代表机构的如下涉税事项进行了明确规范。

(一)税务登记

代表机构自领取工商登记证件(或有关部门批准)之日起30日内，持相关资料向其所在地主管税务机关申报办理税务登记。领取税务登记证后，代表机构的税务登记内容发生了变化或者驻在期届满、提前终止业务活动的，应按照我国的税收征收管理法及相关规定，向主管税务机关申报办理变更登记或者注销登记；代表机构应当在办理注销登记前，就其清算所得向主管税务机关申报并依法缴纳企业所得税。

(二)账簿凭证管理

代表机构应当按照有关法律、行政法规和国务院财政、税务主管部门的规定设置账簿，根据合法、有效凭证记账，进行核算。

(三)申报纳税

1. 企业所得税

代表机构应按照实际履行的功能和承担的风险相配比的原则，准确计算其应税收入和应纳税所得额，并在季度终了之日起15日内向主管税务机关据实申报缴纳企业所得税。

对账簿不健全，不能准确核算收入或成本费用，以及无法按照规定据实申报的代表机构，税务机关有权采取以下两种方式核定其应纳税所得额。

(1) 按经费支出核定应纳税所得额。这种方式适用于能够准确反映经费支出但不能准确反映收入或成本费用的代表机构。其计算公式为

$$应纳税所得额＝本期经费支出额/(1-核定利润率)×核定利润率$$

(2) 按收入总额核定应纳税所得额。这种方法适用于可以准确反映收入但不能准确反映成本费用的代表机构。其计算公式为

$$应纳税所得额＝收入总额×核定利润率$$

根据税法规定，代表机构的核定利润率不应低于15%。

2. 其他税种

代表机构发生增值税应税行为，应就其应税收入按照增值税的相关法规计算并缴纳应纳税款。并且以实际缴纳的增值税、消费税为计征依据，同时计算并缴纳城市维护建设税、教育费附加和地方教育费附加。

二、非居民承包工程作业和提供劳务

为规范对非居民在中国境内承包工程作业和提供劳务的税收征收管理，国家税务总局发布了《非居民承包工程作业和提供劳务税收管理暂行办法》(国家税务总局令第19号)，自2009年3月1日起施行。

(一)登记备案

非居民企业应当自项目合同或协议签订之日起30日内，向项目所在地主管税务机关办理税务登记手续。负有税款扣缴义务的境内机构和个人，应当自扣缴义务发生之日起30日内，向所在地主管税务机关办理扣缴税款登记手续。境内机构和个人向非居民发包工程作业或劳务项目的，应当自项目合同签订之日起30日内，向主管税务机关报送《境内机构和个人发包工程作业或劳务项目报告表》，并附送非居民的税务登记证、合同、税务代理委托书复印件或非居民对有关事项的书面说明等资料。当项目完成、合同发生变更，或者从境外取得与项目相关的凭证等，非居民企业应该在规定时间内向主管税务机关递交相关资料。

(二)账簿凭证管理

非居民企业应当按照《税收征收管理法》及有关法律法规设置账簿，根据合法、有效凭证记账，进行核算。

(三)申报纳税

1. 企业所得税

非居民企业应当按照其实际履行的功能与承担的风险相匹配的原则，准确计算应纳税所得额，据实申报缴纳企业所得税。不能准确计算并据实申报其应纳税所得额的，税务机关有权根据企业的收入总额、成本费用、经费支出换算收入等方式核定其应纳税所得额。

知识拓展：非居民企业的利润率

【提示】非居民承包工程作业和提供劳务核定应纳税所得额的计算公式与外国企业常驻代表机构核定应纳税所得额的计算公式相同。

2. 其他税种

非居民企业在中国境内发生增值税应税行为，在中国境内设立经营机构的，应自行申报缴纳增值税。在中国境内未设立经营机构的，以代理人为增值税扣缴义务人；没有代理人的，以发包方、劳务受让方或购买方为扣缴义务人。扣缴义务人应当在规定的期限内向其机构所在地

或者居住地的主管税务机关申报缴纳增值税，同时计算并缴纳城市维护建设税、教育费附加和地方教育费附加。

【例13-1】日本A公司(日本居民纳税人)派遣律师到中国为境内B公司就其产品在日本的法务问题提供法律咨询服务，服务时间为8个月，共收取咨询服务费人民币106万元，核定的利润率为20%，各自按税法承担各自的税费。该境外企业在提供该法律咨询服务过程中需要在中国缴纳的增值税、企业所得税及其他相关税费各是多少？

【解析】

(1) 增值税：咨询服务属于增值税应税服务，税率为6%。

A公司应缴纳的增值税＝106÷(1＋6%)×6%＝6(万元)

(2) A公司应缴纳的城市维护建设税＝6×7%＝0.42(万元)

A公司应缴纳的教育费附加＝6×3%＝0.18(万元)

A公司应缴纳的地方教育费附加＝6×2%＝0.12(万元)

(3) 企业所得税：根据中日税收协定，由于A公司派遣的律师在中国累计工作时间超过了6个月，在中国构成了常设机构，需要缴纳企业所得税。

A公司应缴纳的企业所得税＝106÷(1＋6%)×20%×25%＝5(万元)

三、非居民企业取得来源于中国境内的股息、利息、租金、特许权使用费和财产转让所得

我国现行税法规定，对非居民企业取得来源于中国境内的股息、红利等权益性投资收益和利息、租金、特许权使用费所得、转让财产所得，以及其他所得应当缴纳的企业所得税，实行源泉扣缴，以依照有关法律规定或者合同约定对非居民企业直接负有支付相关款项义务的单位或者个人为扣缴义务人。扣缴义务人应当自扣缴义务发生之日起7日内向所在地主管税务机关申报和解缴代扣税款。按照《企业所得税法》及其实施条例的规定，非居民企业取得的上述所得，减按10%的税率征收企业所得税。

根据税法规定，扣缴义务人按照以下公式计算应扣缴企业所得税应纳税额：

$$扣缴企业所得税应纳税额＝应纳税所得额×实际征收率$$

(1) 股息、红利等权益性投资收益和利息、租金、特许权使用费所得，以收入全额为应纳税所得额，不得扣除税法规定之外的税费支出。

(2) 转让财产所得以收入全额减去财产净值后的余额为应纳税所得额。

【提示】非居民企业取得上述所得应缴纳增值税的，在计算缴纳企业所得税时，应以不含增值税的收入全额作为应纳税所得额。

四、境内机构和个人对外付汇的税收管理

(一) 对外付汇需要进行税务备案的情形

境内机构和个人向境外单笔支付等值5万美元以上(不含等值5万美元)外汇资金，除无须进行税务备案的情形外，均应向所在地主管国税机关进行税务备案；主管税务机关仅为地税机关的，应向所在地同级国税机关备案。

知识拓展：关于对外付汇需要进行税务备案的情形

（二）对外付汇无须进行税务备案的情形

境内机构和个人对外支付某些外汇资金，无须进行税务备案。

知识拓展：关于对外付汇无须进行税务备案的情形

第三节　境外所得税收管理

一、境外所得税额抵免概述

居民企业及非居民企业在中国境内设立的机构、场所，取得的下列所得已在境外缴纳的所得税税额，可以从其当期应纳税额中抵免，抵免限额为该项所得依照《企业所得税法》计算的应纳税额；超过抵免限额的部分，可以在以后5个年度内，用每年度抵免限额抵免当年应抵税额后的余额进行抵补。

(1) 居民企业来源于中国境外的应税所得。

(2) 非居民企业在中国境内设立机构、场所，取得发生在中国境外但与该机构、场所有实际联系的应税所得。如外国银行在中国境内分行以其可支配的资金向中国境外贷款，境外借款人就该笔贷款向其支付的利息，即属于发生在境外与该分行有实际联系的所得。

知识拓展：不应作为可抵免境外所得税税额的情形

二、抵免限额的计算方法

境外所得税额抵免方式，根据不同划分标准，可分为以下几种不同类型。

(1) 根据抵免数额有无限制，可分为全额抵免法和限额抵免法。

(2) 根据境外已纳税款抵免数额是否分国进行计算，可分为分国抵免法和综合抵免法。

(3) 根据居民纳税人与来源国征纳关系的不同，可分为直接抵免法和间接抵免法。

（一）分国抵免法和综合抵免法

1. 基本概念

财政部、税务总局联合发布《关于完善企业境外所得税收抵免政策问题的通知》(财税〔2017〕84号)，明确在现行分国不分项抵免方法(分国抵免法)的基础上，增加不分国别(地区)不分项的综合抵免方法(综合抵免法)，并将抵免层级由三层扩大至五层。因我国税法规定对境外已纳税款实行限额抵免，因而可将限额抵免分为分国限额抵免法和综合限额抵免法。

分国限额抵免法是指在多国税收抵免条件下，跨国纳税人所在国政府对其外国来源所得，按其来源国别，分别计算抵免限额的方法。

综合限额抵免法是在多国税收抵免条件下，跨国纳税人所在国政府对其全部外国来源所得，不分国别汇总在一起，统一计算抵免限额的方法。

2. 计算公式

分国限额抵免法的计算公式为

分国抵免限额＝(来自居住国和非居住国全部应税所得×居住国所得税率)

　　　　　　×(来自某一非居住国应税所得÷来自居住国和非居住国全部应税所得)

综合限额抵免法的计算公式为

综合抵免限额＝(来自居住国和非居住国全部应税所得×居住国所得税率)

×(来自非居住国全部应税所得÷来自居住国和非居住国全部应税所得)

在居住国(国籍国)实行比例税率的情况下，上述两个公式可分别简化为

分国抵免限额＝来自某一非居住国应税所得×居住国所得税率

综合抵免限额＝来自非居住国全部应税所得×居住国所得税率

3. 其他规定

(1) 企业可以选择按国(地区)别分别计算(即"分国不分项")，或者不按国(地区)别汇总计算(即"不分国不分项")其来源于境外的应纳税所得额，并按照《财政部 国家税务总局关于企业境外所得税收抵免有关问题的通知》(财税〔2009〕125号)文件第八条规定的税率，分别计算其可抵免境外所得税税额和抵免限额。上述方式一经选择，5年内不得改变。

知识拓展：财税〔2009〕125号文件第八条

(2) 企业选择采用不同于以前年度的方式计算可抵免境外所得税税额和抵免限额时，对该企业以前年度按规定没有抵免完的余额，可在税法规定结转的剩余年限内，按新方式计算的抵免限额中继续结转抵免。

【提示】超过抵免限额的部分，可以在以后5个年度内，用每年度抵免限额抵免当年应抵税额后的余额进行抵补。

(3) 企业在境外取得的股息所得，在按规定计算该企业境外股息所得的可抵免所得税额和抵免限额时，由该企业直接或者间接持有20%以上股份的外国企业，限于按照财税〔2009〕125号文件第六条规定的持股方式确定的五层外国企业。

知识拓展：五层外国企业的规定

第一层：企业直接持有20%以上股份的外国企业；

第二层至第五层：单一上一层外国企业直接持有20%以上股份，且由该企业直接持有或通过一个或多个符合财税〔2009〕125号文件第六条规定持股方式的外国企业间接持有总和达到20%以上股份的外国企业。

【例13-2】某年度，甲国M公司来自甲国所得1 000万美元，来自乙国分公司所得100万美元，来自丙国分公司所得100万美元。所得税税率甲国为40%，乙国为50%，丙国为30%。请分别用分国限额抵免法和综合限额抵免法计算M公司国外所得税可抵免数额及甲国政府可征税款。

【解析】

第一，分国限额抵免法。

(1) 分国计算抵免限额，具体如下。

乙国：$(1\,000+100+100)×40\%×[100÷(1\,000+100+100)]=40$(万美元)

丙国：$(1\,000+100+100)×40\%×[100÷(1\,000+100+100)]=40$(万美元)

(2) 确定可抵免数额，具体如下。

乙国：已纳税款＝100×50%＝50(万美元)，大于抵免限额，可抵免数额为40万美元。

丙国：已纳税款＝100×30%＝30(万美元)，小于抵免限额，可抵免数额为30万美元。

(3) 甲国政府实征所得税额＝$(1\,000+100+100)×40\%-40-300=410$(万美元)

第二，综合限额抵免法。

(1) 抵免前的全部所得税＝$(1\,000+100+100)×40\%=480$(万美元)

(2) 抵免限额＝$(1\,000+100+100)×40\%×[(100+100)÷(1\,000+100+100)]=80$(万美元)

(3) 确定可抵免数额：由于已纳国外所得税额80万美元(100×50%＋100×30%)，与抵免限额相同，所以可抵免数额为80万美元。

(4) 甲国政府实征所得税额＝(1 000＋100＋100)×40%－80＝400(万美元)

（二）直接抵免法和间接抵免法

1. 直接抵免法

直接抵免是指企业直接作为纳税人就其境外所得在境外缴纳的所得税额在我国应纳税额中抵免，主要应用于企业就来源于境外的营业利润所得在境外所缴纳的企业所得税，以及就来源于或发生于境外的股息、红利等权益性投资所得、利息、租金、特许权使用费、财产转让等所得在境外被源泉扣缴的预提所得税。

直接抵免法适用于自然人、跨国总公司和分公司之间。分公司没有独立的法人地位，因此，居住国总公司的外国分公司在国外缴纳的所得税额，从法律上应视同总公司在国外直接缴纳，居住国允许总公司将其分公司在国外缴纳的所得税额，在应向本国缴纳的总额税中予以扣除，即称直接抵税。

2. 间接抵免法

1) 概念

间接抵免是指境外企业就分配股息前的利润缴纳的外国所得税额中由我国居民企业就该项分得的股息性质的所得间接负担的部分，在我国的应纳税额中抵免。

间接抵免适用于母公司与子公司这类两个具有完全独立法律地位的法人单位之间的抵免。从法律上讲，子公司具有独立的法人地位，其向来源国缴纳的公司所得税不能视为母公司在来源国直接缴纳的税收。由于母公司从子公司分得的股息已经在国外通过子公司向来源国纳税，股息在居住国再纳税，就会形成国际重叠征税。为鼓励母公司积极对外投资，很多国家对这种母公司股息上由子公司向来源国缴纳的税款也给予抵免。

2) 境外所得间接负担税额的计算

居民企业在用上述境外所得间接负担的税额进行税收抵免时，其取得的境外投资收益实际间接负担的税额，是指根据直接或者间接持股方式合计持股20%以上(含20%)的规定层级的外国企业股份，由此应分得的股息、红利等权益性投资收益中，从最低一层外国企业起逐层计算的属于由上一层企业负担的税额，其计算公式如下：

本层企业所纳税额属于由一家上一层企业负担的税额＝(本层企业就利润和投资收益所实际缴纳的税额＋符合本通知规定的由本层企业间接负担的税额)×本层企业向一家上一层企业分配的股息(红利)÷本层企业所得税后利润额

对于间接抵免的母子公司的层次问题，目前各国的规定有所不同。根据财税〔2017〕84号的规定，由居民企业直接或者间接持有 20%以上股份的外国企业，限于符合规定持股方式的五层外国企业。

【例13-3】A企业为我国居民企业，拥有设在甲国的B公司60%的有表决权股份。某年A企业境内取得应纳税所得额为1 000万元，适用所得税税率为25%；收到B企业分回股息100万元，B企业实现应纳税所得额为500万元，适用所得税税率为20%；假定甲国对股息不征收预提所得税，B企业已按适用税率在甲国缴纳企业所得税。请计算A企业当年应在我国缴纳的企业所得税税额。

【解析】

B企业当年实现的税后利润＝500×(1－20%)＝400(万元)

B企业支付给A企业的股息所承担的所得税额=500×20%×100÷400=25(万元)

B企业支付给A企业的股息还原后所得=100+25=125(万元)

抵免限额=125×25%=31.25万元>25万元，所以，允许抵免税额为25万元。

应纳企业所得税=(1 000+125)×25%−25=256.25(万元)

【例13-4】甲国一家跨国公司A，在乙国设子公司B，持股50%；B公司在丙国设子公司C，持股50%。某年度A、B、C公司国内税前所得分别为1 000万元、600万元和400万元；甲国、乙国、丙国公司所得税税率分别为25%、24%和20%，三家公司当年税后利润一半用于分派股利。乙国、丙国对本国居民纳税人支付给母公司股利征收10%的预提税。请计算A、B、C公司各自应纳税额及外国税收抵免额。

【解析】本案例中，A公司拥有C公司25%股权，超过20%，控股层级2级，符合相关文件规定。

(1) C公司在丙国应纳税额=400×20%=80(万元)

C公司的税后利润=400−80=320(万元)

C公司税后利润对B公司的分配额=320×50%×50%=80(万元)

C公司当年所纳税款当中属于由B公司间接负担的数额=80×80÷320=20(万元)

B公司在乙国的应纳税所得总额=600+80÷(1−20%)=700(万元)

(2) B公司抵免限额=700×24%×100÷700=24(万元)

B公司就获得的股利直接和间接负担的所得税额=80×10%+20=28(万元)

B公司实际应缴纳的所得税额=700×24%−24=144(万元)

B公司就利润及投资收益缴纳的所得税额=144+8=152(万元)

B公司税后利润额=600+80−152=528(万元)

B公司税后利润分配额=528×50%×50%=132(万元)

B公司所纳税款当中属于由A公司负担的数额=(152+20)×132÷528=43(万元)

(3) A公司的应纳税所得总额=1000+132÷(1−24%)=1 173.68(万元)

A公司应纳所得税总额=1 173.68×25%=293.42(万元)

A公司抵免限额=293.42×173.68÷1 173.68=43.42(万元)

A公司就获得的股利直接和间接负担的所得税额=132×10%+43=56.2(万元)

A公司实际应缴纳的所得税额=293.42−43.42=250(万元)

三、税收饶让抵免

(一) 基本概念

税收饶让抵免，是指居住国对其居民在来源国因享受税收减免而实际未缴纳的税额视同已纳税额给予抵免。税收饶让抵免的产生，主要是为使跨国纳税人能够享受来源国税收减免的实际优惠，从而促进资本向发展中国家的流动。

在一般抵免制下，如果居民在国外未缴纳或因享受外国的减免税而减免的税收，回国后仍需向居住国补缴税款，这就使得他们不能从来源国的税收减免中享有优惠。另一方面，来源国还把自己原本可以征收的税款拱手送给了居住国政府，其涉外税收优惠政策也没有起到吸引投资的作用。为了避免这种后果，鼓励国际投资流向发展中国家，国际上创设了这种特殊的抵免制，其核心是承认来源国税收优惠。

（二）发展现状

《企业所得税法》目前尚未单方面规定税收饶让抵免，但我国与有关国家签订的税收协定规定有税收饶让抵免安排。居民企业从与我国订立税收协定的对方国家取得所得，并按该国税收法律享受了免税或减税待遇，且该所得已享受的免税或减税数额按照税收协定规定应视同已缴税额在我国应纳税额中抵免的，经企业主管税务机关确认，可在其申报境外所得税额时视为已缴税额。

（三）税收饶让抵免的计算

税收协定规定列举一国税收优惠额给予饶让抵免的，饶让抵免税额为按协定国家税收法律规定税率计算的应纳所得税额超过实际缴纳税额的数额，即实际税收优惠额。

【例13-5】中国居民企业A公司，在甲国投资设立了B公司，甲国政府为鼓励境外投资，对B公司第一个获利年度实施了企业所得税免税。按甲国的税法规定，企业所得税税率为18%。A公司获得了B公司免税年度分得的利润800万元。根据中国和甲国政府签订税收协定规定，A公司在计算缴纳企业所得税时，可抵免的境外已纳税款为多少万元？

【解析】由A公司抵免的间接负担的境外税额＝800×18%＝144(万元)。

第四节　国际避税与反避税

所谓国际避税，就是纳税人利用各国税法之间的差异和漏洞，尽可能地减少或延迟应纳税款，降低全球范围的整体税负。国际避税行为导致各国政府税收收入流失，减少了各国政府用于公共福利和促进经济增长的资金来源，同时还会影响税收公平。为此，各国政府纷纷制定法规，打击企业与个人的避税行为，即国际反避税。

一、税基侵蚀和利润转移项目

跨国企业利用国际税收规则存在的不足，以及各国税制差异和征管漏洞，最大限度地减少其全球总体税负，甚至达到双重不征税的效果，造成对各国税基的侵蚀，这被G20称为税基侵蚀和利润转移(BEPS)。

BEPS项目是由二十国集团(G20)领导人背书，并委托经济合作与发展组织(OECD)推进的国际税改项目，是G20框架下各国携手打击国际逃避税，共同建立有利于全球经济增长的国际税收规则体系和行政合作机制的重要举措。

2013年6月，OECD发布《税基侵蚀和利润转移行动计划》(BEPS行动计划)，并于当年9月在G20圣彼得堡峰会上得到各国领导人背书。2015年10月，OECD发布了 BEPS行动计划全部15项产出成果，标志着BEPS行动计划步入成果转化、具体实施的新阶段。

（一）BEPS十五项行动计划

BEPS行动计划包括5大类共15项行动，计划分别于2014年9月、2015年9月和2015年底前分阶段完成，并提交当年的G20财长和央行行长会议审议，然后由当年的G20领导人峰会背书。BEPS十五项行动计划的分类如表13-1所示。

表13-1　BEPS十五项行动计划的分类

类别	行动计划
应对数字经济带来的挑战	数字经济
协调各国企业所得税税制	混合错配、受控外国公司规则、利息扣除、有害税收实践
重塑现行税收协定和转让定价国际规则	税收协定滥用、常设机构、无形资产、风险和资本、其他高风险交易
提高税收透明度和确定性	数据统计分析、强制披露原则、转让定价同期资料、争端解决
开发多边工具促进行动计划实施	多边工具

这些成果对重塑现有国际税收规则体系，完善各国税制意义重大；对促进我国税制改革，建立与我国对外开放和税收现代化相适应的国际税收制度与征管体系同样意义重大。

（二）税基侵蚀和利润转移项目的影响

税基侵蚀与利润转移项目不仅是通过政策调整，使征税行为与经济活动和价值创造保持一致，从而增加税收收入，更是为了在国际共识的基础上，创建应对BEPS问题的一整套国际税收规则，为纳税人增加确定性和可预见性，并达到保护税基的目的。此项工作的重点是消除双重不征税。

BEPS行动计划的最终成果在G20峰会上由各国领导人背书，虽然在法律层面并不形成硬性约束，但政治层面的承诺及其他国家在行动计划框架下开展的税制改革，都将不可避免地对我国税收制度和税收管理产生影响。值得关注的是，中国政府于2017年6月7日签署了《实施税收协定相关措施以防止税基侵蚀和利润转移的多边公约》。该公约是第一个在全球范围内就跨境所得税收政策进行多边协调的法律文件，有利于促进主要经济体之间协调一致，开展务实高效合作，构建公平和现代化的国际税收体系，促进世界经济包容性增长。

知识拓展：BEPS
多边公约

二、间接股权转让

国家税务总局在2015年2月3日出台了《关于非居民企业间接转让财产企业所得税若干问题的公告》，这一公告的制定和出台是一般反避税规则在间接转让中国应税财产交易方面的具体应用。该公告适用于不具有合理商业目的、规避中国企业所得税纳税义务的间接转让中国应税财产交易，适用于被转让的境外企业在华拥有特定应税财产(在华设立机构场所、在华拥有不动产或不动产公司、在华拥有权益性投资资产)的情况，不适用于股权转让所得与股权转让方在中国境内所设机构、场所有实际联系的情况。

案例讨论

重庆渝中国税否定新加坡中间控股公司反避税

2008年5月，重庆市渝中区国税局两路口税务所通过合同登记备案发现重庆A公司与新加坡B公司签订了一份股权转让协议，新加坡B公司将其在新加坡设立的全资控股公司C公司100%的股权转让给重庆A公司，转让价格为人民币6 338万元，股权转让收益900多万元。

从表面上看，该项股权转让交易的目标公司C公司为新加坡企业，股权转让收益并非来源于中国境内，中国没有征税权。但出于维护国家税收权益的高度责任感和敏锐性，渝中区国税局没有就此止步，在继续开展调查分析的同时，及时向市局汇报了相关情况。通过进一步调查核实，目标公司C公司实收资本仅为100新加坡元，该公司持有重庆D公司31.6%的股权，除此之外没有从事任何经营活动。因此，新加坡B公司转让C公司股权的实质是转让重庆D公司31.6%的股权。由于该项股权转让交易错综复杂，经请示总局，最终判定新加坡B公司取得的股权转让收益实质上为来源于中国境内的所得，根据《企业所得税法》第三条第3款，以及《中华人民共和国政府和新加坡共和国政府关于对所得避免双重征税和防止偷漏税的协定》第十三条第5款的规定，中国有征税权。 2008年10月，渝中区国税局对新加坡B公司取得的股权转让收益征收了预提所得税98万元，税款已全部入库。此案应该是中国第一例应用一般反避税调整应纳税额的案例。

资料来源：重庆渝中国税否定新加坡中间控股公司反避税案件[EB/OL]. http://blog.sina.com.cn/ s/blog-493cd6lcO100hu2h.html，2011-05-04.

第五节　国际税收征管协作

近年来，我国在国际税收征管协作方面取得快速进展。特别是我国于2013年8月27日签署和执行的《多边税收征管互助公约》将进一步推动我国利用国际税收征管协作提高对跨境纳税人的税收服务和征管水平，有助于营造公平透明的税收环境。

一、情报交换

（一）情报交换概述

情报交换，是指我国与相关税收协定缔约国家的主管当局为了正确执行税收协定及其涉及税种的国内法而相互交换所需信息的行为。

（二）情报交换的类型和范围

1. 情报交换的类型

情报交换的类型包括专项情报交换、自动情报交换、自发情报交换、同期税务检查、授权代表访问及行业范围情报交换等，具体如表13-2所示。

表13-2　情报交换的类型

类型	概念
专项情报交换	指缔约国一方主管当局就国内某一税务案件提出具体问题，并依据税收协定请求缔约国另一方主管当局提供相关情报，协助查证的行为
自动情报交换	指缔约国双方主管当局之间根据约定，以批量形式自动提供有关纳税人取得专项收入的税收情报的行为
自发情报交换	指缔约国一方主管当局将在税收执法过程中获取的其认为有助于缔约国另一方主管当局执行税收协定及其所涉及税种的国内法的信息，主动提供给缔约国另一方主管当局的行为
同期税务检查	指缔约国主管当局之间根据同期检查协议，独立地在各自有效行使税收管辖权的区域内，对有共同或相关利益的纳税人的涉税事项同时进行检查，并互相交流或交换检查中获取的税收情报的行为

(续表)

类型	概念
授权代表访问	指缔约国双方主管当局根据授权代表的访问协议,经双方主管当局同意,相互间到对方有效行使税收管辖权的区域进行实地访问,以获取、查证税收情报的行为
行业范围情报交换	指缔约国双方主管当局共同对某一行业的运营方式、资金运作模式、价格决定方式及偷税方法等进行调查、研究和分析,并相互交换有关税收情报的行为

2. 情报交换的范围

除缔约国双方另有规定外,情报交换的范围一般为:

(1) 国家范围应仅限于与我国正式签订含有情报交换条款的税收协定并生效执行的国家;

(2) 税种范围应仅限于税收协定规定的税种,主要为具有所得(和财产)性质的税种;

(3) 人的范围应仅限于税收协定缔约国一方或双方的居民;

(4) 地域范围应仅限于缔约国双方有效行使税收管辖权的区域。

(三)税收情报的保密

制作、收发、传递、使用、保存或销毁税收情报,应按照我国相关保守国家秘密的法律及规定执行。

知识拓展:税收情报密级的确定原则及保密期限

二、海外账户税收遵从法案

美国《海外账户税收遵从法案》简称FATCA,其主要目的是追查全球范围内美国富人的逃避缴纳税款行为。FATCA要求外国机构向美国税务机关报告美国账户持有人信息,若外国机构不遵守FATCA,美国将对外国机构来源于美国的所得和收入扣缴30%的惩罚性预提所得税。

2014年6月,中国按照FATCA模式中的互惠型子模式与美国签订政府间协议。FATCA在中国的实施一方面将使中国金融业运营产生较高的合规成本,另一方面也将倒逼中国金融领域和税收领域的改革取得突破。

三、金融账户涉税信息自动交换标准

随着经济全球化进程的不断加快,纳税人通过境外金融机构持有和管理资产,并将收益隐匿在境外金融账户以逃避居民国纳税义务的现象日趋严重,各国对进一步加强国际税收信息交换、维护本国税收权益的意愿愈显迫切。OECD于2014年7月发布了《金融账户涉税信息自动交换标准》(AEOI标准),为各国加强国际税收合作、打击跨境逃避税提供了强有力的工具。

经国务院批准,2014年9月,我国在二十国集团(G20)财长和央行行长会议上承诺将实施AEOI标准,旨在通过加强全球税收合作提高税收透明度,打击利用海外账户逃避税行为。

四、税收公约

经国务院批准,我国于2013年8月27日签署了《多边税收征管互助公约》(以下简称《公约》),自2017年1月1日起开始执行。

(1)《公约》适用于根据我国法律由税务机关征收管理的税种,具体包括:企业所得税、个人所得税、城镇土地使用税、房产税、土地增值税、增值税、消费税、烟叶税、车辆购置税、车船税、资源税、城市维护建设税、耕地占用税、印花税、契税。

(2) 我国税务机关现阶段与《公约》其他缔约方之间开展征管协助的形式为情报交换。

(3) 以下事项属于《公约》批准书中我国声明保留内容：

① 对上述税种以外的税种，不提供任何形式的协助；

② 不协助其他缔约方追缴税款，不协助提供保全措施；

③ 不提供文书送达方面的协助；

④ 不允许通过邮寄方式送达文书。

在我国政府另行通知前，《公约》暂不适用于香港特别行政区和澳门特别行政区。

案例讨论

"双支柱"方案将启全球税收治理新篇章

"双支柱"方案达成共识的重要意义

自2013年二十国集团(G20)圣彼得堡峰会委托经济合作与发展组织(OECD)启动税基侵蚀与利润转移(BEPS)行动以来，OECD一直在推动全球范围的国际税制改革。BEPS第一项行动计划即为应对数字经济带来的税收挑战。2017年，G20委托OECD通过BEPS包容性框架开展应对经济数字化税收挑战共识性解决方案的研究。2019年，OECD首次提出"双支柱"的方案设计框架，此后经过各国曲折艰辛的谈判，OECD于2021年7月1日发布声明，130个国家(地区)支持"双支柱"解决方案。其中，支柱一重新分配大型跨国企业全球利润的征税权，以平衡经济数字化背景下国际税收权益分配格局，解决经济数字化带来的税收挑战；支柱二通过实施全球最低税，确保跨国企业在各辖区承担不低于一定水平的税负，抑制跨国企业逃避税行为，为各国税收竞争划定底线。2021年10月8日，OECD再次发布声明，在7月共识的基础上，BEPS包容性框架下140个成员中的136个国家(地区)就"双支柱"方案达成共识。

资料来源：孙红梅. "双支柱"方案将启全球税收治理新篇章[N/OL]. http://www.jjckb.cn/2021-10/12/c_1310238450.htm，2021-10-12.

阅读该文，思考以下问题：

1. 跨国企业避税是否具有合理性？政府反避税对企业会产生哪些影响？

2. "双支柱"方案如何应对经济数字化的国际税收挑战？

3. 阅读《中国财政》2021年第16期文章《国际税收改革的背景、内容及其影响》(作者冯俏彬)，谈谈你对当前国际税收改革的时代背景、主要内容及其全球影响的认识。

本 章 小 结 ⬇ ⬇

国际税收法律制度是调整国际税收关系的各种法律规范的总称，以调整跨国纳税人的跨国收入、解决国家间税收管辖冲突和协调各国财政利益为主要任务。

对非居民企业的税收管理主要包括外国企业常驻代表机构，非居民企业承包工程作业和提供劳务，股息、利息、租金、特许权使用费和财产转让所得，以及中国境内机构和个人对外付汇的税收管理等方面。

境外所得税收管理的重点即境外所得税额抵免。我国采用的税额抵免的方式有全额抵免法和限额抵免法、直接抵免法和间接抵免法、分国抵免法和综合抵免法。

通过税基侵蚀和利润转移行动、一般反避税措施及特别纳税调整等方式，打造良好的国际征纳税环境。

练习题 ⬇ ⬇

////////

鸿威公司：国际化经营企业与国际税收

2000年，中国居民李某成立了鸿威公司，公司成立之后的发展经历如下。

第一阶段：2000—2004年，公司主要在中国境内从事家具生产、批发和零售，没有在境外销售产品，也没有任何境外采购。

第二阶段：2005年，公司开始尝试在美国销售本企业生产的家具，起初是通过参加美国每年两次的全国性家具展会推销本公司的产品。公司租用展会的展位，展示本公司的产品，并在展会上与潜在的经销商或买家谈判并签订销售合同。

第三阶段：2007年，公司开始通过美国的代理商和经销商进行销售。鸿威公司与代理商签订合同，由代理商向鸿威公司采购，代理商再将产品销售给美国的经销商和消费者。在这种经营模式下，一般是美国的代理商来中国采购鸿威公司生产的产品，鸿威公司无须在美国从事业务推销活动。

第四阶段：2009年，鸿威公司在美国设立办事处，最初办事处的工作人员主要负责与经销商联系，收集市场信息，协调经销商的采购、发货和售后服务事宜。后来，办事处的工作人员在美国与潜在客户进行谈判，签订销售合同，再由鸿威公司从中国向客户发货。

第五阶段：2011年，鸿威公司在美国成立了销售子公司美鸿公司，由美鸿公司负责销售中国母公司生产的家具产品。美鸿公司在美国建立了销售网络，在美国销售的产品由鸿威公司销售给美鸿公司，再由美鸿公司销售给美国的代理商和经销商。

第六阶段：2013年，鸿威公司在英属维尔京群岛成立了BVI贸易公司，所有出口的产品由鸿威公司销售给BVI贸易公司，BVI贸易公司再销售给美鸿公司，再由美鸿公司销售给代理商和经销商。通过这种新的交易方式，出口贸易的大部分利润留在BVI贸易公司，而在美国和中国只保留很低的利润。

思考问题：在鸿威公司发展的不同阶段，需要在哪些国家交税？如何交税？

参考文献

[1] 中国注册会计师协会. 税法[M]. 北京：中国财政经济出版社，2023.

[2] 中国注册会计师协会. 税法[M]. 北京：中国财政经济出版社，2022.

[3] 全国注册税务师执业资格考试教材编写组. 税法(I)[M]. 北京：中国税务出版社，2023.

[4] 全国注册税务师执业资格考试教材编写组. 税法(II)[M]. 北京：中国税务出版社，2023.

[5] 全国注册税务师执业资格考试教材编写组. 涉税服务实务[M]. 北京：中国税务出版社，2023.

[6] 陈立. 税法[M]. 3版. 北京：清华大学出版社，2019.

[7] 王红云. 税法[M]. 11版. 北京：中国人民大学出版社，2023.

[8] 财政部会计资格评价中心. 经济法基础[M]. 北京：经济科学出版社，2023.

[9] 蔡昌. 税法[M]. 3版. 北京：中国人民大学出版社，2021.

[10] 马海涛. 中国税制[M]. 12版. 北京：中国人民大学出版社，2022.

[11] 刘佐. 中国税制(中英文对照)[M]. 11版. 北京：中国税务出版社，2021.

[12] 张守文. 税法原理[M]. 10版. 北京：北京大学出版社，2021.

[13] 盖地. 税务会计与纳税筹划[M]. 14版. 大连：东北财经大学出版社，2019.

[14] 盖地. 税务会计与纳税筹划[M]. 15版. 中国人民大学出版社，2022.

[15] 尚可文. 税收学原理[M]. 北京：清华大学出版社，2023.

[16] 朱青. 国际税收[M]. 11版. 北京：中国人民大学出版社，2023.

[17] 刘剑文. 财政税收法[M]. 8版. 北京：法律出版社，2019.

[18] 刘剑文. 国际税法学[M]. 4版. 北京：北京大学出版社，2020.

[19] 伯纳德·萨拉尼耶. 税收经济学[M]. 2版. 北京：中国人民大学出版社，2017.

[20] 哈维·罗森，泰德·盖尔. 财政学[M]. 10版. 北京：中国人民大学出版社，2015.

[21] N. 格里高利·曼昆. 经济学原理[M]. 8版. 北京：北京大学出版社，2020.

税　　法 (第四版)

同步练习册

学　　　校 _____

学院名称 _____

授课教师 _____

专业班级 _____

学生姓名 _____

学　　　号 _____

目　　录

第一章 税法概论

一、单项选择题

1. 税法在实施过程中，禁止在没有正当理由的情况下对特定纳税人给予特别优惠，这体现了税法基本原则中的(   )原则。
   - A. 税收法定
   - B. 税收公平
   - C. 税收效率
   - D. 实质课税

2. 下列哪项不是税收的特征？(   )
   - A. 无偿性
   - B. 强制性
   - C. 固定性
   - D. 特殊性

3. 下列税种中，属于中央政府与地方政府共享收入的是(   )。
   - A. 关税
   - B. 消费税
   - C. 土地增值税
   - D. 个人所得税

4. 在税法的构成要素中，区分不同税种的主要标志的要素是(   )。
   - A. 纳税义务人
   - B. 征税对象
   - C. 税率
   - D. 税目

5. 按照税法的基本内容和效力的不同，可以将税法分成(   )。
   - A. 中央税法与地方税法
   - B. 税收实体法与税收程序法
   - C. 国际税法与国内税法
   - D. 税收基本法与税收普通法

6. 个人所得税中"工资、薪金"采用的是(   )。
   - A. 比例税率
   - B. 超额累进税率
   - C. 定额税率
   - D. 超率累进税率

7. 我国税收法律关系权利主体中，纳税义务人的确定原则是(   )。
   - A. 国籍原则
   - B. 属地原则
   - C. 实际住所原则
   - D. 属地兼属人原则

8. 下列关于税收法律关系的表述中，正确的是(   )。
   - A. 税法是引起法律关系的前提条件，税法可以产生具体的税收法律关系
   - B. 税收法律关系中权利主体双方法律地位并不平等，双方的权利义务也不对等
   - C. 代表国家行使征税职责的各级国家税务机关是税收法律关系中的权利主体之一
   - D. 税收法律关系总体上与其他法律关系一样，都是由权利主体、权利客体两方面构成的

9. 下列各项税收法律法规中，属于部门规章的是(   )。
   - A. 《中华人民共和国个人所得税法》
   - B. 《中华人民共和国消费税暂行条例》
   - C. 《中华人民共和国企业所得税法实施条例》
   - D. 《中华人民共和国消费税暂行条例实施细则》

10. 法律的效力高于行政立法的效力，这是税法的(   )原则。
    - A. 法律不溯及既往
    - B. 法律优位
    - C. 新法优于旧法
    - D. 特别法优于普通法

11. 新法优于旧法原则的适用，以(   )为标志。
    - A. 新法生效实施
    - B. 旧法失效
    - C. 新法公布
    - D. 新法制定

12. 在我国现行税法中，纳税人和负税人一致的税种是(   )。
    - A. 增值税
    - B. 消费税
    - C. 个人所得税
    - D. 关税

13. 下列各项中不属于税法规范作用的是(   )。
    - A. 预测作用
    - B. 教育作用
    - C. 指引作用
    - D. 经济作用

14. 下列关于税收优先权的表述，错误的是(   )。
    - A. 按照民法对优先权的定义，税收优先权是指国家征税的权力与其他债权同时存在时，税款的征收原则上应优先于其他债权
    - B. 根据《中华人民共和国税收征收管理法》规定，税务机关征收税款，税收优先于所有的无担保债权
    - C. 纳税人欠缴税款，同时又被行政机关处以罚款、没收非法所得的，税收优先于罚款、没收违法所得执行
    - D. 纳税人欠缴的税款发生在纳税人以其财产设定抵押、质押或者纳税人的财产被留置之前的，税收应当先于抵押权、质权、留置权执行

15. 关于税务部门规章，下列表述错误的是(   )。
    - A. 税务部门对涉及国务院两个以上部门职权范围的事项，可以与其他部门联合制定规章

B. 只有法律和法规对税收事项已有规定的情况下，才可以制定税务规章

C. 税务规章一般应当自公布之日起30日后施行

D. 人民法院在行政诉讼中，对不适当的税务规章可以予以撤销

二、多项选择题

1. 下列有关税法概念的说法正确的有(　　)。
   A. 税法是国家制定的用以调整国家与纳税人之间在征纳税方面的权利及义务关系的法律规范的总称
   B. 制定税法的目的是保障国家利益和纳税人的合法权益
   C. 税收的特征是强制性、无偿性和固定性
   D. 税法是国家凭借其权力，利用税收工具参与社会产品和国民收入分配的法律规范的总称

2. 以下选项中，属于税法的基本原则的有(　　)。
   A. 税收法定原则　　　B. 税收公平原则　　　C. 税收效率原则　　　D. 新法优于旧法原则

3. 下列关于税法的税收法定原则的理解正确的有(　　)。
   A. 税收法定原则又称为税收法定主义，是指税法主体的权利义务必须由法律加以规定，税法的各类构成要素必须且只能由法律予以明确
   B. 税收法定主义贯穿税收立法和执法的全部领域
   C. 内容包括税收要件法定原则和税务合法性原则
   D. 税收要件法定主义是指税务机关按法定程序依法征税，不得随意减征、停征或免征，无法律依据不征税

4. 比例税率是指对同一征税对象，不分数额大小，规定相同的征收比例，其在适用中又可以分为的具体形式有(　　)。
   A. 单一比例税率　　　B. 差别比例税率　　　C. 幅度比例税率　　　D. 双重比例税率

5. 下列税种中，属于资源税类的有(　　)。
   A. 城镇土地使用税　　　B. 土地增值税　　　C. 车船税　　　D. 资源税

6. 下列属于中央政府固定收入的税种有(　　)。
   A. 消费税
   B. 资源税
   C. 海关代征的进口环节增值税
   D. 土地增值税

7. 在税收执法过程中，对其适用性或法律效力的判断上，一般按以下原则掌握(　　)。
   A. 层次高的法律优于层次低的法律
   B. 同一层次的法律中，特别法优于普通法
   C. 国内法优于国际法
   D. 实体法从新，程序法从旧

8. 下列关于我国税收法律级次的表述中，正确的有(　　)。
   A. 《中华人民共和国城市维护建设税暂行条例》属于税收规章
   B. 《中华人民共和国企业所得税法实施条例》属于税收行政法规
   C. 《中华人民共和国企业所得税法》属于全国人民代表大会制定的税收法律
   D. 《中华人民共和国增值税暂行条例》属于全国人民代表大会常务委员会制定的税收法律

9. 下列关于税法原则的表述中，正确的有(　　)。
   A. 新法优于旧法原则属于税法的适用原则
   B. 税法主体的权利义务必须由法律加以规定，这体现了税收法定原则
   C. 税法的原则反映税收活动的根本属性，包括税法基本原则和税法适用原则
   D. 税法适用原则中的法律优位原则明确了税收法律的效力高于税收行政法规的效力

10. 下列关于税法和其他部门法关系的表述，正确的是(　　)。
    A. 宪法与税法缺少必要的衔接，宪法对税法的指导、规范、约束作用明显不够
    B. 税法作为新兴的部门法与民法的密切联系主要表现在大量借用了民法的概念、规则和原则
    C. 税法与行政法有着十分密切的联系，这种联系主要表现在税法具有行政法的一般特征
    D. 税法与国际法没有任何联系

11. 下列关于实质课税原则的表述中，正确的有(　　)。
    A. 实质课税原则应根据纳税人的真实负担能力决定纳税人的税负，但可以仅仅考核其表面上是否符合课税要件
    B. 如果仅仅是形式上符合课税要件，而实质上并不满足，则照样可以确定其负有纳税义务
    C. 实质课税原则的意义在于防止纳税人的避税与偷税，增加税法适用的公正性

D. 如果实质条件满足了课税要件，就应按实质条件的指向确认纳税义务

12. 纳税人对税务机关的下列行为不服时，可以申请行政诉讼的有( )。
   A. 对税务机关做出的责令纳税人提供纳税担保行为不服
   B. 对税务机关行政处罚不服
   C. 认为税务机关侵犯法定经营自主权
   D. 对税务机关做出的征税行为不服

13. 税收程序法是指规范税务机关和税务行政相对人在行政程序中权利义务的法律规范，以下属于税收程序法的作用的有( )。
   A. 保障实体法的实施，弥补实体法的不足   B. 规范和控制行政权的行使
   C. 正确处理税收分配关系的法律依据   D. 保障纳税人的合法权益

14. 依法稽征即税务机关必须严格依据法律的规定稽核征收，而无权变动法定课税要素和法定征收程序，这一原则包括( )。
   A. 依法定课税要素稽征   B. 税不重征原则
   C. 依法定征收程序稽征   D. 依法定征管权力稽征

15. 下列属于税收执法特征的有( )。
   A. 税收执法具有单方意志性   B. 税收执法是无责行政行为
   C. 税收执法是具体行政行为   D. 税收执法具有裁量性

三、判断题

1. 按解释尺度的不同，税法解释可分为扩充解释、限制解释、字面解释、立法解释、行政解释。   ( )
2. 税收执法监督的主体是司法机关、审计机关等。   ( )
3. 税收执法监督的对象是税务机关及其工作人员。   ( )
4. 税收执法监督的内容是税务机关及其工作人员的行政执法行为。   ( )
5. 法定式减免是对某些纳税人的鼓励或照顾措施，通过直接降低税率的方式实现的减税、免税。   ( )
6. 税法原则中的税收公平原则与税收法律主义原则存在一定冲突。   ( )
7. 税收法律主义可以概括成课税要素法定、课税要素明确和依法稽征三个具体原则。   ( )
8. 税务行政处罚的实施主体是县以下的税务机关，但是税务所可以对个体工商户及未取得营业执照从事经营的单位、个人实施罚款额在1000元以上的税务行政处罚。   ( )
9. 城市维护建设税的计税依据为纳税人实际缴纳的增值税、消费税额和查补增值税、消费税的税额，以及对纳税人违反增值税、消费税法规而加收的滞纳金和罚款。   ( )
10. 省、自治区、直辖市及省、自治区的人民政府所在地的市和国务院批准的较大的市的人民政府，可以根据本地区的经济发展情况制定地方性税收规章。   ( )

第二章　增值税法

一、单项选择题

1. 根据增值税法律制度的规定，下列行为中，应视同销售货物行为征收增值税的是(　　)。
   A. 购进货物用于免税项目
   B. 购进货物用于非增值税应税项目
   C. 购进货物用于集体福利
   D. 购进货物用于无偿赠送其他单位

2. 202×年9月，甲公司销售产品取得含增值税价款116 000元，另收取包装物租金6960元。已知增值税税率为13%。甲公司当月该笔业务增值税销项税额的下列计算中，正确的是(　　)。
   A. 116 000×(1+13%)×13%= 17 040.4(元)
   B. (116 000+6960)÷(1+13%)×13% =14 145.8(元)
   C. 116 000×13% =15 080(元)
   D. (116 000+6960)×13%=15 984.8(元)

3. 甲公司为增值税一般纳税人，202×年6月从国外进口一批音响，海关核定的关税完税价格为116万元，缴纳关税11.6万元。已知增值税税率为13%，甲公司该笔业务应缴纳增值税税额的下列计算中，正确的是(　　)。
   A. 116×13% =15.08(万元)
   B. (116 +11. 6)×13%= 16.6(万元)
   C. 116÷(1 +13%)×13% = 13.3(万元)
   D. (116 +11. 6)÷(1+13%)×13%=14.7(万元)

4. 根据增值税法律制度的规定，一般纳税人选择简易办法计算缴纳增值税后，在一定期限内不得变更，该期限为(　　)。
   A. 12个月
   B. 36个月
   C. 24个月
   D. 18个月

5. 根据增值税法律制度的规定，下列关于小规模纳税人征税规定的表述中，不正确的是(　　)。
   A. 实行简易征税办法
   B. 增值税进项税额不允许抵扣
   C. 一律不使用增值税专用发票
   D. 可以请税务机关代开增值税专用发票

6. 下列关于增值税纳税义务发生时间的表述中，不正确的是(　　)。
   A. 纳税人发生应税行为先开具发票的，为开具发票的当天
   B. 纳税人从事金融商品转让的，为金融商品所有权转移的当天
   C. 纳税人提供租赁服务采取预收款方式的，为租期届满的当天
   D. 纳税人发生视同销售不动产的，为不动产权属变更的当天

7. 甲公司是一家航空公司，其当月取得的下列款项中，应计入销售额缴纳增值税的是(　　)。
   A. 代收转付其他航空公司客票款200万元
   B. 代收机场建设费180万元
   C. 代收转付意外保险费220万元
   D. 特价机票改签、变更手续费400万元

8. 乙公司为增值税一般纳税人，202×年5月采取折扣方式销售货物一批，该批货物不含税销售为60 000元，折扣额为6000元，销售额和折扣额在同一张发票的金额栏分别注明。已知增值税税率为13%，乙公司当月该业务增值税销项税额的计算，正确的是(　　)。
   A. (60 000-6000)×13%=7020(元)
   B. 60 000×13%=7800(元)
   C. (60 000-6000)÷(1+13%)×13% = 6212.4(元)
   D. 60 000÷(1+13%)×13%=6902.7(元)

9. 丙手机专卖店为增值税一般纳税人，202×年7月采取以旧换新方式销售某手机200部，该型号手机同期含税销售单价为3480元，旧手机每部收购价为464元，已知增值税税率为13%，其销项税额为(　　)。
   A. 3480×200×13%=90 480(元)
   B. 3480×200÷(1+13%)×13%=80 070.8(元)
   C. (3480-464)×200÷(1+13%)×13%=69 394.7(元)
   D. (3480-464)×200×13%=78 416(元)

10. 202×年8月，丁公司销售产品取得含税销售额116 000元，另收取包装物租金5800元。已知增值税税率为13%，则丁公司该笔业务销项税额为(　　)。
    A. 116 000×13%= 15 080(元)
    B. (116 000+5800)×13%=15 834(元)
    C. 116 000÷(1+13%)×13%=13 345.1(元)
    D. (116 000+5800)÷(1+13%)×13%=14 012.4(元)

11. 根据增值税法律制度的规定，选择差额计税的旅游公司发生的下列支出中，在确定增值税销售额时可以扣除的是(　　)。
    A. 支付的导游工资
    B. 支付的办公楼租金
    C. 替旅客支付的签证费
    D. 支付的广告制作费

12. A服装厂为增值税一般纳税人。202×年10月，销售服装开具增值税专用发票，取得含税销售额232万元；销售服装开具增值税普通发票，取得含税销售额116万元。将外购布料用于职工福利，该批布料购入

价为25万元，同类布料不含税销售价为40万元。已知增值税税率为13%，A服装厂当月增值税销项税额为( )万元。

    A. 40   B. 52   C. 54.8   D. 55.68

13. B广告公司为增值税一般纳税人。202×年9月，取得广告设计服务不含税价款500万元，奖励费收入5.3万元；支付设备租赁费取得的增值税专用发票上注明税额16万元。已知设计服务适用的增值税税率为6%，根据增值税法律制度的规定，B公司当月应缴纳增值税( )万元。

    A. 14   B. 14.3   C. 14.32   D. 12.6

14. A便利店为增值税小规模纳税人，2022年第四季度销售商品取得收入103 000元。现将一批外购商品无偿赠送给物业公司用于社区活动，该批商品的含税价格为618元。已知增值税征收率为3%，下列计算A便利店第四季度应缴纳增值税税额的算式中，正确的是( )。

    A. [103 000+618÷(1+3%)]×3%=3108(元)   B. (103 000+618)×3%=3108.54(元)

    C. [103 000÷(1+3%)+618]×3%=3018.54(元)   D. (103 000+618)÷(1+3%)×3%=3018(元)

15. 某设计公司为增值税小规模纳税人，202×年6月提供设计服务取得含增值税价款103 000元；因服务中止，退还给客户含增值税价款10 300元。已知小规模纳税人增值税税率为3%，该设计公司当月应缴纳的增值税税额的计算中，正确的是( )。

    A. (103 000-10 300)÷(1+3%)×3%=2700(元)   B. 103 000÷(1+3%)×3%=3000(元)

    C. 103 000×3%=3090(元)   D. (103 000-10 300)×3%=2871(元)

16. 某食品厂为增值税一般纳税人，202×年5月从农民手中购进小麦用于加工糕点，收购发票上注明买价5万元，支付运费，取得的增值税专用发票上注明金额1万元。本月销售糕点等取得不含税销售额20万元，假定当月取得的相关票据均符合税法规定并在当月抵扣进项税额，该厂当月应纳增值税( )万元。

    A. 2.70   B. 1.95   C. 1.68   D. 2.01

17. 根据增值税法律制度的规定，下列各项中免征增值税的是( )。

    A. 木材加工厂销售原木   B. 商店销售饮料

    C. 农民销售自产粮食   D. 粮店销售面粉

18. 根据增值税法律制度的规定，纳税人销售货物或者应税劳务适用免税规定的，可以放弃免税，但放弃免税后，一定期限内不得再申请免税。该期限为( )。

    A. 41个月   B. 36个月   C. 60个月   D. 48个月

19. 根据增值税法律制度的规定，一般纳税人发生的下列业务中，允许开具增值税专用发票的是( )。

    A. 超市向消费者个人销售饮料   B. 房地产开发企业向消费者个人销售房屋

    C. 百货公司向小规模纳税人销售食品   D. 会计师事务所向一般纳税人企业提供咨询服务

20. 根据增值税法律制度的规定，增值税一般纳税人提供的下列服务中，使用6%税率的是( )。

    A. 有形动产租赁服务   B. 基础电信服务

    C. 鉴证咨询服务   D. 交通运输服务

21. 甲公司是增值税一般纳税人，202×年6月采取以旧换新方式销售某种金手链50条，该金手链每条不含税销售价格为2260元，旧金手链每条不含税价格为113元，下列甲公司当月采取以旧换新方式销售该种金手链的增值税销项税额的计算中，正确的是( )。

    A. (2260-113)×50×13%=13 955.5(元)   B. 2260×50×13%=14 690(元)

    C. (2260-113)×50÷(1+13%)×13%=12 350(元)   D. 2260×50÷(1+13%)×13%=13 000(元)

22. 甲公司是增值税一般纳税人，202×年11月取得了保本收益型理财产品的投资收益53万元；转让了其持有的某基金产品，卖出价为106万元，买入价为85.8万元。上述金额均为含增值税金额，金融服务适用的增值税税率为6%。根据增值税法律制度的规定，下列甲公司上述业务应当确认的销项税额的计算列式中，正确的是( )。

    A. [53+(106-85.8)]×6%   B. [53+(106-85.8)]÷(1+6%)×6%

    C. (53+106)×6%   D. (53+106)÷(1+6%)×6%

23. 某食品厂是增值税一般纳税人，202×年10月从农民手中收购大豆一批用于加工月饼，农产品收购发票上注明买价为10万元；该批大豆在运回库房途中发生了1%的损失，经查验该损失属于合理损耗。下列该食品厂就上述业务可以抵扣的增值税进项税额的计算列式中，正确的是( )。

    A. 10×9%   B. 10×9%×(1-1%)   C. 10×10%   D. 10×10%×(1-1%)

24. 甲公司是增值税一般纳税人，202×年5月10日取得公司员工王某出差购买的注明其身份信息的铁路车票，票面金额为289元。该业务可以抵扣的进项税额为( )元。

    A. 0   B. 16.36   C. 23.86   D. 26.01

25. 甲公司于202×年2月将职工食堂专用的一台设备改用作生产车间生产用设备。甲公司针对上述业务做出的下列处理中，符合增值税法律制度规定的是( )。

    A. 凭该设备购进时取得的增值税专用发票，在202×年2月做转增进项税额处理

    B. 凭该设备购进时取得的增值税普通发票，在202×年2月做转增进项税额处理

    C. 凭该设备购进时取得的增值税专用发票，在202×年3月做转增进项税额处理

    D. 凭该设备购进时取得的增值税普通发票，在202×年3月做转增进项税额处理

26. 某企业为增值税一般纳税人，202×年7月购进原材料取得的增值税专用发票上注明的税额为9.6万元，当月销售货物取得不含税销售额50万元；8月购进原材料取得的增值税专用发票上注明的税额为3.2万元，当月销售货物取得不含税销售额80万元。已知增值税税率为13%，取得的增值税专用发票已通过税务机关认证。该企业当年8月应缴纳的增值税为( )万元。

    A. 11.2   B. 1.6   C. 9.6   D. 4.1

27. 甲企业为增值税一般纳税人，202×年11月对外转让其使用过的2008年1月购进作为固定资产核算的生产设备一台，含税转让价格为51 500元。下列该企业上述业务应缴纳的增值税的计算列式中，正确的是( )。

    A. 51 500÷(1+3%)×2%=1000(元)   B. 51 500÷(1+3%)×3%=1500(元)

    C. 51 500÷(1+4%)×4%÷2=990.38(元)   D. 51 500÷(1+16%)×16%=7103.45(元)

28. 商业企业一般纳税人零售下列货物，可以开具增值税专用发票的是( )。

    A. 食品   B. 化妆品   C. 劳保专用鞋帽   D. 烟酒

29. 某家具厂为增值税一般纳税人，202×年7月销售货物取得的增值税专用发票上注明的价款为50 000元(不含税金额)，同时送货上门，另收取运费1130元，则该家具厂的增值税销项税额为( )。

    A. 6000   B. 8185.6   C. 6630   D. 8105.45

30. 甲企业为生产水泥混凝土的增值税一般纳税人，其销售水泥混凝土选择按照简易办法纳税。202×年10月，甲企业销售水泥混凝土取得含税收入636万元；当月认证的全部增值税专用发票进项税额为48万元。甲企业本月应缴纳的增值税计算列式为( )。

    A. 636÷(1+6%)×6%   B. 636÷(1+3%)×3%

    C. 636÷(1+6%)×6%-48   D. 636÷(1+3%)×3%-48

31. 某企业为增值税小规模纳税人，202×年5月销售一批货物，取得含增值税销售额206 000元。已知，该企业当月没有其他业务，征收率为3%。该企业当月应缴纳的增值税税额为( )元。

    A. 6000   B. 7923.08   C. 11 660.38   D. 29 931.62

32. 对纳税人为销售货物而出借包装物收取的押金，其增值税正确的计税方法是( )。

    A. 单独记账核算的，一律不并入销售额征税；对逾期未退的包装物押金，均并入销售额征税

    B. 酒类包装物押金，一律并入销售额计税；其他货物包装物押金，单独记账核算的，不并入销售额征税

    C. 无论会计上如何核算，均应并入销售额计算缴纳增值税

    D. 对销售除啤酒、黄酒以外的其他酒类产品收取的包装物押金，均应并入当期销售额征税；其他货物包装物押金，单独记账核算的，时间在1年以内又未过期的，不计算缴纳增值税

33. 某工业企业为增值税一般纳税人，202×年6月同时生产免税甲产品和应税乙产品，本期外购燃料柴油50吨，已知该批柴油外购时取得的增值税专用发票上注明价款为87 300元，税额为13 968元，当月实现产品不含税销售收入总额为250 000元，其中甲产品收入为100 000元，已知乙产品使用13%税率，该企业当月应纳增值税额为( )元。

    A. 26 032   B. 18 412.8   C. 10 032   D. 11 119.2

34. 某生产企业为增值税小规模纳税人，2023年7月对部分资产盘点后进行处理：销售边角废料，由税务机关代开增值税专用发票，取得含税收入82 400元；销售使用过的小汽车1辆，取得含税收入72 100元。已知纳税人未放弃减税优惠，该企业上述业务应缴纳增值税( )元。

    A. 2400   B. 3773.08   C. 2215.84   D. 4500

35. 202×年5月，某汽车生产企业进口小汽车成套配件一批，境外成交价格68万美元，运抵中国境内输入地点起卸前的运输费为5万美元、保险费为1万美元。小汽车成套配件进口关税税率为25%，人民币汇率中间价为1

美元兑换人民币6.1元。该汽车生产企业进口小汽车成套配件应纳增值税( )万元。

  A. 82.96   B. 89.06   C. 73.35   D. 98.46

36. 某管道运输企业为增值税一般纳税人，202×年7月取得不含税管道运输收入100万元，当月购进材料，取得增值税专用发票，注明金额40万元，当月取得的相关票据均符合税法规定并在当月抵扣进项税，该企业当月实际缴纳增值税( )万元。

  A. 3   B. 3.6   C. 6   D. 9.6

37. 根据现行增值税规定，下列说法正确的是( )。

  A. 增值税对单位和个人规定了起征点

  B. 对于达到或超过起征点的，仅将超过起征点的金额纳入增值税征税范围

  C. 某小规模纳税人202×年3月价税合并取得收入8万元，则当月的收入应缴纳增值税

  D. 登记为一般纳税人的个体工商户不适用起征点的规定

38. 下列各项中，符合增值税纳税人放弃免税权有关规定的是( )。

  A. 纳税人应以书面形式提出放弃免税权申请，报主管税务机关审批

  B. 符合条件但尚未登记为增值税一般纳税人的纳税人放弃免税权，应当登记为增值税一般纳税人

  C. 纳税人可以根据不同的销售对象选择部分货物放弃免税权

  D. 纳税人自税务机关受理其放弃免税权声明的当月起12个月内不得再申请免税

39. 某企业为增值税一般纳税人，202×年9月采取分期收款方式销售货物，合同约定不含税销售额为200万元，当月应收取80%的货款。由于购货方资金周转困难，本月实际收到货款50万元，企业按照实际收款额开具了增值税专用发票。当月购进中央空调用于职工食堂，取得的增值税专用发票上注明价款10万元。已知增值税税率为13%，则当月该企业应纳增值税( )万元。

  A. 6.8   B. 8.5   C. 24   D. 20.8

40. 202×年10月，某酒厂(增值税一般纳税人)销售白酒和啤酒给副食品公司，其中销售白酒开具增值税专用发票，收取不含税价款50 000万，另收取包装物押金3480元；销售啤酒开具普通发票，收取价款合计款23 200元，另收取包装物押金1740元。副食品公司按照合同约定，于202×年11月将白酒、啤酒包装物全部退还给酒厂，并取回全部押金。就此项业务，该酒厂202×年10月的增值税销项税额应为( )元。

  A. 11 200   B. 11 440   C. 9569.4   D. 9367.8

41. 根据增值税的有关规定，下列可以按销售净额作为销售额计算增值税的是( )。

  A. 纳税人采取折扣方式销售货物，在同一张发票上的金额栏分别注明折扣额和销售额的折扣销售，扣除折扣额后的销售净额

  B. 以物易物销售货物的，减除换入货物价值后的销售净额

  C. 采取还本销售方式销售货物的，减除还本支出后的销售净额

  D. 采取以旧换新方式销售洗衣机的，扣除旧货价值后的销售净额

42. 某从事研发和技术服务的公司，为增值税一般纳税人。202×年5月发生销项税额15万元，取得的增值税专用发票上注明进项税额共计10万元。该公司享受加计抵减政策后的应纳增值为( )万元。

  A. 5   B. 4   C. 3   D. 0

43. A进出口公司代理B工业企业进口设备，同时委托C货运代理人办理托运手续，海关进口增值税专用缴款书上的缴款单位是A进口公司。该进口设备的增值税纳税人是( )。

  A. 进出口公司   B. 工业企业

  C. 货运代理人   D. 国外销售商

二、多项选择题

1. 根据增值税法律制度的规定，下列各项中属于增值税征税范围的有( )。

  A. 存款利息   B. 保险赔付

  C. 缝纫业务   D. 饮食业纳税人销售非现场消费的食品

2. 根据增值税法律制度的规定，一般纳税人购进货物发生的下列情形中，不得从销项税额中抵扣进项税额的有( )。

  A. 将购进的货物分配给股东   B. 将购进的货物用于修缮厂房

  C. 将购进的货物无偿赠送给客户   D. 将购进的货物用于集体福利

3. 甲建筑公司为增值税一般纳税人，其202×年11月发生的下列增值税进项税额中，准予从销项税额中抵扣

的有( )。

  A. 购入工程所用材料取得的增值税专用发票上注明税额160 000元

  B. 购入施工现场修建临时建筑所用材料取得的增值税专用发票上注明税额8000元

  C. 购进办公用品取得的增值税普通发票上注明税额150元

  D. 购进工程设计服务取得的增值税专用发票上注明税额600元

  4. 宏宇公司为增值税一般纳税人，202×年5月购进生产用原材料取得的增值税专用发票上注明税额16万元，另支付运费取得的增值税专用发票上注明税额0.3万元。购进办公设备取得的增值税专用发票上注明税额3.2万元，上期留抵增值税税额为6.2万元；取得的增值税专用发票已通过税务机关认证。该公司下列进项税额中，准允从销项税额中抵扣的是( )。

  A. 购进办公设备的进项税额3.2万元

  B. 购进生产用原材料的进项税额16万元

  C. 支付运费取得的进项税额0.3万元

  D. 上期留抵的进项税额6.2万元

  5. 根据增值税法律制度的规定，一般纳税人发生的下列应税行为中，可以选择适用简易计征方法计缴增值税的有( )。

  A. 电影放映业务   B. 仓储服务

  C. 装卸搬运服务   D. 收派服务

  6. 企业发生的下列行为中，应当视同销售货物缴纳增值税的有( )。

  A. 自产的商品用于集体福利   B. 将委托加工收回的产品赠送给投资者

  C. 将外购的货物用于集体福利   D. 将外购的货物分配给投资者

  7. 根据增值税法律制度的规定，一般纳税人购进的下列服务或货物所负担的进项税额，不得抵扣的有( )。

  A. 购进的旅客运输服务   B. 购进的贷款服务

  C. 购进的用于免征增值税项目的专利技术 D. 购进的用于简易计税方法计税项目的货物

  8. 有关行业一般纳税人增值税销售额的下列表述中，不正确的是( )。

  A. 提供旅游服务，只能以取得的全部价款和价外费用为销售额

  B. 提供贷款服务，以提供贷款服务取得的全部利息及利息性质的收入为销售额

  C. 提供客运场站服务，以取得的全部价款和价外费用为销售额

  D. 金融商品转让，按照卖出价扣除买入价及相关税费后的余额为销售额

  9. 根据增值税法律制度的规定，下列有关增值税纳税义务发生时间的表述中，正确的有( )。

  A. 纳税人采取预收货款方式销售货物的，为收到预收款的当天

  B. 纳税人采取托收承付方式销售货物的，为发出货物并办妥托收手续的当天

  C. 纳税人发生视同销售货物行为(委托他人代销、销售代销货物除外)的，为货物移送的当天

  D. 纳税人采取赊销和分期收款方式销售货物的，为货物发出的当天

  10. 下列各项中，属于增值税混合销售行为的有( )。

  A. 电视机专卖店销售电视机的同时负责安装

  B. 纳税人销售林木的同时提供林木管护劳务

  C. 建材商店销售建材的同时提供装修劳务

  D. 歌舞厅提供娱乐服务并销售烟酒

  11. 下列关于增值税小规模纳税人的表述正确的有( )。

  A. 实行简易征收办法

  B. 不得自行开具或向税务机关申请代开增值税专用发票

  C. 不得抵扣进项税额

  D. 一经认定为小规模纳税人，不得再转为一般纳税人

  12. 某水运公司为增值税一般纳税人并具有国际运输经营资质，202×年9月取得的含税收入包括货物保管收入42.4万元、装卸搬运收入95.4万元、国内运输收入748万元、国际运输收入352万元。该公司计算的下列增值税销项税额中，正确的有( )。

  A. 货物保管收入的销项税额为2.4万元

B. 装卸搬运收入的销项税额为8.67万元

C. 国内运输收入的销项税额为61.76万元

D. 国际运输收入的销项税额为32万元

13. 根据增值税法律制度的规定，下列各项中免征增值税的是( )。

  A. 农业生产者销售自产的蔬菜   B. 残疾人组织直接进口供残疾人专用的物品

  C. 商店销售糖果   D. 单位销售自己使用过的小汽车

14. 甲企业主要从事电冰箱的生产和销售，202×年11月发生下列购进业务，准予依法抵扣进项税额的有( )。

  A. 进口设备一台，取得海关进口增值税专用缴款书

  B. 购进办公用打印纸一批，取得销售方开具的增值税专用发票

  C. 接受某设计公司提供的设计服务，取得服务提供方开具的增值税普通发票

  D. 从境外单位手中受让位于境内的办公室一处，取得解缴税款的完税凭证

15. 以下项目中，适用增值税零税率的有( )。

  A. 境内单位向国内海关特殊监管区域内的单位提供的研发服务

  B. 境内单位向境外单位提供的完全在境外的咨询服务

  C. 航天运输服务

  D. 国际运输服务

16. 增值税一般纳税人收取的下列款项中，应作为价外费用并入销售额计算增值税销项税额的有( )。

  A. 商业企业向供货方收取的与商品销售量挂钩的返还收入

  B. 生产企业销售货物时收取的包装费

  C. 供电企业收取的逾期未退的电费保证金

  D. 电厂从政府财政专户取得的发电补贴

17. 增值税一般纳税人由于客观原因造成增值税扣税凭证逾期的，经主管税务机关审核，允许继续抵扣进项税额，其客观原因包括( )。

  A. 社会突发事件   B. 自然灾害

  C. 有关司法机关在办理业务或检查中，扣押、封存纳税人账簿资料

  D. 纳税人开户银行信息系统、网络故障

18. 下列关于增值税纳税地点的表述中，正确的是( )。

  A. 固定业户在其机构所在地申报纳税

  B. 非固定业户在其居住地或机构所在地申报纳税

  C. 进口货物向报关地海关申报纳税

  D. 总机构和分支机构不在同一县(市)的，分别向各自所在地主管税务机关申报纳税

19. 以下单位或个人不能登记为增值税一般纳税人的有( )。

  A. 年应税销售额未超过小规模纳税人标准且会计核算不健全的企业

  B. 个体工商户

  C. 个体工商户以外的其他个人

  D. 年应税销售额超过500万元的企业

20. 以下符合"营改增"销售服务规定的有( )。

  A. 光租和湿租服务都属于有形动产租赁服务 B. 装卸搬运服务属于物流辅助服务

  C. 代理报关服务属于物流辅助服务   D. 代理记账服务属于商务辅助服务

21. 增值税混合销售行为是指一项行为同时涉及( )。

  A. 销售不动产   B. 销售货物

  C. 增值税应税服务   D. 增值税应税劳务

22. 以下符合"营改增"政策规定的有( )。

  A. 知识产权服务属于销售无形资产   B. 设计服务属于文化创意服务

  C. 商标和著作权转让属于销售无形资产 D. 无运输工具承运业务属于物流辅助服务

23. 下列各项中，说法正确的有( )。

  A. 个人转让著作权免征增值税

B. 香港航运公司从事两地直航业务在内地取得的运输收入免征增值税

C. 从事个体经营的随军家庭,自办理税务登记事项之日起,其提供的应税服务3年内免征增值税

D. 境内的单位或个人向境外单位提供的完全在境外消费的研发服务和设计服务免征增值税

24. 某商场(增值税一般纳税人)与其供货企业达成协议,按销售量挂钩进行平销返利。202×年6月向供货方购进商品取得的增值税专用发票上注明销售额150万元;进项税额24万元,并通过主管税务机关认证,当月按平价全部销售,月末供货方向该商场支付返利5.8万元。下列该项业务的处理符合有关规定的有( )。

A. 商场应按150万元计算销项税额
B. 商场应按155.8万元计算销项税额
C. 商场当月应抵扣的进项税额为24万元
D. 商场当月应抵扣的进项税额为23.33万元

25. 以下适用9%增值税税率的有( )。

A. 基础电信服务
B. 增值电信服务
C. 转让土地使用权
D. 转让商标权

26. 根据增值税法律制度的规定,纳税人销售货物向购买方收取的下列款项中,属于价外费用的有( )。

A. 延期付款利息
B. 赔偿金
C. 手续费
D. 包装物租金

27. 下列关于增值税计税销售额的表述中,正确的有( )。

A. 汽车销售公司销售汽车时代办保险而向购买方收取的保险费不作为计税销售额
B. 白酒生产企业收取的品牌使用费属于价外费用,应将其换算为不含税销售额计入计税销售额
C. 化妆品生产企业销售产品时向购货方收取的优质费属于价外费用,要换算为不含税金额计入计税销售额
D. 商业企业向供货方收取的平销返利应计入计税销售额

28. 某百货商场为一般纳税人,于202×年11月购进一批货物,取得增值税专用发票,含税进价为1200万元,当月认证通过。当月将其中一部分货物分别销售给某宾馆和某个体零售户(小规模纳税人),取得含税销售收入1000万元和500万元。个体零售户当月再将购入的货物销售给消费者,取得含税销售收入620万元。下列陈述正确的有( )。

A. 百货商场本月应纳增值税34.6万元
B. 百货商场可以抵扣的进项税额为138.05万元
C. 个体户本月应纳增值税18.06万元
D. 小规模纳税人征收率为3%

29. 下列"营改增"的一般纳税人中,可选择按简易计税方法缴纳增值税的有( )。

A. 经认定的动漫企业为开发动漫产品提供的动漫服务
B. 有形动产租赁服务
C. 仓储服务
D. 文化体育服务

30. 依据增值税的有关规定,境外单位或个人在境内提供增值税应税劳务而在境内未设立经营机构的,增值税的扣缴义务人有( )。

A. 代理人
B. 境外单位
C. 境外个人
D. 购买者

31. 下列纳税人,其年应税销售额超过增值税一般纳税人资格登记,可以不申请一般纳税人登记的有( )。

A. 个体工商户
B. 事业单位
C. 不经常发生应税行为的企业
D. 销售增值税免税产品的企业

32. 销售额是指纳税人销售货物或提供应税劳务向购买方收取的全部价款和价外费用,其中价外费用不包括( )。

A. 补贴
B. 向购买方收取的销项税额
C. 违约金
D. 受托加工应征消费税的消费品所代收代缴的消费税

三、判断题

1. 根据营业税改征增值税的法律规定,卫星电视信号落地转接服务属于增值电信服务。 ( )

2. 增值税专用发票由国家税务总局规定的企业印刷。 ( )

3. 单位或者个体工商户聘用的员工为本单位或者雇主提供加工、修理修配劳务,不征收增值税。 ( )

4. 纳税人外购货物因管理不善丢失的，该外购货物的增值税进项税额不得从销项税额中抵扣。（　）

5. 私营企业进口残疾人专用的物品免征增值税。（　）

6. 会计核算不健全，不能向税务机关准确提供增值税销项税额、进项税额及应纳税额数据的增值税一般纳税人，不得领购开具增值税专用发票。（　）

7. 纳税人提供租赁服务采取预收款方式的，其增值税纳税义务发生时间为书面合同约定的收款日期当天。（　）

8. 出租车公司向使用本公司自有出租车的出租车司机收取的管理费用，按照有形动产租赁服务缴纳增值税。（　）

9. 停车场提供的车辆停放服务，应当按照交通运输服务缴纳增值税。（　）

10. 转让建筑物时一并转让其所占土地的使用权的，应当对收取的销售额进行分割，属于建筑物对应的销售额按照销售不动产缴纳增值税，属于土地使用权对应的销售额按照销售无形资产缴纳增值税。（　）

11. 无运输工具承运业务，按照现代服务——商务辅助服务缴纳增值税。（　）

12. 英国A公司将一台设备出租给境内B公司在美国使用，上述设备租赁业务属于我国的增值税应税服务。（　）

13. 设有两个机构并实行统一核算的纳税人，将货物从一个机构移送至本县的其他机构用于销售的，视同销售货物。（　）

14. 出口货物适用零税率，是指在货物出口环节不征收增值税，但在国内已经缴纳的增值税不进行退还，其实际效果相当于免税。（　）

15. 纳税人兼营不同税率的销售货物、加工修理修配劳务、服务、无形资产或者不动产，适用不同税率或者征收率的，应当分别核算适用不同税率或者征收率的销售额；未分别核算的，从高适用税率。（　）

16. 增值税纳税人以1个月或者1个季度为1个纳税期的，自期满之日起30日内申报纳税。（　）

17. 增值税小规模纳税人月销售额不超过5万元的，免征增值税。（　）

18. 总机构和分支机构不在同一个省、自治区、直辖市的，经财务部和国家税务总局批准，可以由总机构汇总向总机构所在地的主管税务机关申报纳税。（　）

19. 单位向社会公众无偿提供应税服务的，视同销售应税服务，征收增值税。（　）

20. 个人转让著作权免征增值税。（　）

21. 通常情况下，纳税人一经认定为一般纳税人后，不得再转为小规模纳税人。（　）

22. 除个体经营者以外的其他个人不属于增值税一般纳税人。（　）

23. 纳税人进口货物，应当自海关填发进口增值税专用缴款书之日起10日内缴纳税款。（　）

24. 融资性售后回租按照租赁服务缴纳增值税。（　）

25. 典当业的死当物品销售业务和寄售业代委托人销售寄售物品的业务，不征收增值税。（　）

26. 现行增值税法律制度规定，销售额没有达到起征点的，不征增值税；超过起征点的，应就超过起征点的部分销售额依法计算缴纳增值税。（　）

27. 增值税纳税人销售货物或者应税劳务的价格明显偏低并无正当理由的，由主管税务机关核定其销售额。（　）

28. 甲公司向乙公司以预收货款的方式销售一批电脑，甲公司增值税纳税义务发生时间为发出该批电脑的当天。（　）

29. 以货币资金投资收取的固定利润或者保底利润，按照租赁服务缴纳增值税。（　）

30. 甲汽车租赁公司本月出租汽车取得租赁费40万元，出租车身广告位取得广告费10万元。根据增值税法律制度的规定，甲汽车租赁公司本月取得的全部收入按租赁服务缴纳增值税。（　）

四、计算题

1. 重庆市某公司为增值税一般纳税人，专门从事认证服务，取得认证服务的销售额占全部销售额的比重超过50%。2023年11月发生如下业务。

(1) 10日，取得认证服务收入价税合计106万元。

(2) 15日，购进一台经营用设备，取得的增值税专用发票上注明金额20万元，增值税3.2万元；支付运输费用，取得的增值税专用发票上注明金额1万元，增值税0.1万元。

(3) 18日，支付广告服务费，取得的增值税专用发票上注明金额5万元，增值税0.3万元。

(4) 25日，销售2009年1月1日以前购进的一台固定资产，售价为0.206万元。

要求：根据上述资料，计算该公司本月应纳增值税税额。

2. 甲公司为增值税一般纳税人，主要从事货物运输服务。202×年7月有关经济业务如下。

(1) 购进办公用小轿车1辆，取得的增值税专用发票上注明的税额为24 000元；购进货车用柴油，取得的增值税专用发票上注明的税款为48 000元。

(2) 购进职工食堂用货物，取得的增值税专用发票上注明的税额为8000元。

(3) 提供货物运输服务，取得含增值税价款1 086 000元，同时收取保费4000元。

(4) 提供货物装卸搬运服务，取得含增值税价款21 200元，因损坏所搬运货物，向客户支付赔偿款2000元。

(5) 提供货物仓储服务，取得含增值税价款106 000元，另收取货物逾期保管费21 200元。

已知交通运输服务增值税税率为9%，物流辅助服务增值税税率为6%，上期留抵税额为6800元，取得的增值税专用发票已通过税务机关认证。

要求：根据上述资料，不考虑其他因素，回答下列问题。

① 计算甲公司当月提供货物运输增值税销项税额。

② 计算甲公司当月提供货物装卸搬运服务增值税销项税额。

③ 计算甲公司当月提供货物仓储服务增值税销项税额。

④ 计算甲公司当月应缴纳增值税。

3. 某生产企业为增值税一般纳税人，其生产的货物适用13%增值税税率，202×年5月该企业的有关生产经营业务如下。

(1) 销售A产品给某大型商场，开具了增值税专用发票，取得不含税销售额100万元；同时取得销售A产品的货物运输费收入5.65万元(与销售货物不能分开核算)。

(2) 销售B产品，开具了增值税普通发票，取得含税销售额28.25万元。

(3) 将一批自产的应税新产品用于本企业集体福利项目，成本价为20万元，该新产品无市场同类产品销售价格，国家税务总局确定该产品的成本利润率为10%。

(4) 购进货物取得的增值税专用发票上注明货款金额为60万元，税额为9.6万元；另支付货物运输费用5万元，取得运输公司开具的增值税专用发票上注明税额为0.5万元。

(5) 从农产品经营者(小规模纳税人)购进农产品一批，用于货物生产(不适用进项税额核定扣除办法)，取得的增值税专用发票上注明的金额为30万元，税额为0.9万元，同时支付给运输单位的运费5万元(不含增值税)，取得运输部门开具的增值税专用发票上注明税额为0.5万元。本月下旬将购进的农产品的20%用于本企业职工福利。

以上相关票据均符合税法的规定。

要求：根据上述资料，回答下列问题。

① 计算销售A产品的销项税额。

② 计算销售B产品的销项税额。

③ 计算自产自用新产品的销项税额。

④ 计算当月允许抵扣进项税额的合计数。

⑤ 计算该企业当月合计应缴纳的增值税额。

4. 某家用电器商场为增值税一般纳税人。202×年9月发生如下经济业务。

(1) 销售空调取得含税销售收入113 000元，同时提供安装服务收取安装费22 600元(与销售货物不能分开核算)。

(2) 销售电视机80台，每台含税零售单价为2825元；每售出一台可取得厂家给予的返利收入200元。

(3) 当月该商场其他商品含税销售额为169 500元。

(4) 购进热水器50台，不含税单价800元，货款已付；购进冰箱100台，不含税单价600元，两项业务取得的增值税专用发票均已经税务机关认证，还有40台冰箱未向厂家付款。

(5) 购置生产设备一台，取得的增值税专用发票上注明价款为80 000元，增值税额为12 800元。

(6) 另知该商场上期有未抵扣进项税额6000元。

当期获得的增值税专用发票及运费发票已经通过认证并申报抵扣。

要求：根据上述资料，回答下列问题。

① 计算该商场当年9月可抵扣的进项税额。

② 计算该商场当年9月的销项税额。

③ 计算该商场当年9月的应纳增值税税额。

5. 某商业企业是增值税一般纳税人，202×年10月增值税留抵税额3000元，11月发生下列业务。

(1) 购入壁纸一批，取得的增值税专用发票上注明价款为200 000元，增值税为32 000元，这批壁纸的50%用于装饰职工食堂，50%用于零售，取得含税收入150 000元。

(2) 购入书包2000个，取得的增值税专用发票上注明价款为100 000元，增值税为16 000元，将其中500个赠送某共建小学，其余以每个80元的零售价格全部销售。

(3) 将本企业电梯广告位出租给某广告公司发布广告，收取含税广告位占用费40 000元，该建筑取得于"营改增"之前，该商业企业对此项业务选择简易计税方法。

(4) 为B食品厂(增值税一般纳税人)代销橄榄油，取得销售收入76 300元；和B食品厂结账，支付B食品厂43 600元(含税)，取得增值税专用发票；另向B食品厂收取结账额5%的返还收入。

(5) 将企业使用过的包装物卖给废品回收公司，取得含税收入6000元。

上述相关增值税专用发票均经过认证并允许抵扣。

要求：根据上述资料，回答下列问题。

① 该企业当期实际可抵扣的增值税进项税额。

② 该企业当期的增值税销项税额。

③ 该企业当期应纳的增值税。

6. 某商贸企业202×年9月进口货物一批。该批货物在国外的买价为40万元，运抵我国海关前发生的包装费、运输费、保险费等共计20万元。货物报关后，公司按规定缴纳了进口环节的增值税并取得了海关开具的海关进口增值税专用缴款书。假定该批进口货物在国内全部销售，取得不含税销售额80万元(货物进口关税税率为15%，增值税税率为13%)。

要求：根据上述资料，回答下列问题。

(1) 计算关税的组成计税价格；

(2) 计算进口环节应缴纳的进口关税；

(3) 计算进口环节应缴纳增值税的组成计税价格；

(4) 计算进口环节应缴纳的增值税税额；

(5) 计算国内销售环节的销项税额；

(6) 计算国内销售环节应缴纳的增值税税额。

7. 某市商场为增值税一般纳税人，202×年5月发生如下业务。

(1) 从毛巾生产企业购进毛巾一批，取得的增值税专用发票上注明价款为20 000元，税款为3200元。

(2) 从小规模纳税人处购买商品一批，取得的税务机关代开的增值税专用发票上注明价款为30 000元。

(3) 购买一批建材用于修缮仓库，取得的增值税专用发票上注明价款为10 000元。

(4) 购进电冰箱100台，取得的增值税专用发票上注明价款为250 000元，但商场因资金周转困难仅支付了40%的货款，余款在下月支付。

(5) 零售服装、鞋帽等，取得含税收入300 000元。

(6) 因管理不善丢失一批上月外购的日用商品，账面成本5850元(其中运费成本850元)。

(7) 外购电脑30台，取得增值税专用发票，每台不含税售价5000元，购入后将6台用于办公使用，10台捐赠给希望小学，剩余14台全部零售，零售价每台8500元。

(8) 销售2009年1月1日以前购入的一台固定资产，取得含税收入56 000元。

(9) 取得会员费收入30 000元。

(10) 将一批库存的棉被捐赠给地震灾区，账面成本为80 000元，同类棉被不含税市场价格为100 000元。

本月取得的相关票据符合税法规定，并在当月通过认证并申报抵扣，上月留抵税额3000元。

要求：根据上述资料，回答下列问题，每问需计算出合计数。

① 计算该商场当期可抵扣的进项税额。

② 计算该商场当期增值税销项税额。

③ 计算该商场当期应缴纳的增值税。

8. 某农机生产企业为增值税一般纳税人，202×年6月发生以下业务。

(1) 外购原材料，取得普通发票上注明价税合计金额5000元，原材料已入库；另支付给运输企业含税运输费用3300元，取得一般纳税人开具的增值税专用发票。

(2) 外购农机零配件,取得的增值税专用发票上注明价款140 000元,本月生产领用价值90 000元的农机零配件;另支付给运输企业含税运输费用3894元,取得一般纳税人开具的增值税专用发票。

(3) 企业为修建职工食堂领用当年5月外购的钢材一批,成本70 000元(其中含运输费用2800元),钢材购入时已按规定抵扣了进项税。

(4) 销售自产农机整机一批,取得不含税销售额450 000元,另收取该批农机的包装费16 350元。

(5) 销售外购的农机零部件一批,取得含税销售额39 550元。

(6) 提供农机维修业务,开具的普通发票上注明价税合计33 900元。

(7) 转让一台2008年11月购进的生产设备,取得含税收入100 000元。

企业取得的增值税专用发票均在当月通过认证并在当月抵扣;纳税人销售自己使用过的固定资产,未放弃减税。

要求:根据上述资料,回答下列问题。

① 该企业当月增值税的销项税额。

② 该企业当月可抵扣的进项税额。

③ 该企业转让生产设备应缴纳的增值税税额。

④ 该企业当月应缴纳的增值税税额。

9. 某食品加工厂(增值税一般纳税人)202×年9月发生下列业务。

(1) 向农民收购大麦10吨,收购凭证上注明价款20 000元,验收后移送另一食品加工厂(增值税一般纳税人)加工膨化食品,支付加工费价税合计565元,取得增值税专用发票。

(2) 从县城某工具厂(小规模纳税人)购入小工具一批,取得税务机关代开的增值税专用发票,支付价税合计款3605元。

(3) 将当年6月购入的10吨玉米渣对外销售9吨,取得不含税销售额21 000元,将1吨玉米渣无偿赠送给客户。

(4) 生产夹心饼干销售,开具的增值税专用发票上注明销售额30 000元。

(5) 上月向农民收购的小米因保管不善霉烂,账面成本4650元(含运费150元)。

(6) 转让2013年2月购入的小型生产设备一台,从购买方取得支票9000元(含税)。

(7) 允许广告公司在本厂2016年12月建成的围墙上喷涂家电、服装广告,价税合计收取50 140元。

(8) 为修缮仓库购进货物和建筑服务,取得增值税专用发票的进项税合计30 000元。假定上述需要认证的发票均已通过认证并允许在当月抵扣。

要求:根据上述资料,回答下列问题。

① 该食品加工厂当期可以抵扣的进项税额。

② 该食品加工厂当期的增值税销项税额。

③ 该食品加工厂当期应缴纳的增值税税额。

10. 位于县城的某运输公司为增值税一般纳税人,具备国际运输资质,202×年7月经营业务如下。

(1) 国内运送旅客,按售票统计取得价税合计金额174.4万元;运送旅客至境外按售票统计取得合计金额53.28万元。

(2) 运送货物,开具的增值税专用发票上注明运输收入金额260万元,装卸收入金额18万元。

(3) 提供仓储服务,开具的增值税专用发票上注明仓储收入金额70万元,装卸收入金额6万元。

(4) 修理、修配各类车辆,开具的普通发票上注明价税合计金额30.51万元。

(5) 销售自己使用过的未抵扣进项税额的货运汽车6辆,开具的普通发票上注明价税合计金额24.72万元,该公司未放弃减税优惠。

(6) 进口轻型商用客车3辆自用,经海关核定的成交价共计57万元,运抵我国境内输入地点起卸前的运费为6万元,保险费为3万元。

(7) 购进小汽车4辆自用,每辆单价15万元,取得销售公司开具的增值税专用发票注明金额为60万元、税额为9.6万元,另支付销售公司运输费用,取得的增值税专用发票上注明运费金额为4万元,税额为0.4万元。

(8) 购进汽油取得的增值税专用发票上注明金额为10万元,税额为1.6万元,90%用于公司运送旅客,10%用于公司接送员工上下班;购进矿泉水一批,取得的增值税专用发票上注明金额为2万元,税额为0.32万元,70%赠送给公司运送的旅客,30%用于公司集体福利。

假定进口轻型商用客车的关税税率为20%,消费税税率为5%。

要求:根据上述资料,回答下列问题,如有计算需计算出合计数。

① 计算业务(1)的销项税额。

② 计算业务(2)的销项税额。

③ 计算业务(3)的销项税额。

④ 计算业务(4)的销项税额。

⑤ 计算业务(5)应缴纳的增值税税额。

⑥ 计算业务(6)进口轻型商用客车应缴纳的增值税税额。

⑦ 计算业务(7)购进小汽车可抵扣的进项税额。

⑧ 计算业务(8)购进汽油、矿泉水可抵扣的进项税额。

⑨ 计算该公司7月应向主管税务机关缴纳的增值税税额。

第三章 消费税法

一、单项选择题

1. 根据消费税法律制度的规定，下列各项中，采取从价定率和从量定额相结合的复合计征办法征收消费税的是(   )。

   A. 黄酒   B. 啤酒   C. 果木酒   D. 白酒

2. 根据消费税法律制度的规定，下列各项中，不征收消费税的是(   )。

   A. 汽油   B. 眉笔   C. 淋浴液   D. 香水

3. 根据消费税法律制度的规定，下列各项中，应缴纳消费税的是(   )。

   A. 汽车厂销售雪地车   B. 手表厂销售高档手表

   C. 珠宝店销售珍珠项链   D. 商场销售木制一次性筷子

4. 根据消费税法律制度的规定，下列各项中，不属于消费税纳税义务人的是(   )。

   A. 高档化妆品进口商   B. 鞭炮批发商

   C. 钻石零售商   D. 卷烟生产商

5. 某化妆品厂202×年5月销售高档化妆品取得含税收入46.4万元，收取手续费1.5万元，另收取包装物押金1万元。已知，增值税税率为13%，消费税税率为15%。以下关于该化妆品厂本月应交消费税的计算中，正确的是(   )。

   A. 46.4×15%   B. 46.4÷(1+13%)×15%

   C. (46.4+1.5)÷(1+13%)×15%   D. (46.4+1.5+1)÷(1+13%)×15%

6. 根据消费税法律制度的规定，企业发生的下列经营行为中，外购应税消费品已纳消费税税额不准从应纳消费税税额中扣除的是(   )。

   A. 以外购已税白酒生产白酒   B. 以外购已税烟丝生产卷烟

   C. 以外购已税高档化妆品为原料生产高档化妆品   D. 以外购已税实木地板为原料生产实木地板

7. 某公司为增值税一般纳税人，外购高档护肤类化妆品生产高档修饰类化妆品，202×年10月生产销售高档修饰类化妆品取得不含税销售收入100万元。该公司10月初库存的高档护肤类化妆品0万元，10月购进高档护肤类化妆品100万元，10月底库存高档护肤类化妆品10万元。已知高档化妆品适用的消费税税率为15%，则该公司当月应缴纳消费税(   )万元。

   A. 100×15%-100×15%=0   B. 100×15%-(100-10)×15%=1.5

   C. 100×15%-10×15%=13.5   D. 100×15%=15

8. 根据消费税法律制度的规定，下列各项中，应按纳税人同类应税消费品的最高销售价格作为计税依据计征消费税的是(   )。

   A. 用于无偿赠送的应税消费品   B. 用于集体福利的应税消费品

   C. 用于换取生产资料的应税消费品   D. 用于连续生产非应税消费品的应税消费品

9. 202×年6月一位客户向某汽车制造厂(增值税一般纳税人)购买自用汽车一辆，支付货款(含税)241 200元，另付设计、改装费30 000元。该辆汽车计征消费税的销售额为(   )元。

   A. 214 359   B. 240 000   C. 250 800   D. 280 800

10. 202×年7月，某酒厂将自产的一种新型粮食白酒5吨用作职工福利，粮食白酒的成本共计8000元，该粮食白酒无同类产品市场销售价格，但已知其成本利润率为10%，计算该批粮食白酒应缴纳的消费税税额为(   )元。

    A. 7200   B. 4290   C. 8450   D. 3450

11. 进口应税消费品，按照海关的相关规定，应当自(   )缴纳消费税。

    A. 应税消费品报关进口当天   B. 海关填发税款缴纳证之日起15日内

    C. 海关填发税款缴纳证次日起15日内   D. 海关填发税款缴纳证次日起7日内

12. 202×年8月，某外贸进口单位进口卷烟20标准箱，每条的完税价格为120元，适用20%的关税税率，则海关代征进口消费税是(   )元。

    A. 390 652.5   B. 490 909.09   C. 591 545.45   D. 923 181.82

13. 某进出口公司202×年10月7日报关进口一批某国小轿车，海关于当日填开完税凭证，该公司进口消费税的最后的纳税时间为( )。

A. 10月13日 B. 10月14日 C. 10月16日 D. 10月21日

14. 某酒业制造公司生产各种白酒，202×年9月领用上月外购的酒精继续加工成高档白酒，销售给某外贸企业5000斤，开具的增值税专用发票上注明的销售额为500万元，已知上月外购的酒精不含税价格为185万元，取得增值税专用发票，本月生产领用外购80%酒精。该公司应缴纳消费税( )万元。

A. 100.25 B. 147.48 C. 130.80 D. 154.59

二、多项选择题

1. 根据消费税法律制度的规定，下列各项中，属于消费税征税范围的有( )。

A. 电动汽车 B. 汽油 C. 烟丝 D. 啤酒

2. 根据消费税法律制度的规定，下列各项中，应按纳税人同类应税消费品的最高销售价格作为计税依据计征消费税的有( )。

A. 用于抵债的应税消费品 B. 用于投资的应税消费品

C. 用于换取生产资料的应税消费品 D. 用于换取消费资料的应税消费品

3. 根据消费税法律制度的规定，下列消费品种，实行从量定额与从价定率相结合的复合计征办法征收消费税的有( )。

A. 卷烟 B. 成品油

C. 白酒 D. 小汽车

4. 根据消费税法律制度的规定，关于消费税纳税义务发生时间的下列表述中，正确的有( )。

A. 纳税人采取预收货款结算方式销售应税消费品的，为收到预收款的当天

B. 纳税人自产自用应税消费品的，为移送使用的当天

C. 纳税人委托加工应税消费品的，为纳税人提货的当天

D. 纳税人进口应税消费品的，为报关进口的当天

5. 202×年12月甲酒厂发生的下列业务中，应缴纳消费税的有( )。

A. 以自产低度白酒用于奖励职工 B. 以自产高度白酒用于馈赠客户

C. 以自产高度白酒用于连续加工低度白酒 D. 以自产低度白酒用于市场推广

6. 酒厂生产销售白酒，收取的下列款项中，应并入销售额缴纳消费税的有( )。

A. 品牌使用费 B. 优质费 C. 包装费租金 D. 储备费

7. 根据消费税法律制度的规定，下列情形中，应以纳税人同类应税消费品的最高销售价格作为计税依据计算消费税的有( )。

A. 将自产应税消费品用于换取生产资料 B. 将自产应税消费品用于投资入股

C. 将自产应税消费品用于无偿赠送 D. 将自产应税消费品用于抵债

8. 根据消费税法律制度的规定，关于金银首饰的税务处理，下列说法正确的有( )。

A. 纳税人采取以旧换新方式销售的金银首饰，应按新首饰的销售价格计征消费税

B. 对既销售金银首饰，又销售非金银首饰的单位，应将两类商品划分清楚，分别核算销售额

C. 金银首饰与其他产品组成成套消费品销售的，应按销售额全额征收消费税

D. 金银首饰连同包装物销售的，无论包装物是否单独计价，也无论会计上如何核算，均应并入金银首饰的销售额计征消费税

9. 根据消费税法律制度的规定，下列关于消费税纳税义务发生时间的表述中，正确的有( )。

A. 采取赊销和分期收款结算方式的，为书面合同约定的收款日期的当天

B. 采取预收货款结算方式的，为收到预收货款的当天

C. 采取托收承付和委托银行收款方式的，为发出应税消费品并办妥托收手续的当天

D. 采取其他结算方式的，为收讫销售款或者取得索取销售款凭据的当天

10. 根据消费税法律制度的规定，下列有关卷烟批发环节消费税的表述中，正确的有( )。

A. 卷烟批发环节消费税目前采用复合计税办法计征

B. 烟草批发企业将卷烟销售给其他烟草批发企业的，不缴纳消费税

C. 卷烟批发企业在计算应纳税额时可以扣除已含的生产环节的消费税税款

D. 烟草批发企业兼营卷烟批发和零售业务，但未分别核算批发和零售环节的销售额、销售数量的，按全部销售额、销售数量计征批发环节消费税

11. 根据消费税法律制度的规定，下列各项中，应在生产、进口、委托加工环节缴纳消费税的有(   )。

    A. 无水乙醇　　　　　B. 金银镶嵌首饰　　　　　C. 果木酒　　　　　　　D. 木制一次性筷子

12. 下列各项中，不需要计算缴纳消费税的有(   )。

    A. 汽车销售公司销售中低端小汽车　　　　　B. 烟草专卖店零售卷烟

    C. 木材公司销售自产的实木地板　　　　　　D. 商场销售黄金项链

三、判断题

1. 根据消费税法律制度的规定，金银首饰与其他产品组成成套消费品销售的，按销售金额征收消费税。（   ）

2. 白酒生产企业向商业销售单位收取的"品牌使用费"，应并入白酒的销售额中缴纳消费税。（   ）

3. 委托加工的应税消费品，除受托方为个体经营者外，应由受托方在向委托方交货时代收代缴消费税。（   ）

4. 卷烟、白酒在生产销售和进口环节计算消费税时，实行复合计税方法计算消费税，但在委托加工环节代收代缴消费税时，实行单一从价计税方法。（   ）

5. 我国现行消费税中采用定额税率的有啤酒、黄酒、成品油。（   ）

6. 实行从价定率计税的应税消费品，其计税依据是包含增值税而不含消费税款的销售额。（   ）

7. 委托加工的应税消费品，按照受托方的同类消费品的销售价格计算缴纳消费税；没有同类消费品销售价格的，按照组成计税价格计算消费税。（   ）

8. 应税消费品征收消费税的，其税基含有增值税；应税消费品征收增值税的，其税基不含有消费税。（   ）

9. 将不同税率应税消费品组成成套消费品销售的，即使分别核算，也从高税率计征。（   ）

10. 对于接受投资、赠与、抵债等方式取得的已税消费品，其所含的消费税不能扣除。（   ）

四、计算题

1. 某烟厂202×年4月外购烟丝，取得的增值税专用发票上注明价税合计税款为6.5万元，本月生产卷烟领用烟丝80%，期初尚有库存的外购烟丝2万元，期末库存烟丝12万元，计算该企业本月应纳消费税中可扣除的消费税税额。

2. 某化妆品生产企业为增值税一般纳税人，202×年10月上旬从国外进口一批散装高档化妆品，关税完税价格为195万元，缴纳进口关税60万元。本月内企业将进口的散装化妆品的80%生产加工为成套化妆品7800件，其中对外批发销售6000件，取得不含税销售额290万元；向消费者零售800件，取得含税销售额51.04万元。已知增值税税率为13%，计算该企业国内生产销售环节应缴纳的消费税。

3. 某企业将生产的成套高档化妆品作为年终奖励发给本厂职工，查知无同类产品销售价格，其生产成本为15 000元。国家税务总局核定的该产品的成本利润率为5%，高档化妆品适用税率为15%，计算该企业本次应纳消费税税额。

4. 某酒厂202×年12月生产一种新的粮食白酒，广告样品使用0.2吨，已知该种白酒无同类产品出厂价，生产成本为每吨35 000元，成本利润率为10%，粮食白酒定额税率为每斤0.5元，比例税率为20%。计算该厂当月应缴纳的消费税税额。

第四章　城市维护建设税和教育费附加

一、单项选择题

1. 下列个人发生的业务中，需计算缴纳城市维护建设税的是(　　)。
   A. 农业生产者销售自产农产品
   B. 供热企业向居民个人供热而取得的采暖费
   C. 销售自己使用过的物品
   D. 对外出租自有的住房

2. 下列各项中，属于城市维护建设税计税依据的是(　　)。
   A. 纳税人开采销售原煤按规定缴纳的资源税
   B. 纳税人欠缴增值税被加收的滞纳金
   C. 纳税人欠缴消费税被加收的罚款
   D. 纳税人出口货物经批准免抵的增值税税额

3. 下列关于城市维护建设税纳税地点的表述中，正确的是(　　)。
   A. 委托其他企业加工雪茄烟被代收代缴消费税的，其城市维护建设税的纳税地点为委托方所在地
   B. 跨省开采的油田，下属生产单位与核算单位不在一个省内的，各油井应纳的城市维护建设税统一在核算单位所在地缴纳
   C. 对管道局输油部分的收入，由取得收入的各管道局在其所在地缴纳城市维护建设税
   D. 流动经营无固定纳税地点的个人，在其住所所在地缴纳城市维护建设税

4. 下列各项中，符合城市维护建设税相关规定的是(　　)。
   A. 受托方代收代缴增值税、消费税的同时应代收代缴城市维护建设税
   B. 对管道局输油部分的收入，其应纳城市维护建设税由管道局汇总缴纳
   C. 流动经营的单位应随同增值税、消费税在纳税人机构所在地缴纳城市维护建设税
   D. 由受托方代收代缴增值税、消费税的单位应按纳税人所在地适用税率缴纳城市维护建设费

5. 位于某市的卷烟生产企业委托设在县城的烟丝加工厂加工一批烟丝，提货时加工厂代收代缴的消费税为1600元，其城市维护建设税和教育费附加按以下办法处理(　　)。
   A. 在烟丝加工厂所在地缴纳城市维护建设税及教育费附加128元
   B. 在烟丝加工厂所在地缴纳城市维护建设税及教育费附加80元
   C. 在卷烟厂所在地缴纳城市维护建设税及教育费附加80元
   D. 在卷烟厂所在地缴纳城市维护建设税及教育费附加112元

6. 位于市区的某内资生产企业为增值税一般纳税人，经营内销与出口业务。202×年8月实际缴纳增值税40万元，出口货物免抵税额5万元。另外，进口货物缴纳增值税17万元、消费税30万元。该企业当年8月应缴纳的城市维护建设税为(　　)。
   A. 2.8万元　　　　　　　B. 3.15万元　　　　　　　C. 4.6万元　　　　　　　D. 6.09万元

7. 下列各项中，对于教育费附加的说法正确的是(　　)。
   A. 对海关进口的产品，同样征收教育费附加
   B. 对于减免增值税和消费税而发生退税的，不退还已征收的教育费附加
   C. 纳税人因偷漏增值税和消费税应该补税的，也应补缴教育费附加
   D. 流动经营的单位和个人，可不缴纳教育费附加

8. 位于市区的某生产企业为增值税一般纳税人，经营内销与出口业务。202×年10月进口货物应缴纳增值税34万元，实际向税务机关缴纳增值税50万元，当期出口货物免抵税额8万元，取得增值税出口退税款6万元。该企业202×年10月应缴纳城市维护建设税(　　)。
   A. 0.56万元　　　　　　B. 0.14万元　　　　　　　C. 4.06万元　　　　　　D. 3.64万元

9. 位于市区的甲公司销售产品实际缴纳增值税100万元，实际缴纳消费税80万元；进口产品实际缴纳增值税20万元，甲公司当月应缴纳城市维护建设税税额的下列计算列式中，正确的是(　　)。
   A. (100+80+20)×7%=14(万元)　　　　　　　　B. (100+20)×7%=8.4(万元)
   C. (100+80)×7%=12.6(万元)　　　　　　　　　D. 80×7%=5.6(万元)

10. 某镇一企业202×年5月被查补的增值税为45 000元、房产税为15 000元，被加收滞纳金1000元，被处罚款5000元，该企业应补缴城市维护建设税和教育费附加为(   )。

    A. 45 000×(5%+3%)
                      B. (45 000+1000)×(5%+3%)

    C. (45 000+15 000)×(5%+3%)
          D. (45 000+1000+5000)×(5%+3%)

11. 某企业地处市区，202×年5月被税务机关查补增值税45 000元、消费税25 000元、企业所得税30 000元，还被加收滞纳金2000元、被处罚款50 000元。该企业应补缴城市维护建设税和教育费附加(   )元。

    A. 5000
             B. 7000
             C. 8000
             D. 10 000

12. 下列各项中，符合城市维护建设税的是(   )。

    A. 纳税人只要缴纳增值税和消费税的，就必须同时缴纳城市维护建设税

    B. 外籍个人不缴纳城市维护建设税

    C. 对增值税实行先征后返办法的，城市维护建设税也实行先征后返

    D. 城市维护建设税没有独立的征税对象或税基，本质上属于附加税

13. 下列关于城市维护建设税税率说法正确的是(   )。

    A. 纳税人所在地为工矿区的，城市维护建设税税率统一为7%

    B. 城市维护建设税为统一税率

    C. 纳税人所在地在县城、建制镇的，城市维护建设税为3%

    D. 由受托方代收代缴的单位和个人，其城市维护建设税按照受托方所在地适用税率执行

14. 下列关于教育费附加优惠政策说法不正确的是(   )。

    A. 农业生产者销售自产农产品免征增值税的同时免征教育费附加

    B. 某企业享受增值税即征即退的税收优惠政策，除另有规定外，随增值税附征的教育费附加，一律不予退还

    C. 外贸企业出口化妆品退还增值税、消费税的，应同时退还教育费附加

    D. 某工厂进口一批设备，海关在征收增值税后不再代征教育费附加

15. 下列关于教育费附加的表述不正确的是(   )。

    A. 教育费附加是一种附加税，以消费税和增值税实际缴纳的税额为计税依据

    B. 对纳税人减免增值税或消费税时，相应地也减少了教育费附加

    C. 对下岗失业人员从事建筑业个体经营的，自领取税务登记之日起3年内免征教育费附加

    D. 如果纳税人在缴纳了增值税、消费税之后，却不按规定缴纳教育费附加，可以对其单独加收滞纳金，也可单独进行罚款

二、多项选择题

1. 下列关于城市维护建设税的说法中，表述正确的有(   )。

    A. 张某将自己名下的一处房产无偿赠与儿子，不需要缴纳城市维护建设税

    B. 李某买卖股票，需要缴纳城市维护建设税

    C. 外贸企业进口应税消费品需计算缴纳关税、消费税、增值税，并同时将其作为城市维护建设税的计税依据

    D. 城市维护建设税是一种附加税，其本身没有特定的课税对象

2. 下列关于城市维护建设税的说法，不正确的有(   )。

    A. 只要缴纳增值税，就要缴纳城市维护建设税

    B. 只要缴纳消费税，就要缴纳城市维护建设税

    C. 只要退还增值税，就要退还城市维护建设税

    D. 只有同时缴纳增值税、消费税的纳税人，才需缴纳城市维护建设税

3. 根据现行规定，下列关于教育费附加的说法正确的有(   )。

    A. 海关对进出口产品代征消费税的，不代征收教育费附加

    B. 对于减免增值税、消费税发生退税的，可以同时退还已征收的教育费附加

    C. 出口产品退还增值税、消费税的，同时退还已经征收的教育费附加

    D. 流动经营无固定纳税地点的单位和个人，不需要缴纳教育费附加

4. 下列各项中，属于城市维护建设税及教育费附加计税依据的有(   )。

    A. 外商投资企业缴纳的增值税
                      B. 偷逃消费税加收的滞纳金

C. 出口免抵的增值税税额   D. 进口产品征收的消费税

5. 企业发生的下列行为中，需要缴纳教育费附加的有( )。

  A. 事业单位出租房屋行为   B. 企业购买房屋行为

  C. 油田开采天然原油并销售行为   D. 外商投资企业销售货物行为

6. 下列各项关于城市维护建设税的税收优惠描述正确的有( )。

  A. 城市维护建设税按减免后实际缴纳的增值税、消费税税额计征

  B. 对于因减免而需进行增值税、消费税退库的，城市维护建设税可同时退库

  C. 对增值税、消费税实行先征后退办法的，城市维护建设税也要实行先征后退办法

  D. 对国家重大水利工程建设基金免征城市维护建设税

7. 北京某公司在深圳转让某县城的一处房产，购进价为52万，转让价为65万，则关于城市维护建设税下列说法正确的有( )。

  A. 城市维护建设税在深圳某县缴纳   B. 城市维护建设税在北京缴纳

  C. 城市维护建设税适用深圳县城的税率   D. 应缴纳城市维护建设税0.65万元

三、判断题

1. 个体商贩及个人在集市上出售商品，对其征收临时经营的增值税的同时要征收城市维护建设税。   ( )

2. 城市维护建设税实行地区差别比例税率。   ( )

3. 县政府设在城市市区，其在市区办的企业，按照市区的规定税率计算缴纳城市维护建设税。   ( )

4. 海关对进口产品代征收的增值税和消费税，不代征收城市维护建设税。   ( )

5. 城市维护建设税的计税依据是纳税人实际缴纳的增值税、消费税额，以及加收的滞纳金和罚金。   ( )

6. 为支持国家重大水利的工程建设，对国家重大水利工程免征城市维护建设税。   ( )

7. 中外合作油气田开采的原油、天然气，按规定缴纳增值税后，以合作油气田缴纳的增值税税额为依据，缴纳城市维护建设税。   ( )

8. 纳税人委托个人加工应税消费品的，由作为受托方的个人在其居住地代收代缴教育费附加。   ( )

9. 某生产企业进口一台设备，海关代其征收增值税后同时代征教育费附加。   ( )

10. 纳税人一律在其机构所在地或居住地缴纳教育费附加。   ( )

四、计算题

1. 某市一生产企业为增值税一般纳税人。202×年5月进口原料一批，向海关缴纳进口环节增值税10万；本期在国内销售甲产品缴纳增值税30万元、消费税50万元、消费税滞纳金1万元；本期出口产品一批，按规定退回增值税5万元。该企业当月应缴纳的城市维护建设税为多少？

2. 位于某市区的某企业202×年6月共缴纳增值税、消费税和关税562万元，其中关税102万元，进口环节缴纳的增值税和消费税260万元。该企业当年6月应缴纳的城市维护建设税和教育费附加为多少？

第五章 关税法

一、单项选择题

1. 关于关税特点的说法，正确的是( )。
   A. 关税的高低对进口国的生产影响较大，对国际贸易影响不大
   B. 关税是多环节价内税
   C. 关税是单一环节的价外税
   D. 关税不仅对进出境的货物征税，还对进出境的劳务征税

2. 某企业进口一批材料，货物价款为95万元，进口运费和保险费为5万元，报关进口后发现其中的10%有严重质量问题并将其退货，出口方为补偿该企业，发送价值10万元(含进口运费、保险费0.5万元)的无代价抵偿物，进口关税税率为20%，该企业应缴纳进口关税( )万元。
   A. 18　　　　　　　　B. 20　　　　　　　　C. 22　　　　　　　　D. 22

3. 下列项目中，属于进口关税完税价格组成部分的是( )。
   A. 进口人向自己的境外采购代理人支付的购货佣金
   B. 进口人负担的向中介机构支付的经纪费
   C. 进口设备报关后的安装调试费用
   D. 货物运抵境内输入地点起卸之后的运输费用

4. 某外贸进出口公司202×年5月从日本进口14辆小轿车，每辆车的关税完税价格为人民币8万元，已知小轿车进口关税税率为25%，消费税税率为5%，该外贸进出口公司进口轿车应缴纳消费税( )万元。
   A. 16.52　　　　　　B. 7.37　　　　　　　C. 7　　　　　　　　D. 5.89

5. 某高新技术企业免税进口一台设备，海关审定的进口价格为人民币60万元，海关监管期为5年，该企业使用20个月后转售。该企业上述业务应缴纳关税( )万元(关税税率为20%)。
   A. 0　　　　　　　　B. 4　　　　　　　　C. 8　　　　　　　　D. 12

6. 根据进出口商品价格的变动而税率相应增减的进出口关税属于( )。
   A. 从价税　　　　　　B. 从量税　　　　　　C. 滑准税　　　　　　D. 复合税

7. 下列各项中，( )不属于关税的纳税义务人。
   A. 进口货物的收货人　　　　　　　　　　　B. 出口货物的发货人
   C. 进境物品的所有人　　　　　　　　　　　D. 进口货物的发货人

8. 根据我国关税法规，减免进出口关税的权限属于( )。
   A. 中央　　　　　　　B. 地方　　　　　　　C. 省　　　　　　　　D. 市

9. 进口产品原产地的"实质性加工"标准，其中的"实质性加工"是指产品加工后，在进出口税则中四位数税号一级税则归类已经有了改变，或者加工增值部分占新产品总值的比例已超过( )及以上的。
   A. 60%　　　　　　　B. 50%　　　　　　　C. 40%　　　　　　　D. 30%

10. ( )是指对某种货物在税则中预先按照该商品的价格规定几档税率，价格高的该货物适用较低税率，价格低的该货物适用较高税率，目的是使该货物的价格在国内市场上保持稳定。
    A. 反倾销税　　　　　B. 复合关税　　　　　C. 滑动关税　　　　　D. 歧视关税

11. 下列各项中，符合进口关税完税价格规定的是( )。
    A. 留购的进口货样，以海关审定的留购价格为完税价格
    B. 转让进口的免税旧货物，以原入境的到岸价格为完税价格
    C. 准予暂时进口的施工机械，按同类货物的价格为完税价格
    D. 运往境外加工的货物，应以加工后入境时的到岸价格为完税价格

12. 当一个国家存在自由港、自由区时，该国国境( )关境。
    A. 大于　　　　　　　B. 等于　　　　　　　C. 小于　　　　　　　D. 无法比较

13. ( )是指对同一种进口货物，由于输出国或生产国不同，或输入情况不同而使用不同税率征收的关税。
    A. 反倾销税　　　　　　　　　　　　　　　B. 歧视关税
    C. 报复关税　　　　　　　　　　　　　　　D. 优惠关税

14. ( )是指缔约国一方承诺现在或将来给予第三方的一切优惠、特权或豁免等待遇，缔约国另一方可以

享受同样待遇。

    A. 互惠关税　　　　　　　　　　　　　B. 特惠关税

    C. 最惠国待遇关税　　　　　　　　　　D. 普遍优惠制关税

15. 任何国家或者地区对其进口的原产于我国的货物征收歧视性关税或者给予其他歧视性待遇的，我国对原产于该国家或者地区的进口货物征收(　　)。

    A. 保障性关税　　　B. 报复性关税　　　C. 反倾销税　　　D. 反补贴税

16. 下列各项中符合关税有关规定的是(　　)。

    A. 分期支付租金的租赁进口货物，分期付税时，应按该项货物付款之日实施的税率征税

    B. 加工贸易进口料、件等属于保税性质的进口货物，如经批准转为内销，则按海关查获日期所施行的税率征税

    C. 加工贸易进口料、件等属于保税性质的进口货物，如未经批准擅自转为内销的，应按向海关申报转为内销之日实施的税率征税

    D. 暂时进口货物转为正式进口需补税时，应按其申报正式进口之日实施的税率征税

17. 根据我国税法规定，一张票据上应税货物的关税税额在人民币(　　)元以下的，可以免征关税。

    A. 10　　　　　　　　B. 30　　　　　　　　C. 50　　　　　　　　D. 100

18. 根据我国税法规定，进口货物以海关审定的成交价格为基础的(　　)为完税价格。

    A. 公允价格　　　B. 到岸价格　　　C. 离岸价格　　　D. 货价

19. 下列各项中，应计入出口货物完税价格的是(　　)。

    A. 货物在我国境内输出地点装载后的运输费用

    B. 单独列明的支付给境外的佣金

    C. 出口关税税额

    D. 货物运至我国境内输出地点装载前的运输费、保险费

20. 如果有多个相同或类似货物的成交价格，应当以(　　)为基础，估定进口货物的完税价格。

    A. 平均成交价格　　　　　　　　　　B. 最高的成交价格

    C. 最低的成交价格　　　　　　　　　　D. 实际的成交价格

二、多项选择题

1. 关于出口货物关税完税价格的说法，正确的有(　　)。

    A. 出口关税不计入完税价格

    B. 在输出地点装载前发生的运费，应包含在完税价格中

    C. 在货物价款中单独列明由卖方承担的佣金不计入完税价格

    D. 出口货物完税价格包含增值税销项税额

2. 关于关税政策的说法，正确的有(　　)。

    A. 进口货物完税价格的确定首先应按相同货物成交价格估算

    B. 进口货物关税的完税价格不包含关税

    C. 无商业价值的货样免征关税

    D. CFR是到岸价格的价格术语的简称

3. 按照关税的有关规定，进出口货物的收发货人或他们的代理人可以自缴纳税款之日起1年内，书面声明理由，申请退还关税。下列各项中，经海关确定可申请退税的有(　　)。

    A. 因海关误征，多缴纳税款的

    B. 海关核准免验进口的货物，在完税后发现有短缺的

    C. 已征收出口关税的货物，因故未装运出口的

    D. 已征收出口关税的货物，因故发生退货的

4. 出口货物的完税价格中不应包括下列哪些税种？(　　)

    A. 出口关税　　　　　B. 增值税　　　　　C. 消费税　　　　　D. 城市维护建设税

5. 按征税性质分类，进口关税可以分为(　　)。

    A. 普通关税　　　　　B. 优惠关税　　　　　C. 过境关税　　　　　D. 差别关税

6. 关税的减免包括以下三种类型：(　　)。

    A. 特定减免　　　　　B. 起征点　　　　　C. 临时减免　　　　　D. 法定减免

7. 某商贸公司202×年7月从国外进口卷烟4万条(每条200支)，支付买价100万元，支付到达我国海关前的运输费用、保险费用8万元，假设关税税率为30%，进口应纳的各项税金是(   )。

    A. 进口关税32.4万元   B. 进口消费税82.73万元

    C. 进口消费税119.24万元   D. 进口增值税29万元

8. 按照关税的计征方式，可以将关税分为(   )。

    A. 从量关税   B. 从价关税   C. 复合关税   D. 选择性关税

9. 下列进出口货物中免征关税的是(   )。

    A. 无商业价值的广告品和货样

    B. 外国政府、国际组织无偿赠送的物资

    C. 在海关放行前损失的货物

    D. 进出境运输工具装载的途中必需的燃料、物料和饮食用品

10. 进口货物的成交价格不符合进出口关税条例有关规定的，或者成交价格不能确定的，可以使用(   )方法估定该货物的完税价格。

    A. 相同或类似货物成交价格法   B. 倒扣价格法

    C. 计算价格法   D. 比较价格法

三、判断题

1. 中华人民共和国准许进出口的货物、进境物品，除法律、行政法规另有规定外，由海关依照规定征收进出口关税。   (   )

2. 适用出口税率的出口货物有暂定税率的，应当适用暂定税率。   (   )

3. 进出口货物，应当适用海关接受该货物申报进口或者出口之日实施的税率。   (   )

4. 进口货物时，与该货物的生产和向中华人民共和国境内销售有关的，由买方以免费或者以低于成本的方式提供并可以按适当比例分摊的料件、工具、模具、消耗材料及类似货物的价款，以及在境外开发、设计等相关服务的费用不计入完税价格。   (   )

5. 以租赁方式进口的货物，以海关审查确定的该货物的租金作为完税价格。   (   )

6. 进口货物的纳税义务人应当自运输工具申报进境之日起14日内，出口货物的纳税义务人除海关特准的外，应当在货物运抵海关监管区后、装货的24小时以前，向货物的进出境地海关申报。   (   )

7. 纳税义务人因不可抗力或者在国家税收政策调整的情形下，不能按期缴纳税款的，经海关总署批准，可以延期缴纳税款，但是最长不得超过6个月。   (   )

8 外国政府、国际组织无偿赠送的物资免征关税。   (   )

9. 海关发现海关监管货物因纳税义务人违反规定造成少征或者漏征税款的，应当自纳税义务人应缴纳税款之日起3年内追征税款，并从应缴纳税款之日起按日加收少征或者漏征税款万分之三的滞纳金。   (   )

10. 出口货物的成交价格，是指该货物出口时卖方为出口该货物应当向买方直接收取和间接收取的价款总额。出口关税应计入完税价格。   (   )

四、计算题

1. 上海某进出口公司从美国进口货物一批，货物以离岸价格成交，成交价格折合人民币1410万元，其中包括单独计价并已经海关审查属实的向境外采购代理人支付的买方佣金10万元，但不包括适用该货物而向境外支付的软件费50万元、向卖方支付的佣金15万元，另支付货物运抵我国上海港的运费、保险费等35万元。假设该货物适用的关税税率为20%，增值税税率为13%，消费税税率为10%。

    要求：分别计算该公司应缴纳的关税、消费税和增值税。

2. 某商场于202×年2月进口货物一批。该批货物在国外的买价为40万元，另该批货物运抵我国海关前发生的包装费、运输费、保险费等共计20万元。货物报关后，商场按规定缴纳了进口环节的增值税并取得了海关开具的完税凭证。假定该批进口货物在国内全部销售，取得不含税销售额80万元。

    要求：计算该批货物进口环节、国内销售环节分别应缴纳的增值税税额(货物进口关税税率为15%、增值税税率为13%)。

第六章　企业所得税法

一、单项选择题

1. 按照企业所得税法和其实施条例规定，下列各项中属于非居民企业的有(　　)。
   - A. 在美国注册但实际管理机构在重庆的外商独资企业
   - B. 在四川省工商局登记注册的企业
   - C. 在四川省注册但在中东地区开展工程承包的企业
   - D. 在美国注册的企业设在贵州的办事处

2. 下面是企业所得税的纳税人的是(　　)。
   - A. 合伙企业　　　　B. 有限责任公司　　　　C. 个人独资企业　　　　D. 居民个人

3. 香奈儿公司在中国设立分支机构，其来源于中国境内的所得缴纳企业所得税的税率是(　　)。
   - A. 20%　　　　B. 25%　　　　C. 30%　　　　D. 33%

4. 下列情况属于外部移送资产，需缴纳企业所得税的有(　　)。
   - A. 将资产在总机构及其分支机构之间转移
   - B. 用于职工奖励或福利
   - C. 将资产用于生产、制造、加工另一产品
   - D. 改变资产形状、结构或性能

5. 下列选项中，按照工资薪金总额8%，作为企业所得税税前扣除项目的是(　　)。
   - A. 企业职工福利费
   - B. 企业拨付的职工工费经费
   - C. 高新技术企业发生的职工教育费支出
   - D. 软件生产企业发生的职工教育经费中的培训费用

6. 某厂在202×年2月给本公司职工发放了自制的脸盆、毛巾和当月外购的牙刷等作为福利，其中，毛巾、脸盆的成本为15万元、公允价值为20万元，牙刷等的公允价值为10万元，根据《中华人民共和国企业所得税法》(以下简称《企业所得税法》)的相关规定，该公司发放上述福利费应确认的收入为(　　)万元。
   - A. 35　　　　B. 25　　　　C. 30　　　　D. 20

7. 某企业购入政府发行的年利率为4.5%的一年期国债1000万元，持有320天时以1050万元的价格转让。企业该笔交易应当缴纳的企业所得税为(　　)万元。
   - A. 11.5　　　　B. 10.55　　　　C. 11　　　　D. 12.21

8. 某企业202×年7月销售货物实际缴纳增值税25万元、消费税18万元、城市维护建设税3.71万元、教育费附加1.59万元，还缴纳房产税1万元、城镇土地使用税0.6万，该企业当期所得税税前可以扣除的金额为(　　)万元。
   - A. 24.9　　　　B. 49.9　　　　C. 49.3　　　　D. 24.3

9. 某企业李某驾驶汽车发生事故，导致汽车毁损报废，该汽车账目净值为15万元，保险公司赔偿8万元，企业要求李某赔偿2万元，则该车可在企业所得税前扣除的金额为(　　)万元。
   - A. 7　　　　B. 13　　　　C. 5　　　　D. 10

10. 某居民企业为我国的软件生产企业，202×年实际发生的合理的工资支出为600万元，职工福利费为95万元，职工教育经费支出为65万元(含职工培训费用40万元)，假设该公司无其他纳税调整的事项，则202×年该企业应当调增的应纳税所得额为(　　)万元。
    - A. 20.5　　　　B. 11　　　　C. 61　　　　D. 60

11. 某工业企业于202×年3月1日以经营租赁方式租入固定资产使用，租期1年，一次性交付租金12万元；6月1日以融资租赁方式租入设备1台，租期为2年，当年支付租金25万元。公司计算当年企业应纳税所得额时应扣除的租赁费用为(　　)万元。
    - A. 17　　　　B. 12　　　　C. 10　　　　D. 25

12. 某企业财务资料显示，202×年度开具增值税专用发票取得收入1800万元，另外从事运输服务取得不含税收入200万元。收入对应的销售成本和运输成本合计为1450万元，期间费用、税金及附加为200万元，营业外支出100万元(其中50万元为公益性捐赠支出)，上年度企业经税务机关核定的亏损为30万元。企业在所得税前可以扣除的捐赠支出为(　　)万元。
    - A. 50　　　　B. 40　　　　C. 30　　　　D. 20

13. 某企业 202×年度境内所得应纳税所得额为 500 万元，在全年已预缴税款 50 万元，来源于境外某国税前所得 100 万元，境外实纳税款 20 万元，该企业当年汇算清缴应补(退)的税款为( )万元。

        A. 75   B. 90   C. 70   D. 80

14. 某家具生产企业产品创新需要自主研发，由于自有资金不足，202×年 1 月 1 日向银行借入长期借款一笔，金额为 2000 万元，贷款年利率为 4.4%。202×年 4 月 1 日该厂房开始建设，12 月 31 日房屋交付使用，则 202×年度该企业可以在税前直接扣除的该项借款费用是( )万元。

        A. 20   B. 22   C. 24   D. 25

15. 202×年某企业当年实现自产货物销售收入 500 万元，当年发生计入销售费用中的广告费为 65 万元，企业 2017 年还有 30 万元的广告费没有在税前扣除，企业当年可以税前扣除的广告费是( )万元。

        A. 60   B. 65   C. 75   D. 80

16. 某企业 202×年销售货物收入 2500 万元，出租房屋收入 300 万元，转让房屋收入 500 万元。当年实际发生业务招待费 50 万元，该企业当年可在所得税前列支的业务招待费金额为( )万元。

        A. 20   B. 16.5   C. 30   D. 14

17. 某国有企业 202×年境内所得 1200 万元，境外所得(均为税后所得)有三笔，其中有两笔来自 A 国，分别为 130 万元和 85 万元，税率分别为 35%和 15%，有一笔来自乙国，所得额为 52 万元，已纳税 8 万元(甲国、乙国均与我国签订了避免重复征税的税收协定)，则 202×年该国有企业应纳所得税为( )万元。

        A. 300   B. 305   C. 307   D. 316

18. 企业应当自年度终了之日起( )个月内，向税务机关报送年度企业所得税纳税申报表，并汇算清缴，结清应缴应退税款。

        A. 3   B. 4   C. 5   D. 6

19. 某企业是生产电机的企业，在境外设有营业机构。202×年该企业的境内营业机构盈利1000万元，境外营业机构亏损100万元。企业在汇总计算缴纳企业所得税时，对境外营业机构的亏损能否抵减境内营业机构的盈利有不同意见，你认为哪种意见正确？( )

    A. 根据规定，境外营业机构的亏损可以抵减境内营业机构的盈利

    B. 根据规定，境外营业机构的亏损不得抵减境内营业机构的盈利

    C. 根据规定，境外营业机构的亏损是否抵减境内营业机构的盈利，适用境外机构的营业地国的法律

    D. 以上意见都不正确

20. 企业开发新技术、新产品、新工艺发生的研究开发费用，可以在计算应纳税所得额时( )扣除。

    A. 减半   B. 全额   C. 加计   D. 加倍

21. 畜类生产性生物资产计算折旧的最低年限为( )年。

    A. 2   B. 3   C. 4   D. 10

22. 企业在年度中间终止经营活动的，应当自实际经营终止之日起( )日内，向税务机关办理当期企业所得税汇算清缴。

    A. 30   B. 45   C. 60   D. 90

23. 某公司外购一林木生产性生物资产，支付价款和相关税费合计900万元，预计使用期限为9年，该公司每年提取折旧为( )万元。

    A. 90   B. 100   C. 150   D. 300

24. 企业发生的公益性捐赠支出，准予在计算应纳税所得额时扣除的比例为( )。

    A. 应纳税所得额的3%以内的部分   B. 应纳税所得额的10%以内的部分

    C. 在年度利润总额的10%以内的部分   D. 在年度利润总额的12%以内的部分

25. 某企业202×年销售货物收入1800万元，出租房屋收入500万元，转让房屋收入200万元。当年实际发生业务招待费20万元，该企业当年可在所得税前列支的业务招待费金额为( )万元。

    A. 10   B. 11   C. 11.5   D. 12

26. 在计算应纳税所得额时，企业财务、会计处理办法与税收法律、行政法规的规定不一致时，应当依照( )的规定计算。

    A. 上级机关的指示   B. 有资质的中介机构

    C. 企业财务、会计处理办法   D. 税收法律、法规

27. 企业从其关联方接受的债权性投资与权益性投资的比例超过规定标准而发生的( )支出，不得在计算

应纳税所得额时扣除。

  A. 管理费用   B. 利息   C. 生产成本   D. 损失

28. 在支付企业所得税时，通过支付现金以外的方式取得的投资资产，以该资产的( )作为成本。

  A. 公允价值和支付的相关税费   B. 公允价值

  C. 购买价款   D. 成本与市价孰低

29. 202×年5月，某化肥厂(增值税一般纳税人)购进污水处理设备并投入使用(该设备属于环境保护专用设备企业所得税优惠目录列举项目)，取得的增值税专用发票上注明价款为200万元，进项税额为34万元，该厂可抵免企业所得税税额( )万元。

  A. 20   B. 200   C. 34   D. 234

30. 企业所得税的扣缴义务人每次代扣非居民纳税人的税款，应当自( )缴入国库，并向所在地的税务机关报送扣缴企业所得税报告表。

  A. 次月10日内   B. 次月15日内

  C. 代扣之日起7日内   D. 代扣之日起10日内

二、多项选择题

1. 根据企业所得税的规定，判定企业所得税的标准有( )。

  A. 经营行为实际发生地   B. 登记注册地

  C. 所得来源地   D. 实际管理机构所在地

2. 根据企业所得税法的规定，下面关于企业所得税来源的规定，错误的有( )。

  A. 提供劳务所得，按照提供劳务的企业或者机构、场所所在地确定

  B. 不动产转让所得，按照转让不动产的企业或者机构、场所所在地确定

  C. 销售货物所得，按照交易活动发生地确定

  D. 利息所得、租金所得、特许权使用费所得，按照负担、支付所得的企业或者机构、场所所在地确定，或者按照负担、支付所得的个人住所地确定

3. 纳税人下列行为应视同销售确认所得税收入的有( )。

  A. 将货物用于投资   B. 将商品用于捐赠

  C. 将产品用于在建工程   D. 将产品用于集体福利

4. 下列对于非货币性资产投资企业所得税的处理，正确的有( )。

  A. 居民企业以非货币性资产对外投资确认的非货币性资产转让所得，可在不超过4年期限内，分期均匀计入相应年度的应纳税所得额，按规定计算缴纳企业所得税

  B. 企业以非货币性资产对外投资，应于投资协议生效并办理股权登记手续时，确认非货币性资产转让收入

  C. 被投资企业取得非货币性资产的计税基础，应当按照非货币性资产的重置成本计量

  D. 企业在对外投资5年内注销的，应停止执行递延纳税政策，并通过递延期内尚未确认的非货币性资产转让所得，在注销当年的企业所得税年度汇算清缴时，一次性计算缴纳企业所得税

5. 下列选项中，属于企业所得税不征税收入的有( )。

  A. 非营利组织接受其他单位和个人捐赠的收入

  B. 企业从发行者直接投资的国债持有至到期，其从发行者取得的国债利息收入

  C. 各级人民政府对预算单位拨付的财政性资金

  D. 依法纳入财政管理的行政事业性收费

6. 企业所得税法规定的"转让财产收入"包括转让( )取得的收入。

  A. 固定资产   B. 生物资产   C. 债权   D. 存货

7. 除税法另有规定外，企业在计算企业所得税时，一般应当遵循的税前扣除原则有( )。

  A. 权责发生制原则   B. 合理性原则   C. 配比原则   D. 谨慎性原则

8. 企业下列可以在当前直接扣除或间接分期在企业所得税税前扣除的税金有( )。

  A. 关税   B. 房产税

  C. 企业所得税   D. 购买材料允许抵扣的增值税进项税额

9. 企业支付给以下员工工资，属于工资薪金支出的有( )。

  A. 为管理部门招聘的实习生   B. 为车间生产招用的季节工人

  C. 为职工食堂返聘的退休厨师   D. 为宣传产品雇用的临时工

10. 某软件开发公司(被认定为重点扶持的高新技术企业)202×年经税务机关核定的亏损额为50万元,202×年度取得生产经营收入800万元,业务招待费实际发生10万元,其他应扣除的成本、费用、税金等合计400万元(其中研发费用160万元)。下列说法正确的有(   )。

    A. 该企业可以扣除的业务招待费是4万元   B. 202×年的亏损不得用2017年的所得弥补

    C. 应纳所得税额是35.4万元   D. 该企业202×年适用20%的优惠税率

11. 根据《企业所得税法》的规定,在计算企业所得税应纳税所得额时,下列项目不得在企业所得税税前扣除的有(   )。

    A. 外购货物管理不善发生的损失   B. 非广告性质的赞助支出

    C. 违反法律被司法部门处以的罚金   D. 银行按规定加收的罚息

12. 在计算缴纳企业所得税时,下面有关手续费和佣金支出的说法中,正确的有(   )。

    A. 财产保险企业按照当年全部保费收入扣除退保金等后余额的15%计算限额,超过部分不得扣除

    B. 人身保险企业按照当年全部保费收入扣除退保金等后余额的10%计算限额,超过部分不得扣除

    C. 按与具有合法经营资格的中介服务机构或个人(不含交易双方及其雇员、代理人和代表人等)所签订协议或合同确认收入金额的5%计算限额

    D. 电信客户在发展、拓展业务过程中,需向经纪人、代办商支付手续费和佣金的,其实际发生的手续费和佣金,在不超过当年收入总额5%的部分,准予扣除

13. 除国务院财政、税务机关主管部门另有规定外,对固定资产计算折旧的最低年限的说法,正确的有(   )。

    A. 企业自建房屋,最低折旧年限为20年   B. 各种生产用设备,最低折旧年限为5年

    C. 运输用小汽车,最低折旧年限为5年   D. 办公室电脑,最低折旧年限为3年

14. 按照企业所得税法和其实施条例规定,企业从事下列项目的所得减半征收企业所得税的有(   )。

    A. 香料作物的种植   B. 中药材的种植   C. 海水养殖   D. 内陆养殖

15. 下列支出中,准予在企业所得税前全额扣除的有(   )。

    A. 企业按规定缴纳的财产保险费

    B. 烟草企业实际发生的,不超过当年销售(营业)收入15%的广告费和业务宣传费

    C. 工业企业向保险公司借入经营性资金的利息支出

    D. 财产保险企业实际发生的,且占当年全部保费收入扣除退保金等后余额12%的手续费及佣金支出

16. 《企业所得税法》规定的企业所得税税率有(   )。

    A. 33%   B. 25%   C. 20%   D. 15%

17. 企业实际发生的与取得收入有关的、合理的支出,准予在计算应纳税所得额时扣除。其中包括(   )。

    A. 企业的成本、费用   B. 企业的损失

    C. 企业发生的赞助支出   D. 企业缴纳的税金

18. 按照《企业所得税法》的规定,下列资产中能够采用加速折旧法的有(   )。

    A. 单独估价作为固定资产的土地   B. 由于技术进步原因产品更新换代较快的固定资产

    C. 处于高腐蚀性状态的固定资产   D. 常年处于强震动状态的固定资产

19. 根据《企业所得税法》的规定,发生的广告费和业务宣传费可按照当年销售(营业)收入30%的限制比例扣除的企业有(   )。

    A. 化妆品制造企业   B. 饮料销售企业

    C. 化妆品销售企业   D. 医药制造企业

20. 根据《企业所得税法》规定,企业在生产经营活动中发生的下列利息支出,准予税前据实扣除的有(   )。

    A. 非金融企业向非金融企业借款的利息支出

    B. 非金融企业向金融企业借款的利息支出

    C. 金融企业的同业拆借的利息支出

    D. 金融企业的各项存款的利息支出

21. 根据《企业所得税法》的规定,固定资产的大修理支出,是指同时符合下列条件的大修理支出(   )。

    A. 修理支出达到取得固定资产时的计税基础30%以上

    B. 修理支出达到取得固定资产时的计税基础50%以上

    C. 修理后固定资产的使用年限延长1年以上

    D. 修理后固定资产的使用年限延长2年以上

22. 按照《企业所得税法》的规定，所得税前可扣除的企业资产损失有(　　)。
    A. 生产性生物资产损失　　　　　　　B. 股权(权益)性投资损失
    C. 存货的盘亏损失　　　　　　　　　D. 坏账损失

23. 下列各项中，不属于企业所得税工资、薪金支出范围的有(　　)。
    A. 雇员年终加薪的支出　　　　　　　B. 向雇员支付加班奖金支出
    C. 为雇员提供的劳动保护费支出　　　D. 按规定为雇员缴纳的社会保险费支出

24. 根据跨地区经营汇总缴纳企业所得税收管理规定，总机构应按照上年度分支机构的(　　)因素计算各分支机构当期应分摊所得税的比例。
    A. 营业收入　　　　B. 利润总额　　　　C. 资产总额　　　　D. 职工薪酬

25. 对于《企业所得税法》规定的税收优惠政策，下面说法正确的有(　　)。
    A. 采取缩短折旧年限方法加速折旧的，最低折旧年限不得低于实施条例规定折旧年限的60%
    B. 安置残疾人员的企业，支付给残疾职工的工资在计算应纳税所得额时按100%加计扣除
    C. 创业投资企业从事国家鼓励的创业投资，可按投资额的70%在股权持有满2年的当年抵免应纳税额
    D. 符合条件的非营利组织从事营利性活动取得的收入，可作为免税收入，不并入应纳税所得额征税

26. 根据《企业所得税法》的规定，下列说法中正确的有(　　)。
    A. 企业在年度中间终止经营活动的，应当自实际经营终止之日起30日内，向税务机关办理当期企业所得税汇算清缴
    B. 企业应当自清算结束之日起15日内，向主管税务机关报送企业所得税纳税申报表，并结清税款
    C. 企业所得税按年计征，分月或者分季预缴，年终汇算清缴，多退少补
    D. 依照《企业所得税法》缴纳的企业所得税，以人民币以外的货币计算的，应当折合成人民币计算并缴纳税款

27. 下列项目中，在计算企业所得税应纳税所得额时，允许税前扣除的有(　　)。
    A. 无形资产开发支出未形成资产的部分　　B. 以经营租赁方式租入固定资产的租金支出
    C. 逾期归还银行贷款而支付的罚息　　　　D. 企业之间支付的管理费

28. 根据《企业所得税法》的规定，下列固定资产可以计提折旧在税前扣除的有(　　)。
    A. 以融资租赁方式租出的固定资产　　　　B. 以融资租赁方式租入的固定资产
    C. 单独估价作为固定资产入账的土地　　　D. 未投入使用的房屋

29. 企业缴纳的下列保险费可以在税前直接扣除的有(　　)。
    A. 为特殊工种的职工支付的人身安全保险费
    B. 为没有工作的董事长夫人缴纳的社会保险费用
    C. 企业参加财产保险，按规定缴纳的保险费
    D. 按照国家规定的范围和标准，为在企业任职和受雇的全体员工支付的补充养老保险

30. 下列关于企业所得税优惠政策表述正确的有(　　)。
    A. 小型微利企业减按20%的税率征收企业所得税
    B. 安置残疾人员的工资，加计100%扣除
    C. 对于认定的技术先进型服务企业，减按15%的税率征收企业所得税
    D. 对设在西部地区的国家鼓励类产业，在2011—2020年间，减按15%的税率征收企业所得税

三、判断题

1. 我国企业所得税的税收征管选择地域管辖权和居民管辖权的双重管辖权标准。(　　)
2. 依照外国法律成立，但实际管理机构在中国境内的企业属于非居民企业。(　　)
3. 在企业所得税所得来源确定中，权益性投资资产转让所得按照投资企业所在地确定。(　　)
4. 某内地居民企业持有H股股票，自2022年2月购入，截至2023年3月，其获得的股息红利所得应当依法缴纳企业所得税。(　　)
5. 因股权分置改革造成原由个人出资而由企业代持有的限售股，应当缴纳企业所得税。企业在转入时，若企业未能提供完整、真实的限售股原值凭证，不能准确计算该限售股原值的，主管税务机关一律按照该限售股转让收入的15%，核定为该限售股原值和合理税费。(　　)
6. 国务院规定的其他不征税收入，是指企业取得的，由国务院财政部及其有关部门的财政补助、补贴、贷款贴息，以及其他各类财政专项资金，包括直接减免的增值税和即征即退、先征后退、先征后返的各种税收及

企业按照规定取得的出口退税款。（　　）

7. 限制性股票期权在达到业务条件前的等待期确认的相关成本费用，在计算缴纳所得税时可以扣除。（　　）

8. 企业列入工资薪金制度一起发放的福利性补贴可以在计算缴纳企业所得税时税前扣除。（　　）

9. 企业为投资者或者职工支付的商业保险费，准予在企业所得税前扣除。（　　）

10. 职工福利费、工会经费和职工教育经费在超过企业所得税税前扣除的部分，可以结转到下年扣除。（　　）

11. 非金融企业向非金融企业借款的利息支出，可以据实扣除。（　　）

12. 化妆品制造企业发生的广告费和业务宣传费支出，不超过销售收入15%的部分，准予扣除；超过部分，准许结转以后纳税年度扣除。（　　）

13. 企业为发行权益性证券支付给有关证券承销商的手续和佣金不得在企业所得税税前扣除。（　　）

14. 企业发生的公益性捐赠支出，在利润总和12%以内的部分，准予在计算应纳税所得额时扣除；超过部分，不得结转至下年。（　　）

15. 由于个人独资企业不适用《企业所得税法》，所以一人有限公司也不适用《企业所得税法》。（　　）

16. 境外的个人独资企业和合伙企业可能会成为《企业所得税法》规定的我国非居民企业纳税人，也可能会成为《企业所得税法》规定的我国居民企业纳税人。（　　）

17. 我国《企业所得税法》对居民企业的判定标准采取的是登记注册地标准和实际管理控制地标准相结合的原则，依照这一标准在境外登记注册的企业属于非居民企业。（　　）

18. 在计算应纳税所得额时，企业财务、会计处理办法与税收法律、行政法规的规定不一致的，应当依照税收法律、行政法规的规定计算。（　　）

19. 居民企业在中国境内设立不具有法人资格的营业机构的，应当就地缴纳企业所得税。（　　）

20. 《企业所得税法》中的转让财产收入是指企业转让固定资产、无形资产、流动资产、股权、股票、债券、债权等所取得的收入。（　　）

21. 根据《企业所得税法》的规定，在我国目前的税收体系中，允许税前扣除的税收种类主要有消费税、资源税和城市维护建设税、教育费附加，以及房产税、车船税、耕地占用税、城镇土地使用税、车辆购置税、印花税等。（　　）

22. 《企业所得税法》所称接受捐赠收入，是指企业接受的来自其他企业、组织或者个人无偿给予的货币性资产、非货币性资产、生物资产。（　　）

23. 抵扣应纳税所得额，是指创业投资企业采取股权投资方式投资于未上市的中小高新技术企业2年以上的，可以按照其投资额的50%在股权持有满2年的当年抵扣该创业投资企业的应纳税所得额。（　　）

24. 除国务院财政、税务主管部门另有规定外，企业发生的职工教育经费支出，不超过工资薪金总额8%的部分，准予扣除；超过部分，不得扣除。（　　）

25. 企业发生的符合条件的广告费和业务宣传费支出，除国务院财政、税务主管部门另有规定外，不超过当年销售(营业)收入15%的部分，准予扣除；超过部分，准予结转以后纳税年度扣除。（　　）

26. 企业同时从事适用不同企业所得税待遇的项目的，其优惠项目应当单独计算所得，并合理分摊企业的期间费用；没有单独计算的，不得享受企业所得税优惠。（　　）

27. 企业从其关联方接受的债权性投资与权益性投资的比例超过规定标准而发生的利息支出，不得在计算应纳税所得额时扣除，可结转以后年度扣除。（　　）

28. 除税收法律、行政法规另有规定外，居民企业以企业登记注册地为纳税地点；但登记注册地在境外的，以实际管理机构所在地为纳税地点。（　　）

29. 企业纳税年度的收入总额，减除不征税收入、免税收入、各项扣除之后的余额为企业应纳税所得额。（　　）

30. 纳税人某一纳税年度发生亏损，准予用以后年度的应纳税所得弥补，1年弥补不足的，可以逐年连续弥补，弥补期最长不得超过4年。（　　）

四、计算题

1. 某新办制造型居民企业202×年1月1日向关联方借入1年期经营性资金900万元，关联企业借款的利息支出为60万元，该关联对企业的权益性投资为400万元，银行同期贷款利率为6%，则该企业当年在计算应纳税所得额时利息费用需纳税调整的金额为多少？

2. 某企业202×年来自境外甲国的已纳所得税因超过抵免限额尚未扣除的余额为2万元，202×年在我国境内所得200万元，来自A国分公司税后所得40万元，在A国已纳所得税10万元，计算其在我国汇总缴纳多少所得税。

3. 某企业2016年发生亏损18万元，2017年盈利10万元，2018年亏损1万元，2019年盈利4万元，2020年亏损5万元，2021年盈利2万元，2022年盈利30万元。计算该单位2016—2022年总计应缴纳的企业所得税应纳税所得额。

4. 某生产企业为增值税一般纳税人，202×年有关经营情况和纳税情况如下。

(1) 销售办公用品开具专用发票2000万元，以物换货取得原材料一批，换出资产公允价值200万元(不含税)，企业已经确认收入，出租商铺取得租金收入100万元。

(2) 销售成本1200万元。

(3) 销售费用600万元，其中业务宣传费50万元。

(4) 管理费用200万元，其中业务招待费55万元。

(5) "财务费用"账户列支200万元，其中202×年6月1日向非金融企业借入资金2000万元用于厂房扩建，借款期限7个月，当年支付利息120万元，该厂房于同年9月底竣工结算并交付使用，同期银行贷款年利率为6%。

要求：不考虑其他税费，计算该企业应纳所得税税额。

5. 重庆市铝材公司202×年度生产经营情况如下。

(1) 销售收入5100万元，销售成本3500万元，销售税金及附加130万元，缴纳增值税800万元。

(2) 期间费用共计1200万元，其中，销售费用中含广告费300万元，运输用车辆的折旧费15万元(该货车于上一年12月购入，原值60万元，预计净残值4万元，期限按税法规定计提年限为4年)；管理费用中含业务招待费60万元，新产品研究开发费用80万元，为职工购买的商业人寿保险10万元，基本医疗保险15万元；财务费用100万元，都是向非金融机构借款用于经营的利息支出，若按银行同期同类贷款利率计算，其利息支出为60万元。

(3) 营业外收入20万元，为接受的货币性捐赠收入。

(4) 营业外支出160万元，含应付未付的工商部门罚款1万元，合同违约金2万元，银行罚息3万元，以及为乙企业提供与收入无关的担保，因乙企业破产而承担的预计负债20万元。

要求：计算该企业202×年度的应纳税所得额和应纳所得税额。

6. 甲企业为国家鼓励类的高新技术企业，202×年度生产经营情况如下。

(1) 销售收入7000万元，租金收入200万元。

(2) 销售成本4800万元，税务机关核定的增值税700万元。

(3) 销售费用900万元，其中广告费700万元。

(4) 管理费用700万元，其中业务招待费200万元，研究新产品开发费用100万元。

(5) 财务费用100万元，向其他企业借款500万元，并按利率10%支付利息(银行同期同类贷款利率6%)。

(6) 营业外支出50万元，其中向供货商支付违约金10万元，向税务局支付202×年未纳税款产生的税款滞纳金2万元，通过公益性社会团体向贫困地区捐款10万元。

(7) 投资收益100万元，其中取得购买国债的利息收入20万元，取得直接投资其他居民企业的权益性收益80万元(已在投资方所在地按15%的税率缴纳所得税)。

要求：计算该企业202×年度应缴纳的企业所得税。

7. 某生产公司，202×年度实现产品销售收入6000万元，投资收益60万元，应扣除的成本、费用及税金等共计5680万元，营业外支出80万元，全年实现会计利润 180万元，已按25%的企业所得税税率缴纳了企业所得税45万元。后经聘请的会计师事务所审核，发现以下问题，公司据此按税法规定予以补税。

(1) "投资收益"账户记载的60万元分别为：①取得境外分支机构税后收益49万元，已在国外缴纳了15%的企业所得税；②取得国债的利息收入为11万元。

(2) 202×年2月20日购进一台机械设备，购入成本为100万元，当月投入使用。根据税法相关规定，该设备按直线法折旧，期限为10年，残值率为5%，企业将设备购入成本一次性在税前做了扣除。

(3) 202×年10月10日接受某单位捐赠小汽车一辆，取得的增值税专用发票上注明价款40万元，增值税6.8万元，企业未列入会计核算。

(4) "营业外支出"账户中列支的通过非营利社会团体向贫困山区捐款80万元，已全额扣除。

要求：按顺序回答下列该公司予以补税所涉及的内容。

① 计算机械设备应调整的应纳税所得额。

② 计算接受捐赠应调整的应纳税所得额。

③ 计算对外捐赠应调整的应纳税所得额。

④ 计算该公司202×年应补缴的企业所得税。

8. 位于市区的某手机生产企业(增值税一般纳税人)，主要生产手机主板，202×年发生以下业务。

(1) 销售显示器给某销售公司，开具增值税专用发票，按销售合同约定取得不含税销售额7000万元；购进原材料，取得增值税专用发票，发票上注明的货款金额为3400万元，增值税额为442万元。

(2) 8月受赠原材料一批，取得捐赠方开具的增值税专用发票，发票上注明的货物金额为60万元，增值税额为7.8万元。

(3) 按2017年年末签订的租赁合同约定，从1月1日起将原值300万元的闲置车间出租给某销售公司，全年取得租金收入120万元。

(4) 企业全年销售手机主板应扣除的销售成本4000万元；全年发生销售费用1500万元(其中广告费用1200万元)；管理费用700万元(其中业务招待费用60万元，符合条件的新技术研究开发费用90万元，管理费用中不包括房产税和印花税)。

(5) 已计入成本、费用中的实际发生的合理工资费用400万元，实际拨缴的工会经费7万元，实际发生的职工福利费60万元，实际发生的职工教育经费15万元。

(说明：当地政府确定计算房产税余值的扣除比例为20%。)

要求：根据上述资料，回答下列问题。

① 计算企业202×年应缴纳的增值税 (增值税适用税率为16%)。

② 计算企业202×年应缴纳的城市维护建设税、教育费附加和地方教育附加。

③ 计算企业应缴纳的印花税。

④ 计算企业202×年实现的会计利润。

⑤ 计算广告费用应调整的应纳税所得额。

⑥ 计算业务招待费应调整的应纳税所得额。

⑦ 计算职工工会经费、职工福利费、职工教育经费应调整的应纳税所得额。

⑧ 计算新技术研发费应调整的应纳税所得额。

⑨ 计算企业202×年度企业所得税的应纳税所得额。

⑩ 计算企业202×年度应缴纳的企业所得税。

第七章　个人所得税法

一、单项选择题

1. 以下所得中，应按"工资、薪金所得"缴纳个人所得税的是(　　)。
   - A. 个人提供担保取得的收入
   - B. 个人兼职取得的收入
   - C. 个人对其任职公司投资取得的股息
   - D. 出租汽车经营单位对出租车驾驶员采取单车承包或承租方式运营，出租车驾驶员从事客货营运取得的收入

2. 个人取得的下列所得，应按照"工资、薪金所得"缴纳个人所得税的是(　　)。
   - A. 股东取得股份制公司为其购买并登记在该股东名下的小轿车
   - B. 因公务用车制度改革，个人以现金、报销等形式取得的所得
   - C. 杂志社财务人员在本单位的报刊上发表作品取得的所得
   - D. 员工因拥有股权而参与企业税后利润分配取得的所得

3. 某画家202×年9月将其精选的书画作品交由某出版社出版，从出版社取得报酬10万元。该笔报酬在缴纳个人所得税时适用的税目是(　　)。
   - A. 工资薪金所得
   - B. 劳务报酬所得
   - C. 稿酬所得
   - D. 特许权使用费所得

4. 中国居民李某202×年10月应发工资10 000元，当月应由其本人负担的基本养老保险、基本医疗保险、事业保险和住房公积金为1400元，李某当年10月应缴纳的个人所得税为(　　)。
   - A. 440元
   - B. 300元
   - C. 290元
   - D. 150元

5. 作家王某202×年发行一本小说取得稿酬收入30万元，则在计算王某个人所得税时，稿酬收入的收入额应为(　　)。
   - A. 30万元
   - B. 24万元
   - C. 21万元
   - D. 16.8万元

6. 居民个人取得的下列所得，在计缴个人所得税时可享受专项附加扣除的是(　　)。
   - A. 偶然所得
   - B. 财产租赁所得
   - C. 经营所得
   - D. 财产转让所得

7. 下列关于个人所得税专项附加扣除的说法，不正确的是(　　)。
   - A. 子女教育支出按照子女数量扣除
   - B. 赡养老人支出按照被赡养老人数量扣除
   - C. 大病医疗支出实行限额扣除
   - D. 大病医疗支出只能在汇算清缴时扣除

8. 下列关于个人所得税专项附加扣除时限的表述中，符合税法规定的是(　　)。
   - A. 住房贷款利息，扣除时限最长不得超过180个月
   - B. 子女教育，扣除时间为子女年满3周岁当月至全日制学历教育结束的次月
   - C. 同一学历继续教育，扣除时限最长不得超过48个月
   - D. 专业技术人员职业资格继续教育，扣除时间为取得相关证书的次年

9. 某个体工商户发生的下列支出中，允许在个人所得税税前扣除的是(　　)。
   - A. 家庭生活用电支出
   - B. 直接向某灾区小学的捐赠
   - C. 已缴纳的城市维护建设税及教育费附加
   - D. 代员工负担的个人所得税税款

10. 以下符合个人所得税专项附加扣除规定的是(　　)。
    - A. 纳税人子女在中国境内接受高等教育的支出，按照每月400元定额扣除
    - B. 可扣除的首套住房贷款利息是指购买唯一住房的住房贷款利息
    - C. 享受住房租金专项附加扣除的纳税人，夫妻双方主要工作城市相同的，只能由一方扣除住房租金支出
    - D. 纳税人可同时分别享受住房贷款利息专项附加扣除和住房租金专项附加扣除

11. 陈某兄妹两人均为居民个人，父母均年满60周岁，同时陈某还赡养其祖父母。202×年陈某综合所得申报缴纳个人所得税时，最多可以扣除的专项附加扣除的金额是(　　)。
    - A. 6000元
    - B. 12 000元
    - C. 18 000元
    - D. 24 000元

12. 徐某202×年承包某加工厂，根据协议变更登记为个体工商户，当年加工厂取得收入总额100万元，准予扣除的成本、费用及损失等合计85万元(不含业主扣除费用，含徐某每月从加工厂领取的工资4000元)。徐某没

有综合所得，但有1个上小学的孩子且由他扣除子女教育专项附加扣除，徐某202×年个人所得税应纳税所得额为(　　)。

    A. 11.4万元　　　　　　B. 13.8万元　　　　　　C. 18.6万元　　　　　　D. 7.8万元

13. 下列各项中，不属于个人所得税中利息、股息、红利所得的是(　　)。

    A. 个人拥有的债权利息所得　　　　　　　　B. 个人拥有的股权股息所得

    C. 取得的劳动分红所得　　　　　　　　　　D. 取得的红利所得

14. 根据个人所得税法律制度的规定，下列个人所得中，免征个人所得税的是(　　)。

    A. 劳动分红　　　　　　　　　　　　　　　B. 出版科普读物的稿酬所得

    C. 年终奖金　　　　　　　　　　　　　　　D. 保险赔款

15. 根据个人所得税法律制度的规定，下列所得中，应缴纳个人所得税的是(　　)。

    A. 加班工资　　　　B. 独生子女补贴　　　　C. 差旅费津贴　　　　D. 国债利息收入

16. 202×年10月，李某在某大学讲学，取得劳务报酬所得80 000元，则在计算李某个人所得税时，劳务报酬收入的收入额应为(　　)。

    A. 64 000元　　　　B. 80 000元　　　　　　C. 56 000元　　　　D. 44 800元

17. 根据个人所得税法律制度的规定，下列从事非雇佣劳动取得的收入中，应按"稿酬所得"项目缴纳个人所得税的是(　　)。

    A. 审稿收入　　　　B. 翻译收入　　　　　　C. 题字收入　　　　D. 出版作品收入

18. 根据个人所得税法律制度的规定，下列说法不正确的是(　　)。

    A. 在中国境内有住所，或者无住所而一个纳税年度内在中国境内居住累计满183天的个人，为居民个人

    B. 居民个人的综合所得，以每一纳税年度的收入额减除费用60 000元，以及专项扣除、专项附加扣除和依法确定的其他扣除后的余额，为应纳税所得额

    C. 劳务报酬所得一次收入畸高，是指个人一次取得的劳务报酬收入额超过20 000元

    D. 非居民个人的工资、薪金所得，以每月收入额减除费用5000元后的余额为应纳税所得额；劳务报酬所得、稿酬所得、特许权使用费所得以每次收入额为应纳税所得额

19. 下列各项中以每次收入额为应纳税所得额的是(　　)。

    A. 特许权使用费所得　　　　　　　　　　　B. 劳务报酬所得

    C. 财产转让所得　　　　　　　　　　　　　D. 利息、股利、红利所得

20. 作家马某202×年12月从某电视剧制作中心取得剧本使用费50 000元。关于马某该项收入计缴个人所得税的下列表述中，正确的是(　　)。

    A. 应按"工资、薪金"计缴个人所得税　　　　B. 应按"稿酬"计缴个人所得税

    C. 应按"劳务报酬所得"计缴个人所得税　　　D. 应按"特许权使用费所得"计缴个人所得税

21. 根据个人所得税法律制度的规定，下列个人所得中，应缴纳个人所得税的是(　　)。

    A. 财产租赁所得　　　B. 退休工资　　　　C. 保险赔款　　　　D. 国债利息

22. 根据个人所得税法律的规定，在中国境内无住所但取得所得的下列外籍个人中，属于居民纳税人的是(　　)。

    A. M国甲，在华工作3个月

    B. N国乙，2021年1月10日入境，2021年4月10日离境

    C. X国丙，2020年10月1日入境，2021年7月30日离境

    D. Y国丁，2021年8月1日入境，2021年8月15日离境

23. 根据个人所得税法律制度的规定，下列收入中，应按"劳务报酬所得"项目缴纳个人所得税的是(　　)。

    A. 退休人员再任职取得的收入　　　　　　　B. 从非任职公司取得的董事费收入

    C. 从任职公司取得的监事费收入　　　　　　D. 从任职公司关联企业取得的监事费收入

24. 下列在中国境内无住所的外籍人员中，属于中国居民纳税人的是(　　)。

    A. 甲2020年10月1日入境，2021年5月5日离境

    B. 乙来华学习90天后返回

    C. 丙2021年7月1日入境，2022年1月1日离境

    D. 丁2021年1月1日入境，2021年5月25日离境

25. 根据个人所得税法规定，纳税人在自行申报纳税时从两处或两处以上取得应纳税所得的，其纳税地点的选择是(   )。

    A. 收入来源地　　　　　　　　　　　　　B. 税务局指定地点

    C. 纳税人户籍所在地　　　　　　　　　　D. 纳税人选择固定一地申报纳税

26. 个人所得税中经营所得的计算适用(   )。

    A. 5%～45%的超额累进税率　　　　　　B. 5%～35%的超额累进税率

    C. 20%的比例税率　　　　　　　　　　　D. 5%～45%的超率累进税率

27. 根据个人所得税法律制度的规定，下列各项中，属于工资、薪金所得项目的是(   )。

    A. 年终加薪　　　　B. 托儿补助费　　　　C. 独生子女补贴　　　　D. 差旅费津贴

28. 以下属于工资、薪金所得项目的是(   )。

    A. 托儿补助费　　　　B. 劳动分红　　　　C. 投资分红　　　　D. 独生子女补贴

29. 下列收入免征个人所得税的是(   )。

    A. 退休人员再任职取得的收入　　　　　　B. 大学教授取得的岗位津贴

    C. 提前退休人员取得的一次性补贴收入　　D. 员工从破产企业取得的一次性安置费

30. 个人取得的下列利息收入中，应缴纳个人所得税的是(   )。

    A. 财政部发行国债的利息　　　　　　　　B. 国家发行金融债权的利息

    C. 企业发行公司债券的利息　　　　　　　D. 个人教育储蓄存款的利息

31. 某职员(独生子)202×年1月工资、薪金收入12 000元，其中含单位应为其扣缴的基本养老保险260元、基本医疗保险120元、失业保险40元；单位当月代扣欠缴供暖费500元；该职员还要赡养其62岁的父母及供其七年级的女儿读书(对子女教育和赡养老人专项附加扣除选择在单位预扣预缴其税款时扣除)，则其当月工资薪金的累计预扣预缴应纳税所得额是(   )元。

    A. 4580　　　　　　B. 4080　　　　　　C. 1580　　　　　　D. 3080

32. 住房贷款利息专项附加扣除的计算时间，为贷款合同约定开始还款的当月至贷款全部归还或贷款合同终止的当月，扣除期限最长不得超过(   )。

    A. 60个月　　　　　B. 120个月　　　　C. 180个月　　　　D. 240个月

33. 中国公民王先生在甲公司工作了两年，202×年1月与甲公司解除聘用关系，取得一次性补偿收入150 000元。甲公司所在地上年职工平均工资为40 000元。王先生的补偿收入应缴纳个人所得税(   )元。

    A. 0　　　　　　　　B. 750　　　　　　C. 900　　　　　　D. 1050

34. 我国居民李某于202×年12月取得偶然所得3000元，当即将偶然所得中的1000元通过国家机关捐赠给贫困地区(取得捐赠证明)，则支付其偶然所得的单位应扣缴李某的个人所得税为(   )元。

    A. 500　　　　　　　B. 400　　　　　　C. 420　　　　　　D. 600

35. 个人取得下列所得应缴纳个人所得税的是(   )。

    A. 职工达到法定退休年龄每月取得的退休工资4000元　B. 职工领取的原提存的住房公积金30 000元

    C. 退休人员再就业取得报酬6000元　　　D. 个人单张有奖发票中奖800元

36. 非居民个人李某，202×年9月在我国某出版社出版一部长篇小说，取得稿酬收入100 000元。该出版社应代扣代缴其个人所得税(   )元。

    A. 15 400　　　　　B. 12 440　　　　　C. 10 040　　　　　D. 20 840

37. 享受大病医疗专项附加扣除的纳税人，由其在规定时间内，自行向汇缴地主管税务机关办理汇算清缴申报时扣除大病医疗专项附加扣除项目，该规定的时间是(   )。

    A. 次年1个月内　　　　　　　　　　　　B. 次年3个月内

    C. 次年6个月内　　　　　　　　　　　　D. 次年3月1日至6月30日内

38. 中国公民郑某于202×年2月取得股息收入9万元，当月通过中国教育发展基金会捐款3万元用于公益事业，郑某的股息收入当月应缴纳的个人所得税为(   )元。

    A. 12 000　　　　　B. 12 400　　　　　C. 16 900　　　　　D. 18 520

39. 个人进行下列公益救济性捐赠，以其申报的应纳税所得额的30%为限额扣除的是(   )。

    A. 通过县政府对贫困地区的捐赠　　　　　B. 对中国教育发展基金会的捐赠

    C. 对公益性青少年活动场所的捐赠　　　　D. 对中国老龄事业发展基金会的捐赠

40. 202×年中国公民黄某在A国转让股权应纳税所得额为40 000元，按A国税法规定缴纳了个人所得税6500

元；在A国还取得偶然所得10 000元，按A国税法规定缴纳了个人所得税3000元。黄某当年在国内外没有其他所得项目，则黄某在我国应补缴个人所得税(   )。

    A. 50元   B. 500元   C. 1000元   D. 1100元

二、多项选择题

1. 张某于2015年以每套80万元的价格购入两套房产作为投资。202×年将其中一套以100万元的价格转让给谢某，从中获利20万元。根据我国税收法律制度的规定，张某出售房产的行为应缴纳的税种有(   )。

    A. 个人所得税   B. 增值税
    C. 契税   D. 土地增值税

2. 根据个人所得税法律制度的规定，下列情形中，纳税人应当自行申报缴纳个人所得税的有(   )。

    A. 取得经营所得的   B. 取得应税所得并扣缴义务人未扣缴税款的
    C. 居民个人从中国境外取得所得的   D. 取得综合所得并需要办理汇算清缴的

3. 根据个人所得税法律制度的规定，下列所得中，免予缴纳个人所得税的有(   )。

    A. 保险赔偿   B. 劳动分红   C. 离休费   D. 军人退役金

4. 根据个人所得税法律制度的规定，下列个人所得中，免征个人所得税的有(   )。

    A. 军人领取的复员费   B. 教师工资所得
    C. 作家拍卖手稿所得   D. 工人取得的保险赔款

5. 以下有关个人所得税的所得来源说法正确的有(   )。

    A. 财产租赁所得，以租赁财产的转让地作为所得来源地
    B. 生产经营所得，以生产、经营所得实现地作为所得来源地
    C. 特许权使用费所得，以特许权的使用地作为所得来源地
    D. 不动产转让所得，以不动产坐落地为所得来源地

6. 下列居民个人所得中，适用20%比例税率的有(   )。

    A. 劳务报酬所得   B. 特许权使用费所得
    C. 利息、股息、红利所得   D. 财产转让所得

7. 根据个人所得税法律制度的规定，下列个人所得中，应按"劳务报酬所得"项目征收个人所得税的有(   )。

    A. 某大学教授从甲企业取得的咨询费   B. 某公司高管从乙大学取得的讲课费
    C. 某设计院设计师从丙公司取得的设计费   D. 某编剧从丁电视剧制作单位取得的剧本使用费

8. 根据我国个人所得税法律制度的规定，下列说法中正确的有(   )。

    A. 提供非专利技术的使用权取得的所得属于特许权使用费所得
    B. 对于作者将自己的文字作品手稿原件或复印件公开拍卖(竞价)取得的所得，属于提供著作权的使用所得，故应按"特许权使用费所得"项目征收个人所得税
    C. 个人取得特许权的经济赔偿收入，应按"特许权使用费所得"项目缴纳个人所得税，税款由支付赔偿的单位或个人代扣代缴
    D. 编剧从电视剧的制作单位取得的剧本使用费，不再区分剧本的使用方是否为其任职单位，统一按"劳务报酬所得"项目征收个人所得税

9. 根据个人所得税法律制度的有关规定，下列项目中，免征或暂免征收个人所得税的有(   )。

    A. 抚恤金   B. 军人的退役金
    C. 外籍个人按合理标准取得的境内、境外出差补贴
    D. 外籍个人从外商投资企业取得的股息、红利所得

10. 下列个人所得按"劳务报酬所得"项目缴纳个人所得税的有(   )。

    A. 笔译翻译收入   B. 个人兼职收入
    C. 教师自办培训班取得的收入   D. 在校学生参加勤工俭学活动取得的收入

11. 下列关于个人所得税专项附加扣除的表述，不正确的有(   )。

    A. 甲参加驾校培训取得的驾驶执照，可以享受继续教育专项附加扣除
    B. 乙赡养60周岁以上的岳父母，可以享受赡养老人专项附加扣除
    C. 丙在中国境外贷款购买住房，可享受住房贷款利息专项附加扣除
    D. 丁父母的医药费支出，在一个纳税年度内医保目录范围的自付部分累计超过15 000元的部分，可以

由丁享受大病医疗专项附加扣除

12. 下列关于专项附加扣除的说法，符合个人所得税的相关规定的有(　　)。
    A. 住房贷款利息扣除的扣除标准是每月1500元
    B. 直辖市的住房租金支出的扣除标准是每月1500元
    C. 同一学历的继续教育扣除期限不得超过36个月
    D. 赡养老人专项附加扣除的起始时间为被赡养人年满60周岁的当月

13. 下列各项中，应按"经营所得"项目征收个人所得税的有(　　)。
    A. 个人因从事彩票代销业务而取得的所得
    B. 法人企业的个人投资者以企业资金为本人购买的汽车
    C. 个人独资企业的个人投资者以企业资金为本人购买的住房
    D. 出租汽车经营单位对出租车驾驶员采取单车承包或承租方式运营，出租车驾驶员从事客货营运取得的所得

14. 张某承包了一家餐厅，餐厅每年支付张某报酬10万元，张某不参与分享餐厅经营成果；李某承包了一家国有招待所，承包合同规定每月支付李某工资4000元，同时李某每年要上缴承包费50万元，其余招待所经营成果归李某所有，则下列关于个人所得税的税法正确的是(　　)。
    A. 张某取得的所得按照工资、薪金所得项目征税
    B. 张某取得的所得按照经营所得项目征税
    C. 李某取得的工资按照工资、薪金所得项目征税
    D. 李某取得的工资和承包经营成果都按照经营所得项目征税

15. 下列各项应按照"偶然所得"缴纳个人所得税的有(　　)。
    A. 宋某取得银行依据国家利率支付的储蓄存款利息
    B. 方某获得友人赠送的价值30万元的房产所得
    C. 职工因拥有股票期权且在行权后取得的企业税后利润分配收益
    D. 雷某在某超市消费后获得额外抽奖机会，抽中手机一部

16. 以下关于居民的个人公益捐赠支出的表述，个人所得税政策规定的有(　　)。
    A. 在当期一个所得项目扣除不完的公益捐赠支出，可以按规定在其他所得项目中继续扣除
    B. 当月分类所得应扣除未扣除的公益捐赠支出，在年终汇算清缴时统一扣除
    C. 个人同时发生按30%扣除和全额扣除的公益捐赠支出，应先扣除全额扣除的公益捐赠支出
    D. 纳税人可自行决定在综合所得、分类所得、经营所得中扣除的公益捐赠支出的顺序

17. 下列项目不得享受个人所得税免税优惠的有(　　)。
    A. 外籍人员以实报实销形式取得的住房补贴和伙食补贴
    B. 外籍人员取得搬迁费的现金补贴
    C. 个人取得的保险赔款
    D. 个人取得的企业债券利息收入

18. 以下情形中，纳税人可享受"继续教育"个人所得税专项附加扣除的有(　　)。
    A. 接受境内在职研究生教育
    B. 接受境外在职研究生教育
    C. 参加烹饪培训班取得培训班发给的证书
    D. 参加教育部认可学籍的夜大的非全日制函授学习

19. 下列各项中，符合个人所得税的有关规定的有(　　)。
    A. 个人出售自有住房取得的所得可按照"财产租赁所得"项目征收个人所得税
    B. 对个人转让已自用两年并且是家庭唯一居住用房取得的所得免征个人所得税
    C. 个人转租房产而取得的转租收入，属于"财产租赁所得"的征税范围，由房产转租人缴纳个人所得税
    D. 房屋产权所有人将房屋产权无偿赠与对其承担直接抚养或者赡养义务的抚养人或者赡养人的，对当事双方不征收个人所得税

20. 小雷大学毕业工作一年后开始攻读在职研究生，下列关于三年在职读研期间的教育费用的扣除，说法正确的有(　　)。
    A. 由本人扣除

B. 可以选择由其父母扣除，也可以选择由本人扣除

C. 按照每月1000元(每年12000元)的标准定额扣除

D. 按照每月400元(每年4800元)的标准定额扣除

21. 下列按工资、薪金所得征收个人所得税的项目有( )。

A. 办理内退手续后至法定退休年龄之间从原单位取得的收入

B. 挂靠出租车经营单位的拥有出租车所有权的个人从事客货运营取得的收入

C. 对企业经营成果不拥有所有权、仅按合同规定取得一定所得的承包承租人的所得

D. 雇员因销售业绩突出而获得的单位组织的免费旅游奖励

22. 下列说法中，符合个人所得税的相关规定的有( )。

A. 偶然所得，以1个月内取得的收入为一次

B. 编剧从电视剧制作单位取得的剧本使用费属于稿酬所得

C. 财产租赁所得，以1个月内取得的收入为一次

D. 出版社的专业作者翻译的作品以图书形式出版取得的报酬属于稿酬所得

23. 以下符合享受专项附加扣除的计算时间的有( )。

A. 学前教育阶段，为子女年满3周岁当月至小学入学前一月

B. 学历教育，为子女接受全日制学历教育入学的当月至全日制学历教育结束的当月

C. 学历(学位)继续教育，为在中国境内接受学历(学位)继续教育入学的当月至学历(学位)继续教育结束的当月，最长不超过48个月

D. 赡养老人，为被赡养人年满60周岁的当月至赡养义务终止的月末

24. 根据个人所得税法律制度的规定，下列应按照"特许权使用费所得"项目计算缴纳个人所得税的有( )。

A. 个人取得特许权的经济赔偿收入

B. 个人提供商标权的使用权取得的所得

C. 编剧从电视剧的制作单位取得的剧本使用费

D. 作者将自己的文字作品手稿复印件公开竞价拍卖取得的所得

25. 下列属于个人所得税免税项目的有( )。

A. 个人取得的保险赔款　　　　　　　　B. 军人的转业费、复员费

C. 被拆迁人取得的拆迁补偿款　　　　　D. 获得市级体育比赛一等奖奖金1万元

26. 下列关于个人所得税应纳税额计算的说法中，正确的有( )。

A. 退休人员再任职取得的收入——按"劳务报酬所得"应税项目缴纳个人所得税

B. 个人兼职取得的收入——按"劳务报酬所得"应税项目缴纳个人所得税

C. 个人取得通信补贴收入——并入"工资、薪金所得"项目计征个人所得税

D. 对在中国境内无住所的个人一次取得数月奖金或年终加薪——可单独作为一个月的"工资、薪金所得"项目计算纳税

27. 根据个人所得税法律制度的有关规定，下列说法中正确的有( )。

A. 扣缴义务人每月扣缴的税款，应当在次月20日内缴入国库

B. 个人所得税的征收方式主要有代扣代缴和自行纳税申报两种

C. 非居民个人在中国境内从两处以上取得工资、薪金所得的，应当按照规定到主管税务机关自行办理纳税申报

D. 税务机关应根据扣缴义务人所扣缴的税款，付给5%的手续费，由扣缴义务人用于代扣代缴费用开支和奖励代扣代缴工作做得较好的办税人员

28. 我国个人所得税的征收方式主要是( )。

A. 代扣代缴　　　B. 委托代征　　　C. 自行纳税申报　　　D. 代扣代缴和委托代征

29. 以下各项所得适用超额累进税率形式的有( )。

A. 综合所得　　　　　　　　　　　　　B. 股息所得

C. 财产转让所得　　　　　　　　　　　D. 个人独资企业投资者取得的生产经营所得

30. 下列关于个人所得税税制模式的表述中，正确的是( )。

A. 我国目前个人所得税实行混合征收制模式

B. 实行分类征收制模式更有利于征收管理，但不利于平衡纳税人税负

C. 实行综合征收制模式征收管理相对复杂，但有利于平衡纳税人税负

D. 我国个人所得税制已经由分类征收制转为混合征收制

三、判断题

1. 对职工个人以股份形式取得的仅作为分红依据，不拥有所有权的企业量化资产，按照工资薪金所得征收个人所得税。（　）

2. 李某在一次有奖购物抽奖中，购买了价值3000元的电视机，后抽中特别大奖1000元。李某应缴纳的个人所得税税额为200元。（　）

3. 机关、企事业单位对未达到法定退休年龄、正式办理提前退休手续的个人，按照统一标准向提前退休工作人员支付一次性补贴，不属于免税的离退休工资收入，应按"劳务报酬所得"项目征收个人所得税。（　）

4. 在中国境内有住所，或者无住所而在境内居住满1年的个人，属于我国个人所得税居民纳税人。（　）

5. 个人退职后6个月内又再次任职的，对个人已经缴纳个人所得税的退职费收入，不再与再次任职取得的工资薪金所得合并计算补缴个人所得税。（　）

6. 居民纳税人应就其来源于中国境内和境外的所得，依照个人所得税法律制度的规定向中国政府履行全面纳税义务，缴纳个人所得税。（　）

7. 个人取得单张有奖发票奖金所得不超过800元(含800元)的，暂免征收个人所得税；超过800元的，只就超过部分按照"偶然所得"项目征收个人所得税。（　）

8. 对个人独资企业投资者取得的生产经营所得应征收企业所得税，不征个人所得税。（　）

9. 个人取得股息、红利所得，每次收入不超过4000元的，应以减除800元的费用后的余额作为应纳税所得额，计算缴纳个人所得税。（　）

四、计算题

1. 中国公民李某在国内某单位任职，202×年1月取得如下收入。

(1) 工资收入9600元，当月奖金1000元，每月专项扣除1100元。

(2) 接受某公司邀请担任技术顾问，一次性取得收入35 000元。

(3) 将一套住房出租，月租金4500元，当月支付房屋修缮费100元。

(4) 因汽车失窃，获得保险公司赔偿8万元。

(5) 取得购买国债利息500元。

要求：计算李某当月应缴纳的个人所得税。

2. 我国公民张先生为国内某企业高级技术人员，202×年收入情况如下。

(1) 每月取得工薪收入8400元，每月专项扣除1000元。

(2) 当年3月转让2011年购买的三居室精装修房屋一套，售价为2 300 000元，转让过程中支付的相关税费为138 000元。该套房屋的购进价为1 000 000元，购房过程中支付的相关税费为30 000元。所有税费支出均取得合法凭证。

(3) 当年6月获得省政府颁发的技术进步奖，奖金10 000元。

(4) 当年9月在参加某商场组织的有奖销售活动中，中奖所得共计价值30 000元，后将其中的10 000元通过市教育局用于公益性捐赠。

要求：根据上述资料，回答下列问题，每问需计算出合计数。

① 计算张先生202×年工薪收入应缴纳的个人所得税。

② 计算张先生转让房屋所得应缴纳的个人所得税。

③ 计算张先生从省政府获得的奖金应缴纳的个人所得税。

④ 计算张先生中奖所得应缴纳的个人所得税。

3. 中国公民孙某为教师，在绘画方面很有造诣。202×年9月来到某会计师事务所咨询个人所得税的相关问题。其情况具体如下。

(1) 孙某每月工资为7000元，专项附加扣除为800元。

(2) 孙某在年初独立出版了一本绘画技巧教材，已取得稿酬收入50 000元，出版社年初从中扣缴其个人所得税。当年10月，出版社又进行加印，《绘画周刊》也对其绘画技巧的内容进行了连载，加印和连载稿酬分别是1000元和3800元。

(3) 当年8月，孙某接受一电影公司委托，对一部描写画家的电影剧本进行专业审核，取得审稿收入15 000元。

要求：根据上述资料，计算孙某202×年综合所得应缴纳的个人所得税。

4. 中国公民王某就职于国内A上市公司，每月工资为10 000元，专项扣除为1100元，A公司代扣代缴其个人所得税，202×年其他收入情况如下。

(1) 在国内另一家公司担任独立董事，202×年3月取得该公司支付的上年度独立董事津贴35 000元。

(2) 202×年3月取得国内B上市公司分配的红利18 000元(持股时间超过1个月，不满1年)。

(3) 202×年6月与一家培训机构签订了半年的劳务合同，合同规定从6月起每周六为该培训中心授课1次，每次报酬为1200元，6月为培训中心授课4次。培训机构代扣代缴个人所得税。

(4) 202×年7月转让国内C上市公司股票，取得15 320.60元，同月转让在香港证券交易所上市的某境外上市公司股票，取得转让净所得折合人民币180 000元，在境外未缴纳税款。

(5) 202×年A公司和培训机构共为王某代扣代缴税款2000元。

要求：根据以上资料，回答下列问题，每问需计算合计数。

① 计算王某202×年综合所得应缴纳的个人所得税。

② 计算王某202×年3月取得的红利应缴纳的个人所得税。

③ 计算王某202×年7月转让公司股票应缴纳的个人所得税。

④ 王某是否需要办理汇算清缴？若需要，则计算出王某多交或少交的税款。

第八章　资源环保税法

一、单项选择题

1. 下列单位出售的矿产品中，不缴纳资源税的是(　　)。
   - A. 开采单位销售自行开采的煤矿
   - B. 油田出售自行开采的天然气
   - C. 盐场销售自行开采的井矿盐
   - D. 油田销售的人造石油

2. 按照资源税的相关规定，独立矿山收购未税矿产品适用(　　)。
   - A. 矿产品原产地的税额标准
   - B. 本单位应税产品的税额标准
   - C. 矿产品购买地的税额标准
   - D. 税务机关核定的税额标准

3. 纳税人开采或生产应税产品并销售的，其资源税的征税数量为(　　)。
   - A. 开采数量
   - B. 实际产量
   - C. 计划产量
   - D. 销售数量

4. 资源税纳税环节应是(　　)。
   - A. 生产销售环节
   - B. 批发环节
   - C. 运输环节
   - D. 最终消费环节

5. 资源税纳税人开采或者生产不同税目应税产品，未分别核算或者不能准确提供不同税目应税产品的销售额或者销售数量的，应(　　)。
   - A. 从高适用税率
   - B. 从低适用税率
   - C. 由主管税务机关核定不同税目应税产品的销售额或者销售数量，按各自的税率分别计算纳税
   - D. 上报财政部决定

6. 根据资源税的相关规定，纳税人既有对外销售应税产品，又有将应税产品自用于除连续生产应税产品以外的其他方面的，对自用应税产品，移送时资源税应税产品的销售额按该产品的(　　)计算。
   - A. 成本价
   - B. 最低价
   - C. 最高价
   - D. 平均价

7. 2016年资源税改革后，我国资源税采用从量定额征收的项目有(　　)。
   - A. 金锭
   - B. 井矿盐
   - C. 高岭土
   - D. 黏土

8. 某煤炭开采企业(增值税一般纳税人)，开采原煤50万吨，其中20万吨销售给电力公司，不含税售价为0.07万元/吨，原煤资源税税率为8%，则其应缴纳资源税(　　)。
   - A. 1120万元
   - B. 2800万元
   - C. 2500万元
   - D. 1800万元

9. 根据城镇土地使用税的相关规定，土地使用权未确定或权属纠纷未解决的，其(　　)为纳税人。
   - A. 原拥有人
   - B. 实际使用人
   - C. 代管人
   - D. 产权所有人

10. 城镇土地使用税的计税依据是(　　)。
    - A. 实际占用的土地面积
    - B. 居住面积
    - C. 建筑面积
    - D. 使用面积

11. 根据城镇土地使用税的规定，下列说法正确的是(　　)。
    - A. 城镇土地使用税实行分级幅度税额的税率形式
    - B. 城镇土地使用税的纳税人是所有占用应税土地的单位和个人
    - C. 城镇土地使用税的计税依据是纳税人用于生产经营活动的土地面积
    - D. 城镇土地使用税的纳税期限由省、自治区、直辖市的税务局确定

12. 甲公司实际占地面积合计20 000平方米，其中3000平方米为厂区外的绿化区，2000平方米为厂区以内的绿化用地，企业创办的学校和医院共占地1500平方米，出租500平方米，无偿借出800平方米给部队作训练场地。所处地段适用年税额为3元/平方米。甲公司应缴纳的城镇土地使用税为(　　)元。
    - A. 40 000
    - B. 42 000
    - C. 41 000
    - D. 44 100

13. 新征用非耕地应缴纳的城镇土地使用税，其纳税义务发生时间是(　　)。
    - A. 自批准征用次月
    - B. 自批准征用之日起满3个月
    - C. 自批准征用之日起满6个月
    - D. 自批准征用之日起满1年

14. 甲公司与某事业单位共同使用一栋共有土地使用权的高层建筑物。该建筑物占用土地面积5000平方米，建筑物面积60 000平方米(事业单位占用70%)，当地城镇土地使用税单位税额为5元/平方米。甲公司应纳城镇土地使用税为(　　)。
    - A. 7500元
    - B. 17 500元
    - C. 25 000元
    - D. 90 000元

15. 城镇土地使用税征税方式是(   )。

    A. 按年计征，分期缴纳   B. 按次计征   C. 按年计征，分期预缴   D. 按期缴纳

16. 下列各项中，免征城镇土地使用税的是(   )。

    A. 纳税单位无偿使用免税单位的土地   B. 宗教寺庙内的宗教人员生活用地

    C. 从事农、林、牧、渔业生产单位的办公用地   D. 矿山的采矿场用地

17. 下列各项中应征土地增值税的有(   )。

    A. 房地产的继承   B. 房地产的代建房行为

    C. 房地产的交换   D. 房地产的出租

18. 下列各项中，应征土地增值税的是(   )。

    A. 赠与社会公益事业的房地产   B. 经税务机关核实的个人之间互换自有住房

    C. 抵押期满转让给债权人的房地产   D. 兼并企业从被兼并企业得到的房地产

19. 房地产开发企业取得销售(预售)许可证满(   )年仍未销售完毕的，主管税务机关可要求纳税人进行土地增值税清算。

    A.1   B.2   C.3   D.5

20. 纳税人是自然人且转让房地产坐落地与其居住地不一致时，在(   )的税务机关申报纳税。

    A. 住所所在地   B. 房地产坐落地

    C. 办理过户手续所在地   D. 自行选择纳税地点

21. 下列不属于计算土地增值税时的房地产开发成本的是(   )。

    A. 取得土地使用权所支付的金额   B. 前期工程费

    C. 建筑安装工程费   D. 基础设施费

22. 对纳税人报送的清算资料进行数据、逻辑审核，重点审核项目归集的一致性、数据计算的准确性等，这指的是清算审核方法中的(   )。

    A. 实地审核   B. 案头审核   C. 定期审核   D. 异地审核

23. 土地增值额未超过扣除项目金额50%的部分，其土地增值税适用税率是(   )。

    A.30%   B.40%   C.50%   D.60%

24. 选择土地增值税适用税率的依据是(   )。

    A. 转让房地产的收入额与扣除项目金额之比   B. 增值额与转让房地产的收入额之比

    C. 增值额与扣除项目金额之比   D. 扣除项目金额与增值额之比

25. 土地增值税纳税人应在签订房地产转让合同(   )日内，到房地产所在地税务机关办理纳税申报。

    A.3   B.7   C.15   D.30

26. 环保税纳税人按季申报缴纳的，应当自季度终了之日起(   )内，向税务机关办理纳税申报并缴纳税款。

    A. 10日   B. 15日   C. 20日   D. 30日

27. 纳税人排放应税大气污染物或者水污染物的浓度值低于国家和地方规定的污染物排放标准(   )的，减按75%征收环境保护税。

    A.15%   B.20%   C.25%   D.30%

28. 纳税人排放应税大气污染物或者水污染物的浓度值低于国家和地方规定的污染物排放标准(   )的，减按50%征收环境保护税。

    A.30%   B.40%   C.50%   D.60%

29. 下列情形应缴纳环境保护税的是(   )。

    A. 家庭养鸡6只排放应税污染物

    B. 存栏300头奶牛的养牛场排放应税污染物

    C. 船舶行驶排放应税污染物

    D. 企业直接向依法设立的垃圾集中处理中心运送应税污染物

30. 某养殖场202×年2月养牛存栏量为100头，污染当量值为0.1头，假设当地水污染物适用税额为每污染当量2.8元，当月应纳环境保护税税额为(   )元。

    A. 0   B. 28   C. 280   D. 2800

31. 假设某企业202×年3月产生尾矿1000吨，其中综合利用的尾矿300吨(符合国家相关规定)，在符合国家和地方环境保护标准的设施贮存300吨。尾矿环保税适用税额为每吨15元，该企业当月尾矿应缴纳的环境保护税

为( )元。

    A. 15 000   B. 10 500   C. 6000   D. 4500

32. 以下关于环境保护税的税率规定正确的是( )。

    A. 环境保护税采用定额税率

    B. 环境保护税全部应税污染物适用税额的确定和调整由省、自治区、直辖市人民政府统筹考虑,在规定的税额幅度内提出

    C. 环境保护税全部应税污染物适用税额的确定和调整均由国家税务总局决定

    D. 环境保护税全部应税污染物适用税额的确定和调整均需报国务院备案

二、多项选择题

1. 下列各项中,符合资源税纳税义务发生时间规定的有( )。

    A. 采取分期收款结算方式的,为销售合同规定的收款日期的当天

    B. 自产自用应税产品的,为移送使用应税产品的当天

    C. 采取预收货款结算方式的,为收到预收款的当天

    D. 扣缴义务人代扣代缴税款的,为全部支付价款的当天

2. 下列纳税人中,不缴纳资源税的有( )。

    A. 采掘应税资源产品的外商投资企业和外国企业   B. 进口应税资源产品的国有企业

    C. 进口应税资源产品的个人   D. 采掘应税资源产品的私营企业

3. 下列关于资源税纳税地点的表述中,正确的有( )。

    A. 收购未税矿产品的个体户,其纳税地点为收购地

    B. 资源税扣缴义务人的纳税地点为应税产品的开采地或生产地

    C. 资源税纳税义务人的纳税地点为应税产品的开采地或生产地

    D. 跨省开采应税矿产品且生产单位与核算单位不在同一省的企业,其开采销售应税矿产品的纳税地点为开采地

4. 下列资源中,为应税资源的有( )。

    A. 人造石油   B. 天然矿泉水

    C. 锰矿石原矿   D. 与原油同时开采的天然气

5. 按照现行资源税的规定,下列说法正确的有( )。

    A. 资源税按实际产量计算征收

    B. 扣缴义务人代扣代缴的资源税,应当向核算地主管税务机关缴纳

    C. 扣缴义务人代扣代缴税款,其纳税义务发生时间为支付货款的当天

    D. 资源税的所有应税产品按实际产量计征资源税

6. 需要征收城镇土地使用税的地区有( )。

    A. 城市郊区   B. 城市市区   C. 县城郊区   D. 建制镇

7. 城镇土地使用税的纳税义务人通常包括( )。

    A. 拥有土地使用权的单位和个人

    B. 拥有土地使用权的单位和个人不在土地所在地时的土地实际使用人或代管人

    C. 土地使用权未确定或权属纠纷未解决时的实际使用人

    D. 土地使用权共有时的共有各方

8. 下列说法不符合城镇土地使用税税率规定的是( )。

    A. 有幅度差别的比例税率   B. 有幅度差别的定额税率

    C. 定额税率   D. 由各地税务机关确定所辖地区适用的税额幅度

9. 以下关于城镇土地使用税的表述中,正确的有( )。

    A. 纳税人使用的土地不属于同一市(县)管辖范围内的,由纳税人分别向土地所在地的税务机关申报缴纳

    B. 纳税人使用的土地在同一省(自治区、直辖市)管辖范围内,纳税人跨地区使用的土地,由纳税人分别向土地所在地的税务机关申报缴纳

    C. 纳税人购置新建商品房,自房屋交付使用之次月起,缴纳城镇土地使用税

    D. 纳税人出租、出借房产,自交付出租、出借房产之次月起,缴纳城镇土地使用税

10. 按照城镇土地使用税的有关规定，下列表述中正确的有(   )。

　　A. 经省、自治区、直辖市人民政府批准，经济落后地区的城镇土地使用税额标准可以适当降低，但降低额不得超过规定的最低税额的30%

　　B. 征用非耕地，从批准征用的次月起征收城镇土地使用税

　　C. 宗教寺庙自用的土地，免征城镇土地使用税

　　D. 对邮政部门坐落在城市、县城、建制镇、工矿区范围内的土地，免征城镇土地使用税

11. 土地增值税的特点包括(   )。

　　A. 外资房地产开发企业并不是土地增值税的纳税义务人

　　B. 每发生一次转让行为，就应根据每次取得的增值额征一次税

　　C. 实行超额累进税率

　　D. 以转让房地产取得的增值额为征税对象

12. 计算缴纳土地增值税时，判定普通标准住宅的标准有(   )。

　　A. 建筑容积率在1.0以上

　　B. 实际成交价格低于同级别土地上住房平均交易价格的1.2倍

　　C. 实际成交价格低于同级别土地上住房平均交易价格

　　D. 单套建筑面积在120平方米以下

13. 土地增值税扣除项目中，取得土地使用权所支付的金额，其形式有(   )。

　　A. 以出让方式取得土地使用权的，为支付的土地出让金等

　　B. 以行政划拨方式取得土地使用权的，为评估机构的评估价值

　　C. 以转让方式取得土地使用权的，为支付的地价款和有关费用

　　D. 以转让方式取得土地使用权的，为支付的土地出让金

14. 下列项目不属于土地增值税征税范围的有(   )。

　　A. 以收取出让金的方式出让国有土地使用权　　　　B. 以继承方式转让房地产

　　C. 以出售方式转让国有土地使用权　　　　　　　　D. 以收取租金的方式出租房地产

15. 土地增值税的纳税义务人可以是(   )。

　　A. 外商投资企业　　　　B. 事业单位　　　　C. 国家机关　　　　D. 医院

16. 根据《中华人民共和国环境保护税法》规定，环境保护税的征税对象包括(   )。

　　A. 大气污染物　　　　B. 水污染物　　　　C. 固体废物　　　　D. 噪声

17. 下列环境保护税应纳税额按照计算方法正确的有(   )。

　　A. 应税大气污染物的应纳税额为污染当量数乘以具体适用税额

　　B. 应税水污染物的应纳税额为污染当量数乘以具体适用税额

　　C. 应税固体废物的应纳税额为固体废物排放量乘以具体适用税额

　　D. 应税噪声的应纳税额为超过国家规定标准的分贝数对应的具体适用税额

18. 环境保护税纳税人应当依法如实办理纳税申报，对申报的(   )承担责任。

　　A. 真实性　　　　B. 合法性　　　　C. 完整性　　　　D. 合理性

19. 以下符合环境保护税政策规定的有(   )。

　　A. 环保税的纳税义务发生时间是季度终了之日起15日内

　　B. 纳税人应当向应税污染物排放地的税务机关申报缴纳环境保护税

　　C. 不能按固定期限计算缴纳的，可以按次申报缴纳环境保护税

　　D. 县级以上地方人民政府应当建立税务机关、环境保护主管部门和其他相关单位分工协作工作机制

20. 下列情形，暂予免征环境保护税的有(   )。

　　A. 农业种植排放应税污染物的　　　　　　　　B. 规模化养殖排放应税污染物的

　　C. 机动车行驶排放应税污染物的

　　D. 依法设立的污水集中处理场所排放相应应税污染物不超过国家和地方规定的排放标准的

三、判断题

1. 企业将开采的煤炭出口销售的，免纳资源税。　　　　　　　　　　　　　　　　　(   )

2. 凡在我国境内开采原油、天然气的单位，都要依照《中华人民共和国资源税暂行条例》缴纳资源税。(   )

3. 中外合作油(气)田，以及中国海洋石油总公司海上自营油田开采的原油、天然气暂不征收资源税。(   )

4. 资源税扣缴义务人代扣代缴税款的纳税义务时间，为支付货款的当天。 （　　）
5. 拥有土地使用权的单位和个人不在土地所在地的，其土地的实际使用人和代管人为纳税人。 （　　）
6. 城镇土地使用税的征税范围是市区、县政府所在城镇的土地，不包括市郊、农村土地。 （　　）
7. 企业的绿化用地暂免征收土地使用税。 （　　）
8. 纳税人没有取得土地使用证书，也没有有关部门测定土地面积，暂按自行申报的面积作为计税依据。 （　　）
9. 宗教寺庙、公园、名胜古迹内的土地，免收城镇土地使用税。 （　　）
10. 企业办的学校、医院、托儿所、幼儿园，其用地能与企业其他用地明确区分的，免征城镇土地使用税。 （　　）
11. 纳税人转让旧房及建筑物时，为确定房地产的评估价值而发生的评估费用，允许在计算土地增值税时予以扣除。 （　　）
12. 城镇土地使用税的征税范围是城市、县城、建制镇、工矿区范围内的国家所有的土地。 （　　）
13. 纳税人转让旧房及建筑物应纳土地增值税时，准予扣除的项目不包括与转让房地产有关的税金。 （　　）
14. 城镇土地使用税的计税依据为纳税人房地产的建筑面积。 （　　）
15. 房地产开发企业代收的费用一律并入转让房地产收入计征土地增值税。 （　　）
16. 企事业单位和其他生产经营者向依法设立的污水集中处理、生活垃圾集中处理场所排放应税污染物的。不属于直接向环境排放污染物，不缴纳相应污染物的环境保护税。 （　　）
17. 依法设立的城乡污水集中处理、生活垃圾集中处理场所排放相应应税污染物，不超过国家和地方规定的排放标准的，暂予免征环境保护税。 （　　）
18. 环境保护税按月计算，按季申报缴纳。不能按固定期限计算缴纳的，可以按次申报缴纳。 （　　）
19. 纳税人应当向应税污染物排放地的税务机关申报缴纳环境保护税。 （　　）
20. 纳税人从事海洋工程向中华人民共和国管辖海域排放应税大气污染物、水污染物或者固体废物，申报缴纳环境保护税的具体办法，由国务院税务主管部门规定。 （　　）

四、计算题

1. 某砂石厂202×年3月开采砂石5000立方米，对外销售4000立方米，当地砂石资源税税率为3元/立方米。则该厂当月应缴纳资源税多少万元？

2. 某市肉制品加工企业202×年占地60 000平方米，其中办公占地5000平方米，生猪养殖基地占地28 000平方米，肉制品加工车间占地16 000平方米，企业内部道路及绿化占地11 000平方米。企业所在地城镇使用税单位税额每平方米0.8元。该企业全年应缴纳城镇土地使用税多少元？

3. 某房地产开发企业取得某块土地建造写字楼出售，202×年发生的相关业务如下：

按照国家有关规定缴纳土地出让金4000万元，缴纳相关费用160万元；写字楼开发成本为3000万元；写字楼开发费用中的利息支出为300万元(不能提供金融机构证明)；写字楼竣工验收，通过销售取得收入13 000万元；应扣除的相关税金为360.75万元。

该企业所在省规定，按照《中华人民共和国土地增值税暂行条例》规定的高限计算扣除房地产开发费用。

要求：根据上述资料，计算回答以下问题。

(1) 企业计算土地增值税时应扣除的取得土地使用权所支付的金额。

(2) 企业计算土地增值税时应扣除的开发成本的金额。

(3) 企业计算土地增值税时应扣除的开发费用的金额。

(4) 企业计算土地增值税时应扣除的有关税金。

(5) 企业应缴纳的土地增值税。

4. 某工业企业转让一幢20世纪90年代建造的厂房，当时造价100万元，无偿取得土地使用权。如果按现行市场价的材料费、人工费计算，建造同样的房子需600万元，该房子为7成新，按500万元出售，支付有关税费27.5万元。计算企业转让旧房应缴纳的土地增值税额。

5. 某煤炭开采企业2015年4月销售洗煤5万吨，开具的增值税专用发票上注明金额5000万元，另取得从洗煤厂到码头不含增值税的运费收入50万元。假设洗煤的折算率为80%，资源税税率为10%，采用从价计征法计算该企业销售洗煤应缴纳的资源税。

6. 某企业8月向大气直接排放二氧化硫、氟化物各10千克，一氧化碳、氯化氢各100千克，假设大气污染物每污染当量税额按《环境保护税税目税额表》最低标准1.2元计算，这家企业只有一个排放口，计算企业8月大气污染物应缴纳的环境保护税。

注：0.95、0.87、16.7、10.75分别为相应污染物的污染当量值(单位：千克)。

第九章　财产税类法

一、单项选择题

1. 以下关于房产税纳税义务人的说法中，正确的是( )。
   A. 产权未确定的房屋，无须缴纳房产税
   B. 纳税单位无租使用免税单位的房产，应由免税单位自行缴纳房产税
   C. 产权出典的，由承典人缴纳房产税
   D. 产权属于国家所有的，无须缴纳房产税

2. 下列有关房产税税率的表述中，正确的是( )。
   A. 个人出租商铺适用4%的房产税税率
   B. 个人出租住房适用4%的房产税税率
   C. 企业出租闲置办公楼适用1.2%的房产税税率
   D. 企业拥有并使用的生产车间适用1.2%的房产税税率

3. 房产税的计税论据是( )。
   A. 房产原值　　　　B. 房产余值　　　　C. 房产净值　　　　D. 房产市价

4. 房产税依照房产原值一次减除( )后的余值计算缴纳。
   A. 10%~20%　　　　B. 10%~30%　　　　C. 5%~20%　　　　D. 5%~30%

5. 房产税以( )的方式缴纳。
   A. 按年征收，分期缴纳
   B. 按季征收，分期缴纳
   C. 按月征收，分期缴纳
   D. 由省、自治区、直辖市人民政府规定

6. 土地使用权的转让不包括( )。
   A. 城市土地使用权的赠与
   B. 企业倒闭出售空地
   C. 甲乙两个企业交换经营场所
   D. 农村集体土地承包经营权的转移

7. 甲某以自有房产投资于乙企业。其房屋产权变为乙企业所有，则契税缴纳情况是( )。
   A. 甲某按原账面值计算缴纳
   B. 甲某按入股房产现值计算缴纳
   C. 乙企业按原账面值计算缴纳
   D. 乙企业按入股房产现值计算缴纳

8. 下列关于契税纳税义务发生时间正确的为( )。
   A. 办理房产过户的当天
   B. 签订房地产转让合同当天
   C. 约定房地产转让当天
   D. 交纳购房款当天

9. 北京一泓药业公司在202×年将其一处房产(价值1000万元)，和另一个公司互换一处商品房(价值800万元)，双方按差价补付后，办理了过户手续。当地政府规定的契税税率是3%，则该公司应缴纳契税( )万元。
   A. 不纳税　　　　B. 30　　　　C. 24　　　　D. 6

10. 下列项目中属于应纳契税的有( )。
    A. 等价交换房产
    B. 国有企业出售，并且买受人安置原企业全部职工的，其承受所购企业的土地、房屋权属
    C. 接受土地、房屋权属作价投资的
    D. 城镇职工第一次购买公有住房

11. 以下不属于车船税纳税人的有( )。
    A. 车辆的所有人
    B. 船舶的所有人
    C. 对车船具有管理使用权，不具有所有权的单位和个人
    D. 车船的驾驶人

12. 下列车船中，以"自重每吨"作为车船税计税单位的是( )。
    A. 载客汽车　　　　B. 三轮汽车　　　　C. 船舶　　　　D. 拖船

13. 关于车船税的说法，正确的有( )。
    A. 外国车船和我国香港特别行政区、澳门特别行政区、台湾地区的车船，不征收车船税
    B. 车船税按年申报缴纳，具体申报纳税期限由省级税务机关确定
    C. 从事机动车第三者责任强制保险业务的保险机构为机动车车船税的扣缴义务人，应当在收取保险费

时依法代收车船税，并出具代收税款凭证

　　D. 非机动驳船、拖拉机、捕捞和养殖渔船属于免税车船范围

　　14. 202×年某货运公司拥有运输船5艘，每艘净吨位850吨，拥有小型船20艘，每艘净吨位0.6吨。其所在省车船税每吨4元，该航运公司202×年应缴纳车船税(　　)元。

　　A. 17 080　　　　　　　B. 17 040　　　　　　　C. 17 072　　　　　　　D. 17 048

　　15. 跨省市使用的车船，纳税地点为(　　)。

　　A. 车船的登记地　　　B. 车船的购买地　　　C. 车船的使用地　　　D. 车船的生产地

二、多项选择题

　　1. 下列各项中，符合房产税暂行条例规定的有(　　)。

　　A. 将房屋产权出典的，承典人为纳税人

　　B. 将房屋产权出典的，产权所有人为纳税人

　　C. 房屋产权未确定的，房屋代管人或使用人为纳税人

　　D. 产权所有人不在房产所在地的，房产代管人或使用人为纳税人

　　2. 免纳房产税的房产包括(　　)。

　　A. 国家机关、人民团体、军队的房产　　　　　　B. 个人所有非营业用房产

　　C. 宗教寺庙、公园、名胜古迹的房产　　　　　　D. 经财政部批准免税的其他房产

　　3. 企业办的(　　)自用的房产，可免征房产税。

　　A. 学校　　　　　　　B. 医院　　　　　　　C. 托儿所　　　　　　　D. 幼儿园

　　4. 房产税的征收范围是(　　)。

　　A. 城市　　　　　　　B. 县城　　　　　　　C. 建制镇　　　　　　　D. 工矿区

　　5. 根据《中华人民共和国房产税暂行条例》规定，下列在征税范围内的房产或其他建筑物属于房产税征税对象的是(　　)。

　　A. 工厂围墙　　　　　B. 室外游泳池　　　　　C. 水塔　　　　　　　　D. 企业职工宿舍

　　6. 下列关于契税的陈述正确的是(　　)。

　　A. 境内转移土地、房屋权属的单位和个人为契税的纳税人

　　B. 契税的适用税率，由省、自治区、直辖市税务机关在《中华人民共和国契税暂行条例》规定的幅度内按照本地区的实际情况确定，并报财政部和国家税务总局备案

　　C. 土地使用权赠与、房屋赠与，由征收机关参照土地使用权出售、房屋买卖的市场价格确定计税依据

　　D. 土地使用权交换、房屋交换，契税的计税依据为所交换的土地使用权、房屋价格的差额

　　7. 下列属于契税特点的是(　　)。

　　A. 属于财产所得税　　　　　　　　　　　　　　B. 属于财产转移税

　　C. 由财产承受人缴纳　　　　　　　　　　　　　D. 契税采用比例税率

　　8. 下列属于契税征税范围的行为是(　　)。

　　A. 某政府机关出让一国有土地使用权　　　　　　B. 某公司将一处房屋赠与教育部门

　　C. 两个单位之间的房屋交换　　　　　　　　　　D. 李某承包农村果园的经营权

　　9. 李某于2016年4月12日看中了一处住宅楼，当天就谈妥价格并交了购房定金，5月2日正式签订了购房合同，约定了在8月12日正式交房，实际交房是在8月25日，则(　　)。

　　A. 李某的契税缴纳期限是征收机关核定的期限　　B. 李某的契税纳税义务发生时间是5月2日

　　C. 李某的契税纳税义务发生时间是8月12日　　　D. 李某的契税纳税依据是双方的购销价

　　10. 下列属于契税减免的是(　　)。

　　A. 公安机关购买土地作为训练基地

　　B. 科研单位购买房屋开发作为宾馆经营

　　C. 承包荒山经营养牛场

　　D. 甲乙公司合并建立一个新企业，承受原来合并企业的土地房屋

　　11. 下列车船中，以整备质量每吨作为计税单位的有(　　)。

　　A. 商用客车　　　　　B. 商用货车　　　　　C. 挂车　　　　　　　　D. 三轮汽车

　　12. 下列车船法定免税的有(　　)。

　　A. 非机动驳船　　　　B. 警用车船　　　　　C. 拖拉机　　　　　　　D. 养殖渔船

13. 根据车船税的有关规定，车船税的纳税义务发生时间为( )。

    A. 车船管理部门核发的车船登记证书中记载日期的当月

    B. 车船管理部门核发的行驶证中记载日期的当月

    C. 车船管理部门核发的车船登记证书中记载日期的次月

    D. 车船购置发票所载开具时间的次月

14. 下列关于车船税纳税人说法正确的有( )。

    A. 中美合资公司在华使用的车船，是车船税的纳税人

    B. 日本籍人员在华使用的车船，不是车船税的纳税人

    C. 外国企业在华使用的车船，不是车船税的纳税人

    D. 中国公民在华使用的车船，是车船税的纳税人

15. 下列拥有车船，不缴纳车船税的有( )。

    A. 领事馆大使专用车辆   B. 被盗的车辆

    C. 拥有运输车的农民   D. 拥有小汽车的某省省长

三、判断题

1. 房产税的征税对象是房屋，由于房屋属于动产，所以以与房屋不可分割的各种附属设备也应作为房屋一并征税。上述"各种附属设备"包括独立于房屋之外的建筑物，如水塔、烟囱等。   ( )

2. 一个坐落在房产税开征地区范围之内的工厂，其仓库设在房产税开征范围之外，那么，这个仓库不应征收房产税。   ( )

3. 宗教寺庙、公园、名胜古迹中附设的营业单位使用或出租的房产，免征房产税。   ( )

4. 纳税人自建的房屋，自建成之月起征收房产税。   ( )

5. 纳税单位和个人无租使用免税单位的房产可免纳房产税。   ( )

6. 债权转股权的企业，对债权转股权后新设立的公司承受原企业的土地、房屋权属，免征契税。   ( )

7. 某政府机关将其无偿划拨的土地转让，免交契税。   ( )

8. 甲公司依法破产，破产职工李某作为债权人承受一处房屋，则李某可以不缴纳契税。   ( )

9. 两个或两个以上的企业，依据法律规定、合同约定，合并改建为一个企业，对其合并后的企业承受原合并各方的土地、房屋权属，免征契税。   ( )

10. 某化妆品厂根据《中华人民共和国公司法》改建为化妆品有限责任公司，该厂的土地房屋全部转到新公司，则契税减免。   ( )

11. 车船税中应税船舶采用的是全国统一的分类级的固定税额。   ( )

12. 车辆购置税的纳税人是销售应税车辆的单位和个人。   ( )

13. 车船税按年申报缴纳，纳税义务时间为车船管理部门核发的车船登记证书或行驶证书所记载日期的当月。   ( )

14. 对市内公共汽车、出租汽车可暂免征收车船税。   ( )

15. 对专用作业车在计算征收车船税时，一律按自重每吨作为计税依据。   ( )

四、计算题

1. 赵某拥有三处房产，其中一处原值60万元的房产供自己和家人居住；另一处原值20万元的房产于202×年7月1日起出租给王某居住，按市场价每月取得租金收入1200元；原值150万元的房产自202×年1月1日起用于经营超市。计算赵某202×年应缴纳的房产税(已知该省政府规定房产税扣除比例为20%)。

2. 居民甲某有三套房产，202×年将第一套市价为80万元的房产给乙某抵偿了100万元的债务，并支付乙某差价款20万元；将第二套市价65万元的房产与丙某进行房屋交换，并取得丙某支付的差价款15万元；将第三套房产出售取得收入90万元，并以90万元的价格购买一宗土地使用权。已知当地契税税率为5%，则甲某应缴纳多少契税？

3. 某船运公司202×年度拥有旧机动船10艘，每艘净吨位1500吨；拥有拖船2艘，每艘发动机净吨位250吨。当年8月新购置机动船4艘，每艘净吨位2000吨。该公司船舶适用的年税额为：净吨位201～2000吨的，每吨4元。该公司202×年度应缴纳的车船税为多少？

第十章　行为税类法

一、单项选择题

1. 根据印花税法律制度的规定，下列属于印花税纳税人的是( )。
   A. 加工承揽合同的受托人
   B. 权利许可证照的发证人
   C. 在国外书立，不在我国使用的合同的使用人
   D. 借款合同的担保人

2. 某企业将自己的一台机器设备对外出租签订的租赁合同上注明租金900元，同时支付中介费200元，则该企业对此应缴纳印花税( )元。
   A. 0.55　　　　　　B. 0.9　　　　　　C. 1　　　　　　D. 1.1

3. 根据印花税法律制度的规定，下列表述中不正确的是( )。
   A. 专利申请权转让合同应按技术合同贴花
   B. 专利实施许可合同按照产权转移书据合同贴花
   C. 企业债权转股权新增加的资金按规定贴花
   D. 企业改制中经评估增加的资金免征印花税

4. 202×年12月，甲公司与乙公司签订一份加工承揽合同，合同载明由甲公司提供原材料价值200万元，支付乙公司加工费30万元；又与丙公司签订了一份财产保险合同，保险金额1000万元，支付保险费1万元。已知加工承揽合同印花税税率为0.5‰，财产保险合同印花税税率为1‰，则甲公司应缴纳的印花税为( )元。
   A. 11 000　　　　B. 11 050　　　　C. 1010　　　　D. 160

5. 甲企业为增值税一般纳税人，202×年5月向乙销售小汽车(非新能源或节约能源车辆)，收取不含税价款20万元，同时向乙收取了1.13万元的保管费。乙购买小汽车后自用。已知，该小汽车适用的增值税税率是13%，则乙应缴纳车辆购置税( )万元。
   A. 2　　　　　　B. 2.1　　　　　　C. 1.7　　　　　　D. 1

6. 甲公司为增值税一般纳税人，202×年6月经批准从境外进口1辆汽车自用，成交价格为580万元；另外，还支付了运抵我国关境内输入地点起卸前的运输费20万元、保险费11万元。其缴纳了进口环节税金后海关放行，国家税务总局核定的同类型汽车的最低计税价格为1000万元/辆。已知，汽车的消费税税率是12%，关税税率是40%，则甲公司应缴纳车辆购置税( )万元。
   A. 97.2　　　　B. 100　　　　C. 85.54　　　　D. 69.43

7. 根据车辆购置税法律制度的有关规定，下列各项中，不能享受免征车辆购置税的是( )。
   A. 城市公交企业购置的公共汽电车
   B. 燃料电池汽车
   C. 排量为1.6升的乘用车
   D. 纯电动汽车

8. 根据耕地占用税法律制度的规定，下列说法不正确的是( )。
   A. 医院内职工住房占用耕地的，按照当地适用税率缴纳耕地占用税
   B. 占用林地、牧草地、农田水利用地、养殖水面及渔业水域滩涂等其他农用地建房或者从事非农业建设的，征收耕地占用税
   C. 农村居民经批准在户口所在地按照规定占用耕地，建设自有住宅免征耕地占用税
   D. 按规定免征或者减征耕地占用税后，纳税人改变原占地用途，不再属于免征或者减征耕地占用税的情形的，应补缴耕地占用税

二、多项选择题

1. 根据印花税法律制度的相关规定，下列各项中，按定额5元征收印花税的有( )。
   A. 安全许可证　　B. 商标注册证　　C. 专利证　　D. 土地使用证

2. 甲建筑安装公司与乙企业签订一份建筑安装工程承包合同，合同注明承包金额为1000万元；施工期间，甲公司又将其中400万元的建筑安装工程分包给丙公司，并签订了分包合同。已知建筑安装工程承包合同印花税税率为0.3‰，根据印花税法律制度的规定，下列说法中正确的有( )。
   A. 甲公司应缴纳印花税=1000×0.3‰=0.3(万元)
   B. 乙企业应缴纳印花税=1000×0.3‰=0.3(万元)
   C. 丙公司应缴纳印花税=400×0.3‰=0.12(万元)

D. 甲、乙、丙合计应缴纳印花税=(1000+400)×0.3‰×2=0.84(万元)

3. 根据印花税法律制度的规定，下列各项中，免征印花税的有( )。
   A. 书、报、刊发行单位之间，发行单位与订阅单位或个人之间书立的凭证
   B. 无息、贴息贷款合同
   C. 国家指定的收购部门与村委会、农民个人书立的农副产品收购合同
   D. 外国企业向中国企业提供优惠贷款所书立的合同

4. 根据印花税法律制度的规定，减征或者免征印花税的有( )。
   A. 应税凭证的副本或者抄本
   B. 军队、武警部队订立、领受的应税凭证
   C. 财产所有权人将财产赠与政府、学校、社会福利机构订立的产权转移书据
   D. 无息或者贴息借款合同

5. 根据印花税法律制度的规定，下列说法正确的有( )。
   A. 纳税人出让或者转让不动产产权的，应当向居住地的税务机关申报缴纳印花税
   B. 根据税额大小、应税项目纳税次数多少及税源控管的需要，印花税分别采用自行贴花、汇贴汇缴和委托代征三种缴纳方法
   C. 证券登记结算机构为证券交易印花税的扣缴义务人
   D. 证券交易印花税的扣缴义务人应当向其机构所在地的主管税务机关申报缴纳扣缴的税款

6. 据车辆购置税法律制度的规定，下列行为中，不需计算缴纳车辆购置税的有( )。
   A. 汽车经销商购进小汽车待售   B. 个体工商户受赠小汽车自用
   C. 购进设有固定装置的非运输车辆自用   D. 李某获奖取得自行车自用

7. 我国居民甲2022年1月在一家4S店购买一辆小汽车自用，小汽车的不含税销售价格为20万元，我国居民甲按照规定缴纳了车辆购置税，但由于质量原因，2022年1月该小汽车被召回生产厂家并退给甲相应的购置价款，已知车辆购置税的税率是10%，下列说法正确的有( )。
   A. 我国居民甲在2022年购入该小汽车应缴纳车辆购置税2万元
   B. 我国居民甲可以申请退还车辆购置税
   C. 我国居民甲不可以申请退还车辆购置税
   D. 我国居民甲可以取得退还的车辆购置税1.4万元

8. 根据车辆购置税法律制度的规定，下列表述中正确的有( )。
   A. 车辆购置税由税务局征收
   B. 纳税人购买自用应税车辆的，应当自购买之日起60日内申报纳税
   C. 纳税人应当在向公安机关车辆管理机构办理车辆登记注册前，缴纳车辆购置税
   D. 纳税人购置需要办理车辆登记注册手续的应税车辆，应当向车辆登记注册地的主管税务机关申报纳税

9. 根据耕地占用税法律制度的规定，下列关于耕地占用税税率的说法中，正确的有( )。
   A. 耕地占用税实行比例税率
   B. 各地耕地占用税适用税率，由省、自治区、直辖市人民政府在规定的税额幅度内，根据本地区情况核定
   C. 经济发达且人均耕地特别少的地区，适用税率可以适当提高，但提高的部分最高不得超过国务院财政、税务主管部门确定的当地适用税率的30%
   D. 占用基本农田的，适用税率应当在国务院财政、税务主管部门规定的当地适用税率的基础上提高50%

10. 根据耕地占用税法律制度的规定，下列各项中，免征耕地占用税的有( )。
    A. 军事设施占用耕地   B. 学校内教职工住房占用耕地
    C. 铁路线路占用耕地   D. 幼儿园占用耕地

三、判断题

1. 电网与用户之间签订的供用电合同不征印花税。   ( )
2. 车间、门市部、仓库设置的不属于会计核算范围或虽属会计核算范围，但不记载金额的登记簿、统计簿、台账等，不贴印花。   ( )
3. 一般的法律、会计、审计等方面的咨询，属于技术咨询，其所立合同不贴印花。   ( )
4. 国家税务总局未核定最低计税价格的车辆，车辆购置税的计税价格为纳税人提供的有效价格证明注明的价格。有效价格证明注明的价格明显偏低的，主管税务机关有权核定应税车辆的计税价格。 ( )

5. 纳税人占用鱼塘进行非农业建设，不用缴纳耕地占用税。 ( )

6. 建设直接为农业生产服务的生产设施占用税法规定的农用地的，不征收耕地占用税。 ( )

四、计算题

甲公司202×年发生如下经济业务：

(1) 甲公司202×年增加注册资本200万元。

(2) 甲公司202×年签订购销合同，合同规定甲公司用20万元的原材料换取乙公司的产品，并由甲公司支付差价款10万元；将自己的一台机器设备对外出租给戊公司，签订的租赁合同上注明租金30万元，同时支付中介费用2万元。

(3) 甲公司与保险公司签订一份财产保险合同，所保财产价值1000万元，保费金额20万元；另签订一份人身保险合同，保费金额为2万元。

要求：根据上述资料，回答下列问题。

① 甲公司设置账簿应纳印花税多少元？

② 签订的购销合同和租赁合同分别应纳印花税多少元？

③ 业务(3)中涉及的业务需要缴纳多少印花税？

第十一章　税收征收管理法

一、单项选择题

1. 根据税收征收管理法律制度的规定，从事生产、经营的纳税人应当自领取营业执照或者发生纳税义务之日起( )内，按规定设置账簿。
   A. 7日　　　　　　B. 10日　　　　　　C. 15日　　　　　　D. 30日

2. 根据税收征收管理法律制度的规定，扣缴义务人应当自法定扣缴义务发生之日起( )内，按照所代扣、代收的税种，分别设置代扣代缴、代收代缴税款账簿。
   A. 7日　　　　　　B. 10日　　　　　　C. 15日　　　　　　D. 30日

3. 根据税收征收管理法律制度的规定，采取数据电文方式办理纳税申报的，其申报日期应当以( )为准。
   A. 纳税人、扣缴义务人首次在税务机关指定系统中填报的时间
   B. 纳税人、扣缴义务人发出纳税申报数据电文的时间
   C. 税务机关收到纳税申报数据电文确认书的时间
   D. 税务机关计算机网络系统收到纳税申报数据电文的时间

4. 下列涉税专业服务业务中，代理记账机构可以从事的是( )。
   A. 纳税申报代理　　B. 专业税务顾问　　C. 涉税鉴证　　　　D. 纳税情况审查

5. 某公司202×年8月应缴纳增值税60 000元，城市维护建设税4200元。该公司在规定期限内未进行纳税申报，税务机关责令其缴纳并加收滞纳金，该公司在9月30日办理了申报缴纳手续。税务机关核定该公司增值税和城市维护建设税均以1个月为一个纳税期。该公司应缴纳的滞纳金金额是( )元。
   A. $60\,000 \times 0.5‰ \times 15 = 450$
   B. $(60\,000 + 4200) \times 0.5‰ \times 15 = 481.5$
   C. $60\,000 \times 0.5‰ \times 30 = 900$
   D. $(60\,000 + 4200) \times 0.5‰ \times 30 = 963$

6. 某公司将税务机关确定的最晚应于202×年11月5日缴纳的税款30万元拖至202×年11月15日缴纳，根据税收征收管理法律制度的规定，税务机关应依法加收该公司滞纳税款的滞纳金为( )元。
   A. 150　　　　　　B. 1500　　　　　　C. 1000　　　　　　D. 2250

7. 根据税收征收管理法律制度的规定，下列各项中，属于税收保全措施的是( )。
   A. 查封纳税人价值相当于应纳税款的货物
   B. 停止出口退税权
   C. 书面通知纳税人开户银行从其存款中扣缴税款
   D. 拍卖纳税人价值相当于应纳税款的货物，以拍卖所得抵缴税款

8. 税务机关采取税收保全措施的期限一般不得超过( )。
   A. 3个月　　　　　B. 6个月　　　　　C. 12个月　　　　　D. 24个月

9. 下列各项中，属于逃避税务机关追缴欠税行为的是( )。
   A. 欠缴应纳税款的纳税人，转移或者隐匿财产以妨碍税务机关追缴
   B. 纳税人擅自销毁账簿以不缴应纳税款
   C. 纳税人在账簿上多列支出以少缴应纳税款
   D. 纳税人进行虚假的纳税申报以少缴应纳税款

10. 纳税人、扣缴义务人以暴力、威胁方法拒不缴纳税款的行为，属于( )。
    A. 骗税　　　　　　B. 抗税　　　　　　C. 偷税　　　　　　D. 逃税

11. 从事生产、经营的纳税人应当按照国家有关规定，持税务登记证件，在银行或者其他金融机构开立基本存款账户和其他存款账户，并将其( )账号向税务机关报告。
    A. 基本存款　　　　B. 一般存款　　　　C. 临时存款　　　　D. 全部

12. 纳税人应当设置但未设置账簿的，税务机关有权( )。
    A. 核定其应纳税额
    B. 规定其财务核算方式
    C. 确定其会计制度
    D. 指定某会计师事务所为其建账

13. 扣缴义务人依照法律、行政法规的规定履行代扣、代收税款的义务，税务机关( )扣缴义务人代扣、代收手续费。
    A. 按照规定付给　　B. 不必付给　　　　C. 视情况适当付给　　D. 可以付给

14. 纳税人因有特殊困难，不能按期缴纳税款的，经( )批准，可以延期缴纳税款。

    A. 税务所   B. 征管分局   C. 县以上税务局(分局)   D. 省级税务局

15. 税务机关在采取税收保全措施时，( )不在保全措施的范围之内。

    A. 高档消费品   B. 易腐烂的商品

    C. 个人及其所抚养家属维持生活必需的住房和用品   D. 金银首饰

二、多项选择题

1. 根据税收征收管理法律制度的规定，下列各项中，可以不办理税务登记的有( )。

    A. 国家机关   B. 企业在外地设立的分支机构

    C. 无固定生产经营场所的流动性农村小商贩   D. 负有个人所得税纳税义务的自然人

2. 下列各项中，属于虚开发票行为的有( )。

    A. 为自己开具与实际经营业务情况不符的发票   B. 为他人开具与实际经营业务情况不符的发票

    C. 让他人为自己开具与实际经营业务情况不符的发票   D. 介绍他人开具与实际经营业务情况不符的发票

3. 下列各项中，属于税收征收管理法律制度禁止行为的有( )。

    A. 转借发票   B. 拆本使用发票

    C. 扩大发票使用范围   D. 以其他凭证代替发票使用

4. 根据税收征收管理法律制度的规定，纳税申报方式包括( )。

    A. 自行申报   B. 邮寄申报   C. 数据电文申报   D. 简并征期

5. 有关涉税专业服务的下列表述中，正确的有( )。

    A. 税务代理委托协议中的当事人一方必须是具体承办业务的税务代理执业人员

    B. 凡是由于委托方未及时提供真实的、完整的、合法的生产经营情况、财务报表及有关纳税资料造成代理工作失误的，由委托方承担责任

    C. 税务代理业务档案保存应不少于10年

    D. 税务机关对涉税专业服务机构在中华人民共和国境内从事涉税专业服务进行监管

6. 根据税收征收管理法律制度的规定，下列各项中，属于税款征收方式的有( )。

    A. 查验征收   B. 定期定额征收   C. 查账征收   D. 查定征收

7. 根据税收征收管理法律制度的规定，下列情形中，税务机关有权核定纳税人应纳税额的有( )。

    A. 纳税人按照法律、行政法规的规定应当设置但未设置账簿的

    B. 纳税人虽设置账簿，但账目混乱难以查账的

    C. 纳税人申报的计税依据明显偏低，但有正当理由的

    D. 纳税人发生纳税义务，未按照规定的期限办理纳税申报的

8. 根据税收征收管理法律制度的规定，下列情形中，税务机关有权责令纳税人提供纳税担保的有( )。

    A. 税务机关有根据认为从事生产、经营的纳税人有逃避纳税义务行为的

    B. 欠缴税款、滞纳金的纳税人或者其法定代表人需要出境的

    C. 纳税人同税务机关在纳税上发生争议而未缴清税款，需要申请行政复议的

    D. 未按照规定的期限办理纳税申报，经税务机关责令限期申报，逾期仍不申报的

9. 根据税收征收管理法律制度的规定，纳税担保的范围包括( )。

    A. 税款   B. 滞纳金

    C. 罚款   D. 为实现税款变卖担保财产的费用

10. 根据税收征收管理法律制度的规定，下列各项中，符合规定的有( )。

    A. 个人及其扶养家属维持生活必需的住房和用品，不在税收保全措施和强制执行措施的范围之内

    B. 税收强制执行措施的适用范围不仅限于从事生产经营的纳税人，也包括扣缴义务人

    C. 采取税收强制执行措施时，被执行人未缴纳的罚款必须同时执行

    D. 采取税收保全措施时，冻结的存款以纳税人应纳税款的数额为限

三、判断题

1. 从事生产、经营的纳税人应当自领取营业执照之日起15日内，向生产、经营地或者纳税义务发生地的主管税务机关申报办理税务登记。   ( )

2. 纳税人在办理注销税务登记前，应当向税务机关结清应纳税款、滞纳金、罚款，缴销发票、税务登记证

件和其他税务证件。 （　　）

3. 账簿、会计凭证和报表，应当使用中文；民族自治地区可以同时使用当地通用的一种民族文字；外商投资企业和外国企业只能使用中文。 （　　）

4. 账簿、记账凭证、报表、完税凭证、发票、出口凭证及其他有关涉税资料应当保存10年，但法律、行政法规另有规定的除外。 （　　）

5. 纳税人采取邮寄方式办理纳税申报的，应当使用统一的纳税申报专用信封，并以邮政部门收据作为申报凭据。邮寄申报以收到日期为实际申报日期。 （　　）

6. 纳税人享受减税、免税待遇的，不需要再办理纳税申报。 （　　）

7. 已缴入国库的税款、滞纳金、罚款，任何单位和个人不得擅自变更预算科目和预算级次。 （　　）

8. 纳税人有解散、撤销、破产情形的，可在清算后向其主管税务机关报告；未结清税款的，由其主管税务机关参加清算。 （　　）

9. 对扣押的鲜活、易腐烂变质或者易失效的商品、货物，税务机关根据被扣押物品的保质期，可以缩短规定的扣押期限。 （　　）

10. 税务机关对单价4000元以下的其他生活用品，不采取税收保全措施和强制执行措施。 （　　）

四、案例分析题

1. 某一般纳税人办理开业登记以来一直未申报纳税，针对该事实，该县税务局在履行有规定的税务稽查手续后对其进行了税务稽查，经过检查确认，该企业上年度偷税40 000元，在履行了规定的听证手续后，按照有关规定分别下达了《税务处理决定书》和《行政处罚决定书》，责令其补缴税款和滞纳金，并对其做罚款一倍处理。在责令缴纳期内，发现纳税人有转移财产的嫌疑，于是税务机关采取了税收保全措施和税收强制措施。针对以上情况，回答下列问题。

(1) 针对纳税人的未进行纳税申报行为，税务机关可以采取的行政措施是(　　)。

A. 责令纳税人限期改正，并处以2000元以下罚款

B. 责令纳税人限期改正，逾期不改的，处以2000元以下罚款

C. 经过税务机关通知申报，纳税人仍不申报，属于违反一般税务管理规定的行为

D. 经过税务机关通知申报，纳税人仍不申报，属于偷税行为

(2) 案例中所说的"税务稽查手续"，是指税务检查人员应当遵守的有关规定，这些规定是指(　　)。

A. 出示税务检查证　　　　　　　　　　B. 应当至少两人实施税务检查

C. 应当在检查前下达《税务检查通知书》　D. 由县以上税务机关开具介绍信

(3) 案例中所说的"税收保全"是指税务机关可能采取的下列措施(　　)。

A. 税务稽查机关责成纳税人提供纳税担保

B. 责成纳税人提供纳税担保，须经县以上税务局局长批准

C. 如果纳税人未提供纳税担保，经税务局局长批准，可扣押纳税人的商品、财产和货物

D. 扣押纳税人的商品、财产和货物须经县税务局局长批准

(4) 案例中所说的"税收强制"，下列说法中正确的有(　　)。

A. 强制执行的财产价值应当相当于税款部分的价值，其滞纳金可以同时执行

B. 税务机关可对纳税担保人的担保财产强制执行

C. 强制执行应当经过地市以上税务局局长批准

D. 税务机关可以自己执行，也可以申请人民法院执行

2. 202×年6月6日，某县税务局派税务干部小李和协税员吴全两人在下午身着便服来到某纺织有限责任公司，见到了平时比较熟悉的该公司经理洪山，小李在出示税务检查证后开始税务稽查。经查，该公司202×年度通过虚列支出少缴增值税15 500元。6月7日，县税务局向该公司送达《税务违章通知书》，对公司拟罚款3倍，为46 500元。该公司进行了申辩，并要求听证。小李认为该公司偷税，证据确凿，无须举行听证。

6月8日县税务局对该公司做出了补缴增值税15 500元的税务处理决定、处罚4倍62 000元的税务行政处罚决定，并于当日同时送达该公司，限期6月20日前缴纳。

该公司对罚款决定不服，于6月10日向某市税务局申请复议。6月14日，市税务局以该公司没有缴纳税款也没有提供相应担保为由对该公司下达《驳回复议申请裁定书》。公司对此表示不服，于6月19日向该市税务局所在地人民法院起诉，人民法院受理了此案。

6月20日，该公司缴纳了全部税款，6月21日该公司到县税务局申领发票被拒。

请根据案例资料，选择下列各题的答案。

(1) 本案税务机关税务检查手续方面存在的错误有( )。

    A. 不应当是一个税务人员实施税务稽查   B. 调查和检查未实行回避

    C. 税务人员未出示《税务检查通知书》   D. 税务人员没有穿正式的税务制服

(2) 本案税务机关处罚过程不符合法定程序的做法主要有( )。

    A. 未告知该公司税务机关有权收缴其发票

    B. 处罚告知以《税务违章通知书》的形式下达，税务文书不规范

    C. 未按规定程序举行听证会，认真听取该公司的意见

    D. 在公司陈述申辩后税务机关加重处罚

(3) 本案税务行政处罚决定书应当告知该公司( )。

    A. 15日内到指定银行缴纳罚款(自6月7日起算)

    B. 15日内到指定银行缴纳罚款(自6月8日起算)

    C. 6月20日前到指定银行缴纳罚款

    D. 自接到税务行政处罚决定书之日起15日内到指定银行缴纳罚款

(4) 本案税务机关对纳税人的偷税行为( )。

    A. 应按法律规定加收万分之五的滞纳金

    B. 不得加收滞纳金

    C. 应按法律规定加收千分之二的滞纳金

    D. 应按法律规定加收万分之五的滞纳金，自全部纳税义务发生之日起计算

3. 202×年6月20日，某区税务局交通运输管理税务所为防止税款流失，在通往某铁矿的公路上进行税收检查，查堵逃税车辆，个体营运车主王某驾车路经此处，税务检查人员将其拦住，两名身着税服人员向王某出示检查证，并讲明实施检查的意图。年初以来一直未申报纳税的王某惧怕检查，趁其他税务人员不备，突然启动车辆，企图逃离现场，因路障被迫停车。随即追来的税务人员检查认定王某未按期申报纳税，向王某填发了《限期纳税通知书》和《查封扣押证》，将王某的汽车扣押，停放在税务所院内，要求王某补缴上半年税款5400元。王某四处托人说情均被拒绝，此间王某的汽车后备轮胎被盗。

7月5日王某向区法院起诉区税务局，要求返还扣押汽车并赔偿被盗部件及误工损失5000元。区法院受理了此案，向区税务局发出了应诉通知书，区税务局在规定期限内提供了举证材料并聘请律师为诉讼代理人。7月20日，法院开庭审理，并于7月25日做出一审判决，撤销区税务局扣押王某汽车的具体行政行为，赔偿王某被盗部件及误工损失5000元，诉讼费由区税务局承担。

请回答下列问题。

(1) 指出此案中税务局在执法过程中存在的问题。

(2) 法院的判决是否正确？依据是什么？

第十二章 税务行政法制

一、单项选择题

1. 国务院可以通过(   )的形式设定除限制人身自由以外的税务行政处罚。
   A. 法律　　　　　　　B. 行政法规　　　　　　C. 规章　　　　　　　D. 规范性文件

2. 根据税务行政法制的要求，下列各项中不具有税务行政处罚主体资格的是(   )。
   A. 省税务局　　　　　B. 国家税务总局　　　　C. 省税务局的稽查部门　D. 县税务局

3. 根据规定，下列税务行政处罚，需要采取听证程序的是(   )。
   A. 对A公民采取的1000元的税务行政处罚　　　B. 对B企业采取的5000元的税务行政处罚
   C. 对C公民采取的3000元的税务行政处罚　　　D. 对D企业采取的8000元的税务行政处罚

4. 下列关于税务行政处罚的设定，说法正确的是(   )。
   A. 税务行政规章对非经营活动中的违法行为设定罚款不得超过1000元
   B. 税务行政规章对经营活动中的违法行为设定罚款不得超过1000元
   C. 国家税务总局可以通过行政法规的形式设定警告和罚款
   D. 税务行政规章对经营活动中的违法行为，没有违法所得的，设定罚款不得超过30 000元

5. 甲市乙县税务局丙镇税务所在执法时给予本镇纳税人赵某1500元罚款的行政处罚，赵某不服，向行政复议机关申请行政复议，则被申请人是(   )。
   A. 甲市税务局　　　　B. 乙县税务局　　　　　C. 丙镇税务所　　　　D. 乙县人民政府

6. 下列税务行政复议受理案件中，必须经复议程序的是(   )。
   A. 因税务机关做出行政处罚引起争议的案件　　　B. 因不予给予举报奖励引起争议的案件
   C. 因纳税信用等级评定争议的案件　　　　　　　D. 因核定征收引起争议的案件

7. 根据规定，下列行为既可以直接申请行政复议，又可以直接提出行政诉讼的是(   )。
   A. 计税依据的确认　　B. 税收保全措施　　　　C. 征税环节的确认　　D. 加收滞纳金

8. 根据税务行政法制的有关规定，下列事项中，说法不正确的是(   )。
   A. 股份制企业的股东大会认为税务具体行政行为侵犯企业合法权益的，以股东个人名义申请行政复议
   B. 有权申请行政复议的公民死亡的，其近亲属可以申请行政复议
   C. 第三人不参加行政复议，不影响行政复议案件的审理
   D. 税务机关依法经上级税务机关批准做出具体行政行为的，批准机关为被申请人

9. 下列有关税务行政诉讼原则的表述中，不正确的是(   )。
   A. 人民法院可以审查税务机关做出的具体税务行为是否合法
   B. 当事人可以以起诉为理由而停止执行税务机关所做出的税收保全措施
   C. 人民法院对税务行政案件只有部分管辖权
   D. 税务机关及其工作人员因执行职务不当，给当事人造成人身及财产损害，应承担赔偿责任

10. 下列选项中不属于税务行政赔偿的是(   )。
    A. 返还财产　　　　　B. 赔礼道歉　　　　　　C. 恢复原状　　　　　D. 支付赔偿金

11. 税务所可以实施罚款额在(   )元以下的税务行政处罚。
    A. 200　　　　　　　 B. 2000　　　　　　　　C. 500　　　　　　　 D. 1000

12. 对违法行为的调查与处罚决定分开，决定罚款的机关与收缴机构分离，这体现了税务行政处罚的(   )。
    A. 法定原则　　　　　　　　　　　　　　　　　B. 公正、公开原则
    C. 以事实为依据原则　　　　　　　　　　　　　D. 监督、制约原则

13. 凡属听证范围的案件，在做出处罚决定之前，应当首先向当事人送达(   )，告知当事人已经查明的违法事实、证据、处罚的法律依据和拟给予的处罚，并告知有要求举行听证的权利。
    A. 《税务行政处罚听证通知书》　　　　　　　　B. 《税务行政处罚决定书》
    C. 《税务行政处罚事项告知书》　　　　　　　　D. 《税务行政处罚事项实施书》

14. 下列说法正确的是(   )。
    A. 只有在当事人主观故意，出现税务违法行为的情况下，才可给予税务行政处罚
    B. 只有在当事人主观故意，出现涉税犯罪行为的情况下，才可给予税务行政处罚

C. 只有在当事人并非主观故意，出现税务违法行为的情况下，并有法定依据给予行政处罚的，才可给予税务行政处罚

D. 不区分当事人是否具有主观故意或者过失，只要有税务违法行为存在，并有法定依据给予行政处罚的，就可给予税务行政处罚

15. 以下关于税务行政复议的规定正确的是（   ）。

A. 申请人对税务机关所做的征税行为以外的其他具体行政行为不服的，不能申请行政复议，只能向人民法院提请行政诉讼

B. 申请人可以得知税务机关做出具体行政行为次日起60日内提出行政复议申请

C. 申请人申请行政复议，只能书面申请，不能口头申请

D. 申请人向人民法院提起行政诉讼，人民法院已经依法受理的，不得申请行政复议

二、多项选择题

1. 下列关于税务行政处罚的主体与管辖，说法不正确的有（   ）。

A. 税务行政处罚的实施主体主要是县以上的税务机关

B. 各级税务机关的内设机构、派出机构具备行政处罚主体资格，可以自己的名义实施税务行政处罚

C. 税务所可以实施罚款额为2500元的税务行政处罚

D. 从税务行政处罚的地域管辖来看，只有当事人违法行为发生地的税务机关才有权对当事人实施处罚，其他地方的税务机关无权实施。

2. 税务行政执法人员对当事人违反税收征收管理秩序的行为，当场做出下列税务行政处罚决定的，给予的处罚符合规定的有（   ）。

A. 对公民张某处以20元的罚款　　　　　　　B. 对公民李某处以60元的罚款

C. 对甲企业处以600元的罚款　　　　　　　D. 对乙企业处以2000元的罚款

3. 下列各项中，属于行政复议机关受理行政复议申请应符合的条件有（   ）。

A. 有明确的申请人和符合规定的被申请人

B. 申请人与具体行政行为有利害关系

C. 有具体的行政复议请求和理由

D. 其他行政复议机关尚未处理同一行政复议申请，人民法院尚未受理同一主体就同一事实提起的行政诉讼

4. 行政复议期间，发生的下列情形中，应中止行政复议的有（   ）。

A. 作为申请人的公民死亡，其近亲属放弃行政复议权利的

B. 作为申请人的法人或者其他组织终止，尚未确定权利义务承受人的

C. 申请人要求撤回行政复议申请，行政复议机构准予撤回的

D. 作为申请人的公民下落不明或者被宣告失踪的

5. 纳税人和其他税务当事人对侵犯其合法权益的情形可以提请税务行政诉讼的有（   ）。

A. 税务机关对其所缴纳的税款没有上缴国库的行为

B. 税务机关制定的规范性文件损害其合法权益的行为

C. 税务机关通知银行冻结其存款的行为

D. 税务机关逾期未对其复议申请做出答复的行为

6. 以下关于行政诉讼的表述中，正确的有（   ）。

A. 在税务行政诉讼案件中，作为被告的税务机关只有应诉权，即只能当作被告，且不能反诉

B. 一旦当事人提起行政诉讼，税务机关的相关行政行为应当中止

C. 税务行政诉讼不适用调解

D. 只有经过税务行政复议不服的当事人才可提请税务行政诉讼

7. 人民法院对受理的税务行政案件，经过调查、收集证据、开庭审理之后，可以做出的判决有（   ）。

A. 维持判决　　　　B. 撤销判决　　　　C. 履行判决　　　　D. 判决变更

8. 税务行政诉讼的管辖分为（   ）。

A. 属地管辖　　　　B. 级别管辖　　　　C. 地域管辖　　　　D. 裁定管辖

9. 下列属于税务行政诉讼特有原则的有（   ）。

A. 人民法院独立行使审判权　　　　　　　B. 由税务机关负责赔偿的原则

C. 不适用调解原则　　　　　　　　　　　D. 实行回避原则

10. 下列行为中，属于税务行政赔偿范围的有(　　)。

A. 违法做出税收保全措施给纳税人的合法财产权造成损害的

B. 违法做出税收强制执行措施给纳税人的合法财产权造成损害的

C. 违法做出责令纳税人提供纳税保证金或纳税担保行为给纳税人的合法财产权造成损害的

D. 违反国家法律做出税务行政处罚行为损害纳税人不合法财产权的

11. 税务行政处罚的法定原则是指(　　)。

A. 处罚要有法定依据，法律没有明文规定不得处罚

B. 由法定国家机关在其职权范围内设定

C. 由法定税务机关在其职权范围内实施

D. 由税务机关按法定程序实施

12. 下列属于税务行政处罚一般程序的项目有(　　)。

A. 调查取证　　　　　　B. 立案　　　　　　C. 决定　　　　　　D. 执行程序

13. 下列说法正确的有(　　)。

A. 税务行政处罚包括罚款和罚金

B. 经过复议的案件，复议机关改变原具体行政行为的，原告只能向复议机关所在地人民法院提起诉讼

C. 行政复议决定书一经送达，即发生法律效力

D. 申请人逾期不起诉又不履行行政复议决定的，变更具体行政行为的行政复议决定，由复议机关依法强制执行，或者申请人民法院强制执行

三、判断题

1. 按照《中华人民共和国行政处罚法》(以下简称《行政处罚法》)的规定，行政法规可以设定各种行政处罚。　　　　　　　　　　　　　　　　　　　　　　　　　　　　　　　　　　　　　(　　)

2. 间歇性精神病人在精神正常时有行政违法行为的，不予行政处罚。　　　　　　　　(　　)

3. 纳税人违反税收法律、行政法规应当给予行政处罚的行为在3年内未被发现的，税务机关不再给予行政处罚。　　　　　　　　　　　　　　　　　　　　　　　　　　　　　　　　　　　　　(　　)

4. 重大税务案件审理委员会办公室受理稽查部门移送的案件材料后，进行初审，认为事实清楚、证据确凿，适用法律错误或不当，或者拟处理意见不当的，应报审理委员会审理。　　　　　　　　　　　　(　　)

5. 根据《行政处罚法》规定，当事人逾期不缴纳罚款，行政机关可以每日按罚款额的5%加处罚款。　(　　)

6. 税务行政处罚必须由法律法规和规章设定。　　　　　　　　　　　　　　　　　　(　　)

7. 吊销营业执照属于税务行政处罚的种类。　　　　　　　　　　　　　　　　　　　(　　)

8. 违法情节轻微，但执法人员与行政处罚相对人对违法的事实存在争议，可以适用行政处罚简易程序。　　　　　　　　　　　　　　　　　　　　　　　　　　　　　　　　　　　　　　(　　)

9. 税务行政处罚听证应当公开进行，但是涉及未成年人的，听证不公开进行。　　　　(　　)

10. 重大税务案件审理委员会对案件的如下内容进行审理：违法事实是否清楚；证据是否充分、确凿；适用税收法律法规、规章及规范性文件是否得当，定性是否正确；是否符合法定程序。　　　　　　　　(　　)

第十三章　国际税收法律制度

一、单项选择题

1. 国际税收的本质是(　　)。
   - A. 涉外税收
   - B. 对外国居民征税
   - C. 国家之间的税收关系
   - D. 国际组织对各国居民征税

2. 税收管辖权是(　　)的重要组成部分。
   - A. 税收管理权
   - B. 税收管理体制国家主权
   - C. 税收管理体制
   - D. 财政管理体制

3. 中华人民共和国香港特别行政区行使的所得税税收管辖权是(　　)。
   - A. 单一居民管辖权
   - B. 单一地域管辖权
   - C. 居民管辖权和地域管辖权
   - D. 以上都不对

4. 如果两国在判定法人居民身份时发生冲突，则应根据(　　)来认定其最终居民身份。
   - A. 注册地标准
   - B. 常设机构标准
   - C. 选举权控制标准
   - D. 实际管理机构所在地标准

5. A国一居民总公司在B国设一分公司，某纳税年度，总公司在A国取得所得600万元，在B国分公司取得所得300万元，分公司按30%税率缴税，但因处在B国税收减半优惠期，而向B国政府缴纳所得税45万元，A国所得税税率为25%，按照限额饶让抵免法，则A国应对总公司征税(　　)。
   - A. 175万元
   - B. 160万元
   - C. 150万元
   - D. 145万元

6. 对付避税地的法规首先是由(　　)在20世纪60年代初率先制定的。
   - A. 英国
   - B. 美国
   - C. 德国
   - D. 意大利

7. 在注重收入来源国税收管辖权的同时兼顾了缔约国双方的利益，比较容易被发展中国家接受，所以发展中国家谈判和缔结双边税收协定时，较多地参照了(　　)。
   - A. 经合组织范本(OECD范本)
   - B. 联合国范本(UN范本)
   - C. 国际税收惯例
   - D. 属地主义原则

8. 非居民企业取得股息、利息、租金、特许权使用费和财产转让所得，其所得跟境内机构、场所没有实际联系的，按(　　)的税率征收企业所得税。
   - A. 10%
   - B. 15%
   - C. 20%
   - D. 25%

9. 主管税务机关实施一般反避税调查时，应当向被调查企业送达(　　)。
   - A. 一般反避税调查告知书
   - B. 一般反避税调查公告
   - C. 税务检查证
   - D. 税务检查通知书

10. 扣缴义务人未扣缴或未足额扣缴应纳税款的，股权转让方应(　　)并提供与计算股权转让收益和税款相关的资料。
    - A. 与扣缴义务人进行磋商
    - B. 与股权受让方进行磋商
    - C. 与税务机关进行磋商
    - D. 自纳税义务发生之日起7日内向主管税务机关申报缴纳税款

11. 中国居民企业A公司，在甲国投资设立了B公司，甲国政府为鼓励境外投资，对B公司第一个获利年度实施了企业所得税免税。按甲国的税法规定，企业所得税税率为18%。A公司获得了B公司免税年度分得的利润800万元。根据中国和甲国政府签订税收协定规定，A公司在计算缴纳企业所得税时，可抵免的境外已纳税款是(　　)。
    - A. 0元
    - B. 100万元
    - C. 144万元
    - D. 200万元

12. 某境内公司适用的企业所得税税率为25%，202×年度取得境内应纳税所得额160万元，境外分公司应纳税所得额50万元，在境外已缴纳企业所得税10万元。202×年度该公司汇总纳税时实际在我国应缴纳企业所得税(　　)万元。
    - A. 42.5
    - B. 45.5
    - C. 40
    - D. 52.5

13. 境外所得采用我国税法规定的简易办法计算抵免额的,则( )。

    A. 按照12.5%计算抵免   B. 按照25%的法定税率计算抵免

    C. 按照10%预提税率计算抵免   D. 不适用饶让抵免

14. 绝密级税收情报保密期限一般为( )年。

    A. 5   B. 10   C. 15   D. 30

15. 下列关于境外税额抵免直接抵免表述不正确的是( )。

    A. 企业直接作为纳税人就其境外所得在境外缴纳的所得税额在我国应纳税额中抵免

    B. 境外子公司取得的股息、红利等权益性投资收益所得

    C. 来源于或发生于境外的股息、红利等权益性投资所得、利息、租金、特许权使用费、 财产转让等所得在境外被源泉扣缴的预提所得税

    D. 适用于企业就来源于境外的营业利润所得在境外所缴纳的企业所得税

16. 税基侵蚀和利润转移项目工作的重点是( )。

    A. 使征税行为与经济活动和价值创造保持一致   B. 为纳税人增加确定性和可预见性

    C. 保护税基   D. 消除双重不征税

二、多项选择题

1. 下列可以被认定为常设机构的有( )。

    A. 工厂

    B. 办事处

    C. 分支机构

    D. 矿场、油井或气井、采石场或者其他开采自然资源的场所

2. 对账簿不健全,不能准确核算收入或成本费用,以及无法按照规定据实申报的代表机构,税务机关有权采取( )方式核定其应纳税所得额。

    A. 按经费支出换算收入

    B. 利息收入不得冲抵经费支出额;发生的交际应酬费,不得计入经费支出额

    C. 以货币形式用于我国境内的公益、救济性质的捐赠、滞纳金、罚款,以及为其总机构垫付的不属于其自身业务活动所发生的费用,应作为代表机构的经费支出额

    D. 按收入总额核定应纳税所得额

3. 中国境内投资者对外付汇无须进行税务备案的情形有( )。

    A. 境内机构在境外发生的差旅费、会议费、商品展销费等各项费用

    B. 境内机构在境外代表机构的办公经费,以及境内机构在境外承包工程的工程款

    C. 境内机构发生在境外的进出口贸易佣金、保险费、赔偿款

    D. 进口贸易项下境外机构获得的国际运输费用

4. 税务机关可按照一定标准确定非居民企业的利润率,利润为15%～30%的有( )。

    A. 从事承包工程作业的   B. 从事管理服务的

    C. 从事设计劳务的   D. 从事咨询劳务的

5. 在国际税收中,境外所得税抵免办法分为( )。

    A. 直接抵免   B. 间接抵免   C. 全部抵免   D. 部分抵免

6. 下列属于BEPS行动计划类别的有( )。

    A. 协调各国企业所得税税制   B. 应对数字经济带来的挑战

    C. 提高税收透明度和确定性   D. 开发多边工具促进行动计划实施

7. 下列情形中,在计算企业所得税时,可以适用我国境外所得税额抵免政策的有( )。

    A. 境内甲居民企业取得来源于美国的所得

    B. 韩国的现代汽车公司取得设在日本机构的所得

    C. 某居民企业从持股30%股份的某外国企业分得的源于中国境外的股息、红利等权益性投资收益,外国企业在境外实际缴纳的所得税税额属于该项所得负担的部分

    D. 非居民企业在中国境内设立机构、场所,取得发生在中国境外但与该机构、场所有实际联系的所得

8. 企业与其关联方签署成本分摊协议,其自行分摊的成本不得税前扣除的情形包括( )。

    A. 不具有合理商业目的和经济实质

B. 没有遵循成本和收益配比原则

C. 不符合独立交易原则

D. 自签署成本分摊协议之日起经营期限少于30年

9. 国际税收征管协作中，情报交换的种类包括(　　)。

A. 自动情报交换　　　　　　　　　　　　B. 自发情报交换

C. 专项情报交换　　　　　　　　　　　　D. 行业范围情报交换

10. 下列情况不适用《一般反避税管理办法(试行)》的有(　　)。

A. 与跨境交易或者支付无关的安排　　　　B. 涉嫌逃避缴纳税款、逃避追缴欠税

C. 骗税、抗税　　　　　　　　　　　　　D. 虚开发票

11. 特许权使用费来源地的判定标准主要有(　　)。

A. 特许权交易地标准　　　　　　　　　　B. 特许权使用地标准

C. 特许权所有者的居住地标准　　　　　　D. 特许权使用费支付者的居住地标准

12. 法人居民身份的判定标准有(　　)。

A. 注册地标准　　　　　　　　　　　　　B. 管理和控制地标准

C. 总机构所在地标准　　　　　　　　　　D. 选举权控制标准

13. 直接抵免适用于如下所得中的(　　)。

A. 自然人的个人所得税抵免　　　　　　　B. 总公司与分公司之间的公司所得税抵免

C. 总公司与子公司之间的预提所得税抵免　D. 母公司与子公司之间的公司所得税抵免

14. 下列关于国际税法内容的陈述，正确的有(　　)。

A. 国际避税的基本方式就是跨国纳税人通过错用或滥用有关国家税法、国际税收协定，利用它们的差别、漏洞、特例和缺陷，规避纳税主体和纳税客体的纳税义务，不纳税或少纳税

B. 税收情报交换是国际反避税合作的主要内容

C. 加强国际税收合作，防止国际避税和逃税，是国际税收协定的基本内容之一

D. 目前世界各国所采取的避免国际重复征税的方式主要有两种：单边方式和双边方式

15. 企业与其关联方签署成本分摊协议，有下列情形之一的，其自行分摊的成本不得税前扣除(　　)。

A. 具有合理商业目的和经济实质

B. 不符合独立交易原则

C. 没有遵循成本与收益配比原则

D. 未按有关规定备案或准备、保存和提供有关成本分摊协议的同期资料

16. 一般第三国居民滥用其他两国之间的税收协定，主要是为了规避有关国家的(　　)。

A. 个人所得税　　　　　　　　　　　　　B. 预提所得税

C. 公司所得税　　　　　　　　　　　　　D. 财产税

三、判断题

1. 境内机构和个人向境外单笔支付等值10万美元以上外汇资金，除无须进行税务备案的情形外，均应向所在地主管税务机关进行税务备案。　　　　　　　　　　　　　　　　　　　　　　　　(　　)

2. 按照市场标准确定交易价格，应当先考虑关联企业集团中的成员企业所在地同类交易的一般市场价格，再考虑成员企业与非关联企业进行同类交易所使用的价格。　　　　　　　　　　　　　　　　　(　　)

3. 目前大多数国家都采用以注册地标准和管理机构所在地标准这两个标准来判定法人居民身份的国家。　　(　　)

4. 纳税人利用现行税法中的漏洞或不明之处，规避、减少或延迟纳税义务的行为称为避税。　(　　)

5. 国际税收协定一般是指国与国之间签订的避免对个人和所得双重征税和防止偷漏税的协定。(　　)

6. 在所得额税收管辖权的协调原则中，居民地原则有利于实现税收的资本输出中性。　　　(　　)

四、计算题

1. 中国居民企业A拥有设立在甲国的B企业60%的股份，202×年A企业本部取得应纳税所得额1000万元，收到B企业分回净股息90万元，A适用25%税率，B实现应纳税所得额500万元，适用税率20%，甲国股息预提所得税率为10%，假定B企业按适用税率在甲国已经实际缴纳了企业所得税，且A企业当年无减免税和投资抵免。

要求：计算A企业202×年在中国应缴纳的企业所得税额。

2. 甲国总公司在本国的应税所得为1000万元。甲国实行超额累进税率：所得不超过200万元的，税率为25%；所得超过200万元至500万元的部分，税率为30%；所得超过500万元的部分，税率为35%。其在乙国分公司的应税所得为200万元，税率为20%，总公司从乙国取得利息收入50万元，预提税税率为10%。其在丙国分支机构的应税所得为30万元，税率为33%。假定各国关于应税所得的制度规定没有差别。

要求：甲国分别采用综合限额法、分国限额法计算总公司应向甲国缴纳的所得税额。

3. 假定甲国总公司于某一纳税年度在国内获得所得500万元，甲国所得税税率为40%，在乙国分公司获得所得200万元，税率为30%，同时对乙国分公司实行减半征收。

要求：计算甲国总公司在税收饶让抵免的情况下的纳税情况。